JN418653

東洋古典譯註叢書 30

譯註 通鑑節要 5

成 百 曉 譯註

傳統文化硏究會

國譯委員

譯　註　成百曉

潤　文　朴勝珠 · 金明熙
出　版　權永順
校　正　姜雲淑

東洋古典譯註叢書를 발간하면서

우리의 古典國譯事業은 민족문화 진흥의 기초사업으로 1960년대부터 政府 支援으로 古文獻 現代化 작업을 추진하여 많은 成果를 거두었다. 당시 이 사업 추진의 先行課題로 東洋古典이라 일컬어지는 중국의 基本古典을 먼저 飜譯하여야 한다는 學界의 주장이 있어 왔음에도 불구하고 우리 고전이 아니라는 일부의 偏狹한 視角과 財政 事情 등으로 인하여 배제되어 왔다.

전통적으로 중국의 기본고전은 우리 歷史와 함께 숨쉬며 각종 교육기관의 敎科書로 활용됨은 물론이고 지식인들의 必讀書가 되어 왔으며, 우리 文化의 基底에 자리잡고 거의 모든 방면의 體系와 根幹을 형성하여 왔다. 그래서 학문연구의 기본서 역할을 해 왔을 뿐만 아니라 오늘날에도 우리의 國學徒 및 東洋學 硏究者들에게 같은 역할을 하고 있음은 주지의 사실이다. 그럼에도 불구하고 中國古典은 우리 것이 아니라 하여 專門機關의 飜譯對象에 포함하지 않음으로써 대부분 原典에서의 직접 번역이 아닌 重譯이나 拔萃譯의 방식이 주를 이루면서 敎養水準으로 出版되어 왔다.

오늘날 東洋三國 중에서 우리의 東洋學 연구가 가장 부진한 이유는 東洋基本古典에 대한 폭넓은 이해의 부족과 漢文古典 讀解力의 저하에 기인함을 우리는 솔직히 인정하여야 한다. 따라서 이들 중국고전에 대한 신뢰할 만한 國譯이 이루어지는 것이 한국학 연구를 촉진시키는 시급한 先行課題라 할 수 있다.

이에 韓國學 및 東洋學의 연구와 古典現代化의 基盤構築을 위해서는 전문기관으로 하여금 동양고전을 단기간에 각 분야의 專門 硏究者와 漢學者가 상호협동하여 연구번역하여 飜譯의 傳統性과 效率性, 硏究의 專門性을 높일 수 있도록 政策的 配慮가 있어야 한다.

이에 本會에서는 元老 및 中堅 漢學者와 斯界의 專攻者로 하여금 協同硏究飜譯하여 공부하는 사람들이 믿고 引用하거나 깊이 있는 註釋 등을 활용할 수 있게 하고, 知識人들의 敎養을 증진시켜 줄 수 있는 東洋古典의 國譯書 간행을 지속적으로 추진해 왔다. 근래에 다행히 이 사업에 대하여 각계 지도층의 폭넓은 이해와 지원에 힘입어 2001년도부터 國庫補助를 받아 東洋古典譯註叢書를 간행하게 되었다. 이를 계기로 우리 先學의 註釋과 見解를 반영하는 등 국역사업의 內實을 기하게 되었음을 이 자리를 빌어 衷心으로 감사드리며, 아울러 國譯에 參與하신 관계자 여러분의 勞苦에 깊은 謝意를 표한다.

끝으로 우리의 이러한 작업은 오랜 역사 위에 축적된 先賢들의 業績과 現代學問을 이어주는 튼튼한 架橋와 礎石이 되어 진정한 韓國學과 東洋學 발전에 기여할 것을 굳게 믿으며, 21세기를 우리 文化의 世紀로 열어 가는 밑거름이 되도록 우리의 力量을 本 事業에 경주하고자 한다. 江湖諸賢의 부단한 관심과 지원을 기대해 마지않는다.

社團法人 傳統文化硏究會 會長 李 啓 晃

凡 例

1. 本書는 東洋古典譯註叢書 ≪通鑑節要≫ 중 제5책이다.
2. 本書는 가장 善本으로 보이는 甲寅字本 ≪少微家塾點校附音通鑑節要≫(國立中央圖書館 所藏本, 刊年未詳)를 底本으로 하되 木版本 ≪少微家塾點校附音通鑑節要≫(高麗大學校 圖書館 所藏本 및 서울大學校 奎章閣 所藏本)를 참고하였다. 이 책은 眉山 史炤가 音釋하고 鄱陽 王逢이 輯義하고 京兆 劉剡이 增校한 것이다.
3. 本書는 甲寅字本 ≪少微家塾點校附音通鑑節要≫를 底本으로 하되 현재 春坊本 ≪通鑑節要≫가 流行되고 있음을 감안하여 溫公의 史評은 本文과 같이 大字로 표기하였으며 기타 史論은 글자 크기를 약간 줄였다. 그리고 底本의 史評 외에 ≪二十史略≫의 史評을 추가하여 '〔史略 史評〕'이라고 표시하였다.
4. 底本에는 연도별로 干支를 陰刻하고 별행하지 않았으나 本書에서는 이를 別行하고 괄호 속에 西紀 연도를 표시하였다.
5. 原文은 이해를 돕기 위해 懸吐하고 특별한 音이나 어려운 한자는 ( ) 안에 音을 병기하였다.
6. 飜譯은 原義에 充實하도록 노력하였다. 다만 難解한 부분은 意譯, 또는 補充譯을 하였다.
7. ≪資治通鑑≫은 원래 司馬光이 황제의 명령을 받고 지어 올린 것이므로 論評에 자신의 의견을 아뢰면서 모두 '臣光曰'이라고 하였으나 本 譯書에서는 특별한 경우를 제외하고는 대부분 '臣'이라 하지 않고 '나'라고 해석하였으며, 기타 史家의 論評 역시 이와 같이 하였다.
8. 註釋은 原註와 釋義 및 附註를 현토하고 해석하되 글자의 간단한 訓이나 音은 모두 싣지 않았다. 頭註는 底本의 상단에, 原註와 釋義는 原文의 중간에 小字雙行

으로, 附註는 卷末에 실려 있는데, 본서에서는 이를 모두 문단이 끝나는 곳에 함께 실었으며, 아울러 ≪通鑑要解≫도 참고하여 실었음을 밝혀둔다.

9. 오늘날 흔히 사용하는 成語나 故事는 ≪通鑑節要≫에서 유래한 것이 많다. 이에 독자들이 이용하기에 편리하도록 成語와 故事를 뽑아 책의 말미에 해설과 함께 부록하였고, 原文에는 字句 위에 강조점을 찍어 표시하였다.

10. 本書는 독자의 이해를 돕기 위해 圖表를 첨부하였는바, 歷代帝王傳授總圖는 江鎔의 序文 앞에 싣고 각 시대에 해당하는 世系圖와 地圖는 책의 말미에 부록하였다.

11. 본서에 사용된 주요 符號는 다음과 같다.

“ ” : 對話, 각종 引用

‘ ’ : 再引用, 强調

「 」 : ‘ ’ 안에서 再引用

( ) : 原文 중의 괄호는 漢字의 音, 同字(통용자), 俗字의 正字
번역문 중의 괄호는 간단한 註釋

≪ ≫ : 書名, 出典

〈 〉 : 篇章節名, 作品名, 補充譯, 원문의 補充字

〔 〕 : 원문의 倂記, 音이 다른 漢字, 註釋 표시

{ } : 원문의 衍文 例) 非{吏而得與}吏比者

*) : 補註

※ : 題目註

( )〔 〕 : (誤字)〔正字〕 例) 然(則)〔而〕餓死臺城
단 史論이나 註釋 등에는 誤字가 많은 바, 이를 모두 표시할 경우 보기에 불편하므로 일부는 별도로 표시하지 않고 곧바로 수정하였음을 밝혀둔다.

參考圖書

〔原 典〕

≪文白對照 資治通鑑輯覽≫ 1-36冊 文白對照御批歷代通鑑輯覽編委會 編 馬建石 主編 國際文化出版公司 2002
≪文白對照全譯 資治通鑑≫ 全3冊 張宏儒 沈志華 主編 改革出版社 1991
≪詳密註釋 通鑑諺解≫ 學民文化社 1992
≪標點索引 少微通鑑節要≫ 뿌리문화사 1999
≪綱目續麟≫ 文淵閣四庫全書 第323冊 史部81 臺灣商務印書館 1984
≪綱目訂誤≫ 文淵閣四庫全書 第323冊 史部81 臺灣商務印書館 1984
≪大事記≫ 呂祖謙 撰 文淵閣四庫全書 第324冊 史部82 臺灣商務印書館 1984
≪少微家塾點校附音通鑑節要≫ 高麗大學校 圖書館 所藏本
≪少微家塾點校附音通鑑節要≫ 서울大學校 奎章閣 所藏本
≪御批資治通鑑綱目≫ 朱熹 撰 聖祖 批 文淵閣四庫全書 第689-692冊 史部447-450 臺灣商務印書館 1984
≪二十史略≫ 民昌文化社 1990
≪資治通鑑≫ 胡三省 音注 中華書局 1992〔제5판〕
≪資治通鑑綱目≫ 朱熹 撰 國立中央圖書館 所藏本
≪資治通鑑綱目集覽鐫誤≫ 瞿佑 撰 韓國學中央研究院 1980
≪資治通鑑綱目訓義≫ 思政殿 訓義 國立中央圖書館 所藏本
≪資治通鑑釋文≫ 史炤 撰 臺灣商務印書館 1980
≪資治通鑑地理今釋≫ 吳熙載 撰 江蘇書局 1882
≪資治通鑑訓義≫ 思政殿 訓義 國立中央圖書館 所藏本
≪通鑑紀事本末≫ 袁樞 撰 中華書局校點本 1964
≪通鑑釋文辯誤≫ 胡三省 撰 文淵閣四庫全書 第312冊 史部70 臺灣商務印書館 1984
≪通鑑五十卷詳節要解≫ 九淵禪師 著 國立中央圖書館 所藏本
≪通鑑地理通釋≫ 王應麟 撰 文淵閣四庫全書 第312冊 史部70 臺灣商務印書館 1984

≪三國志≫ 陳壽 撰 中華書局 1998
≪晉書≫ 房玄齡 撰 中華書局 1974
≪晉書文紀≫ 梅鼎祚 編 文淵閣四庫全書 臺灣商務印書館 1984

〔譯 書〕

≪國譯 資治通鑑≫ 加藤繁・公田連太 共譯 註 景仁文化社 1996
≪資治通鑑全譯≫ 李國祥 等 主編 貴州人民出版社 1994
≪通鑑節要 天・地・人≫ 金忠烈 譯解 三省出版社 1987
≪資治通鑑新注≫ 資治通鑑編纂委員會 陝西人民出版社 1998

〔辭 典〕

≪中國歷代官制大辭典≫ 呂宗力 主編 北京出版社 1994
≪資治通鑑大辭典 上・下≫ 施丁・沈志華 共譯 吉林人民出版社 1994
≪中國歷代人名大辭典≫ 張撝之・沈起煒・劉德重 主編 上海古籍出版社 2005
≪中國歷史大辭典≫ 鄭天挺・譚其驤 主編 上海辭書出版社 2002
≪漢語大詞典≫ 漢語大詞典編輯委員會 上海辭書出版社1986
≪三國志辭典≫ 張舜徽 主編 山東教育出版社 1992
≪晉書辭典≫ 劉乃和 編 山東教育出版社 2001
≪北朝五史辭典≫ 簡修煒 編 山東教育出版社 2000
≪南朝五史辭典≫ 袁英光 編 山東教育出版社 2005

〔其他〕

≪十三經注疏≫ 十三經注疏整理委員會 整理 北京大學出版社 2000

目　次

〔附 錄〕

漢 紀

後皇帝 下 附魏, 吳, 晉三僭國年紀라

後皇帝(劉禪) 下 - 魏·吳·晉 세 僭國(참람한 나라)의 年紀를 붙였다. -

【甲寅】 十二年이라 〈魏青龍二年이요 吳嘉禾三年이라〉

建興 12년(갑인 234) - 魏나라 青龍 2년이고, 吳나라 嘉禾 3년이다. -

春二月에 **丞相亮**이 **率大衆十萬**하고 **由斜谷**하야 **伐魏**할새 **遣使約吳**하야 **同時大擧**하다

봄 2월에 丞相 諸葛亮이 십만 대군을 거느리고 斜谷을 경유하여 魏나라를 정벌할 때에 使者를 보내 吳나라와 약속하여 동시에 크게 군대를 일으키기로 하였다.

○ **夏四月**에 **丞相亮**이 **至郿**하야 **軍於渭水之南**하니 **司馬懿引軍度(渡)渭**하야 **背水爲壘以拒之**할새 **謂諸將曰 亮**이 **若出武功**[1]하야 **依山而東**이면 **誠爲可憂**어니와 **若西止五丈原**이면 **諸將**이 **無事矣**[2]리라하더니 **亮**이 **果屯五丈原**[3]하다 **亮以前者數出**에 **皆以運糧不繼**하야 **使己志不伸**이라하야 **乃分兵屯田**하야 **爲久駐之基**하니 **耕者雜於渭濱居民之間**이로되 **而百姓安堵**하고 **軍無私焉**이러라

여름 4월에 丞相 諸葛亮이 郿縣에 이르러 渭水의 남쪽에 주둔하니, 司馬懿

가 군대를 이끌고 渭水를 건너서 강을 등지고 보루를 만들어 대항할 때에 장수들에게 이르기를 "諸葛亮이 만약 武功縣으로 나와서 산을 의지하여 동쪽으로 오면 진실로 우려할 만하지만 만약 서쪽으로 五丈原에 그치면 장수들이 아무 탈이 없을 것이다." 하였는데, 諸葛亮이 과연 五丈原에 주둔하였다. 諸葛亮은 지난번에 여러 번 출동했을 때에 모두 군량을 운반해 오는 것이 계속 이어지지 못해서 자신의 뜻을 펴지 못했다 하여 마침내 군대를 나누어 둔전을 해서 오랫동안 머물 기반을 닦으니, 둔전하는 병사들이 渭水 가에 거주하는 백성들 사이에 섞여 있었으나 백성들은 편안히 지내고 군사들은 사리사욕을 꾀함이 없었다.

1) 〔通鑑要解〕 若出武功 : 武功은 縣名이니 屬右扶風이라
武功은 縣의 이름이니, 右扶風에 속한다.

2) 〔通鑑要解〕 若西止五丈原 諸將無事矣 : 懿已料亮之必屯五丈原이나 而力不能制일새 姑爲此言하야 以安諸將之心也라
司馬懿는 諸葛亮이 반드시 五丈原에 주둔할 것임을 헤아렸으나 자신의 힘이 諸葛亮을 제어할 수 없으므로 우선 이러한 말을 하여 장수들의 마음을 안심시킨 것이다.

3) 〔釋義〕 五丈原 : 在扶風郿縣域中하니라
五丈原은 扶風郡 郿縣의 구역 안에 있다.

〔新增〕 胡氏曰 司馬懿之言이 譎也라 實畏孔明屯五丈原하고 又憚於逆擊이라 故로 爲此語하야 以安其下爾라 孔明은 此擧에 蓋不復爲退計矣라 親統大軍하고 入他人境하야 久駐而魏師不敢攻하고 雜耕而居民無所苦하니 三代之兵若時雨를 孔明其庶幾矣어늘 或譏其短於將略[1]하니 可謂誤矣로다

胡氏가 말하였다.

"司馬懿의 말은 속임수이다. 실제로는 諸葛孔明이 五丈原에 주둔할까 두려워하고, 또 逆攻을 할까 꺼렸기 때문에 이런 말을 해서 부하들을 안심시킨 것일 뿐이다. 諸葛孔明은 이 거사에 다시는 후퇴할 계책을 하지 않았다. 그리하여 친히 大軍을 통솔하고 다른 나라의 국경에 들어가서 오랫동안 주둔하였으나 魏나라 군대가 감히 공격하지 못하였고, 屯田하는 병사들이 백성들

사이에 섞여서 경작하였으나 거주하는 백성들이 고통스러워하는 바가 없었으니, 三代時代의 군대를 백성들이 단비처럼 여겼는 바, 諸葛孔明이 거의 이에 가까웠다. 그런데도 혹자는 그가 장수의 韜略에 있어서 부족하다고 비판하니, 잘못이라고 이를 만하다.”

1)〔頭註〕或譏其短於將略：下陳壽註*)라
　이 내용은 아래 陳壽의 史評의 註에 보인다.

*) 陳壽註：≪三國志≫〈諸葛亮傳〉에 “諸葛亮은 해마다 군대를 동원하였으나 성공하지 못하였으니, 변화에 대응하는 將略은 그의 所長이 아니다.”라고 비판하였으므로 말한 것이다.

八月에 懿與亮相守百餘日이라 亮이 數挑戰호되 懿不出이어늘 亮이 乃遺懿巾幗(괵)[1]婦人之服한대 懿怒하야 上表請戰하니 魏主叡使衛尉辛毗로 杖節爲軍師하야 以制之하다 護軍姜維謂亮曰 辛佐治[2]杖節而到하니 賊이 不復出矣리이다 亮曰 彼本無戰情이로되 所以固請戰者는 以示武於其衆耳니라 亮이 遣使者하야 至懿軍한대 懿問其寢食及事之煩簡하고 不問戎事[3]라 使者對曰 諸葛公이 夙興夜寐하야 罰二十已上은 皆親覽焉호되 所噉(담)食이 不至數升[4]이니이다 懿告人曰 諸葛孔明이 食少事煩하니 其能久乎아 亮이 病篤이어늘 帝使尙書僕射李福으로 省侍하고 因諮以國家大計러니 亮曰 公所問者는 公琰(염)[5]이 其宜也니라 福이 復請蔣琬之後에 誰可任고 亮曰 文偉[6]可以繼之니라 又問其次한대 亮이 不答이러라 是月에 亮이 卒於軍中하니 長史楊儀 整軍而出하다 百姓이 奔告司馬懿한대 懿追之러니 姜維令儀로 反旗鳴鼓하야 若將向懿者하니 懿斂軍退하야 不敢偪이러라 於是에 儀結陳而去하야 入谷[7]然後에 發喪하니라 百姓이 爲之諺曰 死諸葛이 走生仲達이라하니 懿聞之하고 笑曰 吾能料生이요 不能料死故也로다 懿案行亮之營壘處所하고 歎曰 天下奇才也로다 追至赤岸이라가 不及而還[8]하다

8월에 司馬懿가 諸葛亮과 서로 백여 일 동안 대치했다. 諸葛亮이 여러 번 도전하였으나 司馬懿가 출전하지 않자 諸葛亮이 마침내 司馬懿에게 婦人들이 사용하는 首飾인 巾幗을 보내었다. 司馬懿가 노하여 表文을 올려 싸울 것을 청하니, 魏主 曹叡가 衛尉인 辛毗로 하여금 節을 잡고 軍師가 되어 제재하게 하였다. 護軍 姜維가 諸葛亮에게 이르기를 "辛佐治(辛毗)가 節을 잡고 이르렀으니, 적이 다시는 출동하지 않을 것입니다." 하니, 諸葛亮이 말하기를 "저들이 본래 싸울 마음이 없는데 굳이 출전을 청한 이유는 그의 무리들에게 威武를 보이고자 해서일 뿐이다." 하였다.

諸葛亮이 使者를 보내어 司馬懿의 군중에 이르자, 司馬懿는 諸葛亮이 자고 먹는 것과 매일 처리하는 일의 많고 적음만 묻고 군대의 일을 묻지 않았다. 使者가 대답하기를 "諸葛公은 아침 일찍 일어나고 밤늦게 자서 杖 20대 이상의 형벌은 모두 직접 살피되 먹는 음식은 몇 되에 이르지 못합니다." 하니, 司馬懿가 사람들에게 말하기를 "諸葛孔明이 먹는 것은 적고 일은 많이 하니, 어찌 오래갈 수 있겠는가." 하였다.

諸葛亮의 병이 위독해지자, 황제가 尙書僕射 李福으로 하여금 살피면서 모시게 하고 인하여 國家의 大計를 묻게 하였는데, 諸葛亮이 말하기를 "公이 물은 것은 公琰(蔣琬)이 마땅하다." 하였다. 李福이 다시 "蔣琬의 뒤에는 누가 맡길 만한 자입니까?" 하고 묻자, 諸葛亮은 말하기를 "文偉(費褘)가 뒤를 이을 만하다." 하였다. 또 그 다음을 묻자, 諸葛亮이 대답하지 않았다.

이달에 諸葛亮이 군중에서 죽으니, 長史 楊儀가 군대를 정돈하여 물러 나왔다. 백성들이 달려가 司馬懿에게 고하자 司馬懿가 추격하였는데, 姜維가 楊儀로 하여금 깃발을 돌리고(군대를 돌이키고) 북을 울려서 진군하여 司馬懿를 공격할 것처럼 하니, 司馬懿가 군대를 거두고 후퇴하여 감히 핍박하지 못하였다. 이에 楊儀가 진영을 구축하고 떠나서 斜谷에 들어온 뒤에야 喪을 발표하였다. 백성들이 이 때문에 속담을 만들어 이르기를 "죽은 諸葛亮이 산 仲達(司馬懿의 字)을 패주시켰다." 하니, 司馬懿가 이 말을 듣고 웃으며 말하기를 "나는 그가 산 것만 헤아렸지 죽은 것은 헤아리지 못했기 때문이다." 하였다. 司馬懿가 諸葛亮의 營壘가 있는 곳을 순시하고서 탄식하기를 "천하의 奇才이다.” 하였다. 추격하여 赤岸에 이르렀으나 따라잡지 못하고 돌아왔다.

1) 〔釋義〕 巾幗 : 婦人喪冠也라 以巾上覆髮하니 如帕之類라 〔通鑑要解〕 據劉昭續輿服志컨대 公卿, 列侯夫人紺繒幗이라하니 蓋婦人首飾之稱이요 不特喪冠也라
〔釋義〕 巾幗은 부인의 喪冠이다. 두건의 윗부분으로 머리카락을 덮어씌우는 것이니, 帕(머리띠)과 같은 따위이다. 〔通鑑要解〕 劉昭의 ≪續輿服志≫에 의거하건대 “公卿과 列侯의 夫人은 紺色 비단으로 幗을 한다.” 하였으니, 巾幗은 婦人의 머리 장식의 명칭이요, 다만 喪冠만 가리키는 것은 아니다.

2) 〔通鑑要解〕 辛佐治 : 佐治는 辛毗字라
佐治는 辛毗의 字이다.

3) 〔通鑑要解〕 懿問其寢食……不問戎事 : 懿所憚者亮也라 問其寢食及事之煩簡하야 以覘壽命之久近耳니 戎事何必問耶리오
司馬懿가 두려워한 것은 諸葛亮이다. 그러므로 제갈량의 잠자는 것과 먹는 것과 처리하는 일의 많고 적음을 물어 壽命의 길고 짧음을 엿보려 한 것일 뿐이니, 어찌 군대의 일을 물을 필요가 있겠는가.

4) 〔通鑑要解〕 不至數升 : 古升小故로 數升이라
옛날의 升은 작기 때문에 몇 升이라고 한 것이다.

5) 〔頭註〕 公琰 : 蔣琬字라
公琰은 蔣琬의 字이다.

6) 〔通鑑要解〕 文偉 : 費禕字라
文偉는 費禕의 字이다.

7) 〔頭註〕 入谷 : 谷은 斜谷*)이라
谷은 斜谷이다.

*) 斜谷 : 산골짜기의 이름이니, 陝西省 終南山에 있다. 골짜기에 두 개의 입구가 있으니, 남쪽을 褒라 하고 북쪽을 斜라 한다. 그러므로 또한 褒斜谷이라고도 칭하니, 전체 길이가 470里이다. 양 가장자리의 山勢가 험준하여 關陝을 움켜쥐고 川蜀을 控制하니, 예로부터 兵家들이 반드시 다투었던 곳이다.

8) 〔通鑑要解〕 追至赤岸 不及而還 : 前에 趙子龍이 至此橋而退軍할새 燒壞赤崖閣道緣谷一百餘里라 其閣梁一頭入山腹이요 一頭立柱於水中이러니 今水大而急하야 不得安柱라 赤崖는 卽赤岸이라
예전에 趙子龍(趙雲)이 이 다리에 이르러 군대를 퇴각시킬 때에 골짜기를 따라 1백여 리에 이르는 赤崖의 閣道를 불태워 파괴하였다. 閣道를 가로지르는 다리

가 한 갈래는 산허리로 들어가고 한 갈래는 물속에다 기둥을 세웠는데, 지금은 수량이 많고 물살이 급하여 기둥을 지탱할 수가 없다. 赤崖는 바로 赤岸이다.

〔新增〕 尹氏曰 孔明이 進軍渭南하야 分兵屯田하니 懿雖引兵拒守나 甘受巾幗婦人之服하야 勢已窮蹙이어늘 而亮乃告終이라 天不祚漢하야 使之功業不就하니 謂之何哉리오 然이나 亮受遺託孤之際에 蓋嘗以竭股肱之力하고 效忠正之節하야 繼之以死로 爲告하고 至其出軍上表하야는 又以鞠躬盡力하야 死而後已로 爲言하니 由今觀之컨대 誠謂不食其言矣라 其討賊之義가 死而不屈하야 至今凜凜하야 猶有生氣하니 其視曹, 馬[1]輩欺孤弱寡하야 狐媚以取人家國者하면 曾犬彘之不若也니 世豈可以成敗論人物哉아

尹氏(尹起莘)가 말하였다.

"諸葛孔明이 渭水의 남쪽으로 進軍하여 병력을 나누어서 屯田을 하니, 司馬懿가 비록 군대를 이끌고 와서 항거하고 지켰으나 婦人들이 사용하는 巾幗을 기꺼이 받아서 형세가 이미 위축되었는데 諸葛亮이 마침내 죽음을 고하였다. 하늘이 漢나라를 돕지 않아서 그의 功業이 성취되지 못하게 하였으니, 말하여 무엇하겠는가. 그러나 諸葛亮이 遺命을 받고 어린 고아인 劉禪을 부탁받았을 때에 일찍이 股肱의 힘을 다하고 忠正의 절개를 바쳐서 죽음으로 잇겠다고 고하였고, 군대를 출동하면서 出師表를 올림에 이르러서는 또 몸과 마음을 다하여 나라를 위해 매진해서 죽은 뒤에야 그만두겠다고 말하였으니, 이제 살펴보면 진실로 食言하지 않았다고 이를 만하다. 역적을 토벌하는 의리를 죽어도 굽히지 않아서 지금까지도 늠름하여 오히려 생기가 있으니, 曹操와 司馬懿 등이 고아를 속이고 과부를 무시하여 여우처럼 홀려서 남의 집안과 나라를 취한 것에 비한다면 일찍이 저들은 개돼지만도 못하다. 그러하니 세상에 어찌 성패만 가지고 인물을 논할 수 있겠는가."

1) 〔頭註〕 曹馬 : 曹操, 司馬懿라
曹馬는 曹操와 司馬懿이다.

初에 前軍師[1]魏延이 勇猛過人하고 善養士卒이라 每隨亮出에 輒欲請兵萬人

하야 與亮異道하야 會于潼關을 如韓信故事[2)]호되 亮이 制而不許한대 延이 常謂亮爲怯이라하고 歎恨己才用之不盡하니라

처음에 前軍師 魏延이 용맹이 보통 사람보다 뛰어나고 사졸들을 잘 길렀다. 諸葛亮을 따라 출전할 때마다 번번이 만 명의 병력을 청하여 諸葛亮과 길을 달리하여 진출해서 潼關에서 만나 옛날 韓信의 故事와 같이 하고자 하였으나 諸葛亮이 제재하고 허락하지 않으니, 魏延이 항상 諸葛亮을 일러 겁쟁이라 하고 자신의 재주를 다 쓰지 못함을 한탄하였다.

1)〔通鑑要解〕前軍師：蜀置中軍師, 前軍師, 後軍師하니라
蜀漢은 中軍師·前軍師·後軍師를 두었다.

2)〔頭註〕韓信故事：見四卷丁酉年이라
韓信이 군대를 청한 故事는 앞의 4권 丁酉年條(B.C.204)에 보인다.

○ 諸軍이 還成都하니 諡諸葛亮曰 忠武侯라하다 丞相長史張裔 常稱亮曰 公이 賞不遺遠하고 罰不阿近하며 爵不可以無功取하고 刑不可以貴勢免하니 此는 賢愚之所以僉忘其身[1)]者也라하니라

여러 군대가 成都로 돌아오니, 諸葛亮의 시호를 忠武侯라 하였다. 丞相長史인 張裔가 항상 諸葛亮을 칭찬하여 말하기를 "公은 상을 내릴 때에 소원한 사람을 빠뜨리지 않고 벌을 내릴 때에 가까운 사람을 두둔하지 않았으며, 관작은 功이 없이 취할 수 없고 형벌은 귀한 형세로 면할 수 없었으니, 이것이 바로 어진 이와 어리석은 이가 모두 자기 몸을 잊고 나라에 보답했던 이유이다." 하였다.

1)〔頭註〕僉忘其身：僉은 皆也라
僉은 모두이다.

陳壽評曰 諸葛亮之爲相國也에 撫百姓하야 示儀軌하고 約官職하야 從權制하고 開誠心, 布公道하며 盡忠益時者는 雖讐必賞하고 犯法怠慢者는 雖親必罰하고 服罪輸情者는 雖重必釋하고 游辭巧飾者는 雖輕必戮하야 善無微而不賞

하고 惡無纖而不貶이라 庶事精練하고 物理其本[1)]하며 循名責實하야 虛僞不齒하야 終於邦域之內에 咸畏而愛之하야 刑政雖峻而無怨者는 以其用心平而勸戒明也니 可謂識治之良才요 管, 蕭[2)]之亞匹矣[3)]로라 〈出亮本傳〉

陳壽의 評에 말하였다.

"諸葛亮이 相國이 되었을 때에 백성들을 어루만져서 儀軌(모범)를 보이고 관직을 줄여서 權制(임시의 제도)를 따르며 誠心을 열어 보이고 공정한 道를 폈으며, 충성을 다하여 세상을 유익하게 하는 자는 비록 원수라도 반드시 賞을 주었고 法을 범하고 태만한 자는 비록 친하더라도 반드시 벌을 주었으며, 罪를 자복하고 實情을 바치는 자는 비록 무거운 죄라도 반드시 풀어 주고 근거 없는 말로 교묘히 꾸미는 자는 비록 가벼운 죄라도 반드시 죽여서, 善은 아무리 작아도 상 주지 않음이 없고 惡은 아무리 작아도 폄하하지 않은 적이 없었다. 모든 일을 精하게 단련하고 일마다 근본에 따라 다스리며, 명분에 따라 실제를 요구해서 허위가 끼어들지 못하게 하여, 끝내 나라 안에서 모두 두려워하고 사랑해서 刑法과 政令이 비록 준엄하였으나 원망하는 자가 없었으니, 이는 마음 씀이 공평하고 善을 권면하고 惡을 경계함이 분명하였기 때문이다. 諸葛亮은 다스리는 방법을 아는 훌륭한 인재이고 管仲과 蕭何에 버금가는 인물이라고 이를 만하다." - ≪三國志 諸葛亮傳≫에 나옴 -

1) 〔頭註〕 物理其本 : 言事事物物을 必從其本而治也라
모든 일과 모든 물건을 반드시 그 근본에 따라 다스림을 말한다.

2) 〔頭註〕 管蕭 : 管仲, 蕭何라
管蕭는 管仲과 蕭何이다.

3) 〔原註〕 諸葛亮之爲相國也……管蕭之亞匹矣 : 本傳에 又云 連年動衆이로되 未能成功하니 蓋應變將略은 非其所長이라하니라
≪三國志≫ 〈諸葛亮傳〉에 또 이르기를 "해마다 군대를 동원하였으나 성공하지 못하였으니, 변화에 대응하는 將略은 그의 所長이 아니다." 하였다.

朱黼曰 孔明이 高臥南陽하야 自比管, 樂[1)]하니 時人이 莫之許也라 余切(竊)論之컨대 孔明은 王者之佐로 伊尹[2)]之儔也라 管, 樂之比는 特主乎撥亂繼絶之志하야 一時自寓之言耳니 若陳壽者 奚足以知孔明哉리오 夫孔明之於伊尹

에 所遇雖異나 處心則同하니 要未可以差殊觀也라 夫躬耕有莘而樂堯舜之道하고 躬耕南陽而吟梁父[3]는 同一隱晦也요 聘幣三往而後起하고 枉駕三顧而後從은 同一出處也요 一夫不被則有納溝之恥하고 漢室未復則爲一己之責은 同是自任也라 伊尹이 往來湯桀之間호되 二國이 不以爲間[4]하고 就桀而復伐之호되 天下不以爲叛하고 相太甲而復放之하고 復太甲而終相之호되 天下不以爲專이라 孔明兄弟 分仕三國[5]호되 國人이 不以爲二하고 勸昭烈伐劉璋而迄取之호되 後世不以爲貪하고 昭烈이 令輔後帝하고 且曰 苟不可輔어든 公自取之라호되 孔明이 不以爲嫌하고 專國一十二年호되 後帝不以爲偪하니 果何修而得此哉아 孟子曰 伊尹이 耕於有莘之野에 非其道也며 非其義也어든 祿之天下라도 弗顧也하고 繫馬千駟라도 弗視也라하시니 豈非其素所不屑[6]者 足以取信於人哉아 方孔明蕭然草廬之中하고 資衣食於耒耜之業하야 擁膝長嘯하야 不求聞達하니 顧豈有一毫富貴之念이리오 迫之而起는 要爲天下大義하야 撥亂繼絶耳니 其肯以天下動其心乎아 其肯負其主하야 以利其家乎아 其肯爲不義하야 以利其身乎아

朱黼가 말하였다.

"諸葛孔明이 南陽 땅에 은거하여 스스로 管仲과 樂毅에게 견주니, 당시 사람들이 허여하지 않았다. 내가 적이 논하건대 諸葛孔明은 王者를 보좌할 만한 재질로 伊尹의 무리이다. 管仲과 樂毅에게 자신을 견준 것은 다만 亂을 다스리고 끊어진 代를 잇는 뜻을 위주로 해서 한때 스스로 붙인 말일 뿐이니, 陳壽와 같은 자가 어찌 충분히 諸葛孔明을 알았겠는가. 諸葛孔明은 伊尹에게 있어서 만난 처지는 비록 달랐으나 마음에 보존한 것은 똑같았으니, 요컨대 차별을 두어 보아서는 안 된다.

〈伊尹이〉 有莘의 들에서 몸소 밭을 갈면서 堯・舜의 道를 즐거워하고 〈諸葛孔明이〉 몸소 南陽 땅에서 밭을 갈면서 梁父吟을 읊은 것은 똑같은 은둔이요, 〈伊尹이 湯王이〉 폐백을 가지고 聘問하여 세 차례나 찾아간 뒤에야 나오고 〈諸葛孔明이 昭烈帝가〉 직접 枉臨하여 세 차례나 草廬로 찾아온 뒤에 따른 것은 똑같은 출처이며, 〈伊尹이〉 한 지아비라도 은택을 입히지 못하면 도랑에 밀어 넣은 것처럼 부끄러워하였고 〈諸葛孔明이〉 漢나라 皇室을 興復하

지 못하면 자신의 책임으로 삼은 것은 똑같은 自任이었다.

伊尹이 湯임금과 桀王의 사이를 왕래하였으나 두 나라에서 일찍이 헐뜯지 않았고, 桀王에게 나아갔다가 다시 桀王을 정벌하였으나 천하 사람들은 그가 배반하였다고 말하지 않았으며, 太甲을 돕다가 다시 추방하고 太甲을 돌아오게 하여 끝내 그를 도왔으나 천하 사람들은 그가 專橫한다고 말하지 않았다. 諸葛孔明은 형제가 세 나라에 나뉘어서 벼슬하였으나 나라 사람들은 그가 두 마음을 품었다고 말하지 않았고, 昭烈帝에게 劉璋을 치도록 권면하고 끝내 취하였으나 후세 사람들은 그가 탐욕스럽다고 말하지 않았으며, 昭烈帝가 後帝(劉禪)를 보좌하게 하고 또 말하기를 '만일 보필할 수 없거든 공이 직접 취하라.' 하였으나 諸葛孔明이 이를 혐의하지 않았으며, 國政을 12년 동안 독단하였으나 後帝가 핍박한다고 여기지 않았으니, 과연 어떻게 닦았기에 이러한 훌륭한 명성을 얻었는가.

孟子가 말씀하기를 '伊尹이 有莘의 들에서 밭 갈면서 道가 아니고 義가 아니면 천하로써 녹을 주더라도 돌아보지 않았으며, 말 千駟를 매어 놓더라도 보지 않았다.' 하였으니, 어찌 평소에 富貴를 좋게 여기지 않은 것이 충분히 사람들에게 신용을 얻었기 때문이 아니겠는가. 諸葛孔明이 草廬 가운데에서 쓸쓸히 살고 쟁기로 농사짓는 데에서 衣食을 마련하여 무릎을 두 팔로 껴안고 길게 휘파람 불면서 영예와 영달을 구하지 않았으니, 돌아보건대 어찌 털끝만큼인들 부귀해지려는 생각이 있었겠는가. 사람들에게 몰려서 세상에 나온 것은 요컨대 천하의 大義를 위해 혼란한 세상을 바로잡고 끊어진 대를 잇고자 해서였을 뿐이니, 어찌 천하로 마음을 동요하려 하였겠으며, 어찌 군주를 저버리고 자기 집안을 이롭게 하려고 하였겠으며, 어찌 不義를 저질러서 자기 몸을 이롭게 하려고 하였겠는가."

1) 〔頭註〕 管樂 : 管仲, 樂毅라

管樂은 管仲과 樂毅이다.

2) 〔頭註〕 伊尹 : 伊는 姓이요 尹은 字요 名은 摯라

伊는 姓이고 尹은 字이고 이름은 摯이다.

3) 〔附註〕 吟梁父 : 梁父(甫)吟*)에 步出齊城門하야 遙望蕩陰里라 里中有三墳하니

纍纍正相似라 問是誰家塚고 田疆古冶氏라 力能排南山이요 文能絶地紀라 一朝被讒言하야 二桃殺三士라 誰能爲此謀오 相國齊晏子라하니라 景公이 畜(휵)勇士公孫接, 田開疆, 古冶子하니 三人見晏子不禮라 晏子請去之하고 乃饋之二桃하야 令計功而食하다 公孫接, 田開疆云云한대 古冶子曰 吾嘗從君濟河할새 黿啗左驂이어늘 左操馬尾하고 右挈黿頭而出하니 若冶之功은 可以食桃矣니라 二子恥其功不及하야 自殺하니 古冶子亦自殺하다 孔明步齊城할새 見三墳하고 作是(今)〔吟〕以嘆之하니라

梁甫吟에 "걸어서 齊나라 都城門을 나가 멀리 蕩陰里를 바라보네. 마을 가운데 세 무덤이 있으니 연이어 있는 것이 서로 똑같구나. 뉘 집 무덤이냐고 물었더니 田開疆과 古冶氏라 하네. 힘은 南山을 밀어낼 만하고 文章은 땅의 이치를 다할 수 있었네. 하루아침에 讒言을 입어 두 개의 복숭아에 세 壯士 죽었다네. 누가 이러한 계책을 냈는가. 齊나라의 相國인 晏子라오." 하였다. 齊나라 景公이 勇士인 公孫接・田開疆・古冶子를 길렀는데, 이들 세 사람은 晏子를 보고도 예우하지 않았다. 晏子가 이들을 제거할 것을 청하고, 마침내 복숭아 두 개를 주어서 그들로 하여금 功을 따져서 먹게 하였다. 公孫接과 田開疆이 복숭아를 먹기 위해 이리이리 자신의 공로를 말하자, 古冶子가 말하기를 "내 일찍이 군주를 따라 黃河를 건널 때 큰 자라가 왼쪽 驂馬를 삼켰는데, 내가 왼손으로는 말 꼬리를 잡고 오른손으로는 자라목을 잡고서 나왔으니, 나의 공으로 말하자면 복숭아를 먹을 수 있다." 하였다. 두 사람이 자신들의 功이 古冶子에게 미치지 못함을 부끄러워하여 자살하니, 古冶子 또한 자살하였다. 諸葛孔明이 齊나라 城을 걸어 나올 적에 이들의 세 무덤을 보고 이 梁甫吟을 지어 탄식하였다.

＊) 梁父吟 : 제목의 뜻은 확실치 않다. 梁父는 梁甫와 통용되는 바, 이는 泰山 밑의 작은 산 이름이다. 梁甫吟은 楚 지방의 樂府曲名인데, 사람이 죽으면 梁父山에 매장한다고 해서 葬歌라 하기도 한다. 현재 전해지는 梁父吟辭로는 諸葛亮과 李白의 작품이 있다.

4)〔頭註〕爲間 : 間은 去聲이니 疾也요 訾也라

間은 去聲이니, 미워하고 헐뜯는 것이다.

5)〔頭註〕仕三國 : 諸葛誕은 仕魏하고 諸葛瞻은 仕吳하니라

〈諸葛亮은 蜀漢에서 벼슬하고〉 諸葛誕은 魏나라에서 벼슬하고, 諸葛瞻은 吳나라에서 벼슬하였다.

6)〔頭註〕不屑 : 屑은 潔也라

屑은 깨끗하게(좋게) 여기는 것이다.

〔新增〕南軒張氏贊曰 維忠武侯는 識其大者하니 仗義履仁하야 卓然不舍(捨)라 方臥南陽에 若將終身이러니 三顧而起하니 時哉屈伸이라 難平者事[1]요 不昧者幾니 大綱既得에 萬目乃隨라 我奉天討하야 不震不竦[2]이라 惟一其心하야 而以時動하니 噫侯此心이여 萬世不泯이라 遺像有嚴하니 瞻者起敬이어다

南軒 張氏(張栻)의 贊에 말하였다.

"忠武侯는 그 大體를 알았으니, 義를 따르고 仁을 행하여 우뚝 서서 다른 것은 돌아보지 않았다. 南陽 땅에 은거할 때에는 이대로 일생을 마칠 듯하였는데 三顧草廬한 뒤에 나오니, 이는 때에 따라 굽히고 편 것이다. 평탄하기 어려운 것은 일이고 어둡지 않은 것은 기미이니, 큰 綱領을 이미 얻으면 만 개의 條目은 따르게 마련이다. 내 天討(하늘의 토벌)를 봉행하여 동요하지 않고 두려워하지 않으므로 오직 마음을 한결같이 하여 때에 따라 움직이니, 아! 諸葛武侯의 이 마음이여, 만세토록 없어지지 않으리라. 遺像이 엄숙하니 보는 자들은 공경하는 마음을 일으킬지어다."

1)〔頭註〕難平者事 : 平은 音病이니 平其不平曰平이라

平은 음이 병(평)이니, 평탄하지 않은 것을 평탄하게 하는 것을 平이라 한다.

2)〔頭註〕不震不竦 : 詩通釋*)에 不震動, 不竦懼라하니라

不震不竦은 ≪詩傳通釋≫에 "동요하지 않고 두려워하지 않음이다." 하였다.

*) 詩通釋 : 元나라 劉瑾이 지은 ≪詩傳通釋≫을 가리킨다. 劉瑾은 字가 公瑾이고 安福 사람이다.

初에 **長水校尉廖立**이 **自謂才名**이 **宜爲諸葛亮之副**라하더니 **嘗(常)以職位游散**이라하야 **怏**(앙)**怏怨謗無已**어늘 **亮**이 **廢立爲民**하야 **徙之汶**(민)**山**[1]이러니 **及亮卒**에 **立**이 **垂泣曰 吾終爲左衽矣**로다 **李平聞之**하고 **亦發病死**하다 **平**이 **常冀亮復收己**하야 **得自補復**이러니 **策後人不能故也**[2]러라

처음에 長水校尉 廖立은 스스로 자신의 재주와 명망이 응당 諸葛亮에게 버금간다고 여겼는데, 항상 職位가 일정치 않고 閑散職이라 하여 앙앙불락하여

원망하고 비방하기를 그치지 않으니, 諸葛亮이 廖立을 폐하여 평민으로 삼아 汶山으로 유배 보냈다. 諸葛亮이 죽자 廖立이 눈물을 흘리며 말하기를 "내가 끝내 左衽(옷깃을 왼쪽으로 여미는)하는 오랑캐가 되겠구나." 하였다. 李平은 諸葛亮이 죽었다는 말을 듣고 또한 병이 나서 죽었다. 李平은 항상 諸葛亮이 다시 자기를 거두어 등용해서 스스로 과실을 보충할 수 있기를 바랐는데, 諸葛亮의 뒤를 잇는 자가 다시는 자신을 거두어 써 주지 않을 것을 헤아렸기 때문이다.

1) 〔通鑑要解〕 汶山 : 汶은 音岷이니 汶山은 本冉駹(방)國이라 漢武帝置汶山郡하니 三國系蜀이라

汶은 音이 민이니, 汶山은 본래 冉駹國이다. 漢나라 武帝가 汶山郡을 설치하였으니 三國時代에 蜀에 속하였다.

2) 〔釋義〕 李平聞之……不能故也 : 按綱目分注辛亥九年에 丞相亮攻祁山時에 以李嚴으로 爲中都護하야 署府事하고 更(경)名平하다 會天霖雨하니 平主督運이러니 恐糧不繼하야 遣參軍하야 呼亮還하다 亮旣退軍에 平乃更言하여 軍糧饒足이어늘 何爲而退오하야 欲殺督運하야 以解不辦之責이라 亮出其前後手書하니 本末違錯이라 平辭窮謝罪하니 於是에 亮免其官하고 削爵土하야 徙梓(橦)〔潼〕郡하고 復以平子豐으로 爲中郎將, 參軍事하니라 〔頭註〕 策은 料也니 後之人이 必不復收錄我也라

〔釋義〕 ≪資治通鑑綱目≫ 辛亥 9年條에 分注하기를 "丞相 諸葛亮이 祁山을 공격할 때에 李嚴을 中都護로 삼아 府의 일을 맡게 하고 이름을 平으로 바꾸었다. 마침 날씨가 장마가 지니, 李平은 군량의 운반을 감독하는 일을 맡았는데 군량을 계속 대지 못할까 염려해서 參軍을 보내어 諸葛亮을 불러 돌아오게 하였다. 諸葛亮이 이미 군대를 후퇴시킨 뒤에 李平이 마침내 말을 바꾸어 '군량이 풍족한데 어찌하여 후퇴하였습니까?'라고 하여, 군량의 운반을 감독하는 자를 죽여서 자신이 일을 제대로 처리하지 못한 책임을 면하려고 하였다. 이에 諸葛亮이 전후에 손수 쓴 편지를 내보이니, 本末이 서로 어긋났다. 그리하여 李平이 말문이 막혀 사죄하자, 이에 諸葛亮은 그의 관직을 파면하고 작위와 토지를 삭탈하여 梓潼郡으로 귀양 보내고 다시 李平의 아들 李豐을 中郎將·參軍事로 삼았다." 하였다. 〔頭註〕 策은 헤아림이니, 諸葛亮의 뒤를 잇는 사람이 반드시 다시는 자신을 거두어 錄用하지 않을 줄을 헤아린 것이다.

習鑿齒論曰 昔에 管仲이 奪伯氏駢邑三百호되 沒齒而無怨言이어늘 聖人以謂難[1]이라하시니 諸葛亮之使廖立垂泣하고 李嚴致死는 豈徒無怨言而已哉아 夫水至平而邪者取法하고 鑑至明而醜者亡怒하니 水鑑之所以能窮物而無怨者는 以其無私也일새라 水鑑無私로도 猶以免謗이어든 況大人君子懷樂生之心하고 流矜恕之德하야 法行於不可不用하고 刑加乎自犯之罪하며 爵之而非私하고 誅之而不怒면 天下有不服者乎아

習鑿齒의 論에 말하였다.

"옛날 管仲이 伯氏의 駢邑 300호를 빼앗았으나 일생을 마치도록 원망하는 말이 없었는데 聖人이 이것을 어려운 일이라고 하셨으니, 諸葛亮이 廖立으로 하여금 눈물을 흘리게 하고 李嚴으로 하여금 죽게 한 것은 어찌 다만 원망하는 말이 없었을 뿐이었겠는가. 물은 지극히 평평하지만 간사한 자가 취하여 법으로 삼고 거울은 지극히 밝지만 추악한 자가 비춰 보고 노여워함이 없으니, 평평한 물과 밝은 거울이 물건으로 하여금 끝까지 다 드러나게 하는데도 원망함이 없는 것은 사사로움이 없기 때문이다. 평평한 물과 밝은 거울이 사사로움이 없어도 오히려 비방을 면하는데, 하물며 大人君子가 살려 주기를 좋아하는 마음을 품고 불쌍히 여기고 용서해 주는 德을 펴서, 法이 쓰지 않을 수 없는 데에 행해지고 형벌이 스스로 범한 죄에 가해지며, 관작을 내려도 사사로이 봐준 것이 아니고 죽여도 노여움으로 인한 것이 아니라면, 천하에 어찌 복종하지 않는 자가 있겠는가."

1)〔譯註〕管仲……聖人以謂難 : 이 내용은 ≪論語≫ 〈憲問〉에 보인다.

帝以丞相長史蔣琬으로 **爲尙書令**하야 **摠統國事**하다 **時**에 **新喪元帥**하니 **遠近**이 **危悚**호되 **琬**이 **出類拔萃**하야 **處群僚之右**하야 **旣無戚容**하고 **又無喜色**하야 **神守擧止 有如平日**하니 **由是**로 **衆望**이 **漸服**이러라

황제가 丞相長史 蔣琬을 尙書令으로 삼아서 國事를 총괄하게 하였다. 이때 새로 元帥를 잃으니 멀고 가까운 곳에서 위태롭게 여기고 두려워하였으나 蔣

琬은 무리들 가운데 뛰어나서 여러 동료들 위에 거하여, 이미 슬퍼하는 모습이 없고 또 기뻐하는 기색이 없어서 神守(精神)와 행동거지가 평소와 같으니, 이 때문에 여러 사람들의 신망이 점점 굴복하였다.

【乙卯】 十三年이라 〈魏青龍三年이요 吳嘉禾四年이라〉

建興 13년(을묘 235) - 魏나라 青龍 3년이고, 吳나라 嘉禾 4년이다. -

正月에 魏以大將軍司馬懿로 爲太尉하다

정월에 魏나라가 大將軍 司馬懿를 太尉로 삼았다.

○ 四月에 以蔣琬으로 爲大將軍, 錄尙書事하고 費禕로 爲尙書令하다

4월에 蔣琬을 大將軍·錄尙書事로 삼고 費禕를 尙書令으로 삼았다.

【丙辰】 十四年이라 〈魏青龍四年이요 吳嘉禾五年이라〉

建興 14년(병진 236) - 魏나라 青龍 4년이고, 吳나라 嘉禾 5년이다. -

魏詔公卿하야 擧才德兼備者各一人한대 司馬懿以兗州刺史王昶(창)으로 應選하다 昶은 爲人謹厚라 名其兄子曰默, 曰沈이라하고 名其子曰渾, 曰深이라하고 爲書戒之曰 吾以四者爲名은 欲使汝曹顧名思義하야 不敢違越也하노라 夫物이 速成則疾亡하고 晩就則善終이라 朝華之草는 夕而零落하고 松柏之茂는 隆寒不衰하나니 是以로 君子戒於闕黨[1]也하시니라 夫能屈以爲伸하며 讓以爲得하며 弱以爲彊이면 鮮不遂矣니 夫毁譽者는 愛惡之原而禍福之機也라 孔子曰 吾之於人에 誰毁誰譽[2]리오하시니 以聖人之德으로도 猶尙如此온 況庸庸之徒而輕毁譽哉아 人或毁己어든 當退而求之於身하야 若己有可毁之行이면 則彼言이 當矣요 若己無可毁之行이면 則彼言이 妄矣라 當則無怨於彼요 妄

則無害於身이니 又何反報焉이리오 諺曰 救寒은 莫如重裘요 止謗은 莫如自修라하니 斯言이 信矣니라

魏나라가 公卿들에게 명하여 재주와 덕을 겸비한 자를 각각 한 명씩 천거하게 하자, 司馬懿가 兗州刺史 王昶으로 선발에 응하였다. 王昶은 사람됨이 신중하고 후덕하여 형의 아들을 이름하기를 '王默', '王沈'이라 하고, 자신의 아들을 이름하기를 '王渾', '王深'이라 하고는 글을 지어 이들을 경계하였다. "내가 이 네 글자로 너희들의 이름을 정한 것은 너희들로 하여금 이름을 돌아보고 뜻을 생각해서 감히 어기지 않게 하고자 해서이다. 일은 속히 이루어지면 빨리 망하고 늦게 이루어지면 잘 끝마친다. 아침에 꽃이 피는 풀은 저녁이면 시들어 떨어지고 소나무와 잣나무의 무성함은 엄동설한에도 쇠하지 않으니, 이 때문에 君子가 闕黨童子를 경계하신 것이다. 굽힘으로 폄을 삼고 사양으로 얻음을 삼으며 약함으로 강함을 삼을 수 있으면 이루어지지 않는 것이 적으니, 훼방과 칭찬은 사랑과 미움의 근원이고 禍와 福의 기틀이다. 孔子께서 말씀하기를 '내 남에 대해서 누구를 훼방하고 누구를 칭찬하겠는가.' 하셨으니, 聖人의 德으로도 오히려 이와 같았는데 하물며 용렬한 무리들이 가볍게 남을 훼방하고 칭찬함에 있어서이겠는가. 남이 만약 자신을 훼방하거든 마땅히 물러나서 스스로 자신을 돌이켜 보아 만약 자신이 훼방 받을 만한 행실이 있으면 저의 비방하는 말이 마땅한 것이요, 만약 자신이 훼방 받을 만한 행실이 없으면 저의 비방하는 말이 망령된 것이다. 마땅하면 저를 원망할 것이 없고 망령되면 내 몸에 해로움이 없으니 또 어찌 되갚을 것이 있겠는가. 속담에 이르기를 '추위를 면함은 두터운 갖옷만 한 것이 없고, 비방을 그치게 함은 스스로 자기 몸을 닦는 것만 한 것이 없다.' 하였으니, 이 말이 사실이다."

1) 〔附註〕 戒於闕黨 : 闕黨童子將命한대 子曰 吾見其居於位也하며 見其與先生竝行也하니 欲速成者也[*)]라한대 注에 童子當隅坐隨行이어늘 此童子不循此禮하니 但欲速成爾라하니라

闕黨童子가 명령을 전달하자, 孔子께서 말씀하기를 "나는 그가 자리에 〈버젓이〉

앉아 있는 것을 보았으며 先生과 나란히 걸어가는 것을 보았으니, 속히 이루고자 하는 자이다." 하였는데, 注에 "童子는 〈자리 한가운데에 앉지 말고〉 마땅히 귀퉁이에 앉아야 하고 뒤에서 어른을 隨行해야 하는데, 이 童子가 이 禮를 따르지 않으니, 다만 속히 이루고자 하는 자일 뿐이다."라고 하였다.

＊) 闕黨童子將命……欲速成者也 : 이 내용은 ≪論語≫ 〈憲問〉에 보인다.

2) 〔譯註〕 孔子曰……誰毁誰譽 : 이 내용은 ≪論語≫ 〈衛靈公〉에 보인다.

【丁巳】 十五年이라 〈魏景初元年이요 吳嘉禾六年이라〉

建興 15년(정사 237) - 魏나라 景初 元年이고, 吳나라 嘉禾 6년이다. -

魏主叡 詔散騎常侍劉邵하야 作考課法하니 邵作都官考課法七十二條어늘 詔下百官하야 議한대 崔林曰 考課之法이 存乎其人하니 若大臣이 能任其職하야 式是百辟이면 則孰敢不肅이릿고 烏在考課哉릿고 杜恕曰 明試以功하야 三考黜陟은 誠帝王之盛制也라 然이나 歷六代[1]而考績之法이 不著하고 闕七聖[2]而課試之文이 不垂라 語曰 世有亂人而無亂法[3]이라하니 若使法可專任이면 則唐, 虞可無須稷, 契之佐요 殷, 周無貴伊, 呂之輔矣리이다 議久不決하니 事竟不行하다

魏主 曹叡가 散騎常侍 劉邵에게 명하여 考課法을 만들게 하니, 劉邵가 ≪都官考課法≫ 72개 조항을 만들었다. 조서를 백관에게 내려 의논하게 하자, 崔林이 말하기를 "考課하는 법은 그 사람에게 달려 있으니, 만약 大臣이 자신의 직무를 잘 맡아서 百官들에게 본보기가 된다면 누가 감히 엄숙하지 않겠습니까, 어찌 考課할 필요가 있겠습니까." 하였다. 杜恕가 말하기를 "功으로써 분명히 시험하여 세 번 상고한 다음 내치고 올림은 진실로 帝王의 훌륭한 제도입니다. 그러나 여섯 王朝가 지나도록 考課하는 법이 드러나지 않았고, 일곱 聖人을 거쳤어도 課試하는 글이 남아 있지 않습니다. 속담에 이르기를 '세상에 다스리는 사람은 있으나 다스리는 법은 없다.' 하였으니, 만약 法에만 전적으로 맡길 수 있다면 唐·虞는 稷과 契의 보좌가 필요 없었을 것이

요, 殷·周는 伊尹과 呂尙의 보필을 귀하게 여길 것이 없었을 것입니다." 하였다. 의논이 오랫동안 결정되지 않으니, 일이 끝내 시행되지 못하였다.

1) 〔頭註〕 六代 : 唐, 虞, 夏, 商, 周, 漢이라
여섯 代(王朝)는 唐·虞·夏·商·周·漢이다.

2) 〔頭註〕 關七聖 : 關은 通也며 過也라 七聖은 堯, 舜, 禹, 湯, 文, 武, 周公이라
關은 통하는 것이고 지나가는 것이다. 일곱 聖人은 堯·舜·禹·湯·文·武·周公이다.

3) 〔頭註〕 世有亂人而無亂法 : 治亂曰亂이라
어지러움을 다스리는 것을 亂이라고 한다.

溫公曰 爲治之要는 **莫先於用人**이로되 **而知人之道**는 **聖賢所難也**라 **是故**로 **求之於毁譽**면 **則愛憎競進**하야 **而善惡渾殽**하고 **考之於功狀**이면 **則巧詐橫生**하야 **而眞僞相冒**하니 **要之**컨대 **本在於至公至明而已矣**라 **爲人上者 至公至明**이면 **則群下之能否**가 **焯然形於目中**하야 **無所復逃矣**어니와 **苟爲不公不明**이면 **則考課之法**이 **適足以爲曲私欺罔之資也**라 **或曰 考績之法**은 **唐, 虞所爲**라 **京房**[1], **劉邵述而修之耳**니 **烏可廢哉**아 **曰 唐, 虞之官**은 **其居位也久**하고 **其受任也專**하며 **其立法也寬**하고 **其責成也遠**이라 **故鯀之治水**에 **九載績用不成然後**에 **治其罪**하고 **禹之治水**에 **九州攸同**하고 **四隩旣宅然後**에 **賞其功**하니 **非若京房, 劉邵之法**의 **校其米鹽**[2]**之課**하고 **責其旦夕之效也**라 **事固有名同而實異者**하니 **不可不察也**니라 **考績**은 **非可行於唐, 虞而不行於漢, 魏**요 **由京房, 劉邵不得其本**하고 **而奔趨其末故也**니라

溫公이 말하였다.

"정치하는 요점은 인물을 등용하는 것보다 더 먼저 할 것이 없지만 인물을 알아보는 방법은 聖賢도 어렵게 여겼다. 이 때문에 만약 사람들의 훼방과 칭찬하는 말에서 인재를 구하면 사랑하는 자와 미워하는 자가

다투어 나와서 善惡이 뒤섞이고, 만약 功狀(공로를 기록한 글)에서 인물을 考課하면 잔꾀와 속임수가 제멋대로 나와서 眞僞가 분명치 못하니, 요컨대 근본은 지극히 공정하고 지극히 분명함에 달려 있을 뿐이다. 남의 윗사람이 된 자가 지극히 공정하고 지극히 분명하면 여러 아랫사람들의 능력의 有無가 환하게 안중에 나타나서 다시 회피할 곳이 없겠지만 만일 공정하지 못하고 분명하지 못하면 考課하는 법은 다만 부정하고 欺罔하는 자료가 될 뿐이다.

혹자는 말하기를 '考課하는 법은 唐·虞 시대에 만든 것이다. 京房과 劉邵는 이것을 계승해서 보충하였을 뿐이니, 어찌 폐할 수 있겠는가.'라고 한다. 그러나 唐·虞 시대의 관원은 지위에 있는 기간이 오래고 임무를 받은 것이 전일하였으며, 법을 세움이 관대하였고 성공을 책임 지움이 원대하였다. 그러므로 鯀이 洪水를 다스릴 때에 9년 동안 功績을 이루지 못한 뒤에야 그 죄를 다스려 벌을 주었고, 禹임금이 홍수를 다스릴 때에 九州가 똑같이 잘 다스려지고 四隩(사해의 물가)가 이미 집을 짓고 살 수 있게 된 뒤에야 그 공을 칭찬하여 상을 주었으니, 京房과 劉邵의 法처럼 자질구레한 일을 따지고 조석간에 효험을 바란 것이 아니었다. 일은 진실로 명칭은 같으나 실제는 다른 경우가 있으니, 살피지 않을 수 없다. 考課하는 법을 唐·虞 시대에는 행할 수 있고 漢·魏 시대에는 행할 수 없는 것이 아니라, 京房과 劉邵가 그 根本을 알지 못하고 末節만 급히 따랐기 때문이다."

1)〔頭註〕京房：漢元帝時人이라
京房은 漢나라 元帝 때 사람이다.
2)〔譯註〕米鹽：쌀과 소금이라는 뜻으로, 잗달고 번거로운 일을 비유하는 말이다.

七月에 皇后張氏崩하다

7월에 황후 張氏가 崩하였다.

【己未】 延熙二年이라 〈魏景初三年이요 吳赤烏二年이라〉

延熙 2년(기미 239) - 魏나라 景初 3년이고, 吳나라 赤烏 2년이다. -

春正月에 魏主叡寢疾[1)]이어늘 司馬懿入見한대 魏主執其手하고 曰 吾以後事屬君하노니 君與曹爽으로 輔少子하라 是日에 立齊王芳[2)]하야 爲皇太子하고 叡尋殂하다

봄 정월에 魏主 曹叡가 병이 위독하자 司馬懿가 들어가 뵈니, 魏主가 그의 손을 잡고 말하기를 "내 뒷일을 그대에게 부탁하노니, 그대는 曹爽과 함께 少子를 보필하라." 하였다. 이날 齊王 曹芳을 세워 皇太子로 삼고 曹叡가 얼마 후 죽었다.

1)〔頭註〕寢疾 : 寢은 益也라
寢은 병이 더 심해지는 것이다.

2)〔頭註〕齊王芳 : 明帝無子하여 養爲太子하니 不知所來라 或曰 任城王楷之子라
明帝가 아들이 없으므로 齊王 曹芳을 길러 太子로 삼으니, 누구의 소생인지 알 수 없다. 혹자는 이르기를 "任城王 曹楷의 아들이다." 한다.

孫盛論曰 魏明帝沈毅[1)]好斷하고 優禮大臣하며 開容善直하야 雖犯顔極諫이나 無所摧戮하니 其君人之量이 如此之偉也라 然이나 不思建德垂風[2)]하야 不固維城之基[3)]하야 至使大權偏據하고 社稷無衛하니 悲夫라

孫盛의 論에 말하였다.

"魏나라 明帝는 침착하고 과감하고 결단하기를 좋아하였으며, 大臣들을 예우하고 선한 사람과 정직한 사람을 관대하게 포용해서 비록 안색을 범하면서 지극히 간하더라도 迫害하거나 죽이는 바가 없었으니, 人君 노릇 하는 도량이 이와 같이 컸다. 그러나 德을 세우고 훌륭한 風敎를 드리울 것을 생각하지 않아서 維城(宗室)의 기틀을 공고하게 하지 못하여 大權을 다른 사람의 수중에 떨어지게 하고 社稷을 호위할 사람이 없게 하였으니, 슬프다."

1)〔通鑑要解〕沈毅 : 毅는 果敢也라
毅는 과감한 것이다.

2)〔頭註〕建德垂風 : 建其德이요 垂其風이라
建德垂風은 德을 세우고 風敎를 남기는 것이다.

3)〔頭註〕不固維城之基：詩에 宗子維城이라하니 同姓也니 言猜忌宗室以亡魏라
《詩經》〈大雅 板〉에 "宗子는 나라의 城이다." 하였다. 維城은 同姓이니, 宗室을 시기하여 魏나라를 망하게 하였음을 말한 것이다.

魏主芳이 嗣位하니 年八歲라 加曹爽, 司馬懿侍中하야 都督中外諸軍하고 錄尙書事[1)]하다

魏主 曹芳이 지위를 이으니, 나이가 8세였다. 曹爽과 司馬懿에게 侍中을 가하여 中外의 諸軍을 都督하게 하고 尙書省의 일까지 겸하여 관장하게 하였다.

1)〔頭註〕都督中外諸軍 錄尙書事：旣督中外諸軍하고 又錄尙書事하니 則文武大權이 盡歸之矣라
이미 中外의 諸軍을 都督하고 또 尙書省의 일까지 겸하여 관장하니, 文武의 大權이 모두 曹爽과 司馬懿에게 돌아갔다.

【辛酉】四年이라〈魏主曹芳正始二年이요 吳赤烏四年이라〉

延熙 4년(신유 241) - 魏主 曹芳의 正始 2년이고, 吳나라 赤烏 4년이다. -

魏欲廣田畜(蓄)穀於揚, 豫之間이어늘 鄧艾以爲昔太祖破黃巾하고 因爲屯田하사 積穀許都하야 以制四方이러시니 今三隅已定하니 事在淮南이라 每大軍出征에 運兵이 過半하니 功費巨億이라 陳, 蔡之間은 土下田良하니 可省(생)許昌左右諸稻田[1)]하고 幷水[2)]東下하야 令淮北에 屯二萬人하고 淮南에 屯三萬人하야 十二分休[3)]하면 常有四萬人이 且田且守[4)]요 益開河渠하야 以增漑灌, 通漕運하며 計除衆費하고 歲定五百萬斛하야 以爲軍資하면 六七年間에 可積三千萬斛於淮上하리니 此則十萬之衆의 五年食也니 以此乘吳[5)]하면 無不克矣리이다 太傅懿善之하야 是歲에 始開廣漕渠하고 每東南有事에 大興軍衆하야 汎舟而下하야 達于江, 淮하니 資食有儲하고 而無水害러라

魏나라가 揚州와 豫州의 사이에 田地를 넓혀 곡식을 저축하고자 하자, 鄧

艾가 말하기를 "옛날 太祖(曹操)가 黃巾賊을 격파하고 인하여 屯田을 해서 許都에 곡식을 쌓아 四方을 제압하셨는데, 지금 세 귀퉁이가 이미 평정되었으니 일이 淮南에 달려 있습니다. 매번 大軍이 출정할 때마다 군량을 운반하는 군사가 반을 넘으니, 공력과 비용이 億으로 헤아릴 정도입니다. 陳·蔡의 사이는 지형이 낮고 토지가 비옥하니 許昌 부근의 여러 稻田을 줄일 수 있으며, 여러 물을 따라 동쪽으로 내려가서 淮北 지방에 2만 명을 주둔시키고 淮南 지방에 3만 명을 주둔시켜서 10분의 2를 나누어 쉬게 하면 항상 4만 명이 한편으로는 농사를 짓고 한편으로는 지키게 될 것이요, 運河를 더욱 개척해서 灌漑 시설을 늘리고 漕運을 통하게 하며, 여러 비용을 계산하여 제하고 해마다 5백만 斛을 정하여 軍資로 삼는다면 6, 7년 사이에 3천만 斛을 淮水가에 쌓을 수 있을 것입니다. 이는 10만 명의 병력이 5년 동안 먹을 수 있는 양식이니, 이로써 吳나라를 토벌하면 이기지 못함이 없을 것입니다." 하였다. 太傅 司馬懿가 그 말을 좋게 여겨서 이해에 비로소 漕運하는 運河를 넓히고 매번 동남 지방에 일이 있을 때마다 군대를 크게 일으켜서 배를 타고 내려가 곧장 揚子江과 淮水에 도달하니, 물자와 양식이 저축됨이 있었고 水害가 없었다.

1)〔頭註〕可省許昌左右諸稻田 : 省許都之稻田하고 而耕於此也라
許都의 볏논을 줄이고 여기에서 경작하는 것이다.

2)〔頭註〕幷水 : 汝水, 潁水, 蒗蕩渠水, 渦水가 皆經陳蔡之間하야 而東入淮하니라
汝水·潁水·蒗蕩渠水·渦水가 모두 陳·蔡의 사이를 경유하여 동쪽으로 淮水로 들어간다.

3)〔釋義〕十二分休 : 十人之中에 以二人으로 分番休息이라
十二分休는 열 명 중에 두 명씩 番을 나누어 쉬게 하는 것이다.

4)〔頭註〕且田且守 : 淮北이 二萬人이요 淮南이 三萬人이니 幷五萬人이라 分一萬하야 番休迭戍하야 周而復始하면 是常有四萬人屯田이라
淮北이 2만 명이고 淮南이 3만 명이니 합쳐서 5만 명이다. 〈10분의 2인〉 1만 명을 나누어 번차례로 쉬고 교대로 변경을 지키게 하여 一週하고 나면 다시 시작하니, 이렇게 하면 항상 4만 명이 屯田을 하게 된다.

5)〔釋義〕乘吳 : 〈左傳杜預注〉 乘은 伐也라

≪春秋左傳≫의 杜預 注에 "乘은 정벌하는 것이다." 하였다.

【癸亥】 六年이라 〈魏正始四年이요 吳赤烏六年이라〉

延熙 6년(계해 243) - 魏나라 正始 4년이고, 吳나라 赤烏 6년이다. -

十一月에 帝以費褘로 爲大將軍, 錄尙書事하다

11월에 황제가 費褘를 大將軍·錄尙書事로 삼았다.

○ 魏宗室曹冏이 上書曰 古之王者 必建同姓하야 以明親親하고 必樹異姓하야 以明賢賢하야 親疎를 竝用이라 故로 能保其社稷이러니 今州郡牧守 皆跨有千里하고 兼軍武之任호되 或比國數人이요 或兄弟竝據어늘 而宗室子弟는 王空虛之地하고 君不使之民하야 曾無一人間厠(칙)其間[1]하야 與相維制하니 非所以彊幹弱枝하야 備萬一之虞也니이다 語曰 百足之蟲은 至死不僵이라하니 以其扶之者衆也일새니 此言이 雖小나 可以譬大니이다 冏이 欲以此論으로 感寤曹爽호되 爽不能用이러라

魏나라 宗室 曹冏이 상서하기를, "옛날 王者들은 반드시 同姓의 諸侯를 封하여 친척을 친애함을 밝히고 반드시 異姓의 諸侯를 세워 賢人을 존중함을 밝혀서, 친한 자와 소원한 자를 함께 등용하였으므로 社稷을 보전할 수 있었습니다. 그런데 지금은 州郡의 牧使와 守令이 모두 천리의 땅을 점유하고 文武의 관직을 겸임하여 혹은 나라에 견줄 만한 자가 몇 사람이고 혹은 형제가 함께 점거하고 있는데도 宗室의 子弟는 공허한 땅에 왕 노릇 하고 부릴 수 없는 백성들에게 군주 노릇 하여, 일찍이 한 사람도 그 사이에 끼어들어서 서로 더불어 異姓의 諸侯를 견제하지 못하니, 根幹을 강하게 하고 가지를 약하게 하여 만일의 근심에 대비하는 방법이 아닙니다. 속담에 이르기를 '발이 백 개인 벌레는 죽음에 이르도록 쓰러지지 않는다.' 하였으니, 이는 붙들어 주는 자가 많기 때문입니다. 이 말이 비록 하찮으나 큰일을 비유할 수 있습

니다." 하였다.

曹冏이 이 의논으로 曹爽을 감동시켜 깨우치고자 하였으나 曹爽이 쓰지 못하였다.

1) 〔釋義〕 間厠其間 : 上間字는 隔也요 厠은 雜也라
위의 間字는 막음이요, 厠은 섞임이다.

【乙丑】 八年이라 〈魏正始六年이요 吳赤烏八年이라〉

延熙 8년(을축 245) - 魏나라 正始 6년이고, 吳나라 赤烏 8년이다. -

吳丞相陸遜이 卒하니 其子抗이 爲建武校尉하야 代領其衆하다

吳나라 丞相 陸遜이 죽으니, 그 아들 陸抗이 建武校尉가 되어서 그 무리를 대신 거느렸다.

○ 八月에 皇太后吳氏崩하다

8월에 皇太后 吳氏가 崩하였다.

○ 十一月에 大司馬琬과 尙書令董允이 皆卒하니 以尙書呂乂로 爲尙書令하다 董允이 秉心公亮[1]하야 獻可替否[2]하니 帝甚憚之러라 宦人黃皓 便僻佞慧[3]하니 帝愛之라 皓畏允하야 不敢爲非하고 終允之世토록 皓位不過黃門丞[4]이러니 費禕以陳祗로 代允爲侍中하니 祗與皓相表裏라 皓始預政하야 累遷至中常侍하야 操弄威柄하야 終以覆國하니라

11월에 大司馬 蔣琬과 尙書令 董允이 모두 죽으니, 尙書 呂乂를 尙書令으로 삼았다. 董允은 마음가짐이 공정하고 성실하여 황제가 否하다고 해도 可하면 可를 올리고, 황제가 可하다고 해도 否하면 可를 바꾸어 否를 올리니, 황제가 매우 두려워하였다. 환관인 黃皓가 겉치레를 잘하고 간사하고 지혜로우니, 황제가 총애하였다. 黃皓가 董允을 두려워하여 감히 나쁜 짓을 하지

못하고 董允이 일생을 마치도록 黃皓의 지위가 黃門丞에 지나지 않았는데, 費褘가 董允을 대신하여 陳祗를 侍中으로 삼으니, 陳祗가 黃皓와 서로 表裏가 되었다. 黃皓가 비로소 정사에 관여하여 여러 번 승진하여 中常侍에 이르러서 위엄과 權柄을 쥐고 희롱하여 끝내 나라를 전복시켰다.

1)〔頭註〕公亮 : 亮은 信也라
 亮은 성실함이다.

2)〔頭註〕獻可替否 : 君所謂可而有否焉이어든 臣獻其否以成其可하고 君所謂否而有可焉이어든 臣獻其可以替其否라
 군주가 말한 바가 옳더라도 옳지 않은 것이 있으면 신하는 그 옳지 않은 것을 아뢰어 옳은 것을 이루게 하며, 군주가 말한 바가 옳지 않더라도 옳은 것이 있으면 신하는 그 옳은 것을 아뢰어 옳지 않은 것을 폐하게 하는 것이다.

3)〔通鑑要解〕便僻佞慧 : 便者는 便人所好요 僻者는 避人所惡라 慧는 儇也, 利也, 敏也라
 便은 사람들이 좋아하는 것을 잘하고, 僻은 사람들이 싫어하는 것을 피하는 것이다. 慧는 총명하고 예리하고 민첩한 것이다.

4)〔頭註〕黃門丞 : 續漢志*)에 黃門令丞一人은 以宦者로 爲之라하니라
 ≪後漢書≫ 〈百官志〉에 "黃門令 아래에 丞이 한 명 있으니, 宦者로써 삼았다." 하였다.

*) 續漢志 : 西晉의 司馬彪가 지은 ≪續漢書≫의 〈志〉를 이른다. 원래 南朝 宋나라의 范曄이 ≪後漢書≫를 지을 적에 謝瞻에게 〈志〉를 부탁하였으나 孔熙先 등이 彭城王 劉義康을 옹립하려던 일에 연루되어 范曄이 처형당한 뒤 없어졌다. 그 후 北宋 이후에 남아 있던 8志를 范曄의 ≪後漢書≫의 紀·傳과 합쳐 한 編으로 만들어 ≪後漢書≫라 이름하였다.

【丙寅】九年이라 〈**魏正始七年**이요 **吳赤烏九年**이라〉

延熙 9년(병인 246) - 魏나라 正始 7년이요, 吳나라 赤烏 9년이다. -

秋九月에 **以姜維**로 **爲衛將軍**하야 **與費褘**로 **竝錄尙書事**하다

가을 9월에 姜維를 衛將軍으로 삼아서 費褘와 함께 錄尙書事로 삼았다.

【丁卯】 十年이라 〈魏正始八年이요 吳赤烏十年이라〉

延熙 10년(정묘 247) - 魏나라 正始 8년이고, 吳나라 赤烏 10년이다. -

魏大將軍爽이 **用何晏, 鄧颺, 丁謐**(밀)**之謀**하야 **遷太后於永寧宮**[1]하고 **專擅朝政**하야 **多樹親黨**하고 **屢改制度**하니 **太傅懿不能禁**이라 **與爽有隙**하야 **稱疾**하고 **不與政事**하다

魏나라 大將軍 曹爽이 何晏·鄧颺·丁謐의 계책을 따라 太后를 永寧宮으로 옮기고 조정의 정사를 專橫하여 친한 도당을 많이 세우고 여러 번 제도를 고치니, 太傅인 司馬懿가 금지하지 못하였다. 司馬懿가 曹爽과 틈이 있어서 병을 칭탁하고 정사에 관여하지 않았다.

1)〔頭註〕遷太后於永寧宮 : 太后는 明帝后郭氏라
太后는 明帝의 皇后인 郭氏이다.

【戊辰】 十一年이라 〈魏正始九年이요 吳赤烏十一年이라〉

延熙 11년(무진 248) - 魏나라 正始 9년이고, 吳나라 赤烏 11년이다. -

五月에 **費禕出屯漢中**하다 **自蔣琬及禕**히 **雖身居於外**나 **慶賞威刑**을 **皆遙先諮斷然後**에 **乃行**하니라 **禕雅性謙素**[1]하야 **當國功名**이 **略與琬比**러라

5월에 費禕가 나가 漢中에 주둔하였다. 蔣琬으로부터 費禕에 이르기까지 비록 몸은 外地에 있으나 경사스러운 일에 상을 주는 것과 위엄을 보여 형벌을 내리는 것을 모두 멀리 있는 황제에게 먼저 자문하여 결단한 뒤에야 비로소 행하였다. 費禕는 본디 타고난 성품이 겸손하고 검소하여 국정을 담당한 功名이 대략 蔣琬과 비슷하였다.

1)〔通鑑要解〕雅性謙素 : 雅는 素也라
雅는 본디이다.

○ 十一月에 魏太傅懿 陰與其子中護軍師와 散騎常侍昭[1])로 謀誅曹爽하다

11월에 魏나라 太傅 司馬懿가 은밀히 그의 아들 中護軍 司馬師와 散騎常侍 司馬昭와 더불어 曹爽을 죽일 것을 모의하였다.

1) 〔頭註〕 中護軍師 散騎常侍昭：師는 名也니 師, 昭는 皆懿子라
師는 이름이니, 司馬師와 司馬昭는 모두 司馬懿의 아들이다.

【己巳】 十二年이라 〈魏嘉平元年이요 吳赤烏十二年이라〉

延熙 12년(기사 249) - 魏나라 嘉平 元年이고, 吳나라 赤烏 12년이다. -

魏太傅懿 以皇太后令[1])으로 閉諸城門하고 勒兵據武庫하다 奏호되 爽이 與何晏, 鄧颺, 丁謐, 畢軌等으로 陰謀反逆이라하고 於是에 收爽, 羲, 訓, 晏, 颺, 謐, 軌, 勝[2])하야 皆下獄하고 劾以大逆不道하야 夷三族하다

魏나라 太傅 司馬懿가 皇太后의 명령이라 칭하고서 여러 성문을 닫고 군대를 무장하여 武庫를 점령하였다. 司馬懿가 아뢰기를 "曹爽이 何晏·鄧颺·丁謐·畢軌 등과 은밀히 반역을 도모하였습니다." 하고, 이에 曹爽·曹羲·曹訓·何晏·鄧颺·丁謐·畢軌·李勝을 체포하여 모두 하옥시키고 대역무도하다고 탄핵하여 三族을 멸하였다.

1) 〔頭註〕 以皇太后令：以者는 非眞有此令也라
以는 참으로 이러한 명령이 있었던 것이 아니다.

2) 〔釋義〕 收爽……勝：羲, 訓二人은 曹爽弟也요 勝은 李勝也라
曹羲와 曹訓 두 사람은 曹爽의 아우이고, 勝은 李勝이다.

○ 魏管輅之舅謂輅曰 爾前何以知何, 鄧之敗오 輅曰 鄧之行步는 筋不束骨하고 脈不制肉하고 起立傾倚하야 若無手足하니 此爲鬼躁요 何之視候엔 則魂不守宅하고 血不華色하며 精爽이 烟浮하고 容若槁木하니 此爲鬼幽[1])라 二者

皆非遐福之象也라하더라

魏나라 管輅의 外叔이 管輅에게 이르기를 “네가 지난번에 何晏과 鄧颺이 실패할 줄을 어찌 알았느냐?” 하니, 管輅가 말하기를 “鄧颺의 걸음걸이는 힘줄이 뼈마디를 단속하지 못하고 脈이 살을 제어하지 못해서 일어설 때에 몸이 기울어 手足이 없는 듯하니 이것은 鬼躁이고, 何晏이 安候를 살필 때에 魂魄이 집(身體)을 떠난 듯하고 피가 제대로 돌지 못하여 화색이 없으며 정신은 떠 있는 연기와 같고 용모는 마른나무와 같으니 이것은 鬼幽입니다. 이 두 가지는 모두 큰 福(長壽)을 누릴 수 있는 象이 아닙니다.” 하였다.

1) 〔譯註〕 此爲鬼躁……此爲鬼幽 : 鬼躁와 鬼幽는 사람의 얼굴을 보고 운명, 성격, 수명 따위를 판단하는 것으로, 觀相學에서 쓰는 용어이다. 鬼躁는 사람이 죽기 전에 나타나는 일종의 病症으로 근골이 뜨고 물러짐을 이르며, 鬼幽는 얼굴이 메말라 생기가 없는 것을 이른다.

○ **魏何晏**이 **性自喜**하야 **粉白**을 **不去手**[1]하고 **行步**에 **顧影**하고 **尤好老, 莊**[2]**之書**하야 **與夏侯玄, 荀粲**[3]**及王弼之徒**로 **競爲淸談**하고 **祖尙虛無**하야 **謂六經爲聖人糟粕**[4]이라하니 **由是**로 **天下士大夫 爭慕效之**하야 **遂成風流**하야 **不可復制焉**하니라

魏나라 何晏은 성품이 자기 몸을 치장하기를 좋아하여 흰 粉을 손에서 놓지 않았고 걸음을 걸을 때에는 그림자를 돌아보았으며, 老莊의 글을 특히 좋아하여 夏侯玄·荀粲·王弼의 무리와 다투어 淸談을 하고 허무한 학설을 元祖로 삼아 숭상하여 六經을 일러 聖人의 糟粕(찌꺼기)이라 하니, 이로 말미암아 천하의 士大夫들이 다투어 사모하고 본받아서 마침내 風流를 이루어 다시 제재할 수 없었다.

1) 〔頭註〕 粉白不去手 : 自以塗澤也라
스스로 분을 칠하여 윤택하게 하는 것이다.

2) 〔附註〕 老 莊 : 老子는 見九卷하니라 莊子는 名周요 字子休니 號曰南華仙人이라 嘗爲蒙縣漆園吏하니 與梁惠王, 齊宣王同時라 老, 莊은 皆尙虛無之學하니라

老子는 9권에 보인다. 莊子는 이름이 周이고 字가 子休이니 號를 南華仙人이라 하였다. 일찍이 蒙縣의 漆園吏가 되었으니, 梁惠王·齊宣王과 같은 때이다. 老子와 莊子는 모두 허무한 학설을 숭상하였다.

3)〔頭註〕荀粲：彧之子라

荀粲은 荀彧의 아들이다.

4)〔通鑑要解〕糟粕：桓公讀書事는 見莊子[*]하니라 公이 讀書堂上이러니 輪扁問讀何書니잇고 曰 讀古人書니라 扁曰 古人在否잇가 曰 已死矣니라 扁曰 然則是古人糟粕矣니이다

桓公이 독서한 일은 ≪莊子≫에 보인다. 桓公이 堂上에서 책을 읽고 있었는데, 수레바퀴를 만드는 扁이 "무슨 책을 읽고 계십니까?" 하고 물었다. 桓公이 "古人의 책을 읽고 있다." 하고 대답하니, 扁이 "古人은 살아 있습니까?" 하고 물었다. 환공이 "이미 죽었다." 하고 대답하니, 扁이 말하기를 "그렇다면 이것은 古人의 糟粕일 뿐입니다." 하였다.

*) 見莊子：이 내용은 ≪莊子≫ 〈天道篇〉에 보인다.

○ **魏以太傅懿**로 **爲丞相**하고 **加九錫**[1]하니 **懿固辭不受**하다

魏나라가 太傅 司馬懿를 丞相으로 삼고 九錫을 가하니, 司馬懿가 굳이 사양하고 받지 않았다.

1)〔譯註〕九錫：공로가 큰 諸侯와 大臣에게 天子가 특별히 하사하던 아홉 가지 물건으로, 車馬·衣服·樂則·朱戶·納陛·虎賁·弓矢·鈇鉞·鬱鬯酒 등이다.

○ **秋**에 **姜維伐魏**하야 **攻雍州**어늘 **鄧艾禦之**하니 **維軍**이 **遂還**하다

가을에 姜維가 魏나라를 정벌하여 雍州를 공격하자 鄧艾가 막으니, 姜維의 군대가 마침내 돌아왔다.

【庚午】 十三年이라 〈**魏嘉平二年**이요 **吳赤烏十三年**이라〉

延熙 13년(경오 250) - 魏나라 嘉平 2년이고, 吳나라 赤烏 13년이다. -

吳主立少子亮하야 **爲太子**하다

吳主가 少子 孫亮을 세워 太子로 삼았다.

【辛未】 十四年이라 〈魏嘉平三年이요 吳太元元年이라〉

延熙 14년(신미 251) - 魏나라 嘉平 3년이고, 吳나라 太元 元年이다. -

八月에 **魏司馬懿卒**하니 **以其子師**로 **爲撫軍大將軍, 錄尙書事**하다

8월에 魏나라 司馬懿가 죽으니, 그의 아들 司馬師를 撫軍大將軍·錄尙書事로 삼았다.

○ **十一月**에 **費禕北屯漢壽**[1]하니 **以陳祗**로 **守尙書令**하다

11월에 費禕가 북쪽으로 가서 漢壽縣에 주둔하니, 陳祗로 尙書令을 맡게 하였다.

1) 〔頭註〕 漢壽 : 縣名이라
漢壽는 縣의 이름이다.

【壬申】 十五年이라 〈魏嘉平四年이요 吳主孫亮建興元年이라〉

延熙 15년(임신 252) - 魏나라 嘉平 4년이고, 吳主 孫亮의 建興 元年이다. -

四月에 **吳主殂**하니 **諡曰大皇帝**라하다 **太子亮**이 **卽位**하다

4월에 吳主가 죽으니 시호를 大皇帝라 하였다. 太子 孫亮이 즉위하였다.

○ **姜維負其才武**하고 **每欲興軍大擧**어늘 **費禕常裁制不從**하고 **與其兵**호되 **不過萬人**하고 **曰 吾等**이 **不如丞相**[1] **亦已遠矣**라 **丞相**도 **猶不能定中夏**온 **況吾等乎**아 **不如且保國治民**하야 **謹守社稷**이요 **如其功業**은 **以俟能者**라하더니 **及禕死**에 **維得行其志**하야 **乃將數萬人**하고 **出石營**하야 **伐魏圍狄道**하다

姜維가 자신의 재주와 武略을 믿고 매번 군대를 일으켜 크게 공격하고자

하였으나 費禕가 항상 제재하여 그의 말을 따르지 않고 그에게 병력을 주되 만 명을 초과하지 않고서 말하기를 "우리들이 丞相만 못함이 또한 너무나도 현격하다. 丞相도 오히려 中夏를 평정하지 못하였는데 하물며 우리들에 있어서랴. 우선 나라를 보존하고 백성들을 다스려서 社稷을 삼가 지키는 것만 못하고, 功業에 있어서는 유능한 자가 나오기를 기다린다." 하였다. 費禕가 죽자, 姜維가 자신의 뜻대로 행할 수가 있어서 마침내 수만 명을 거느리고 石營으로 나가 魏나라를 정벌하여 狄道를 포위하였다.

1)〔頭註〕丞相 : 謂孔明이라

丞相은 諸葛孔明(諸葛亮)을 이른다.

【甲戌】 十七年이라 **〈魏主曹髦正元元年**이요 **吳五鳳元年**이라**〉**

延熙 17년(갑술 254) - 魏主 曹髦의 正元 元年이고, 吳나라 五鳳 元年이다. -

夏에 **姜維伐魏**하다

여름에 姜維가 魏나라를 정벌하였다.

○ **九月**에 **魏大將軍師 廢其主芳**하고 **迎高貴鄕公髦**하야 **卽皇帝位**하다

9월에 魏나라 大將軍 司馬師가 군주인 曹芳을 폐하고 高貴鄕公 曹髦를 맞이하여 황제에 즉위하게 하였다.

【乙亥】 十八年이라 **〈魏正元二年**이요 **吳五鳳二年**이라**〉**

延熙 18년(을해 255) - 魏나라 正元 2년이고, 吳나라 五鳳 2년이다. -

魏司馬師卒하니 **詔以弟昭**로 **爲大將軍, 錄尙書事**하다

魏나라 司馬師가 죽으니, 황제가 명령하여 司馬師의 아우인 司馬昭를 大將軍·錄尙書事로 삼았다.

【丙子】 十九年이라 〈魏甘露元年이요 吳太平元年이라〉

延熙 19년(병자 256) - 魏나라 甘露 元年이고, 吳나라 太平 元年이다. -

春正月에 以姜維로 爲大將軍하다

봄 정월에 姜維를 大將軍으로 삼았다.

○ 魏賜大將軍昭袞冕之服[1)]하고 赤舃(석)副[2)]焉하다

魏나라가 大將軍 司馬昭에게 용을 수놓은 袞衣와 冕冠을 하사하고 赤舃(붉은 가죽신) 한 쌍을 아울러 하사하였다.

1) 〔頭註〕 袞冕之服[*)] : 袞은 龍服也라 龍首袞然蟠曲故로 曰袞이니 三公所命服이라 冕은 大夫以上冠이라
袞은 龍을 수놓은 옷이다. 龍의 머리가 숙이고 서려 있기 때문에 袞이라 한 것이니, 三公의 命服이다. 冕은 大夫 이상이 쓰는 冠이다.

*) 袞冕之服 : 古代에 諸侯王의 冕服 위에 아홉 가지의 圖案을 놓은 것을 冕服 九章이라 하는 바, 상의〔衣〕에는 龍·山·華蟲·火·宗彝를 그리고, 하의〔裳〕에는 藻·粉米·黼·黻을 수놓는다.

2) 〔通鑑要解〕 赤舃副[*)] : 重底曰舃이요 單底曰屨라 李氏曰 天子諸侯 冕服用舃하고 他服用屨라 副는 后夫人祭服之首飾이니 編髮爲之者라
신발의 밑바닥이 이중으로 된 것을 舃이라 하고, 신발의 밑바닥이 홑겹으로 된 것을 屨라 한다. 李氏가 말하기를 "天子와 諸侯가 冕服에는 舃을 신고 다른 옷에는 屨를 신는다." 하였다. 副는 后夫人의 祭服의 머리 장식이니, 머리카락을 땋아서 만든 것이다.

*) 副 : ≪通鑑要解≫에서는 머리카락을 땋아서 만든 머리 장식으로 해석하였으며, 신을 세는 단위인 '켤레'로 해석하기도 하는 바, 자세하지 않다.

【丁丑】 二十年이라 〈魏甘露二年이요 吳太平二年이라〉

延熙 20년(정축 257) - 魏나라 甘露 2년이고, 吳나라 太平 2년이다. -

秋九月에 **姜維聞魏分關中兵**하야 **以赴淮南**하고 **率數萬人**하야 **出駱谷**하니 **安西將軍鄧艾 進兵據之**하야 **以拒維**하다 **是時**에 **維數出兵**하니 **蜀人**이 **愁苦**어늘 **譙周作仇國論**[1)]하야 **以諷之**하다

가을 9월에 姜維는 魏나라가 關中의 병력을 나누어 淮南으로 달려간다는 말을 듣고는 수만 명을 거느리고 駱谷으로 진출하니, 安西將軍 鄧艾가 진군하여 점거하고 姜維를 막았다. 이때 姜維가 군대를 자주 출동시키니, 蜀 지방 사람들이 근심하고 괴로워하였는데, 譙周가 仇國論을 지어서 풍자하였다.

1) 〔通鑑要解〕 譙周作仇國論[*)] : 吾聞之하니 處大無患者는 常多慢이요 處小有憂者는 常思善이라하니 多慢生亂이요 思善生治라 今民之疲勞하니 則騷擾之兆生이요 上慢下暴하니 則瓦解之形起라 諺曰 射幸數跌이 不如審發이라하니 上是論也라
仇國論에 "내가 듣건대 '큰 나라에 거하여 우환이 없는 자는 항상 태만함이 많고, 작은 나라에 거하여 우환이 있는 자는 항상 善을 생각한다.' 하였으니, 태만함이 많으면 亂이 생겨나고 善을 생각하면 다스림이 생겨나기 마련이다. 지금 백성들이 피로하니 소요할 조짐이 생겨나고, 윗사람은 태만하고 아랫사람은 사나우니 와해될 형세가 시작된 것이다. 속담에 이르기를 '활을 쏠 때에 요행을 바라다가 여러 번 빗나가는 것이 신중히 살핀 뒤에 발사하는 것만 못하다.' 했다." 하였으니, 이 의논을 올린 것이다.

*) 譙周作仇國論 : 譙周는 삼국 시대 蜀漢 사람으로 天文에 밝았다. 諸葛亮에 의해 천거되어 太子의 家令이 되었고 光祿大夫에 이르렀다. 그 뒤 魏나라가 쳐들어오자 後主에게 항복을 권유하니, 後主가 이를 따라 항복하였다. 仇國論은 軍旅의 利害를 논한 것으로, 당시 전쟁이 잦아 백성들이 피폐하므로 譙周가 尙書令 陳祗와 그 이해를 논하고 물러 나와 그 내용을 정리한 것이다.

【戊寅】 景耀元年이라 〈**魏甘露三年**이요 **吳景帝孫休永安元年**이라〉

景耀 元年(무인 258) - 魏나라 甘露 3년이고, 吳나라 景帝 孫休의 永安 元年이다. -

五月에 **魏詔以司馬昭**로 **爲相國**하야 **封晉公**하고 **加九錫**하다

5월에 魏나라가 명하여 司馬昭를 相國으로 삼아 晉公에 봉하고 九錫을 가하였다.

○ 吳孫(琳)〔綝〕이 廢吳主[1]하야 爲會稽王[2]하고 迎立琅邪(琊)王休[3]하다

吳나라 孫綝이 吳主(孫亮)를 폐하여 會稽王으로 삼고 琅邪王 孫休를 맞아들여 임금으로 세웠다.

1)〔頭註〕吳主：權之少子也라
吳主는 孫權의 막내아들이다.

2)〔原註〕吳孫綝……爲會稽王：亮은 後黜爲(侯)〔候〕官侯하니 自殺하니라
孫亮은 뒤에 쫓겨나서 候官侯가 되자 자살하였다.

3)〔原註〕琅邪王休：權中子也라
琅邪王 孫休는 孫權의 둘째 아들이다.

【庚辰】三年이라〈魏元帝曹奐景元元年이요 吳永安三年이라〉

景耀 3년(경진 260) - 魏나라 元帝 曹奐의 景元 元年이고, 吳나라 永安 3년이다. -

正月에 魏主髦 見威權日去하고 不勝其忿하야 曰 司馬昭之心은 路人所知也라 吾不能坐受廢辱이니 今日에 當自出討之하리라하고 遂拔劍升輦하야 率殿中宿衛蒼頭[1]官僮하고 鼓譟而出하니 中護軍賈充[2]이 自外入하야 逆與髦戰於南闕下러니 太子舍人成濟 抽戈刺髦[3]하야 殞于車下하다 太后下令하야 罪狀高貴鄕公하야 廢爲庶人하고 使中護軍司馬炎으로 迎常道鄕公璜[4]於鄴하야 以爲明帝嗣하니 炎은 昭之子也라 六月에 常道鄕公이 卽皇帝位하다

정월에 魏主 曹髦가 위엄과 권력이 날로 떠나가는 것을 보고는 그 분함을 이기지 못하여 말하기를 "司馬昭의 마음은 길 가는 사람도 아는 바이다. 내 가만히 앉아서 폐출당하고 모욕을 받을 수 없으니, 금일에 마땅히 스스로 궁을 나가 司馬昭를 토벌하겠다." 하였다. 마침내 검을 뽑아 들고 輦에 올라 殿

中을 宿衛하는 蒼頭와 官僮(노복)들을 거느리고 북을 치고 함성을 지르며 나가니, 中護軍 賈充이 밖으로부터 들어와 曹髦를 맞아 남쪽 대궐문 아래에서 싸웠다. 太子舍人 成濟가 창을 뽑아 曹髦를 찔러서 曹髦가 수레 아래에서 죽었다. 太后가 명령을 내려 高貴鄕公의 죄상을 공포하고 폐위하여 庶人으로 삼고서 中護軍 司馬炎으로 하여금 常道鄕公 曹璜을 鄴에서 맞이하여 明帝의 後嗣로 삼게 하니, 司馬炎은 司馬昭의 아들이다.

6월에 常道鄕公이 황제에 즉위하였다.

1)〔頭註〕蒼頭：長大有膂力者之號요 又魏兵卒之號라 漢名奴爲蒼頭者는 服純墨而別於良人也라

蒼頭는 체격이 長大하고 완력이 강한 자의 호칭이요, 또 魏나라 병졸의 호칭이다. 漢나라 때에 종을 이름하여 蒼頭라고 한 것은 옷이 순흑색이어서 良人과 다르기 때문이다.

2)〔頭註〕賈充：惠帝賈后父也라

賈充은 惠帝의 后妃인 賈后의 아버지이다.

3)〔通鑑要解〕太子舍人成濟 抽戈刺髦：髦自用劍하니 衆欲退어늘 成濟問於充而抽戈前斬하니라

曹髦가 본래 칼을 잘 쓰니 군사들이 물러나려고 하였는데, 成濟가 賈充에게 묻고는 창을 뽑아 면전에서 曹髦를 목 베었다.

4)〔頭註〕常道鄕公璜[*)]：武帝孫燕王宇之子也라

常道鄕公 曹璜은 武帝(曹操)의 孫子인 燕王 曹宇의 아들이다.

*) 常道鄕公璜：甘露 2년에 安次縣 常道鄕公에 봉해졌다. 曹璜이 즉위한 뒤에 이름을 奐으로 고쳤다.

【壬午】五年이라 〈**魏景元三年**이요 **吳永安五年**이라〉

景耀 5년(임오 262) - 魏나라 景元 3년이고, 吳나라 永安 5년이다. -

八月에 **大將軍姜維 伐魏**洮陽[1)]이어늘 **鄧艾與戰破之**하다

8월에 大將軍 姜維가 魏나라 洮陽을 정벌하자, 鄧艾가 더불어 싸워 격파하였다.

1)〔頭註〕洮陽 : 洮水之陽也라
洮陽은 洮水의 북쪽이다.

○ 魏譙郡嵇康이 文辭壯麗하고 好言老莊하며 而尙奇任俠[1)]이라 與陳留阮籍과 籍兄子咸과 河內山濤와 河南向(상)秀와 琅邪王戎과 沛人劉伶으로 特相友善하니 號竹林七賢이라 皆崇尙虛無하고 輕蔑禮法하야 縱酒昏酣하야 遺落世事러라 阮籍이 爲步兵校尉러니 其母卒에 籍이 方與人圍碁할새 對者求止어늘 籍이 留與決賭[2)]하다 旣而요 飮酒二斗하고 擧聲一號하야 吐血數升하고 毁瘠骨立[3)]이나 居喪飮酒를 無異平日이러라 劉伶이 嗜酒하야 常乘鹿車[4)]하고 携一壺酒하고 使人荷鍤(하삽)[5)]隨之하고 曰 死便埋我하라하니 當時士大夫 皆以爲賢하야 爭慕效之하야 謂之放達[6)]이러라 鍾會方有寵於司馬昭라 聞嵇康名而造之러니 康이 箕踞而鍛(단)[7)]하고 不爲之禮어늘 會將去한대 康曰 何所聞而來라가 何所見而去오 會曰 聞所聞而來라가 見所見而去로라하고 遂深銜之[8)]하니라

魏나라 譙郡 사람 嵇康은 文辭가 장엄하고 화려하고 老莊을 말하기를 좋아하였으며 기이함을 숭상하고 任俠하였다. 陳留, 阮籍, 阮籍의 형의 아들인 阮咸, 河內의 山濤, 河南의 向秀, 琅琊의 王戎, 沛 땅 사람 劉伶 등과 특별히 서로 친하니, 竹林七賢이라 이름하였다. 이들은 모두 老莊의 허무한 학설을 숭상하고 禮法을 경멸하여, 술을 실컷 마시고 크게 취해서 세상일을 잊었다.

阮籍이 步兵校尉가 되었는데, 그의 어머니가 별세하였을 때에 阮籍은 한창 사람과 바둑을 두고 있었다. 대국하던 자가 중지할 것을 청하였으나 阮籍은 만류하고 승부를 판가름 지었다. 이윽고 술 두 말을 마시고 큰 소리로 한번 號哭하고는 몇 되의 피를 토하고 몸이 훼손되어 뼈만 앙상하였으나 居喪하면서 술을 마시는 것을 평소와 다름없이 하였다.

劉伶은 술을 좋아해서 항상 鹿車를 타고 술 한 병을 차고는 사람을 시켜 삽을 메고 따르게 하고 말하기를 "내가 죽으면 곧 그 자리에 나를 묻으라." 하니, 당시의 士大夫들이 모두 어질다고 여겨 다투어 사모하고 본받으면서

그를 放達(호방하고 활달하여 禮俗에 구애받지 않음)하다고 일렀다.

鍾會는 한창 司馬昭에게 총애를 받고 있었는데, 嵇康의 명성을 듣고 찾아갔으나 嵇康이 두 다리를 뻗고 걸터앉아 쇠를 단련하기만 하고 예우하지 않았다. 鍾會가 장차 떠나려 하자, 嵇康이 말하기를 "무슨 말을 듣고 왔다가 무엇을 보고 가는가?" 하니, 鍾會가 말하기를 "훌륭하다는 소문을 듣고 왔다가 본 바(형편없는 것)를 보고 간다." 하고 마침내 깊이 원망을 품었다.

1)〔釋義〕任俠 : 注見武帝元朔二年하니라
 任俠은 注가 武帝 元朔 2年條(B.C.127)에 보인다.
2)〔通鑑要解〕決賭 : 決은 勝負也요 賭는 博也라
 決은 승부를 결단하는 것이고, 賭는 도박이다.
3)〔釋義〕毁瘠骨立 : 毁는 瘁也요 瘠은 瘦也니 而至於骨立은 哀痛之甚故也라
 毁는 파리함이고 瘠은 수척함이니, 몸이 야위어 뼈가 앙상하게 드러나기까지 한 것은 애통함이 심하기 때문이다.
4)〔頭註〕鹿車*) : 言其小하야 僅可容一鹿이라
 鹿車는 수레가 작아서 겨우 사슴 한 마리가 들어갈 수 있음을 말한 것이다.
*) 鹿車 : 사슴이 끄는 작은 수레로 보기도 한다.
5)〔釋義〕荷鍤 : 荷는 負也요 鍤은 鍫也라
 荷는 짊어지는 것이요, 鍤은 가래이다.
6)〔通鑑要解〕放達 : 以玄虛放宏爲夷達也요 又一說에 放誕豁達也라
 玄虛하고 放宏함을 夷達이라 하고, 또 一說에는 "방탕하고 허탄하며 활달함이다." 하였다.
7)〔釋義〕箕踞而鍛 : 王氏曰 箕踞는 傲坐니 伸兩足하고 以手按膝하야 其形如箕也라 鍛은 小冶니 徐氏曰 椎之而已요 不消故로 曰小冶라 晉書註에 嵇康善鍊鍛이라하니라
 王氏가 말하기를 "箕踞는 거만하게 앉은 것이니, 두 발을 쭉 뻗고 손으로 무릎을 짚어서 그 모습이 키와 같은 것이다." 하였다. 鍛은 小冶이니, 徐氏가 말하기를 "쇠를 불려 두드리기만 할 뿐, 쇠를 녹이지는 않기 때문에 小冶라고 한다." 하였다. ≪晉書≫의 註에 "嵇康은 쇠를 잘 단련하였다." 하였다.
8)〔通鑑要解〕遂深銜之 : 銜은 恨也니 鍾會恨嵇康之無禮하니라
 銜은 恨하는 것이니, 鍾會는 嵇康이 자신을 예우해 주지 않음을 恨한 것이다.

○ 魏司馬昭 患姜維數北伐하야 欲大擧入寇어늘 朝臣이 多以爲不可라호되 獨司隸校尉鍾會勸之라 昭諭衆曰 自定壽春以來[1]로 息役六年하야 治兵繕甲하야 以擬二虜라 今吳는 地廣大而下濕하야 攻之에 用功最難이니 不如先定巴蜀하고 三年之後에 因順流之勢하야 水陸竝進하니 此는 滅虢取虞之勢[2]라 今絆(반)[3]姜維於沓中[4]하야 使不得東顧하고 直指駱谷[5]하야 出其空虛之地하야 以襲漢中이면 以劉禪之闇으로 而邊城外破에 士女內震하리니 其亡을 可知也라하고 乃以鍾會로 爲鎭西將軍하야 都督關中하다 姜維表帝호되 聞鍾會治兵關中하야 欲規進取하니 宜竝遣左右車騎張翼, 廖化[6]하야 督諸軍하야 分護陽安關口及陰平[7]之橋頭하야 以防未然이니이다 黃皓信巫鬼하야 謂敵終不自致라하야 啓帝寢其事하니 群臣이 莫知러라

魏나라 司馬昭는 姜維가 자주 북쪽을 침략하는 것을 염려하여 군대를 크게 동원하여 蜀漢으로 쳐들어가고자 하였는데, 조정의 신하들이 대부분 불가하다고 하였으나 유독 司隸校尉 鍾會만은 이를 권하였다. 司馬昭가 무리에게 타이르기를 "壽春을 평정한 이래로 6년 동안 戰役을 중지하고서 군대를 다스리고 갑옷을 수선하여 두 오랑캐를 잡으려고 하였다. 이제 吳나라는 땅이 광대하고 低濕하여 공격했을 때 공을 세우기가 가장 어렵다. 우선 巴蜀을 평정하고 3년 뒤에 순탄하게 흘러가는 형세를 이용하여 水陸으로 함께 진군하는 것만 못하니, 이는 晉나라가 虢을 멸망시키고 虞를 취하는 형세이다. 지금 姜維를 沓中에 묶어 두어 그로 하여금 동쪽을 돌아보지 못하게 하고 곧바로 駱谷으로 향하여 그들의 허술한 곳으로 나가 漢中을 습격하면, 용렬한 劉禪으로 볼 때 변방의 성이 밖에서 격파됨에 따라 남녀 백성들이 안에서 두려워할 것이니, 멸망할 것임을 알 수 있다." 하고는 마침내 鍾會를 鎭西將軍으로 삼아 關中을 都督하게 하였다.

姜維가 황제에게 表文을 올리기를 "鍾會가 關中에서 군대를 정돈하여 우리나라를 침공하여 차지하려고 획책한다는 말을 들었습니다. 마땅히 左·右車

騎將軍인 張翼과 廖化를 함께 보내어 여러 군대를 감독하여 陽安關의 어귀와 陰平의 橋頭에 나누어 주둔하게 해서 미연에 방지해야 합니다.” 하였다. 黃皓가 무당과 귀신을 믿어 적이 끝내 스스로 오지 않을 것이라고 해서 황제에게 아뢰어 그 일을 회부하지 않도록 하니, 여러 신하들이 이 일을 알지 못하였다.

1) 〔頭註〕 自定壽春以來 : 乙亥年에 揚州都督毌(관)丘儉과 刺史文欽이 討司馬師어늘 師擊敗之하니 欽奔吳하고 儉走死하니라
을해년(255)에 揚州都督 毌丘儉과 揚州刺史 文欽이 司馬師를 토벌하였는데, 司馬師가 공격하여 이들을 패배시키니, 文欽은 吳나라로 달아나고 毌丘儉은 패주하다가 죽었다.

2) 〔釋義〕 滅虢取虞之勢 : 春秋僖二年에 晉假道於虞하야 以伐虢滅〈下陽이라 五年에 晉復假道於虞하야 以伐虢滅〉之하고 師還할새 館于虞라가 遂襲虞滅之하니라
≪春秋左傳≫ 僖公 2年에 晉나라가 虞나라에게 길을 빌려 虢을 정벌하여 〈下陽을 멸망시켰다. 5년에 晉나라가 다시 虞나라에게 길을 빌려 虢을 정벌하여〉 멸망시키고, 군대가 돌아올 적에 虞나라에 머물다가 마침내 虞나라를 습격하여 멸망시켰다.

3) 〔原註〕 絆 : 縶維之也라
絆은 동여매고 옭아매는 것이다.

4) 〔頭註〕 沓中 : 地名이니 在諸羌中이라
沓中은 地名이니, 諸羌 안에 있다.

5) 〔釋義〕 駱谷 : 漢中郡興勢에 有駱谷路하니 南口曰儻谷이요 北口曰駱谷이라
漢中郡 興勢縣에 駱谷路가 있으니, 남쪽 어귀를 儻谷이라 하고 북쪽 어귀를 駱谷이라 한다.

6) 〔頭註〕 張翼 廖化 : 時翼爲左車騎將軍이요 化爲右車騎將軍이라
이때에 張翼은 左車騎將軍이고, 廖化는 右車騎將軍이었다.

7) 〔釋義〕 陰平 : 今文(州)〔縣〕是라 漢武開西南夷하고 置陰平道하야 屬廣漢이러니 晉爲陰平郡하니라
陰平은 지금의 文縣이 이곳이다. 漢나라 武帝가 서남쪽 오랑캐 지역을 개통하고 陰平道를 설치하여 廣漢郡에 속하게 하였는데, 晉나라가 陰平郡으로 만들었다.

【癸未】 炎興元年이라 〈魏景元四年이요 吳永安六年이라 ○ 是歲에 漢亡하니라〉

炎興 元年(계미 263) - 魏나라 景元 4년이고, 吳나라 永安 6년이다. ○ 이해에 漢나라(蜀漢)가 망하였다. -

秋에 魏欲大擧兵하야 入寇漢中할새 遣鄧艾하야 督三萬餘人하야 自狄道로 趣(추)甘松[1], 沓中하야 以連綴姜維하고 諸葛緖는 督三萬餘人하야 自祁山으로 趣武街橋頭하야 絶維歸路하고 鍾會는 統十萬餘衆하야 分從斜谷, 駱谷, 子午谷하야 趣漢中하고 以廷尉衛瓘으로 持節하야 監艾, 會軍事하다

가을에 魏나라가 군대를 크게 동원하여 漢中으로 쳐들어가고자 할 적에 鄧艾를 보내어 3만여 명을 독려하여 狄道로부터 甘松과 沓中으로 달려가 姜維를 옭아매게 하고, 諸葛緖는 3만여 명을 독려하여 祁山으로부터 武街의 橋頭로 달려가 姜維의 귀로를 차단하게 하고, 鍾會는 10여만 명의 군사를 통솔하여 나누어서 斜谷·駱谷·子午谷을 따라 漢中으로 달려가게 하고, 廷尉인 衛瓘에게 節을 잡고 鄧艾와 鍾會의 軍事를 감독하게 하였다.

1) 〔頭註〕 甘松 : 地名이니 在諸羌中이라
甘松은 地名이니, 諸羌 안에 있다.

○ 或以問劉寔曰 鍾, 鄧이 其平蜀乎아 寔曰 破蜀은 必矣어니와 而皆不還하리라 客이 問其故한대 寔이 笑而不答이러라

혹자가 劉寔에게 묻기를 "鍾會와 鄧艾가 蜀을 평정하겠는가?" 하니, 劉寔이 말하기를 "蜀은 틀림없이 격파하겠지만 두 사람 모두 돌아오지 못할 것이다." 하였다. 客이 그 이유를 묻자, 劉寔이 웃기만 하고 대답하지 않았다.

○ 八月에 魏軍이 發洛陽하야 長驅而前[1]하다 維聞鍾會諸軍이 已寇漢中하고 引兵하야 與廖化, 張翼, 董厥等으로 合兵守劍閣하야 以拒會하다

8월에 魏나라 군대가 洛陽을 출발하여 乘勝長驅하면서 전진하였다. 姜維

는 鍾會의 여러 군대가 이미 漢中을 침략했다는 말을 듣고는 병력을 인솔하여 廖化·張翼·董厥 등과 함께 병력을 합하여 劍閣을 지켜 鍾會를 막았다.

1)〔釋義〕長驅而前 : 長驅는 謂無禦之者니 〈顔師古曰〉 猶言直進也라
長驅는 막는 자가 없음을 이르니, 顔師古가 말하기를 "直進이라는 말과 같다." 하였다.

○ 姜維列營守劍閣하니 會攻之不能克하고 粮道險遠하야 欲引還이러니 鄧艾上言호되 漢兵이 摧折하니 宜遂乘之라 若從陰平由邪徑하야 經漢德陽亭하야 趣涪하야 出劍閣西百里하면 去成都三百餘里라 奇兵이 衝其腹心하야 出其不意하면 劍閣之守 必還赴涪하리니 則會方軌而進[1]이요 劍閣之軍이 不還이면 則應涪之兵이 寡矣라하고 遂自陰平으로 行無人之地七百餘里하야 鑿山通道하고 造作橋閣하니 山高谷深하야 至爲艱險하고 又糧運將匱하야 瀕(빈)於危殆[2]라 艾以氈自裹하야 推(퇴)轉而下한대 將士皆攀木緣崖하고 魚貫而進[3]하다 先登至江油[4]하니 蜀守將馬邈이 降이라 諸葛瞻이 督諸軍하야 拒艾러니 艾大破之하고 斬瞻하다

姜維가 진영을 나열하여 劍閣을 지키니, 鍾會가 공격하였으나 승리하지 못하였고 군량을 수송하는 길도 험하고 멀어서 군대를 이끌고 돌아오려 하였는데, 鄧艾가 上言하기를 "漢나라 군대가 이미 꺾였으니, 마땅히 이때를 틈타 공격해야 합니다. 만약 陰平에서 출발하여 샛길을 따라 漢나라 德陽亭을 지나 涪縣으로 달려가서 劍閣 서쪽으로 100리를 진출하면 成都와의 거리가 300여 리입니다. 奇兵이 그 중심부로 쳐들어가서 예상치 못한 데로 나오면 劍閣의 수비 군대가 반드시 진로를 바꾸어 涪縣으로 달려갈 것이니, 이렇게 되면 鍾會의 군대는 두 대의 수레가 나란히 전진할 수 있을 것이고, 劍閣의 군대가 진로를 바꾸지 않으면 涪縣에서 대응하는 병력이 적을 것입니다." 하였다. 마침내 陰平에서 출발하여 사람이 살지 않는 지역으로 700여 리를 행군하여 산을 뚫어 길을 내고 橋閣(棧道, 閣道)을 만드니, 산이 높고 골짝이

깊어서 지극히 어렵고 험하였으며, 또 운반해 놓은 군량이 떨어져 가서 거의 위태로운 지경에 빠지게 되었다. 鄧艾가 털방석으로 몸을 감싸고 굴러 내려가니, 장병들이 모두 나무를 부여잡고 벼랑을 따라 물고기 두름처럼 전진하였다. 선발부대가 올라가 江油에 이르니, 蜀의 수비 장수인 馬邈이 항복하였다. 諸葛瞻이 諸軍을 독려하여 鄧艾를 막았는데, 鄧艾가 크게 격파하고 諸葛瞻을 목 베었다.

1)〔釋義〕方軌而進 : 軌는 車轍也니 方軌는 言竝轍而進也라 爾雅云 方舟者는 併兩(舟)〔船〕이라하니 則此軌亦兩也라
軌는 수레바퀴 자국이니, 方軌는 두 대의 수레가 나란히 전진함을 말한 것이다. ≪爾雅≫에 이르기를 "方舟는 나란히 가는 두 척의 배이다." 하였으니, 그렇다면 여기의 方軌도 역시 둘인 것이다.

2)〔通鑑要解〕瀕於危殆 : 瀕은 際也라 古濱字니 近也라
瀕은 가장자리이다. 瀕은 濱의 古字이니 附近이다.

3)〔釋義〕魚貫而進 : 謂若魚貫之連接而進也라
魚貫而進은 물고기 두름처럼 연이어서 나아감을 이른다.

4)〔釋義〕江油 : 本廣漢郡剛氐道地라 三國에 魏得其地하야 置江油郡이라〈西魏立龍州하니〉今龍州에 有江油縣이라
江油는 본래 廣漢郡 剛氐道의 땅이다. 三國時代에 魏나라가 이 땅을 점령하여 江油郡을 설치하였다. 西魏가 龍州를 세우니, 지금 龍州에 江油縣이 있다.

○ 漢人이 不意魏兵卒至하야 不爲城守調度[1]러니 聞艾已入平土하고 百姓이 擾擾하야 皆迸山野[2]하니 不可禁制라 譙周(詣)〔請〕降이어늘 乃遣使奉璽綬하고 詣艾降하니 北地王諶[3]이 怒曰 若理窮力屈하야 禍敗將及인댄 便當父子君臣이 背城一戰하야 同死社稷하야 以見先帝可也어늘 奈何降乎잇가 帝不聽한대 諶이 哭於昭烈之廟하고 先殺妻子而後에 自殺하다 艾至成都北하니 帝率太子諸王及群臣하고 面縛[4]輿櫬[5]하고 詣軍門降하다 姜維得帝勅命하고 乃與廖化, 張翼, 董厥等으로 同詣會降하다

漢나라 사람들은 魏나라 군대가 갑자기 이를 것을 생각지 못하여 城을 지

키고 調度하지 않았는데, 鄧艾가 이미 평지로 들어왔다는 말을 듣고는 백성들이 소요하여 모두 山野로 달아나니, 금지하고 제재할 수가 없었다. 譙周가 황제에게 항복할 것을 청하자, 마침내 사자를 보내어 옥새와 인끈을 받들고 鄧艾에게 나아가 항복하게 하였다. 北地王 劉諶이 노하여 말하기를 "만약 이치가 궁하고 힘이 다해서 禍敗가 장차 미치게 되었다면 곧 父子와 君臣이 城을 등지고 한바탕 싸워서 함께 社稷을 위해 죽어 지하에서 先帝를 뵙는 것이 옳은데, 어찌하여 항복한단 말입니까." 하였다. 황제가 듣지 않자, 劉諶이 昭烈皇帝의 사당에서 통곡하고 妻子를 먼저 죽인 뒤에 자살하였다. 鄧艾가 成都의 북쪽에 이르니, 황제가 태자와 諸王 및 여러 신하들을 거느리고 두 손을 뒤로 묶고 얼굴만 쳐든 채 관을 함께 들고 軍門에 나아가 항복하였다. 姜維가 황제의 칙명을 얻고 廖化・張翼・董厥 등과 함께 鍾會에게 나아가 항복하였다.

1)〔釋義〕調度：賦調用度也라
調度는 用度에 맞게 세금을 거두는 것이다.
2)〔頭註〕皆迸山野：迸은 散走也라
迸은 흩어져 달아나는 것이다.
3)〔頭註〕北地王諶：諶은 後主子也라
劉諶은 後主 劉禪의 아들이다.
4)〔釋義〕面縛：縛手於背하고 而面向前也라
面縛은 두 손은 등 뒤로 돌려 묶고 얼굴은 앞을 향하는 것이다.
5)〔原註〕輿櫬：輿는 共擧也요 櫬은 空棺也니 棺輿從之者는 皆示其君將受死也라
輿는 함께 드는 것이고 櫬은 빈 관이니, 빈 관을 들고 따르는 것은 그 군주가 장차 죽임을 당할 것임을 보이는 것이다.

〔新增〕尹氏曰 姜維身都[1]將相하야 喪師蹙境하고 黃皓寵冠一時하야 殄民誤國이라가 漢祚顚覆에 偸生苟免하고 至於死節之臣하야는 乃在傅僉[2], 諸葛瞻父子[3]及北地王諶而已라 是時에 鄧艾孤軍深入하니 使漢之君臣이 能竭力死守면 未必遽爾滅亡이어늘 帝禪庸才라 旣不知國君死社稷之義하고 譙周諸人은 又輕以其國予賊하니 其視諶同死社稷之言과 與夫哭於昭烈之廟而死之節하면

曾犬彘之不若이라 嗚呼라 諶雖已死나 其言이 至今凜凜猶有生氣라 禪之有子如此로되 而不能聽用其言하니 可謂上愧乃父하고 下愧乃子矣니 噫라

尹氏가 말하였다.

"姜維는 장수와 정승을 도맡았으면서 군대를 잃고 국경을 위축시켰고, 黃皓는 한때 은총이 으뜸이었으면서 백성들을 해치고 나라를 그르치다가 漢나라의 국운이 기울자 욕되이 살기를 꾀하여 구차히 죽음을 면하였으며, 忠節에 죽은 신하에 이르러서는 마침내 傅僉과 諸葛瞻 父子 및 北地王 劉諶이 있을 뿐이었다. 이때에 鄧艾가 고립된 군대를 이끌고 깊이 침입하였으니, 만일 蜀漢의 군주와 신하가 힘을 다하여 결사적으로 지켰다면 반드시 대번에 멸망하지는 않았을 것이다. 後主 劉禪은 용렬한 재주라서 이미 國君이 社稷을 위해 죽는 의리를 알지 못하였고, 譙周 등 여러 사람들은 또 자기 나라를 적에게 내주는 것을 가볍게 여겼으니, 劉諶의 社稷을 위해 함께 죽자는 말과 昭烈帝의 사당에서 통곡하고 죽은 절개에 비하면 일찍이 개돼지만도 못한 것이다. 아! 劉諶은 비록 이미 죽었지만 그 말은 지금까지도 늠름하여 오히려 생기가 있다. 劉禪은 이처럼 훌륭한 자식을 두었으나 그 말을 따르지 못하였으니, 위로는 자기 아버지에게 부끄럽고 아래로는 자기 자식에게 부끄럽다고 이를 만하다. 슬프다!"

1)〔頭註〕身都 : 都는 居也라
都는 거함이다.

2)〔頭註〕傅僉 : 守關口하야 格鬪而死하니라
傅僉은 陽安關 어귀를 수비하여 육박전을 벌이다가 죽었다.

3)〔頭註〕諸葛瞻父子 : 瞻父亮이라
諸葛瞻의 아버지는 諸葛亮이다.

〔史略 史評〕愚按 天意不回하야 漢祚傾覆하니 當是之時하야 降賊貪生을 如姜維者 非一人이어늘 而諸葛瞻父子 獨能冒犯鋒刃하고 視死如歸하니 雖其資質有過人者나 而亦家法之有自也니 忠武公은 可謂有子有孫矣로다 嗚呼라 瞻尙雖死[1]나 其忠烈之風이 至今凜凜猶有生氣하니 彼爲臣不死忠而偸生一時者

는 視瞻尙에 寧無愧乎아

내(劉剡)가 살펴보건대 하늘의 뜻이 돌아오지 않아서 漢나라의 國運이 기우니, 이때를 당하여 적에게 항복하여 목숨을 탐하기를 姜維와 같이 한 자가 한둘이 아니었다. 그런데 諸葛瞻 父子는 홀로 적의 칼날을 무릅쓰고 죽는 것을 집에 돌아가는 것처럼 편안히 여겼으니, 비록 그 자질이 보통 사람보다 뛰어난 점이 있으나 또한 家法이 由來한 바가 있는 것이다. 忠武公(諸葛亮)은 훌륭한 아들이 있고 훌륭한 손자가 있다고 이를 만하다. 아! 諸葛瞻과 諸葛尙은 비록 죽었으나 그 忠烈의 流風이 지금까지도 凜凜하여 아직도 생기가 있으니, 저 신하가 되어서 충성을 위해 죽지 않고 구차하게 한때의 목숨을 구걸하여 살기를 꾀한 자들은 諸葛瞻과 諸葛尙을 볼 때 어찌 부끄러운 마음이 없겠는가.

1)〔譯註〕瞻尙雖死：諸葛尙은 諸葛瞻의 아들이다. 諸葛瞻은 字가 思遠으로, 緜竹의 싸움에서 鄧艾의 使者를 베어 죽이고 순절하였는데, 이때 나이 37세였다. 또 諸葛尙은 "父子가 나라의 후중한 은혜를 받고서 능히 黃皓를 베지 못하고 패배하였으니, 살아서 무엇하겠는가."라고 탄식하고, 魏나라 군사에게 달려들어서 죽었다.

〔史略 史評〕史斷曰 後主才雖中下나 然建興之初에 猶能委任賢相하고 抗衡强國하야 今年에 征四郡[1]하고 明年에 屯漢中하고 明年에 出散關하고 又明年에 攻武都陰平이라 是以로 國富兵强하야 征伐四克이러니 迨殞星告變에 賢相云亡이라 於是에 姜維產禍하고 宦寺(시)專權하니 雖無緣崖之寇라도 其能久有國哉아 緜竹之戰에 臣死於君하고 成都之降에 子死於父하야 勢窮力蹙에 束手就縛而漢亡矣니 可悲也夫인저

史斷에 말하였다.

"後主는 재주가 비록 中에 下였으나 建興 초기에는 오히려 어진 정승에게 國政을 맡겨 강한 적에게 대항할 수 있어서, 금년에 네 郡을 정벌하고 明年에 漢中에 주둔하고 明年에 散關으로 출동하고 또 明年에 武都와 陰平을 공격하였다. 이 때문에 국가가 부유하고 군대가 강하여 정벌함에 사방으로 이겼는데, 별이 떨어져 변고를 알리자 어진 정승이 사망하였다. 이에 姜維가

禍亂을 만들어내고 宦官들이 권력을 전횡하니, 비록 벼랑을 타고 올라오는 적이 없다 한들 어찌 오랫동안 나라를 보유할 수 있었겠는가. 緜竹의 전투에서는 신하가 군주를 위하여 죽고 成都의 항복에는 자식이 아버지를 위하여 죽어서, 형세가 곤궁하고 힘이 위축되어 할 수 없이 손을 뒤로 묶고 나아가 항복하자 漢나라가 망하였으니, 슬퍼할 만하다."

1)〔譯註〕征四郡 : 四郡은 益州, 永昌, 牂柯, 越嶲이다.

右漢은 昭烈及後皇帝禪히 共四十三年이라

이상 漢나라는 昭烈帝로부터 後皇帝 劉禪까지 모두 43년이다.

歷年圖曰 昭烈은 以敗亡之餘로 羈旅漢南이로되 而能屈體英傑하고 要結同志하야 摧沮勍敵하야 因敗爲功하고 顚沛之際에 不忘德義하니 美矣라 劉璋昧弱이어늘 侮而兼之[1]하야 遂奄有巴蜀하야 君臨一隅라 安樂公[2]은 材雖下中이나 然委任賢相하야 抗衡中國이러니 及姜黃用事하야는 而面縛爲虜하니 宜矣라
○ 漢은 二十六帝에 合四百六十九年이라

≪歷年圖≫에 말하였다.

"昭烈은 패망한 뒤에 漢水 남쪽에 나그네로 의탁하고 있었지만 영웅들에게 몸을 굽히고 同志들과 결탁해서 강한 적을 꺾고 실패를 성공으로 만들었으며 넘어지고 쓰러지는 위급한 때에도 덕과 의리를 잊지 않았으니, 훌륭하다. 劉璋이 어둡고 약하였는데 그를 해치고 겸병하여 마침내 巴蜀을 소유해서 한 지방에 군림하였다. 安樂公 劉禪은 재주가 비록 下에 中이었으나 어진 정승(諸葛亮)에게 위임하여 中國과 겨루었는데, 姜維와 黃皓가 用事함에 미쳐서는 두 손을 뒤로 묶고 얼굴만 내놓고서 항복하여 포로가 되었으니, 당연하다."
○ 漢나라는 26帝에 합하여 469년이다.

1)〔頭註〕侮而兼之 : 書에 兼弱攻昧하며 取亂侮亡이라하니라
≪書經≫ 〈仲虺之誥〉에 "약한 자를 겸병하고 어두운 자를 공격하며, 어지러운 자를 취하고 망하는 자를 상하게 한다." 하였다.
2)〔頭註〕安樂公 : 魏封漢帝禪하야 爲安樂公이라

魏나라가 漢나라 황제 劉禪을 봉하여 安樂公으로 삼았다.

魏之攻蜀也에 吳人이 或謂襄陽張悌曰 司馬氏得政以來로 大難이 屢作[1)]하야 百姓이 未服이어늘 今又勞力遠征하니 敗於不暇라 何以能克이리오 悌曰 不然하다 曹操雖功蓋中夏나 民畏其威而不懷其德也요 丕, 叡承之하야 刑繁役重이라 司馬懿父子 除其煩苛而布其平惠하고 爲之謀主而救其疾苦하니 淮南이 三叛[2)]이나 而腹心不擾하고 曹髦之死에 四方不動이라 任賢使能하야 各盡其心하니 其根本固矣에 奸計立矣라 今蜀은 閹宦專朝[3)]에 國無政令하니 因危而伐이면 殆無不克이라 噫라 彼之得志는 我之憂也라한대 吳人이 笑其言이러니 至是乃服하니라

魏나라가 蜀을 공격할 때에 吳나라 사람이 혹 襄陽 張悌에게 이르기를 "司馬氏가 정권을 잡은 이래로 큰 난리가 여러 번 일어나서 백성들이 복종하지 않는데, 이제 또다시 백성들의 힘을 수고롭게 하여 멀리 정벌하니 패하기에도 겨를이 없을 것이다. 어떻게 승리하겠는가?" 하니, 張悌가 말하기를 "그렇지 않다. 曹操는 비록 功이 中夏를 뒤덮었으나 백성들이 위엄만 두려워하고 德을 그리워하지는 않았으며, 曹丕와 曹叡가 그 뒤를 이어서 형벌이 번거롭고 부역이 무거웠다. 그러나 司馬懿 父子는 번거롭고 까다로운 법령을 제거하고 공평함과 은혜를 베풀며, 謀主가 되어서는 백성들의 고통을 구원하였다. 이 때문에 淮南 지방이 세 번 배반하였으나 腹心이 흔들리지 않았고, 曹髦가 죽음에 사방이 동요하지 않았다. 어진 이에게 맡기고 유능한 자를 부려서 각각 그 마음을 다하니, 근본이 견고해지자 간사한 계책이 성립되었다. 그런데 이제 蜀은 환관이 조정을 독점하여 나라에 政令이 없으니 위태로운 틈을 타서 정벌하면 아마도 이기지 못함이 없을 것이다. 아! 저(司馬懿)가 뜻을 얻음이 바로 우리의 걱정이다." 하였다. 吳나라 사람들이 그의 말을 비웃었었는데, 蜀이 망한 이때에 이르러서야 비로소 승복하였다.

1) 〔頭註〕 大難屢作 : 邵陵厲公芳嘉平元年에 王淩叛하고 高貴鄕公髦正元元年에 毌

丘儉叛하고 甘露二年에 諸葛誕叛하니라

邵陵厲公 曹芳의 嘉平 元年(249)에 王淩이 배반하고, 高貴鄕公 曹髦의 正元 元年(254)에 毌丘儉이 배반하고, 甘露 2년(257)에 諸葛誕이 배반하였다.

2)〔頭註〕淮南三叛 : 三叛은 卽王淩, 毌丘儉, 諸葛誕擧兵也라

세 번 배반하였다는 것은 王淩, 毌丘儉, 諸葛誕이 군사를 일으킨 것이다.

3)〔頭註〕閹宦專朝 : 閹宦은 黃皓也라

환관은 黃皓이다.

○ 鄧艾以書言於晉公昭曰 兵有先聲而後實者하니 今因平蜀之勢하야 以乘吳면 吳人이 震恐하리니 席卷之時也라 然이나 大擧之後에 將士疲勞하야 不可便用이니 且徐緩之하야 留隴右兵二萬人과 蜀兵二萬人하야 煮鹽興冶[1]하야 爲軍農要用하고 竝作舟船하야 預爲順流之事니 然後發使하야 告以利害면 吳必歸化하리니 可不征而定也리이다 今宜厚劉禪하야 以致孫休[2]니 封禪爲扶風王하야 以顯歸命之寵하노이다 昭使監軍衛瓘으로 喩艾호되 事當須報요 不宜輒行이니라 艾重言[3]曰 春秋之義에 大夫出疆하야 有可以安社稷, 利國家면 專之可也[4]라하니 今吳未賓하야 勢與蜀連하니 不可拘常以失事機라한대 鍾會內有異志하야 乃與瓘으로 密白艾有反狀하다

鄧艾가 편지로 晉公 司馬昭에게 말하기를 "군대는 먼저 소문을 퍼뜨리고 뒤에 실제로 행동하는 경우가 있습니다. 이제 蜀을 평정한 형세를 인하여 吳나라를 정벌한다면 吳나라 사람들이 두려워할 것이니, 席卷할 수 있는 때입니다. 그러나 크게 군대를 일으킨 뒤여서 장병들이 피로하여 곧바로 쓸 수가 없습니다. 우선 서서히 늦춰 주어서 隴右의 병력 2만 명과 蜀 지방의 병력 2만 명을 남겨 두어 소금을 굽고 쇠를 주조하는 일을 일으켜 군사와 농사의 요긴한 비용으로 삼고, 아울러 배를 만들어서 강을 따라 내려가 吳나라를 공격할 일을 미리 준비한 다음, 使者를 보내어 利害로써 타이르면 吳나라가 반드시 歸化할 것이니, 정벌하지 않고도 평정할 수 있을 것입니다. 지금 劉禪을 후대해서 孫休를 오게 해야 할 것이니, 劉禪을 봉하여 扶風王으로 삼아서

명령에 귀순한 은총을 드러내소서." 하였다.

司馬昭가 監軍 衛瓘을 시켜 鄧艾를 타이르기를 "이 일은 반드시 회답을 기다려야 할 것이요, 곧바로 행해서는 안 된다." 하니, 鄧艾가 신중히 말하기를 "≪春秋≫의 의리에 '大夫가 국경을 나가서 社稷을 평안히 하고 國家를 이롭게 할 수 있으면 자기 마음대로 해도 괜찮다.' 하였습니다. 지금 吳나라가 복종하지 아니하여 형세가 蜀과 연결되니, 常規에 구애되어 事機를 놓쳐서는 안 됩니다." 하였다. 鍾會가 마음속에 딴 뜻이 있어서 마침내 鄧艾가 배반하려는 형상이 있다고 衛瓘과 함께 은밀히 보고하였다.

1) 〔譯註〕 煮鹽興冶 : 四川省에는 鹽井이 있어 대량으로 소금을 만들 수 있고, 또 銀·銅·鐵이 나와 쇠를 주조할 수 있었다.

2) 〔頭註〕 以致孫休 : 孫休는 吳主姓名이라
孫休는 吳主의 姓名이다.

3) 〔頭註〕 艾重言 : 重은 猶難也라
重은 難(신중함)과 같다.

4) 〔譯註〕 春秋之義……專之可也 : 이 내용은 ≪春秋公羊傳≫ 莊公 19년조에 보인다.

【甲申】 〈魏咸熙元年이요 吳主孫皓[1]元興元年이니 凡二國이라〉

갑신(264) - 魏나라 咸熙 元年이고, 吳主 孫皓 元興 元年이니, 모두 두 나라이다. -

1) 〔譯註〕 孫皓 : ≪晉書≫와 ≪資治通鑑≫에 '孫皓'와 '孫晧'가 둘 다 나오는 바, 底本에 '孫皓'로 되어 있으므로 底本을 따랐다.

正月에 魏詔以檻車[1]로 徵艾赴京師하다 會所憚은 惟艾러니 艾父子[2]旣禽에 會獨統大衆하니 威震西土라 遂決意謀反하다 丁丑에 矯太后遺詔[3]하야 使會起兵하야 廢司馬昭하다 姜維欲使會로 盡殺北來諸將하고 已因殺會하고 盡坑魏兵하야 復立故漢帝러니 會衆兵이 作亂하야 格斬姜維하고 爭前殺會하니 鄧艾本營將士 追出艾於檻車하야 迎還이어늘 衛瓘이 遣兵襲艾하야 斬艾父子하다

정월에 魏나라가 명령을 내려 檻車로 鄧艾를 불러 京師로 오게 하였다. 鍾會가 두려워하는 것은 오직 鄧艾뿐이었는데, 鄧艾 父子가 사로잡힌 뒤에 鍾會가 홀로 大軍을 통솔하여 위엄이 서쪽 지방에 진동하니, 마침내 모반하기로 결심하였다. 정축일(16일)에 太后의 遺詔를 사칭하여 '鍾會로 하여금 군대를 일으켜 司馬昭를 폐하게 한다.' 하였다. 姜維가 鍾會로 하여금 북쪽에서 온 여러 장수를 다 죽이게 한 다음, 스스로 이 기회를 틈타 鍾會를 죽이고 魏나라 군사들을 다 묻어 죽이고서 다시 옛 漢나라 황제를 세우고자 하였는데, 鍾會의 병사들이 난을 일으켜 姜維를 쳐 죽이고 앞 다투어 鍾會를 죽이니, 鄧艾 本營의 장병들이 쫓아가 檻車에서 鄧艾를 꺼내어 맞이하여 돌아왔다. 衛瓘이 군대를 보내어 鄧艾를 습격해서 鄧艾 父子를 목 베었다.

1)〔頭註〕檻車 : 車上에 着板四周하고 載囚其中이라
檻車는 수레 위에 판자를 붙여 사방을 에워싸고 그 안에 죄수를 태운다.

2)〔頭註〕艾父子 : 父子는 惠及忠也라
鄧艾 父子는 鄧艾와 그의 아들 鄧惠와 鄧忠이다.

3)〔頭註〕矯太后遺詔 : 矯는 托也라
矯는 칭탁함이다.

〔新增〕尹氏曰 夫恃强凌弱하야 奪人土地하야 使不得有其臣民하고 毁人宗廟하야 使不得奉其祭祀는 非至不仁者면 莫之忍爲라 劉禪庸愚하야 不能死國하고 貪生苟免하니 固可深責이어니와 鍾鄧은 臣事弑逆之人하야 呑滅蜀漢하야 以成晉簒하니 有功於昭 大矣나 其如漢祀何哉오 思昔昭烈君臣이 間關隴蜀[1]하야 仗義討賊이러니 不幸天不祚漢하야 逆賊逋誅라 其子承襲一方하야 少延赤帝子之祀[2]어늘 鍾鄧이 設謀動衆하야 戕民鋒鏑之下하고 自謂不世之功이러니 未及受賞에 皆赤其族하니 然後에 知天道昭昭하야 特假手誅夷하야 以償滅漢之罪爾라 語曰 興滅國하고 繼絶世에 天下之民이 歸心焉[3]이라하니 後之謀欲滅人家國者는 可以觀矣니라

尹氏가 말하였다.

"강한 힘을 믿고 약한 자를 능멸하여, 남의 토지를 빼앗아서 신하와 백성

을 소유하지 못하게 하고 남의 宗廟를 헐어서 제사를 받들지 못하게 함은, 지극히 不仁한 자가 아니면 차마 하지 못하는 것이다. 劉禪은 용렬하고 어리석어서 나라를 위해 죽지 못하고 살기를 꾀하여 구차히 죽음을 면하였으니, 진실로 깊이 책망할 만하다. 그러나 鍾會와 鄧艾는 弑逆한 사람을 신하가 되어 섬겨서 蜀漢을 倂呑하여 멸망시켜 晉나라의 찬탈을 도와 이루었으니, 司馬昭에게 功을 세움이 크지만 漢나라 제사를 어찌한단 말인고. 생각건대 옛날 昭烈帝는 군주와 신하가 隴蜀에서 間關(어려움)을 겪으면서 大義를 따라 역적을 토벌하였는데, 불행히도 하늘이 漢나라를 도와주지 않아 역적이 죽음을 면하였다. 그 아들 劉禪이 한쪽 지방에서 왕위를 물려받아 赤帝子의 제사를 조금 이어 갔는데, 鍾會와 鄧艾가 꾀를 내고 병력을 동원하여 칼날 아래에서 백성들을 해치고 스스로 좀처럼 보기 드문 훌륭한 공이라고 여겼다. 그러나 미처 상을 받기도 전에 一族이 다 죽었으니, 그런 뒤에야 天道가 밝아서 다만 딴 사람의 손을 빌려 그들을 죽여 蜀漢을 멸망시킨 죄를 갚았음을 알 수 있다. ≪論語≫에 이르기를 '멸망한 나라를 일으켜 주고 끊어진 대를 이어 주자, 천하의 民心이 돌아왔다.' 하였으니, 후세에 남의 집안과 나라를 멸망시키려고 하는 자들은 이것을 살펴보아야 할 것이다."

1) 〔頭註〕 間關隴蜀 : 間關은 猶艱難이라
間關은 艱難과 같다.

2) 〔譯註〕 少延赤帝子之祀 : 赤帝子는 漢 高祖 劉邦을 가리킨다. ≪史記≫ 〈高祖本紀〉에 "劉邦이 밤에 술에 취하여 늪 가운데를 지나는데, 큰 뱀이 길을 막고 있으므로 검을 뽑아 뱀을 베었다. 뒷사람이 오다가 뱀이 있는 곳에 이르니, 늙은 할미가 울면서 말하기를 '내 아들은 白帝子로서 뱀으로 변하여 길을 막고 있었는데, 이제 赤帝子가 베어 죽였다.' 하고는 인하여 갑자기 보이지 않았다." 하였다. 秦나라는 金德으로 통치하였는데 金은 白色이므로 秦나라를 가리켜 白帝의 아들이라 하고, 火는 金을 이기는데 火는 赤色이므로 劉邦을 赤帝의 아들이라 하여, 漢나라가 秦나라를 대신해서 天命을 받는 징조로 삼은 것이다.

3) 〔譯註〕 語曰……歸心焉 : 이 내용은 ≪論語≫ 〈堯曰〉에 보인다.

魏封故漢帝禪하야 **爲安樂公**하다

魏나라가 옛 漢나라 황제인 劉禪을 봉하여 安樂公으로 삼았다.

〔史略 史評〕 史斷曰 西漢은 自高祖而下로 有文有武有宣이요 東漢은 自光武以下로 有明, 章이요 其餘는 無稱焉이라 河汾王通이 以七制로 斷之[1]하니 善矣라 反覆兩漢之世컨대 大抵仁義公恕하고 役簡刑淸하야 如七制之盛者는 兩漢之所以興也요 母后擅權하고 戚宦用事하야 如七制以下者는 兩漢之所以亡也라 迨曹氏簒漢而爲魏에 昭烈이 以帝裔로 卽位于蜀하고 孫權이 亦自王於吳하야 而天下遂分於三矣라 雖以昭烈孔明으로 戮力興復이나 而死灰難燃하야 不能復振하니 譬於人家컨대 家道陵夷하고 生業已盡하야 豪奴悍僕이 或潛據於內하고 或竊處於外하고 而其家之故子遺孫이 伶仃漂泊하야 其氣奄奄殆盡이어늘 而方區區在外하야 收拾寸土하야 以爲興復計하니 亦已難矣로다 由是論之컨대 民心思漢엔 以王郞假之[2]而有餘하고 民心去漢엔 以孔明留之而不可하니 吁可嘆哉인저

史斷에 말하였다.

"西漢은 高祖 이하로 文帝·武帝·宣帝가 있었고, 東漢은 光武帝 이하로 明帝·章帝가 있었으며, 그 나머지는 칭할 만한 자가 없다. 河汾의 王通이 七制로 결단하였으니, 참으로 옳다. 兩漢의 세대를 반복해 보건대 대체로 仁義와 公恕를 행하며 부역이 간략하고 형벌이 맑아져서 七制의 전성기와 같았던 것은 兩漢이 흥성한 이유이고, 母后가 권력을 독단하고 외척과 환관들이 用事하여 七制 이후와 같았던 것은 兩漢이 멸망한 이유이다. 曹氏가 漢나라를 찬탈하여 魏나라가 되자 昭烈帝는 황제의 후손으로 蜀에서 즉위하였고, 孫權 또한 吳나라에서 스스로 왕 노릇하여 천하가 마침내 셋으로 나뉘었다. 비록 昭烈帝와 諸葛孔明으로서 힘을 다하여 興復하였으나 꺼진 재를 다시 타오르게 하기 어려워 다시 떨치지 못하였으니, 이것을 집안에 비유하면 家道가 침체되고 生業이 이미 다하여 호방하고 사나운 奴僕들이 혹은 안에서 몰래 점거하고 혹은 밖에 몰래 숨어 있고, 그 집안의 옛 주인의 아들과 남은 손자들이 외롭게 漂泊하여 간신히 숨만 붙어 있어 거의 다 망하게 되었는데, 구구하게 밖에서 한 치 되는 땅을 수습하여 興復할 계획을 세우는 것과 같으

니, 또한 너무나도 어렵다. 이로 말미암아 논해 보건대 민심이 漢나라(西漢)를 그리워할 때에는 王郞이 劉氏라고 사칭하기만 해도 충분했고, 민심이 漢나라(蜀漢)를 떠난 뒤에는 孔明이 부지하려고 해도 되지 않았으니, 아! 탄식할 만하다."

1) 〔譯註〕 河汾王通 以七制斷之 : 隋나라 王通이 漢나라의 高帝, 文帝, 武帝, 宣帝, 光武帝, 明帝, 章帝를 七制의 군주로 추대하고 그 글을 帝制라고 하였으니, 그 法制가 後王의 법칙이 될 만함을 이른다. 王通은 漢나라의 法制가 거의 ≪書經≫의 典誥에 가깝다고 여겨 兩漢의 훌륭한 군주를 七制라고 칭하였다.

2) 〔譯註〕 王郞假之 : 王莽 때에 長安에 成帝의 아들 子輿라고 자칭하는 자가 있으므로 王莽이 그를 죽였는데, 邯鄲의 점치는 자인 王郞이 이로 인하여 자신이 진짜 子輿라고 사칭하자 백성들이 이를 많이 믿고서 王郞을 세워 천자로 삼으니, 趙나라 이북과 遼東 이서 지방이 모두 風聲만 듣고도 호응하였다.

○ 吳主休殂하니 皓卽皇帝位[1)]하다

吳主 孫休가 죽으니 孫皓가 황제의 자리에 올랐다.

1) 〔頭註〕 皓卽皇帝位 : 皓는 權之孫이요 和之子也라
孫皓는 孫權의 손자이고 孫和의 아들이다.

○ 晉王이 立炎爲世子하다

晉王이 司馬炎을 세워 世子로 삼았다.

【乙酉】〈魏咸熙二年이요 晉世祖司馬炎泰始元年이요 吳甘露元年이라 ○ 是歲에 魏亡晉代하니 凡二國이라〉

을유(265) - 魏나라 咸熙 2년이고, 晉나라 世祖 司馬炎의 泰始 元年이고, 吳나라 甘露 元年이다. ○ 이해에 魏나라가 망하고 晉나라가 대신하니, 모두 두 나라이다.〉

八月에 魏晉王昭卒하고 太子炎이 嗣爲相國, 晉王하다

8월에 魏나라 晉王 司馬昭가 죽고, 太子 司馬炎이 뒤를 이어 相國과 晉王이 되었다.

○ **冬**에 **吳主徙都武昌**하다

겨울에 吳主가 도읍을 武昌으로 옮겼다.

○ **十二月**에 **魏主禪位于晉王**하니 **王**이 **卽皇帝位**하고 **奉魏主爲陳留王**하다

12월에 魏主가 晉王에게 禪位하니, 晉王이 황제의 지위에 오르고 魏主를 받들어 陳留王으로 삼았다.

右魏는 **五主**에 **共四十六年**이라

이상 魏나라는 다섯 군주에 모두 46년이다.

歷年圖曰 漢室不綱에 群雄糜擾하야 乘輿播蕩하야 莫之收省이어늘 太祖獨奉迎而相之하야 披荊棘[1]以立朝廷하니 則其名義固足以結民心矣요 加之英威明略이 過絶於人하야 驅策賢豪하야 糞除[2]奸宄라 於是에 張綉屈膝[3]하고 呂布[4]授首하고 公路[5]野死하고 本初[6]覆亡하고 劉琮獻地하고 韓, 馬[7]遁逃하야 中原肅淸하고 戎狄請服하니 然則魏取天下於群盜요 非取之於漢室也라 惜其狹中多詐하야 猜忌賢能하니 此海內所以不盡服也라 及文帝[8]受禪하고 明帝[9]繼業하야 內綏外禦하야 不廢前功이러니 而明帝於彌留[10]之際에 爲奸臣[11]牽率이라 嗣子幼弱하고 寄託非人하며 曹爽驕戇하고 黨(友)〔與〕輕佻[12]하야 禍自內興하야 遂衰微不振하야 以至易姓[13]하니 悲夫라

≪歷年圖≫에 말하였다.

"漢나라 皇室이 기강을 잃자 여러 영웅들이 어지럽게 소요해서 乘輿(황제)가 파천하여 거두고 살피는 이가 없었는데, 太祖(曹操)가 홀로 받들어 황제를 맞이하여 도와서 苦難을 헤치고 朝廷을 세우니, 그 명분과 의리가 진실로 民心을 결속시킬 수가 있었다. 게다가 英明한 위엄과 지략이 보통 사람보다

크게 뛰어나서, 현자와 호걸들을 몰고 부려서 간사한 자들을 제거하였다. 이에 張綉가 무릎을 꿇고 呂布가 머리를 내주었으며, 公路(袁術)가 들에서 죽고 本初(袁紹)가 패망하였으며, 劉琮이 땅을 바치고 韓遂와 馬超가 도망하여 中原이 깨끗해지고 오랑캐들이 복종하기를 청하였으니, 그렇다면 魏나라는 天下를 여러 도둑들에게서 취한 것이요, 漢나라 황실에서 취한 것이 아니다. 애석하게도 마음이 좁고 속임수가 많아서 덕이 있는 자와 유능한 자를 시기하였으니, 이것이 온 천하가 다 복종하지는 않았던 이유이다. 文帝(曹丕)가 禪位를 받고 明帝(曹叡)가 기업을 잇게 되자, 안으로는 백성들을 편안히 하고 밖으로는 적을 막아서 예전의 공을 실추시키지 않았는데, 明帝가 병이 오래 낫지 않을 때에 간신(司馬懿)에게 제재를 당하였다. 嗣子(曹芳)는 어리고 국정을 나쁜 사람(司馬懿)에게 맡겼으며, 曹爽은 교만하고 어리석으며 黨與는 경솔해서, 禍가 안으로부터 일어나 마침내 쇠미하고 떨치지 못해서 왕조가 바뀌는 데에 이르렀으니, 슬프다."

1)〔頭註〕荊棘 : 喩難也라
  荊棘은 어려움을 비유한 것이다.
2)〔通鑑要解〕糞除 : 糞은 掃除也라
  糞은 소제하는 것이다.
3)〔附註〕張綉屈膝 : 張綉는 祖厲人이라 麴勝이 殺祖厲長하니 綉爲縣吏라가 間伺殺勝이라 郡內義之하니 遂招合少年하야 爲邑中豪傑이라 屯宛하야 與劉表合이러니 魏太祖南征하니 綉擧衆降하니라
  張綉는 祖厲 사람이다. 麴勝이 祖厲의 長을 죽이자, 張綉가 이때 縣의 아전으로 있다가 틈을 엿보아 麴勝을 죽였다. 郡 안의 사람들이 이를 의롭게 여기니, 張綉가 마침내 少年들을 불러 모아 邑 안의 호걸이라 하였다. 〈무리를 이끌고〉 宛 땅에 주둔해서 劉表와 연합하였는데, 魏 太祖(曹操)가 남쪽을 정벌하니 張綉가 무리를 데리고 항복하였다.
4)〔頭註〕呂布 : 見上二十二卷丙子年이라
  呂布는 앞의 22권 丙子年條(196)에 보인다.
5)〔頭註〕公路 : 袁術字라
  公路는 袁術의 字이다.

6)〔頭註〕本初：袁紹字라
本初는 袁紹의 字이다.
7)〔頭註〕韓馬：韓遂, 馬超니 漢獻帝辛卯年에 魏祖擊破하니라 後에 超奔備하고 遂爲下所殺이라
韓·馬는 韓遂와 馬超이니, 漢나라 獻帝 신묘년(211)에 魏 太祖가 격파하였다. 뒤에 馬超는 劉備에게 망명하였고, 韓遂는 아랫사람에게 살해당하였다.
8)〔頭註〕文帝：曹丕라
文帝는 曹丕이다.
9)〔頭註〕明帝：曹叡라
明帝는 曹叡이다.
10)〔頭註〕彌留：病彌甚而留連也
彌留는 병이 갈수록 심해지고 낫지 않는 것이다.
11)〔頭註〕奸臣：司馬懿라
奸臣은 司馬懿이다.
12)〔頭註〕輕佻：佻는 薄也라
佻는 경박함이다.
13)〔譯註〕嗣子幼弱……以至易姓：嗣子 曹芳은 魏나라 明帝의 養子로서 8세에 즉위하였다. 曹爽과 司馬懿로 하여금 輔政하게 하였는데, 뒤에 司馬懿는 군대를 일으켜 曹爽 등을 죽이고 국정을 전횡하다가 손자 司馬炎에 이르러 晉을 건립하였다.

〔史略 史評〕愚按 有魏之興이 實自操始라 曹丕 因而簒漢을 如拾芥然하고 明帝는 性雖明敏이나 而好土功하니 其衰微之兆 已見矣요 邵陵孤幼에 寄托非人하야 陵遲至陳留하야 而晉人取之亦不難은 何歟오 曹操以亂世之奸雄으로 乘漢室之衰弱하야 欺人孤兒寡婦하야 狐媚以取天下하니 原情定罪하면 直巨盜耳라 以此創業하야 亦以此亡하니 豈無天道哉아 傳曰 出乎爾者 反乎爾者[1]라하니 爲人臣而懷姦幸釁하야 竊人宗社者는 尙鑒于玆어다

내(劉剡)가 살펴보건대 魏나라가 일어남은 실로 曹操로부터 시작되었다. 曹丕는 인하여 漢나라를 찬탈하는 것을 지푸라기를 줍듯이 쉽게 하였고, 明帝는 비록 성품이 명민하였으나 토목공사를 좋아하여 쇠미할 조짐이 이미 나

타났으며, 邵陵厲公(曹芳)은 어린 고아로 국정을 나쁜 사람(司馬懿)에게 맡겨서 침체하여 陳留王(曹奐)에 이르러서는 晉나라 사람이 또한 쉽게 차지하였으니, 이는 어째서인가? 曹操가 亂世의 奸雄으로 漢나라 황실이 쇠약함을 틈타서 남의 고아와 과부들을 속여 여우처럼 간사하게 천하를 취하였으니, 그 실정을 따져 죄를 정한다면 단지 큰 도둑일 뿐이다. 이로써 創業하여 또한 이로써 망하였으니, 어찌 天道가 없겠는가. 옛 책에 이르기를 "너에게서 나온 것이 너에게로 돌아간다." 하였으니, 신하가 되어 간사한 마음을 품고 나라에 禍가 있는 것을 요행으로 여겨서 남의 종묘사직을 도둑질하는 자들은 부디 이것을 거울로 삼을지어다.

1) 〔譯註〕 出乎爾者 反乎爾者 : 이 내용은 ≪孟子≫ 〈梁惠王 下〉에 보인다.

時에 **晉主承魏氏刻薄奢侈之後**하야 **欲矯以仁儉**[1]이러니 **有司言御牛青絲紖**(진)[2]**斷**이라하야늘 **詔以青麻代之**하다

이때 晉主가 魏나라의 각박하고 사치한 정사의 뒤를 이어서 인자함과 검소함으로 바로잡고자 하였는데, 有司가 황제의 제사에 사용하는 소인 御牛의 청색 명주실로 만든 코뚜레 끈이 끊어졌다고 말하자 청색 삼끈으로 대신하라고 명하였다.

1) 〔釋義〕 欲矯以仁儉 : 矯는 以(謂)矯*) 正其曲也라
矯는 굽은 것을 바로잡는 것이다.

*) 矯 : 뒤틀린 활을 바로잡는 도구인 도지개를 이른다.

2) 〔釋義〕 青絲紖 : 王氏曰 紖은 著牛鼻繩이니 所以牽牛者니 以青絲爲之라 〔頭註〕 記祭統에 迎牲하여 君執紖〈注에 紖은 所以牽牲也〉라하니라
〔釋義〕 王氏가 말하기를 "紖은 소의 코에 꿰는 끈이니, 소를 끄는 것인 바, 청색 명주실로 만든다." 하였다. 〔頭註〕 ≪禮記≫ 〈祭統〉의 '犧牲을 맞이하여 군주가 犧牲의 고삐를 잡는다.'는 經文의 注에 "紖은 犧牲을 끌어당기는 것이다." 하였다.

○ **晉**이 **初置諫官**하고 **以傅玄爲之**하니 **玄**이 **以魏末士風頹敝**라하야 **上疏曰 臣**은 **聞先王之御天下**에 **教化隆於上**하고 **清議行於下**러니 **近者**에 **魏武好法術**하야

而天下貴刑名하고 魏文이 慕通達하야 而天下賤守節하니 其後로 綱維不攝[1)]하고 放誕盈朝[2)]하야 遂使天下로 無復淸議니이다 陛下龍興受禪하사 弘堯, 舜之化하시되 惟未擧淸遠有禮之臣하야 以敦風節하시고 未退虛鄙之士하야 以懲不恪하시니 臣이 是以로 猶敢有言하노이다 晉主嘉納其言이나 然亦不能革이러라

晉나라가 처음에 諫官을 두고 傅玄을 諫官으로 삼으니, 傅玄이 魏나라 말기에 선비들의 기풍이 무너졌다 하여 상소하기를 "신은 들으니, 先王이 천하를 다스릴 때에는 敎化가 위에 높고 깨끗한 의논이 아래에 행해졌는데, 근자에는 魏나라 武帝가 法術을 좋아하여 천하 사람들이 刑名을 귀하게 여기고 魏나라 文帝가 通達함을 사모하여 천하 사람들이 절개를 지키는 것을 천하게 여기게 되었습니다. 그 뒤로 綱維(紀綱)가 제대로 잡히지 않고 放誕한 자들이 조정에 가득하여 마침내 천하로 하여금 다시는 깨끗한 의논이 없게 하였습니다. 폐하께서는 王業을 일으켜 禪讓을 받으셔서 堯・舜의 교화를 넓히셨으나 오직 식견이 깨끗하고 원대하며 禮가 있는 신하를 천거해서 風節을 돈독히 하지 못하시고 허황하고 비루한 선비를 물리쳐서 삼가지 않는 자를 징계하지 못하시니, 신이 이 때문에 오히려 감히 말씀을 올리는 것입니다." 하였다. 晉主가 그 말을 가상히 여겨 받아들였으나 또한 개혁하지 못하였다.

1)〔頭註〕綱維不攝 : 攝은 整也라
　攝은 가지런함이다.
2)〔頭註〕放誕盈朝 : 放誕은 謂何晏, 阮籍輩也라
　放誕은 何晏과 阮籍 같은 무리를 이른다.

【丙戌】〈晉泰始二年이요 吳寶鼎元年이라〉

병술(266) - 晉나라 泰始 2년이고, 吳나라 寶鼎 元年이다. -

吳主居武昌하니 揚州之民이 泝(소)流供給하야 甚苦之어늘 陸凱上疏曰 武昌은 土地危險瘠确(각)[1)]하니 非王者之都요 且童謠云 寧飮建業水언정 不食武昌魚요 寧還建業死언정 不止武昌居라하니 以此觀之컨댄 足明民心與天意矣니이다

十二月에 吳主還都建業하다

吳主가 武昌에 거하니, 揚州의 백성들이 長江을 거슬러 올라가 공급하느라 매우 괴로워하였다. 陸凱가 상소하기를 "武昌은 토지가 위험하고 척박하니 王者가 도읍할 곳이 아니요, 또 童謠에 이르기를 '차라리 建業의 물을 마실지언정 武昌의 물고기를 먹지 않고, 차라리 建業에 돌아가 죽을지언정 武昌에 머물러 살지 않겠다.' 하였으니, 이로써 보건대 民心과 하늘의 뜻을 충분히 알 수 있습니다." 하였다.

12월에 吳主가 다시 建業에 도읍하였다.

1) 〔通鑑要解〕 瘠确 : 确은 磽确이니 石地라
   确은 땅이 메마른 것이니, 자갈땅이다.

【戊子】〈晉泰始四年이요 吳寶鼎三年이라〉

무자(268) - 晉나라 泰始 4년이고, 吳나라 寶鼎 3년이다. -

晉主詔河南尹杜預하야 爲黜陟之課한대 預奏호되 古者黜陟이 擬議於心하고 不泥於法[1]이러니 末世에 不能紀遠而專求微密하야 疑心而信耳目하고 疑耳目而信簡書하니 簡書愈繁하고 官方[2]愈僞라 魏氏考課는 卽京房之遺意[3]니 其文이 可謂至密이나 然失於苛細하야 以違本體라 故로 歷代不能通也니이다 豈若申唐堯之舊制하야 取大捨小하고 去密就簡하야 俾之易從也리잇고 夫曲盡物理하야 神而明之는 存乎其人하니 去人而任法이면 則以文傷理라 莫若委任達官[4]하야 各考所統하야 其有優劣[5]徇情하고 不叶(協)[6]公論者어든 當委監司[7]하야 隨而彈之[8]니 若令上下로 公相容過면 此爲淸議大頹라 雖有考課之法이나 亦無益也니이다 事竟不行하다

晉主가 河南尹 杜預에게 명하여 공적을 따져서 관리를 내치고 올리는 考課法을 만들게 하자, 杜預가 아뢰기를 "옛날에는 내치고 올리는 것을 마음속으

로 헤아리고 법에만 집착하지 않았는데, 말세에는 원대한 것을 생각하지 못하고 오로지 자잘하고 치밀한 것만을 구해서 진심을 의심하여 귀와 눈을 믿고, 귀와 눈을 의심하여 簡書를 믿으니, 簡書가 더욱 많아질수록 관리들의 대응도 더욱 교묘해졌습니다. 魏나라의 考課法은 바로 京房이 남긴 뜻이니 그 글이 지극히 치밀하다고 이를 수 있으나 너무 까다롭고 세세함에 잘못되어서 본체를 어겼습니다. 그러므로 歷代에 시행되지 못한 것입니다. 어찌 唐堯의 옛 제도를 펴서, 큰 것을 취하고 작은 것을 버리며 치밀한 것을 제거하고 간략한 데로 나아가서 따르기 쉽게 하는 것만 하겠습니까. 사물의 이치를 곡진히 다하여 神明하게 하는 것은 사람에게 달려 있으니, 사람을 버리고 법에 맡기면 글로 이치를 상하게 됩니다. 達官에게 임무를 맡겨 각각 통솔하는 사람들을 고찰해서 優劣을 매기는 것을 감정대로 하여 公論에 맞지 않는 자가 있거든 監司에게 맡겨 따라서 규탄하는 것만 못하니, 만약 上下로 하여금 공공연히 서로 허물을 용납해 주게 하면 이는 깨끗한 의논이 크게 무너지는 것입니다. 비록 考課하는 法이 있더라도 유익함이 없을 것입니다." 하였다. 일이 끝내 행해지지 못하였다.

1) 〔頭註〕 不泥於法 : 泥는 滯陷不通이라
泥는 막히고 빠져서 통하지 않는 것이다.

2) 〔通鑑要解〕 官方 : 方은 術也니 言爲官之方術也라
方은 방법이니, 관리 노릇 하는 방법을 말한다.

3) 〔釋義〕 京房之遺意 : 其意有京房之遺風也라 漢元帝時에 京房이 奏考功課吏法하니라
그 뜻에 京房의 遺風이 있는 것이다. 漢나라 元帝 때에 京房이 공적을 살펴 관리들을 고과하는 법인 考功課吏法을 아뢰었다.

4) 〔通鑑要解〕 達官 : 顯官也니 居要官之長하야 其事得傳達於上이라
達官은 현달한 관원이니, 要職의 우두머리 자리에 거하여 일을 윗사람에게 전달할 수가 있다.

5) 〔通鑑要解〕 優劣 : 六優六劣이니 謂六優는 六載俱優요 六劣은 六載俱劣이라
優劣은 六優와 六劣이니, 六優는 6년 동안 성적이 모두 優인 것이고, 六劣은 6년 동안 성적이 모두 劣인 것을 이른다.

6)〔通鑑要解〕不叶 : 叶은 合也라
　마은 합함이다.
7)〔通鑑要解〕監司 : 謂御史, 司隷及諸州刺史也라
　監司는 御史·司隷 및 여러 州의 刺史를 이른다.
8)〔通鑑要解〕彈之 : 彈은 糾也라
　彈은 규탄하는 것이다.

【己丑】〈晉泰始五年이요 吳建衡元年이라〉

기축(269) - 晉나라 泰始 5년이고, 吳나라 建衡 元年이다. -

晉主有滅吳之志하야 **以尙書左僕射羊祜**로 **都督荊州諸軍事**하야 **鎭襄陽**이러니 **祜綏懷遠近**하야 **甚得江, 漢之心**이라 **與吳人**으로 **開布大信**하야 **降者欲去**면 **皆聽之**하고 **減戍邏**(라)[1]**之卒**하야 **以墾田八百餘頃**하니 **其始至也**에 **軍無百日之糧**이러니 **及其季年**에 **乃有十年之積**하니라 **祜在軍**에 **常輕裘緩帶**하고 **身不被甲**하고 **鈴, 閤之下**[2]에 **侍衛不過十數人**이러라

晉主가 吳나라를 멸망시키려는 뜻이 있어서 尙書左僕射 羊祜로 하여금 荊州의 여러 軍事를 都督하여 襄陽을 진무하게 하였는데, 羊祜가 遠近의 사람들을 편안하게 하고 품어 주어 揚子江과 漢水 지역의 民心을 매우 얻었다. 吳나라 사람들과 큰 신의를 펴 보여 항복한 자가 떠나가고자 하면 모두 들어주고 수자리 사는 병사와 변경을 순라하는 병사를 줄여서 田地 800여 頃을 개간하니, 그가 처음 부임해 왔을 때에는 군중에 100일 동안 먹을 군량이 없었으나 말년에 이르러서는 마침내 10년의 저축이 있었다. 羊祜는 軍中에 있을 때에 항상 가벼운 갖옷을 입고 띠를 느슨히 매고 몸에 갑옷을 입지 않았으며 鈴下卒과 閤下威儀 이하의 시위병이 십수 명에 지나지 않았다.

1)〔通鑑要解〕戍邏 : 戍는 守邊也요 邏는 遊兵也라
　戍는 변방을 지키는 것이요, 邏는 遊兵(유격대)이다.
2)〔釋義〕鈴閤之下 : 都督閤內에 置鈴架하야 以警防不虞하니라〔通鑑要解〕鈴閤은

鈴下卒과 閤下威儀也라 鈴下者는 有使令則掣鈴以呼之일새 因以爲名이요 閤下威儀는 掌出入贊導及納謁受事也라

〔釋義〕都督의 閤 안에 방울 다는 시령을 설치하여 비상사태를 경계하고 방비하였다. 〔通鑑要解〕鈴閤은 鈴下卒과 閤下威儀이다. 鈴下는 使令할 것이 있으면 방울을 들어 부르기 때문에 인하여 이로써 명칭을 삼은 것이요, 閤下威儀는 출입할 때의 贊導 및 納謁과 受事를 관장한다.

【庚寅】〈晉泰始六年이요 吳建衡二年이라〉

경인(270) - 晉나라 泰始 6년이고, 吳나라 建衡 2년이다. -

四月에 吳以鎭軍大將軍陸抗으로 都督西陵, 夷道, 樂鄕, 公安諸軍事하다 抗以吳主政事多闕이라하야 上疏曰 臣은 聞德均則衆者勝寡하고 力侔則安者制危라하니 此는 六國所以幷於秦이요 西楚所以屈於漢也라 今敵之所據는 非關右之地, 鴻溝以西[1)]어늘 而國家外無連衡之援하고 內非西楚之彊이라 議者所恃는 徒以長江峻山이 限帶封域이어니와 此는 乃守國之末事요 非智者之所先也라 臣이 每念及此에 中夜撫枕하고 臨餐忘食하야 謹陳時宜十七條하야 以聞하노이다 吳主不納하다

4월에 吳나라가 鎭軍大將軍 陸抗으로 西陵·夷道·樂鄕·公安의 여러 軍事를 都督하게 하였다. 陸抗이 吳主의 정사가 결함이 많다 하여 상소하기를 "신이 듣건대 '德이 비슷하면 병력이 많은 자가 적은 자를 이기고, 힘이 대등하면 편안한 자가 위태로운 자를 제압한다.' 하였으니, 이는 六國이 秦나라에게 겸병당하고 西楚가 漢나라에게 굴복당한 이유입니다. 지금 적이 점거하고 있는 지역은 단지 關右(關西) 지역과 鴻溝 以西만이 아닌데, 우리 국가는 밖에는 連衡(동맹국)의 원조가 없고 안에는 西楚의 강성함이 없습니다. 의논하는 자들이 믿는 것은 단지 長江과 험준한 산이 국경을 띠처럼 둘러싸고 있는 것인데, 이는 바로 나라를 지키는 지엽적인 일이요 지혜로운 자가 먼저 할 바가 아닙니다. 신은 매번 이것을 생각하면 한밤중에도 베개를 어루만지며

잠 못 이루고 밥상을 대하고도 밥 먹는 것을 잊어서 時宜 17조항을 삼가 진술하여 아뢰니다." 하였으나 吳主가 받아들이지 않았다.

1) 〔通鑑要解〕 非關右之地鴻溝以西[*)] : 資治에 非下有特字라
《資治通鑑》에는 '非'자 아래에 '特'자가 있다.

*) 關右之地鴻溝以西 : 關右는 函谷關 서쪽 지역을 가리킨다. 鴻溝는 河南省 滎陽縣에 있는 물 이름으로, 楚, 漢 때 홍구를 경계로 하여 서쪽은 漢이, 동쪽은 楚가 관할하기로 하고 강화를 맺었다. 《史記》 〈高祖本紀〉에 "中分天下 割鴻溝而西者爲漢 割鴻溝而東者爲楚"라고 보인다.

○ 吳人刁玄[1)]이 詐增讖文하야 云 黃旗紫蓋[2)]見(현)於東南하니 終有天下者는 荊, 揚之君이라한대 吳主信之하야 大擧兵하야 出華里라가 行遇大雪하야 兵士寒凍殆死라 皆曰 若遇敵이면 便當倒(도)戈[3)]라하야늘 吳主聞之하고 乃還하다

吳나라 사람 刁玄이 讖言의 내용을 거짓으로 보태어 이르기를 "황색 깃발과 자주색 일산이 동남 지방에 나타나니, 끝내 천하를 소유할 자는 荊州와 揚州 지방의 군주이다." 하였는데, 吳主가 이 말을 믿고 군대를 크게 일으켜 華里로 나갔다가 도중에 큰 눈을 만나 병사들이 추위에 거의 얼어 죽을 지경이 되었다. 병사들이 모두 말하기를 "만약 적을 만나면 곧 창을 거꾸로 잡겠다." 하니, 吳主가 이 말을 듣고 마침내 돌아왔다.

1) 〔頭註〕 吳人刁玄[*)] : 刁玄은 姓名이라
刁玄은 姓名이다.

*) 吳人刁玄 : 胡三省의 注에 "《姓譜》에 '刁姓은 齊나라 大夫인 竪刁의 후손이다.'라고 하였으니, 내가 살펴보건대 竪刁가 어찌 후손이 있을 수 있겠는가. 《漢書》 〈貨殖傳〉에 刁間이 있다." 하였다.

2) 〔通鑑要解〕 黃旗紫蓋 : 時에 吳王不修德政而欲兼幷하야 使術士로 筮取天下한대 對曰 庚子年에 青蓋當入洛陽이라하니 蓋指銜璧[*1)]之事라 江表傳曰 玄이 使蜀이라가 得司馬徽論運命歷數事[*2)]하고 因詐增其文以誑吳人이라
당시에 吳王이 德政을 닦지 않고 천하를 兼幷하고자 하여 術士로 하여금 天下를 취할 수 있을 것인지 점을 치게 하였는데, 術士가 대답하기를 "庚子年(280)

에 푸른 일산이 마땅히 洛陽으로 들어갈 것입니다." 하였으니, 이는 吳王이 銜璧하는 일을 가리킨 것이다. 〈江表傳〉에 이르기를 "刁玄이 蜀에 사신 갔다가 司馬徽가 運命과 歷數에 관해 논한 일을 얻고는 인하여 거짓으로 그 내용을 보태어 吳나라 사람을 속인 것이다." 하였다.

＊1) 銜璧 : 面縛銜璧의 줄임말로, 군주가 패전하여 항복할 때에 두 손은 등 뒤로 돌려 묶고 얼굴은 사람들에게 보이도록 앞으로 쳐들며, 玉璧을 폐백으로 바치되 손이 묶여 있어 들 수가 없으므로 玉璧을 입에 무는 것을 이르는 바, 후에는 군주가 투항함을 이르는 말로 쓰인다.

＊2) 司馬徽論運命歷數事 : 司馬徽가 劉恭嗣에게 보낸 편지에 "황색 깃발과 자주색 일산이 동남쪽에 보이니, 끝내 천하를 소유할 자는 荊州와 揚州의 군주일 것이다.〔黃旗紫蓋見於東南 終有天下者 荊揚之君乎〕" 하였다.

3) 〔釋義〕 倒戈 : 戈는 平頭戟이니 倒戈는 謂倒以戈(兵)〔柄〕授人하고 而反自攻其後也라 今喩人自攻其黨曰倒戈라하니 書武成에 前徒倒戈하야 攻于後以北(배)라하니라

戈는 끝이 평평한 창이니, 倒戈는 거꾸로 창 자루를 딴 사람에게 주고 도리어 스스로 후미(자기편)를 공격함을 이른다. 지금 사람들이 스스로 자기편을 공격하는 것을 비유하여 倒戈라고 하니, 《書經》 〈武成〉에 "앞에 있던 무리들이 창을 거꾸로 들고서 후미를 공격하여 패배했다." 하였다.

【辛卯】 〈晉泰始七年이요 吳建衡三年이라〉

신묘(271) - 晉나라 泰始 7년이고, 吳나라 建衡 3년이다. -

十一月에 晉安樂公劉禪이 卒하니 諡曰思[1]라하다

11월에 晉나라 安樂公 劉禪이 죽으니, 시호를 思라 하였다.

1) 〔頭註〕 諡曰思 : 謀慮不愆曰思라

諡法에 "謀慮가 허물이 없는 것을 思라 한다." 하였다.

【壬辰】 〈晉泰始八年 吳鳳凰元年〉

임진(272) - 晉나라 泰始 8년이고, 吳나라 鳳凰 元年이다. -

晉王濬이 爲益州刺史하다 初에 濬이 爲羊祜參軍하니 祜深知之러라 時에 晉主與羊祜로 陰謀伐吳할새 祜以爲伐吳인댄 宜藉上流之勢라하야 密表留濬하야 復爲益州刺史하야 使治水軍하고 大作戰艦(함)[1]하다 時에 作船木柹(폐)[2] 蔽江而下어늘 吳建平太守吾彦이 取流柹하야 以白吳主曰 晉必有攻吳之計하니 宜增建平兵하야 以塞其衝要니이다 吳主不從이어늘 彦이 乃爲鐵鎖하야 橫斷江路하다

晉나라 王濬이 益州刺史가 되었다. 처음에 王濬이 羊祜의 參軍이 되니, 羊祜가 그를 깊이 인정하였다. 이때 晉主가 羊祜와 함께 은밀히 吳나라를 정벌할 것을 모의하였는데, 羊祜가 말하기를 "吳나라를 정벌하려면 마땅히 上流의 형세를 이용하여야 합니다."라고 하여 은밀히 表文을 올려 王濬을 잔류하게 하고 다시 益州刺史를 삼아 水軍을 다스리고 전함을 크게 만들게 하였다. 이때 배를 만드느라 나무를 깎은 대팻밥이 강물을 뒤덮고 떠 내려오자, 吳나라 建平太守 吾彦이 강물에 떠 내려온 대팻밥을 취하여 吳主에게 아뢰기를 "晉나라가 반드시 吳나라를 공격하려는 계책이 있으니, 建平의 병력을 증가시켜 요충지를 막아야 합니다." 하였으나 吳主가 따르지 않자, 吾彦이 마침내 鐵鎖(쇠사슬)를 만들어 강의 물길을 가로로 차단하였다.

1) 〔釋義〕 戰艦 : 艦은 戰船也니 四方施板以禦矢하야 其狀如牢라
艦은 戰船이니, 사방에 화살을 막도록 판자를 대어서 그 모양이 짐승을 가두는 우리와 같은 것이다.

2) 〔釋義〕 木柹 : 柹는 音肺니 韻會云 削木札樸也라
柹는 음이 폐이니, ≪韻會≫에 "나무를 깎은 대팻밥이다." 하였다.

○ 八月에 吳主徵西陵督步闡하다 闡이 世在西陵[1]이라가 猝被徵하니 自懼有讒하야 據城降晉이어늘 晉이 以闡으로 爲都督西陵諸軍〈事〉하다 吳陸抗이 討之어늘 晉主遣羊祜하야 救之不克이라 抗이 遂拔西陵하고 誅闡하다 吳主旣克西陵하고 自謂得天助라하야 志益張大[2]하야 不修德政하고 專爲兼幷之計러라

8월에 吳主가 西陵의 督인 步闡을 불렀다. 步闡이 대대로 西陵에 있다가 갑자기 부름을 받자 스스로 참소함이 있었는가 두려워하여 城을 점거하고 晉나라에 항복하니, 晉나라가 步闡을 都督西陵諸軍事로 삼았다. 吳나라 陸抗이 步闡을 토벌하자, 晉主가 羊祜를 보내어 구원하였으나 이기지 못하였다. 陸抗이 마침내 西陵을 함락하고 步闡을 목 베었다. 吳主가 이미 西陵을 이기자 스스로 하늘의 도움을 얻었다 하여 야심이 더욱 커져서 德政을 닦지 않고 오로지 겸병할 계책을 세웠다.

1)〔頭註〕世在西陵 : 吳王權이 用步騭하야 督西陵이러니 騭卒하니 子協繼라 闡은 協弟也라
吳王 孫權이 步騭을 등용하여 西陵의 督으로 삼았는데, 步騭이 죽자 아들 步協이 계승하였다. 步闡은 步協의 아우이다.

2)〔釋義〕張大 : 張은 去聲이니 心自侈大也라
張은 去聲이니, 야심이 스스로 커지는 것이다.

○ 晉羊祜歸自江陵하야 務修德信하야 以懷吳人하야 每交兵에 刻日方戰하고 不爲掩襲之計하며 將帥有欲進譎計者어든 輒飮以醇酒하야 使不得言하니라 祜出軍行吳境할새 刈穀爲粮하고 皆計所侵하야 送絹償之하고 每會衆江沔游獵에 常止晉地하고 若禽獸先爲吳人所傷而爲晉兵所得者를 皆送還之하니 於是에 吳邊人이 皆悅服이러라 祜與陸抗對境하야 使命常通이라 抗遺祜酒한대 祜飮之不疑하고 抗疾에 求藥於祜한대 祜以成藥[1]與之하니 抗卽服之어늘 人多諫抗한대 抗曰 豈有酖(짐)人羊叔子[2]哉아하다 抗이 告其邊戍曰 彼專爲德하고 我專爲暴하니 是는 不戰而自服也니 各保分界而已요 無求細利하라하더라

晉나라 羊祜가 江陵으로부터 돌아가서 德과 信義를 힘써 닦아 吳나라 사람들을 품어 주었다. 매번 교전할 때마다 날짜를 정하고 나서야 비로소 싸우고 엄습하는 계책을 취하지 않았으며, 장수 중에 속이는 계책을 올리고자 하는 자가 있으면 그때마다 독한 술을 마시게 하여 말하지 못하게 하였다. 羊祜가 출병하여 吳나라 경내를 순행할 적에 곡식을 베어 군량을 충당하고는 占用한

數量을 모두 헤아려서 비단을 보내어 곡식 주인에게 보상하였고, 매번 무리들과 長江과 沔水에서 놀고 사냥할 때에 항상 晉나라 경내로 한정하였으며, 만약 禽獸가 먼저 吳나라 사람에게 부상당했다가 뒤에 晉나라 군사들에게 잡혔으면 모두 吳나라에 보내어 돌려주니, 이에 吳나라 변방 사람들이 모두 기쁜 마음으로 복종하였다.

羊祜가 陸抗과 국경에서 대치하였는데, 使命(명령을 전달하는 使者)이 항상 통하였다. 陸抗이 羊祜에게 술을 보내자 羊祜가 의심하지 않고 술을 마셨으며, 陸抗이 병이 나서 羊祜에게 약을 청하였는데 羊祜가 달여 놓은 약을 주자 陸抗이 즉시 약을 복용하였다. 사람들이 대부분 陸抗을 말리자 陸抗이 말하기를 "어찌 짐독으로 사람을 해치는 羊叔子(羊祜)가 있겠는가." 하였다. 陸抗이 변방을 지키는 병사들에게 고하기를 "저들은 오로지 덕을 행하고 우리는 오로지 포악함을 행하니, 이는 이미 싸우지 않아도 스스로 굴복하게 되어 있다. 각각 경계선을 지킬 뿐이요, 작은 이익을 탐하지 말라." 하였다.

1) 〔釋義〕 成藥 : 謂已合成熟藥이라
成藥은 이미 여러 가지 약재를 섞어 조제하여 달여 놓은 약을 이른다.

2) 〔釋義〕 羊叔子 : 叔子는 羊祜字也라
叔子는 羊祜의 字이다.

○ 晉羊祜不附結中朝權貴하니 荀勗, 馮紞之徒 皆惡之라 從甥王衍이 詣祜論事에 辭甚清辯호되 祜不然之하니 衍이 拂衣去어늘 祜顧謂賓客曰 王夷甫[1] 方當以盛名處大位나 然敗俗傷化는 必此人也라하더라

晉나라 羊祜가 조정 안의 權貴에게 붙고 결탁하지 않으니, 荀勗과 馮紞의 무리가 모두 그를 미워하였다. 從甥인 王衍이 羊祜에게 나아가 일을 의논하되 말이 매우 깨끗하고 유려하였으나 羊祜가 옳게 여기지 않으니, 王衍이 옷을 떨치고 떠나갔다. 그러자 羊祜가 빈객들을 돌아보고 이르기를 "王夷甫(王衍)는 성대한 명성으로 큰 지위에 처하겠지만 풍속을 무너뜨리고 교화를 손상시키는 것은 반드시 이 사람일 것이다." 하였다.

1)〔頭註〕王夷甫 : 夷甫는 衍字라
夷甫는 王衍의 字이다.

【甲午】〈晉泰始十年이요 吳鳳凰三年이라〉

갑오(274) - 晉나라 泰始 10년이고, 吳나라 鳳凰 3년이다. -

晉이 以山濤로 爲吏部尙書하다 濤典選[1]十餘年에 甄(견)拔[2]人物하야 各爲題目而奏之하니 時稱山公啓事라하니라

晉나라가 山濤를 吏部尙書로 삼았다. 山濤가 관리의 임용을 맡은 지 10년 만에 인물을 살피고 선발하여 각각 題目을 만들어 아뢰니, 당시에 山公啓事라고 일컬었다.

1)〔通鑑要解〕典選 : 晉主受禪에 濤自吏部郎遷尙書러니 居母喪에 復奪情하야 起典選也하니라
晉主가 禪讓을 받을 때에 山濤가 吏部郎으로부터 尙書로 승진하였는데, 어머니의 喪中에 다시 出仕하여 나와서 관리의 임용을 맡은 것이다.

2)〔釋義〕甄拔 : 甄은 察也[*]요 拔은 擢也라
甄은 살핌이요, 拔은 발탁함이다.

*) 甄 察也 : ≪後漢書≫〈爰延傳〉의 '王者爵人 甄其德'의 注에 "甄은 밝게 살피는 것이다.〔甄 明也〕" 하였다.

○ 吳大司馬陸抗이 疾病[1]하야 上疏曰 西陵, 建平은 國之蕃(藩)表[2]라 旣處上流하야 受敵二境하니 若敵이 汎舟順流하야 星奔電邁면 非可恃援他郡하야 以救倒縣(懸)也라 臣父遜이 昔在西垂(陲)하야 上言호되 西陵은 國之西門이라 雖云易守나 亦復易失이니 若有不守면 非但失一郡이라 荊州非吾有也라하니 臣死之後에 乞以西方爲屬[3]하노이다

吳나라 大司馬 陸抗이 병이 심해지자, 上疏하기를 "西陵과 建平은 우리 吳나라의 울타리입니다. 이미 上流 지방에 있어 양면으로 적의 침략을 받을 것

이니, 만약 적이 배를 타고 강을 따라 내려와서 유성처럼 달리고 번개처럼 달려오면 다른 郡의 援助에 의지하여 위급한 처지에서 벗어날 수 있는 것이 아닙니다. 신의 아비 陸遜이 일찍이 서쪽 변방에 있으면서 上言하기를 '西陵은 吳나라의 西門이다. 비록 지키기 쉽다 하나 또한 다시 잃기가 쉽다. 만약 이곳을 지키지 못하면 한 郡을 잃을 뿐만이 아니니, 荊州가 우리의 소유가 아닐 것이다.' 하였으니, 신이 죽은 뒤에 西方에 관심을 기울일 것을 당부합니다." 하였다.

1) 〔通鑑要解〕 疾病*) : 有加而無瘳曰病이라
병이 더 심해지고 낫지 않는 것을 病이라 한다.
*) 疾病 : 疾病은 여기서 명사가 아니고 '疾이 병하다(심해지다)'로 해석한다.
2) 〔頭註〕 蕃表 : 蕃은 籬也요 表는 外也니 謂二郡爲蕃籬於外라
蕃은 울타리이고 表는 밖이니, 西陵과 建平 두 郡이 밖에서 울타리가 됨을 이른다.
3) 〔頭註〕 爲屬 : 屬은 之欲切이니 猶注也니 謂注意也라
屬은 之欲切(족)이다. 注와 같으니, 뜻을 기울임을 이른다.

【丙申】〈晉咸寧二年이요 吳天璽元年이라〉

병신(276) - 晉나라 咸寧 2년이고, 吳나라 天璽 元年이다. -

十月에 晉羊祜請伐吳曰 先帝西平巴, 蜀하고 南和吳, 會하야 庶幾海內得以休息이러니 而吳復背信하야 使邊事更興하니 夫期運은 雖天所授나 而功業은 必因人而成이니 不一大擧掃滅하면 則兵役이 無時得息也라 蜀平之時에 天下皆謂吳當并亡이라하더니 自是以來로 十有三年矣니이다

10월에 晉나라 羊祜가 吳나라를 정벌할 것을 청하여 말하기를 "先帝께서 서쪽으로 巴·蜀을 정벌하고 남쪽으로 吳·會稽와 화합하여 온 천하가 휴식할 수 있기를 바랐는데, 吳나라가 다시 배반하여 변방의 전투하는 일이 다시 일어나게 되었습니다. 時運은 비록 하늘이 주는 것이지만 功業은 반드시 사

람으로 인해 이루어지는 것이니, 한번 크게 군대를 일으켜 소탕하고 멸망시키지 않으면 兵役이 그칠 때가 없을 것입니다. 蜀漢이 평정되었을 때 천하 사람들이 모두 '吳나라도 함께 망할 것이다.'라고 하였는데, 그로부터 13년이 지났습니다.

夫謀之雖多나 決之欲獨이니 凡以險阻[1]得全者는 謂其勢鈞(均)力敵耳라 若輕重不齊하고 强弱異勢면 雖有險阻나 不可保也니이다 蜀之爲國이 非不險也라 皆云一夫荷戟에 千人莫當이라하더니 及進兵之日하야 曾無藩籬之限하고 乘勝席卷하야 徑至成都하니이다 今江, 淮之險이 不如劍閣하고 孫皓之暴 過於劉禪하고 吳人之困이 甚於巴蜀하고 而大晉兵力이 盛於往時하니 不於此際에 平一四海하고 而更阻兵[2]相守하야 使天下困於征戍하야 經歷盛衰[3]는 不可長久也니이다

모의는 비록 많이 하나 결단은 홀로 하고자 하니, 무릇 지형의 험고함을 이용하여 온전함을 얻는 것은 형세가 비슷하고 힘이 대등한 경우를 이를 뿐입니다. 만약 형세의 경중이 똑같지 않고 강약의 형세가 다르면 비록 險阻한 지형이 있더라도 보장할 수가 없습니다. 蜀이란 나라가 험하지 않은 것이 아니었습니다. 그리하여 모두들 말하기를 '한 지아비가 창을 메고 있으면 천 명이 당해내지 못한다.' 하였는데, 進軍하는 날에 이르러서는 〈무인지경을 통과하듯〉 일찍이 울타리의 한계가 없었고 승세를 타고 석권해서 곧바로 成都에 이르렀습니다. 지금 揚子江과 淮水의 험고함이 劍閣만 못하고 孫皓의 포악함이 劉禪보다 더하며 吳나라 사람의 곤궁함이 巴·蜀보다 심하고 大晉의 병력이 지난날보다 강성하니, 이러한 때에 四海를 평정하여 통일하지 않고 다시 군대를 믿고 서로 지켜서 천하 사람들로 하여금 변경에 가서 수자리 사느라 고생하여 盛年부터 老年에 이르기까지 陣營을 두루 經歷하게 하는 것은 장구한 방법이 아닙니다.

1) 〔頭註〕 險阻 : 阻亦險也라

阻 또한 험함이다.

2)〔通鑑要解〕阻兵：阻는 恃也라

阻는 믿음이다.

3)〔通鑑要解〕經歷盛衰：謂將兵以盛壯之年에 出戍하야 經歷營陣이라가 至衰老也라

盛衰를 두루 거친다는 것은 將兵이 혈기 왕성한 한창 나이에 수자리 살러 나와서 營陣을 두루 경력하여 노쇠함에 이름을 이른다.

今若引梁, 益[1]之兵하야 水陸俱下하고 荊, 楚[2]之衆이 進臨江陵하고 平南, 豫州[3]는 直指夏口하고 徐, 揚, 靑, 兗[4]이 竝會秣陵이면 以一隅之吳로 當天下之衆하야 勢分形散하야 所備皆急하리니 巴, 漢奇兵이 出其空虛하야 一處傾壞면 則上下震蕩하야 雖有智者라도 不能爲吳謀矣리이다 孫皓恣情任意하야 與下多忌하고 其俗이 急速하야 不能持久라 弓弩戟楯이 不如中國이요 唯有水戰이 是其所便이니 一入其境이면 則長江이 非復所保라 還趣城池하야 去長入短이면 非吾敵也니 如此면 軍不踰時하야 克可必矣리이다

지금 만약 梁州와 益州의 군대를 이끌고 水陸으로 함께 내려가고, 荊州와 楚 지방의 병력은 전진하여 江陵에 임하고, 平南과 豫州의 병력은 곧바로 夏口로 향하고, 徐州・揚州・靑州・兗州의 병력은 함께 秣陵에 모인다면 궁벽한 한 모퉁이의 吳나라를 가지고 천하의 군대를 상대하게 되어 세력이 나누어지고 형세가 흩어져서 방비하는 것이 모두 급하게 될 것이니, 巴・漢의 奇兵이 그 빈틈을 공격하여 한 곳이 기울어지고 무너지면 상하가 진동하여 지혜로운 자가 있더라도 吳나라를 위해 도모하지 못할 것입니다. 孫皓는 감정대로 하고 뜻대로 하여 아랫사람들을 대함에 시기함이 많고 풍속이 급하여 오랫동안 버티지 못합니다. 활과 쇠뇌와 창과 방패는 中國만 못하고 오직 水戰만이 그들의 익숙한 바이니, 우리가 한번 그들의 경내에 들어가면 長江이 다시는 그들의 소유가 아닐 것입니다. 그들이 다시 城池로 달려가서 그들의 장점을 버리고 단점을 쓴다면 우리의 적수가 못 될 것이니, 이와 같으면 군

대가 한 철을 지나지 않아 반드시 이길 수 있을 것입니다."

1) 〔頭註〕 梁益 : 王濬, 唐彬所統이라
   梁州와 益州는 王濬과 唐彬이 통솔하였다.
2) 〔頭註〕 荊楚 : 羊祜所統이라
   荊州와 楚 지방은 羊祜가 통솔하였다.
3) 〔頭註〕 平南豫州 : 平南은 胡奮爲平南將軍이요 豫州는 王戎爲刺史라
   平南은 胡奮이 平南將軍이 되었고, 豫州는 王戎이 刺史가 되었다.
4) 〔頭註〕 徐揚青兗 : 徐, 揚은 王渾所統이요 青, 兗은 琅邪王伷所統이라
   徐州와 揚州는 王渾이 통솔하고, 青州와 兗州는 琅邪王 司馬伷(주)가 통솔하였다.

晉主深納之로되 **而朝議方以秦, 涼爲憂**[1)]어늘 **祜復表曰 吳平則胡自定**이니 **但當速濟大功耳**니이다 **議者多有不同**호되 **賈充, 荀勗, 馮紞**이 **尤以伐吳爲不可**라하야늘 **祜歎曰 天下不如意事 十常居八九**로다 **天與不取**하니 **豈非更**(경)**事者 恨於後時**[2)]**哉**아 **唯度**(탁)**支尙書杜預**와 **中書令張華 與晉主意合**하야 **贊成其計**하니라

晉主는 그 말을 깊이 받아들였으나 조정의 의논은 한창 秦州와 涼州를 걱정하고 있었다. 그러자 羊祜가 다시 表文을 올려 아뢰기를 "吳나라가 평정되면 오랑캐가 저절로 안정될 것이니, 다만 속히 큰 공을 이루어야 할 뿐입니다." 하였다. 의논하는 자들이 대부분 동의하지 않았는데, 賈充·荀勗·馮紞이 더욱 吳나라를 정벌하는 것은 불가하다고 하자, 羊祜가 탄식하기를 "천하에 뜻대로 되지 않는 일이 열 중에 항상 여덟아홉을 차지한다. 하늘이 주는데도 취하지 않으니, 어찌 일을 경험하여 아는 자가 때에 뒤늦음을 한하지 않겠는가." 하였다. 오직 度支尙書 杜預와 中書令 張華가 晉主와 뜻이 합하여 羊祜의 계책에 찬동하였다.

1) 〔附註〕 秦涼爲憂 : 先에 鄧艾納鮮卑降者數萬하야 置雍, 涼之間하야 與民雜居러니 晉恐其爲患하야 乃分雍, 涼, 梁州하야 置秦州한대 遂爲亂하니 見二十六卷庚子年하니라

먼저 鄧艾가 鮮卑族의 항복한 자 수만 명을 받아들여 雍州와 涼州의 사이에 두고 백성들과 섞여 살게 하였는데, 晉나라에서 이들이 우환이 될까 두려워하여 마침내 雍州・涼州・梁州에서 약간의 郡縣을 나누어 秦州를 설치하자 마침내 난을 일으켰는 바, 뒤의 26권 庚子年條(280)에 보인다.

2) 〔通鑑要解〕 恨於後時 : 言吳可取而不取하야 機會一失이면 經見其事 豈不有後時之恨哉아

때에 뒤늦음을 恨한다는 것은 吳나라를 취할 수 있는데 취하지 않아서 기회를 한 번 놓치게 되면 그 일을 경험하여 알 자가 어찌 시기에 늦음을 한하지 않겠느냐는 말이다.

【戊戌】〈晉咸寧四年이요 吳天紀二年이라〉

무술(278) - 晉나라 咸寧 4년이고, 吳나라 天紀 2년이다. -

正月에 晉羊祜面陳伐吳之計한대 晉主善之라 以祜疾하야 不宜數入이라하야 更遣張華하야 就問籌策한대 祜曰 孫皓暴虐已甚하니 於今에 可不戰而克이어니와 若皓不幸而沒하고 吳人이 更立令主면 雖有百萬之衆이라도 長江을 未可窺也니 將爲後患矣리라 華深然之어늘 祜曰 成吾志者는 子也라하더라 晉主欲使祜臥護諸將이어늘 祜曰 取吳는 不必臣行이어니와 但旣平之後에 當勞聖慮耳라 功名之際엔 臣不敢居어니와 若事了인댄 當有所付授니 願審擇其人[1]也하소서

정월에 晉나라 羊祜가 晉主를 대면하여 吳나라를 정벌할 계책을 아뢰니, 晉主가 이를 좋게 여겼다. 羊祜가 병 때문에 자주 들어올 수 없다 하여 다시 張華를 보내어 찾아가서 계책을 묻게 하자, 羊祜가 말하기를 "孫皓는 포악함이 너무 심하니 현재는 싸우지 않고도 승리할 수 있지만 만약 孫皓가 불행히도 죽고 吳나라 사람들이 다시 훌륭한 군주를 세운다면 비록 백 만의 병력이 있더라도 長江을 엿볼 수 없을 것이니 장차 후환이 될 것입니다." 하였다. 張華가 그의 말을 깊이 옳게 여기니, 羊祜가 말하기를 "내 뜻을 이룰 수 있는 자는 그대이다." 하였다. 晉主가 羊祜로 하여금 누워서 여러 장수들을 지휘

하게 하고자 하니, 羊祜가 말하기를 "吳나라를 취하는 것은 굳이 신이 출전할 것이 없습니다만 평정한 뒤에는 聖上께서 심사숙고하셔야 합니다. 功名을 꾀하는 즈음은 신하가 감히 차지할 수가 없지만, 만약 일이 끝나고 나면 마땅히 맡길 사람이 있어야 하니, 적임자를 신중히 가리시기 바랍니다." 하였다.

1) 〔通鑑要解〕 審擇其人 : 以東南壤界濶遠하니 當得人以鎭撫之也라
동남쪽 경계는 넓고 머니, 마땅히 적임자를 얻어서 鎭撫해야 한다.

○ 十月에 晉以衛瓘으로 爲尙書令하다 是時에 朝野咸知太子昏愚[1]하야 不堪爲嗣어늘 瓘이 每欲陳啓而未敢發이러니 會에 侍宴凌雲臺[2]할새 瓘이 陽醉하야 跪晉主牀前하야 曰 臣이 欲有所啓하노이다 晉主曰 公所言이 何耶오 瓘이 欲言而止者三이라가 因以手撫牀하고 曰 此座可惜이로소이다 晉主意悟하고 因謬曰 公眞大醉耶아하니 瓘이 於此에 不復有言하다

10월에 晉나라가 衛瓘을 尙書令으로 삼았다. 이때 朝野에서는 太子가 昏愚하여 後嗣가 될 수 없음을 다 알고 있었다. 衛瓘이 매번 이것을 아뢰고자 하였으나 감히 말을 꺼내지 못하였는데, 마침 凌雲臺에서 晉主를 모시고 잔치할 적에 衛瓘이 거짓으로 취한 체하여 晉主의 龍牀 앞에 무릎을 꿇고 말하기를 "신이 아뢰고 싶은 것이 있습니다." 하였다. 晉主가 말하기를 "公이 말하려는 것이 무엇인가?" 하니, 衛瓘이 말하려고 하다가 그만두기를 세 차례 하고는, 인하여 손으로 龍牀을 어루만지며 말하기를 "이 자리가 아깝습니다." 하였다. 晉主가 마음속으로 그의 意向을 깨닫고 인하여 거짓으로 말하기를 "公이 참으로 크게 취했는가?" 하니, 衛瓘이 이에 다시 말하지 못하였다.

1) 〔頭註〕 太子昏愚 : 太子는 卽惠帝衷也니 武帝炎之子라
太子는 곧 惠帝 司馬衷이니, 武帝 司馬炎의 아들이다.

2) 〔通鑑要解〕 凌雲臺 : 卽魏文帝之所作也
凌雲臺는 곧 魏나라 文帝(曹丕)가 지은 것이다.

○ 十一月에 晉太醫[1]司馬程據 獻雉頭裘[2]어늘 晉主焚之於殿前하고 勅內

外하야 敢有獻奇技異服者면 罪之하리라하다

11월에 晉나라 太醫인 司馬程據가 雉頭裘를 바치자, 晉主가 이것을 궁전 앞에서 불태우고 內外에 명령을 내려 "감히 기이한 技藝와 이상한 服飾을 바치는 자가 있으면 죄를 주겠다." 하였다.

1)〔通鑑要解〕太醫 : 屬宗正*)也라
太醫는 宗正에 속하였다.
*) 宗正 : 皇帝의 친족에 관한 사무를 관장하는 관직이다.
2)〔釋義〕雉頭裘 : 以雉頭毛로 織爲裘라
雉頭裘는 꿩 머리의 털을 짜서 갖옷을 만든 것이다.

○ 晉羊祜疾篤하야 擧杜預自代어늘 乃以預로 爲鎭南大將軍, 都督荊州諸軍事하다 祜卒하니 晉主哭之甚哀하다 南州民[1]이 聞祜卒하고 爲之罷市하니 巷[2]哭聲이 相接하고 吳守邊將士 亦爲之泣이러라 祜好遊峴山[3]이러니 襄陽人이 建碑立廟於其地하고 歲時祭祀하니 望其碑者 無不流涕라 因謂之墮淚碑라하니라

晉나라 羊祜가 병이 위독하자 杜預를 천거하여 자신을 대신하게 하니, 마침내 杜預를 鎭南大將軍·都督荊州諸軍事로 삼았다. 羊祜가 죽으니, 晉主가 통곡하며 몹시 슬퍼하였다. 남쪽 고을 백성들이 羊祜가 죽었다는 말을 듣고 그를 위하여 시장을 파하니 거리에서 통곡하는 소리가 서로 이어졌고, 吳나라의 변경을 지키는 장병들도 그를 위하여 눈물을 흘렸다. 羊祜는 峴山을 유람하기를 좋아하였는데, 襄陽 사람들이 그곳에 비석을 세우고 사당을 건립하고는 歲時에 제사를 올리니, 비석을 바라보는 자들이 눈물을 흘리지 않은 자가 없었으므로 인하여 이 비를 일러 墮淚碑라고 하였다.

1)〔頭註〕南州民 : 南州는 荊州也라
남쪽 고을은 荊州이다.
2)〔頭註〕巷 : 邑中道也라
巷은 고을 안의 길이다.
3)〔釋義〕峴山 : 在襄陽城南十里라

峴山은 襄陽城 남쪽 10리 지점에 있다.

【己亥】〈晉咸寧五年이요 吳天紀三年이라〉

기해(279) - 晉나라 咸寧 5년이고, 吳나라 天紀 3년이다. -

初에 魏曹操分南匈奴하야 爲五部하고 以左賢王豹로 爲左部帥러니 豹子淵[1])이 幼而雋(俊)異하고 博習經史라 嘗謂同門生曰 吾常恥隨, 陸無武[2])하고 絳, 灌無文[3])하노니 隨, 陸은 遇高帝而不能建封侯之業하고 絳, 灌은 遇文帝而不能興庠序之教하니 豈不惜哉아 於是에 兼學武事하다 及長에 猿臂[4])善射하고 膂力[5])過人이라 爲侍子[6])하야 在洛陽할새 王渾이 重之[7])러라 齊王攸[8])言於晉主曰 陛下不除劉淵이면 臣恐幷州不得久安일까하노이다 王渾曰 大晉이 方以信懷殊俗하니 奈何以無形之疑로 殺人侍子乎잇가 晉主曰 渾言이 是也니라 會에 豹卒커늘 以淵으로 代爲左部帥[9])하다

처음에 魏나라 曹操가 南匈奴를 나누어 5部로 만들고 左賢王 劉豹를 左部帥로 삼았는데, 劉豹의 아들 劉淵이 어린데도 준걸스럽고 기이하였으며 經史를 널리 익혔다. 劉淵이 일찍이 同門의 生徒들에게 이르기를 "나는 항상 隨何와 陸賈가 武功이 없고 絳侯와 灌嬰이 文才가 없음을 부끄러워한다. 隨何와 陸賈는 高祖를 만났으나 侯에 봉해지는 功業을 세우지 못하였고 絳侯와 灌嬰은 文帝를 만났으나 庠序의 교육을 振興시키지 못하였으니, 어찌 애석하지 않겠는가." 하고 이에 武藝를 겸하여 배웠다. 장성하자 팔이 원숭이처럼 길어 활쏘기를 잘하였으며 힘이 보통 사람보다 뛰어났다.

侍子가 되어 洛陽에 있을 때에 王渾이 그를 소중히 여겼다. 齊王 司馬攸가 晉主에게 말하기를 "폐하께서 劉淵을 제거하지 않으면 臣은 幷州가 오랫동안 편안하지 못할까 두렵습니다." 하였다. 王渾이 말하기를 "大晉이 이제 막 신의로 풍속이 다른 이민족들을 회유하고 있으니, 어찌 드러나지 않은 의심 때문에 남의 侍子를 죽일 수 있겠습니까." 하니, 晉主가 말하기를 "王渾의 말이

옳다.” 하였다. 마침 劉豹가 죽자, 劉淵을 대신 左部帥로 삼았다.

1)〔釋義〕豹子淵：淵은 字元海니〈匈奴左賢王豹之子也라〉初에 漢高以宗女爲公主하야 以妻冒頓이라 故其子孫이 遂冒姓劉氏하니라

劉淵은 字가 元海이니, 匈奴 左賢王 劉豹의 아들이다. 처음에 漢나라 高祖가 종실의 딸을 공주라 하여 冒頓(묵특)에게 시집보냈다. 그러므로 그 자손들이 마침내 가탁하여 劉氏를 姓으로 삼은 것이다.

2)〔釋義〕隨陸無武：隨, 陸은 隨何, 陸賈니 皆事漢高, 惠하니라

隨, 陸은 隨何와 陸賈이니, 모두 漢나라 高祖와 惠帝를 섬겼다.

3)〔釋義〕絳灌無文：絳은 周勃也니 封絳侯하고 灌은 謂灌嬰也니 共立漢文帝하니라

絳은 周勃이니 絳侯에 봉해졌고 灌은 灌嬰을 이르니, 함께 漢나라 文帝를 세웠다.

4)〔頭註〕猿臂*)：如猿通臂也라

猿臂는 원숭이처럼 팔이 긴 것이다.

*) 猿臂：원숭이의 팔이라는 뜻으로, 길고 힘이 있어 활쏘기에 좋은 팔을 이른다.

5)〔頭註〕膂力：膂는 脊骨上肉이라

膂는 등골뼈 위의 살이다.

6)〔譯註〕侍子：옛날 屬國의 왕이나 제후들이 아들을 보내어 天子를 모시고 文物을 배우게 하였는 바, 이들을 侍子라 칭하였다.

7)〔頭註〕重之：王渾及其子濟가 皆重之하니라

王渾과 그의 아들 王濟가 모두 劉淵을 소중하게 여겼다.

8)〔頭註〕齊王攸：文帝昭之子요 武帝炎之弟라

齊王 司馬攸는 文帝 司馬昭의 아들이고 武帝 司馬炎의 아우이다.

9)〔原註〕以淵代爲左部帥：後에 爲五胡亂華之首하니라

뒤에 五胡가 中華를 어지럽히는 시초가 되었다.

○ 晉益州刺史王濬이 上疏曰 孫皓荒淫凶逆하니 宜速征伐하소서 若一旦皓死하고 更立賢主면 則彊敵也요 臣이 作船七年에 日有朽敗하고 臣年七十이라 死亡無日하니 三者에 一乖면 則難圖也니 誠願陛下無失事機하소서 晉主於是에 決意伐吳러니 議明年出師하다 杜預上表曰 羊祜不先博謀於朝臣하고 而密

與陛下로 共施此計라 故로 令朝臣多異同之議하니 凡事를 當以利害相校라 今此擧之利는 十有八九요 而其害一二니 止於無功耳라 必使朝臣으로 言破敗之形이라도 亦不可得이니 直[1]是計不出己하야 功不在身이라 各恥其前言之失而固守之也리이다

晉나라 益州刺史 王濬이 상소하기를 "孫皓가 荒淫無道하고 흉악하며 패역하니 마땅히 속히 정벌해야 합니다. 만일 하루아침에 孫皓가 죽어 다시 어진 군주를 세우면 강한 적이 될 것이요, 신이 배를 만든 지가 7년이 되어 배가 날로 썩고 부서지며, 신의 나이가 70이어서 언제 죽을지 모릅니다. 세 가지 중에 하나만 틀려도 도모하기가 어려우니, 진실로 폐하께서는 事機를 놓치지 마소서." 하였다. 晉主가 이에 吳나라를 정벌할 것을 결심하였는데, 조정에서는 이듬해에 출병할 것을 의논하였다.

杜預가 表文을 올려 아뢰기를 "羊祜가 조정의 신하들에게 먼저 널리 상의하지 않고 은밀히 폐하와 함께 이 계책을 마련하였습니다. 그러므로 조정의 신하들이 異同의 의논이 많으니, 모든 일은 마땅히 利害를 가지고 서로 따져야 합니다. 이제 이 일에 있어 이로운 것은 열에 여덟아홉이고, 해로운 것은 한둘이니 다만 戰功이 없음에 불과할 뿐입니다. 만일 조정의 신하들로 하여금 우리가 적을 격파할 형세를 말하게 한다 하더라도 또한 될 수 없을 것이니, 이는 단지 이 계책이 자신들에게서 나오지 아니하여 功이 자신들에게 있지 않기 때문입니다. 〈吳나라를 정벌하여 승리한다면 조정의 신하들은〉 각각 지난날 吳나라를 정벌하는 것을 반대했던 자신들의 의론이 잘못되었음이 증명될까 부끄러워하여 완고하게 지킬 것입니다." 하였다.

1) 〔釋義〕 直 : 猶但也라
直은 다만과 같다.

晉主與張華圍碁러니 預表適至어늘 華推(퇴)(枰)〔枰〕[1]斂手하고 曰 陛下는 聖武하시고 國富兵彊하며 吳主는 淫虐하야 誅殺賢能하니 當今討之면 可不勞而定이니 願勿以爲疑하소서 晉主乃許之하다 山濤退而告人曰 自非聖人인댄 外寧이면

必有內憂하나니 **今釋吳**하야 **以爲外懼 豈非算乎**아

晉主가 張華와 바둑을 두고 있었는데, 杜預의 表文이 마침 이르자 張華가 바둑판을 밀치고 拱手하고서 아뢰기를 "폐하께서는 聖明하고 英武하시며 나라와 군대는 부유하고 강합니다. 吳主는 황음무도하고 사나워서 어진 이와 유능한 이를 함부로 죽이니, 지금 이를 토벌하면 수고롭지 않고도 평정할 수 있습니다. 원컨대 의심하지 마소서." 하니, 晉主가 마침내 정벌할 것을 허락하였다. 山濤가 물러나서 사람들에게 말하기를 "만일 聖人이 아닐진댄 밖이 편안하면 반드시 안에 우환이 있는 법이니, 지금 吳나라를 내버려 두어서 밖의 두려움으로 삼는 것이 어찌 좋은 계책이 아니겠는가." 하였다.

1)〔釋義〕枰：棊局也라
　枰은 바둑판이다.

○ **十一月**에 **晉**이 **大擧伐吳**할새 **遣琅琊王伷**[1]하야 **出涂中**[2]하고 **王渾**은 **出江西**하고 **王戎**은 **出武昌**하고 **胡奮**은 **出夏冂**하고 **杜預**는 **出江陵**하고 **王濬**, {出巴東} **唐彬**은 **出巴, 蜀**[3]하니 **東西凡二十餘萬**이러라

11월에 晉나라가 크게 군대를 일으켜 吳나라를 정벌할 적에 琅琊王 司馬伷를 보내어서 涂中으로 나가게 하고, 王渾은 江西로 나가고 王戎은 武昌으로 나가고 胡奮은 夏口로 나가고 杜預는 江陵으로 나가고 王濬과 唐彬은 巴·蜀으로 나가게 하니, 東西의 병력이 모두 20여만 명이었다.

1)〔頭註〕琅琊王伷：伷는 同胄라 武帝炎之叔父也라
　伷는 胄와 같다. 司馬伷는 武帝 司馬炎의 叔父이다.

2)〔釋義〕涂中：涂는 音途니 水名이라 出益州牧靡南山하야 西北入漉하니라
　涂는 음이 도이니, 물 이름이다. 益州의 牧靡南山에서 나와서 서북쪽으로 흘러 漉水로 들어간다.

3)〔譯註〕王濬 {出巴東}唐彬 出巴蜀：≪資治通鑑≫에는 이 내용이 "安東將軍王渾出江西 建威將軍王戎出武昌 平南將軍胡奮出夏口 鎭南大將軍杜預出江陵 龍驤將軍王濬 巴東監軍魯國唐彬下巴蜀"으로 되어 있는 바, 이에 근거하여 바로잡았다.

通鑑節要 卷之二十六

晉紀

世祖武[1]皇帝 名炎이요 姓司馬니 懿之孫이요 昭之子라 世執魏政이라가 取之於魏라 在位一十一年이요 壽五十五라

世祖 武皇帝는 이름이 炎이고 성이 司馬이니, 司馬懿의 손자이고 司馬昭의 아들이다. 대대로 魏나라의 정권을 쥐고 있다가 魏나라에게서 탈취하였다. 재위가 11년이고 壽가 55세이다.

1)〔頭註〕武：威彊敵德曰武라
위엄 있고 굳세어 德이 있는 자와 맞설 수 있는 것을 武라 한다.

【庚子】 太康元年이라

太康 元年(경자 280)

正月에 杜預는 向江陵하고 王渾은 出橫江하야 攻吳鎭, 戍[1]하니 所向皆克이라 吳人이 於江磧(적)[2]要害之處에 竝以鐵鎖橫截之하고 又作鐵錐(추)[3]하니 長이 丈餘라 暗置江中하야 以逆拒舟艦이러니 濬이 作大筏(벌)[4]數十하니 方이 百餘步라 縛草爲人하야 被甲持杖하고 令善水者로 以筏先行이라가 遇鐵錐면 錐輒著(착)筏[5]而去하고 又作大炬하니 長이 十餘丈이요 大數十圍라 灌以麻油하야 在船前이라가 遇鎖면 然(燃)炬燒之하니 須臾에 融液[6]斷絶이라 於是에 船無所礙러라 庚申에 濬이 克西陵하고 壬戌에 克荊門[7], 夷道二城하다 杜預遣(衙)〔牙〕門[8]周

旨等하야 **帥騎八百**하고 **汎船夜渡江**하야 **襲樂鄕**하고 **多張旗幟**하고 **起火巴山**[9)]하니 **吳都督孫歆**이 **懼曰 北來諸軍**이 **乃飛渡江也**라하더라 **乙丑**에 **杜預進攻江陵克之**하니 **於是**에 **沅, 湘**[10)]**以南**으로 **接于交廣**[11)]히 **州郡**이 **皆望風送印綬**어늘 **預杖節稱詔而綏撫之**하다

정월에 杜預는 江陵으로 향하고 王渾은 橫江으로 출동하여 吳나라 鎭과 戍(변방의 요새)를 공격하니, 향하는 곳마다 모두 이겼다. 吳나라 사람이 長江의 자갈이 깔린 여울의 요해처를 모두 쇠사슬로 가로막고, 또 길이가 한 길이 넘는 쇠몽둥이를 만들어서 몰래 강물 속에 설치하여 舟艦을 대비하였다. 王濬이 넓이가 사방 백여 보쯤 되는 큰 뗏목 수십 척을 만들어서 풀을 묶어 인형을 만들어 갑옷을 입히고 무기를 쥐게 하고는 헤엄을 잘 치는 자로 하여금 뗏목을 타고 먼저 가다가 쇠몽둥이가 있는 곳에 이르면 몽둥이가 그때마다 뗏목에 걸리게 하여 제거하였으며, 또 길이가 십여 丈이고 크기가 수십 圍나 되는 큰 횃불을 만들어 여기에 삼씨기름을 부어 船團 앞에 놓아두었다가 쇠사슬을 쳐 놓은 곳에 이르면 횃불에 불을 붙여 태우니, 삽시간에 쇠사슬이 녹아 끊어졌다. 이에 배를 가로막는 장애물이 없어졌다.

庚申日(3일)에 王濬이 西陵을 함락하고, 壬戌日(5일)에 荊門과 夷道 두 성을 함락하였다. 杜預가 牙門 周旨 등을 보내어 기병 800명을 거느리고 배를 타고 밤에 강을 건너 樂鄕을 습격하여 깃발을 많이 진열하고 巴山에 불을 놓으니, 吳나라 都督 孫歆이 두려워하며 말하기를 "북쪽에서 온 여러 군대가 마침내 나는 것처럼 강을 건넜다." 하였다. 乙丑日(8일)에 杜預가 江陵으로 進擊하여 함락시켰다. 이에 沅水 · 湘水 이남으로부터 廣州에 이르기까지 州郡들이 모두 소문만 듣고도 투항하여 印綬를 보내오니, 杜預가 節을 잡고 王命이라 칭하며 그들을 편안히 위무하였다.

1) 〔釋義〕 攻吳鎭戍 : 戍는 守邊也라
　　戍는 변방을 지키는 것이다.

2) 〔釋義〕 江磧 : 磧은 水渚有石이라
　　磧은 물가에 돌이 있는 것이다.

3)〔釋義〕鐵錐 : 錐는 鋒芒銳者라

錐는 끝이 뾰족한 것이다.

4)〔釋義〕大筏 : 筏은 編竹爲之하니 簞筏也라

筏은 대나무를 엮어 만든 것이니, 뗏목이다.

5)〔釋義〕著筏 : 著(착)은 置也라

著은 둠이다.

6)〔釋義〕融液 : 融은 焮氣上出也요 液은 流膏也라

融은 뜨거운 기운이 위로 나오는 것이고, 液은 녹아 흘러내리는 것이다.

7)〔釋義〕荊門 : 今江陵府荊門州니 漢之南郡의 當陽, 編都二縣이 皆荊門地라 有荊門山이 在夷陵縣江南岸하니 其山對起如門하고 上合下開하야 與江北岸虎牙山相對하니라

荊門은 지금의 江陵府 荊門州이니, 漢나라 南郡의 當陽과 編都 두 현은 모두 荊門 땅이다. 荊門山이 夷陵縣의 江 南岸에 있으니, 산이 마주 보고 우뚝 솟아 문과 같으며, 위는 합하고 아래는 열려서 江 北岸의 虎牙山과 서로 마주 보고 있다.

8)〔附註〕牙門 : 古者에 軍行有牙하니 尊者所在러니 後人이 因以所治爲(衙)〔牙〕하고 曰(衙)〔牙〕門者는 謂牙之門也라 韻會에 牙는 旗名이니 以象牙로 飾其旗竿하야 立於帳前하고 謂之牙門이라

옛날에 군대가 출동할 때에는 牙旗가 있었으니 〈牙旗를 세워〉 높은 분이 거처하는 곳으로 삼았는데, 後人들이 인하여 일을 다스리는 곳을 牙라 하고 牙門이라 한 것은 牙旗를 세운 軍門을 이른다. ≪韻會≫에 “牙는 旗의 이름이니 상아로 깃대를 장식하여 휘장 앞에 세우고 이것을 牙門이라 한다.” 하였다.

9)〔釋義〕巴山 : 在歸州巴東縣이라

巴山은 歸州 巴東縣에 있다.

10)〔釋義〕沅湘 : 沅水는 出象郡潭城西하야 (都)〔東〕注于江하야 合洞庭中하고 湘水는 出零陵郡始安縣陽海山하야 東入洞庭下라

沅水는 象郡 潭城 서쪽에서 나와 동쪽으로 揚子江으로 들어가서 洞庭湖 가운데에서 합류하고, 湘水는 零陵郡 始安縣 陽海山에서 나와 동쪽으로 洞庭湖 아래로 들어간다.

11)〔釋義〕接于交廣 : 交廣은 卽今廣州也라

交廣은 바로 지금의 廣州이다.

杜預與衆軍會議할새 或曰 百年之寇를 未可盡克이니 方春水生하야 難於久駐라 宜候來冬하야 更爲大擧라하야늘 預曰 昔에 樂毅藉(자)濟西[1]一戰하야 以幷彊齊하니 今兵威已振하야 譬如破竹이라 數節之後에는 皆迎刃而解하야 無復着手處也라하고 遂指授群帥方略하고 徑造[2]建業하다 吳主使丞相張悌等으로 帥衆三萬하야 渡江逆戰이라가 大敗하다 王濬이 至西陵하니 杜預與之書曰 足下旣摧其西藩하니 便當徑取建業하야 討累世之逋寇하고 釋吳人於塗炭하고 振旅[3]還都면 亦曠世一事[4]也니라 濬이 大悅[5]하야 自武昌順流하야 徑趣(趨)建業하다 吳主遣游擊將軍張象하야 帥舟師萬人하야 禦之러니 象衆이 望旗而降이라 濬이 兵甲滿江하고 旌旗燭天[6]하야 威勢甚盛이어늘 吳人이 大懼하야 分遣使者하야 奉書於渾, 濬, 伷[7]하야 以請降하다 壬寅에 王濬의 舟師過三山[8]할새 王渾이 遣信要濬[9]하야 暫過論事[10]한대 濬이 擧帆直指建業하고 報曰 風利하야 不得泊也라하니라 是日에 濬이 戎卒八萬이요 方舟百里라 鼓譟(조)入于石頭[11]하니 吳主皓 面縛輿櫬[12]하고 詣軍門降하다

杜預가 여러 군사들과 모여서 의논할 적에 혹자가 말하기를 "백년의 역사를 지닌 오랑캐를 전부 이길 수는 없습니다. 현재 봄물이 불어나서 오래 주둔하기가 어려우니, 겨울을 기다려서 다시 크게 쳐들어와야 합니다." 하니, 杜預가 말하기를 "옛날 樂毅는 濟西의 一戰을 빌려서 강한 齊나라를 겸병하였다. 지금 우리 군대의 위엄이 이미 떨쳐져서 비유하면 대나무를 쪼개는 것과 같으니, 몇 마디를 쪼갠 뒤에는 그 나머지는 모두 칼날이 닿는 대로 저절로 쪼개져서 다시는 손쓸 필요가 없는 것과 같다." 하고는 마침내 여러 장수들에게 方略을 지시하고 곧바로 建業(建康)으로 나아갔다.

吳나라 군주가 丞相 張悌 등으로 하여금 3만 명의 병력을 거느리고 강을 건너 적을 맞이하여 싸우게 하였는데, 대패하였다. 王濬이 西陵에 이르자, 杜預가 그에게 편지를 보내 이르기를 "足下가 이미 적의 서쪽 울타리(西陵)를 꺾었으니, 마땅히 곧바로 建業을 취하여 여러 대를 두고 멀리 도망해 있

던 도둑을 토벌하고 吳나라 사람들을 도탄에서 구출한 다음 군대를 정돈하여 도성으로 돌아온다면 이 또한 세상에 드문 훌륭한 한 가지 일일 것이다.” 하니, 王濬이 크게 기뻐하여 武昌으로부터 강물을 따라 곧바로 建業으로 진출하였다. 吳나라 군주가 游擊將軍 張象을 보내어 舟師(水軍) 만 명을 거느리고 막게 하였는데, 張象의 무리가 적의 깃발만 바라보고도 투항하였다. 王濬의 병기와 갑옷이 강에 가득하고 깃발이 하늘을 찔러 위세가 매우 대단하니, 吳나라 사람들이 크게 두려워하여 使者를 나누어 보내어 王渾·王濬·琅琊王 司馬伷에게 항복 문서를 바치고 항복할 것을 청하였다.

壬寅日(3월 15일)에 王濬의 水軍이 三山을 지나갈 때에 王渾이 王濬에게 使者를 보내어 잠시 들러 일을 의논하자고 하였는데, 王濬이 돛을 올려 곧장 建業으로 향하고는 답하기를 “바람의 기세가 빨라서 배를 멈출 수가 없다.” 하였다. 이날 王濬은 병력이 8만 명이고 배들이 백 리에 길게 뻗쳐 있었다. 북을 치고 함성을 지르며 石頭城에 들어가니, 吳나라 군주 孫皓가 두 손을 뒤로 묶고 얼굴은 앞을 향하고서 관을 수레에 싣고 軍門에 나와서 항복하였다.

1) 〔原註〕 樂毅藉濟西 : 藉는 借也라 〔頭註〕 樂毅는 燕將也니 見一卷丙子年이라
〔原註〕 藉는 빌림이다. 〔頭註〕 樂毅는 燕나라 장수이니, 앞의 1권 丙子年條(B.C.285)에 보인다.

2) 〔頭註〕 徑造 : 造는 進也라
造는 나아감이다.

3) 〔頭註〕 振旅 : 振은 止也니 言戰罷而止其衆以入也라
振은 그침이니, 전쟁이 끝나고 군사를 거두어 들어오는 것을 말한다.

4) 〔頭註〕 曠世一事 : 言歷世所曠見之事也라
역대에 보기 드문 일을 말한다.

5) 〔附註〕 濬大悅 : 初에 詔濬下建平하야 受杜預節度하고 至建業하야 受王渾節度러니 濬至西陵한대 預曰 已得建平이면 則威名已著하니 不宜受制於我라하고 遂與書曰 云云하니 濬이 大悅하니라
처음에 황제가 王濬에게 명하여 建平을 함락시키고 나서 杜預의 節度(지휘)를 받게 하고, 建業에 이르러서는 王渾의 節度를 받게 하였는데, 王濬이 西陵에 이르자 杜預가 말하기를 “이미 建平을 얻었으면 위엄과 명망이 이미 드러난 것이

니, 나에게 통제를 받는 것은 마땅하지 않다." 하고는 마침내 편지를 보내어 이리이리 말하니, 王濬이 크게 기뻐하였다.

6)〔頭註〕燭天*) : 燭은 王濬傳에 作蜀이라
燭은 〈王濬傳〉에 蜀으로 되어 있다.

*) 燭天 : 沖天(하늘 높이 오름)과 같다.

7)〔頭註〕渾濬伷 : 王渾, 王濬, 琅琊王伷라
渾・濬・伷는 王渾・王濬・琅琊王 司馬伷이다.

8)〔釋義〕三山 : 太平州繁昌縣東北四十里에 有三山磯하니 下流 去(無)〔蕪〕湖縣二十五里라
太平州 繁昌縣 동북쪽으로 40리 지점에 三山磯가 있으니, 下流는 蕪湖縣에서 25리 떨어져 있다.

9)〔頭註〕遣信要濬 : 信은 卽信使요 要는 與邀通이라
信은 곧 소식을 전달하는 使者이고, 要는 邀와 통한다.

10)〔頭註〕論事 : 詔王濬하야 受王渾節度어늘 而惡其不受하고 且忌先其功也라 故로 欲留之라
황제가 王濬에게 명하여 王渾의 節度(지휘)를 받게 하였는데, 王渾은 王濬이 자신의 지휘를 받지 않음을 미워하였고, 또 王濬의 공이 자기보다 앞설까 꺼렸기 때문에 王濬을 지체시키고자 한 것이다.

11)〔釋義〕鼓譟入于石頭 : 譟는 群呼也라 石頭는 城名이니 在金陵하니라
譟는 여럿이 함성을 지르는 것이다. 石頭는 城의 이름이니 金陵에 있다.

12)〔釋義〕面縛輿櫬 : 注見漢帝禪炎興元年注하니라〔頭註〕輿는 共擧也요 櫬은 空棺也니 輿棺從之者는 示其將受死라
〔釋義〕面縛輿櫬은 注가 蜀漢 帝禪 炎興 元年(263)의 注에 보인다.〔頭註〕輿는 함께 드는 것이고 櫬은 빈 관이니, 빈 관을 함께 들고 따라가는 것은 장차 죽음을 당할 것임을 보이는 것이다.

右吳는 四主에 共五十九年이라

이상 吳나라는 네 군주에 모두 59년이다.

〔史略 史評〕史斷曰 吳自孫堅으로 始擧兵於江東하야 破張角, 誅區星[1)]하니

勇鷙剛果가 當時鮮及이라 觀其導溫戮卓[2]하고 不許和親[3]하며 汎掃陵寢하고 平塞發掘하니 可謂壯矣러니 其後에 爲善不終하야 受袁術所使하야 以擊劉表라가 卒斃於矢下하야 不死於勤王而死於助桀하니 惜哉라 孫策은 以童子로 〈提〉一旅之衆하야 揮馬箠以下江東한대 耆儒宿將이 狼狽失據하야 開地千里하니 眞奇才也라 然이나 輕躁好殺하야 卒殞其身이라 孫權은 席父兄之烈하고 師友忠賢하야 以成前志하고 赤壁之役에 決志定策하야 以摧大敵하니 非明而有勇이면 能若是乎아 奄有荊揚하고 薄(迫)於南海하야 傳祚累世 宜矣로다 惜乎라 見義不明하고 守節不謹하야 今年에 臣于操하고 明年에 降于魏하며 今年에 受操之命하야 領荊州하고 明年에 受魏之封하야 爲吳王하야 不能討賊而甘心助賊하고 不能仗義而甘心不義하니 其得保一隅 幸也로다 孫亮은 以童孺之資로 乏賢哲之輔하야 輕淺果銳하고 爲謀太疎하니 其替位不終은 理所必然이요 休는 以宿愛舊恩으로 任用興, 布[4]하고 不能拔進賢才하야 改絃易轍하니 雖尙辭好學이나 何捄亂亡이리오 孫皓는 天性凶頑하고 肆行殘虐하야 忠諫者誅하고 讒諛者進하야 公卿大臣이 頸血相濺하고 虐用其民하야 窮奢溢侈하니 欲求不亡이나 得乎아 迹吳之爲國하면 自據一方으로 旣無存漢之心하고 又無呑魏之謀하야 上不係於漢祚之存亡하고 下無關於曹魏之强弱하니 尙奚論焉이리오 君子謂曹氏爲漢賊이요 不知孫氏眞漢賊耳라 先主孔明이 正做得好時라가 又爲其壞了라하니 嗚呼라 其知言乎인저

史斷에 말하였다.

"吳나라는 孫堅으로부터 江東에서 처음 군대를 일으켜 張角을 격파하고 區星을 주벌하니, 용맹함과 과단성이 당시에 그를 따라갈 자가 없었다. 살펴보건대 張溫을 인도하여 董卓을 죽이려 하고 和親을 허락하지 않았으며 陵寢을 깨끗이 소제하고 發掘한 것을 메워서 평평하게 하였으니, 훌륭하다고 이를 만하였다. 그러나 그 뒤에 끝을 잘 마치지 못하여 袁術의 사주를 받고 劉表를 공격하다가 마침내 싸움터에서 죽어서 왕실을 위하여 충성을 다하는 데에 죽지 않고 桀王을 돕다가 죽었으니, 애석하다.

孫策은 童子로서 1旅(500명)의 군대를 이끌고 말채찍을 휘둘러 江東을 함락시켰다. 그러자 늙은 선비와 경험이 풍부한 장수들이 낭패하고 거점을

잃어서 땅을 천 리나 개척하였으니, 참으로 奇才였다. 그러나 경솔하고 조급해서 사람 죽이기를 좋아하여 마침내 자기 몸을 죽였다.

孫權은 父兄의 공렬을 밑바탕으로 삼고는 충성스럽고 어진 이를 스승 삼고 벗 삼아 前代의 뜻을 이룩하였으며, 赤壁의 전투에서 굳게 마음 먹고 계책을 정하여 큰 적(曹操)을 꺾었으니, 총명하고 용맹이 있는 자가 아니라면 이와 같이 할 수 있었겠는가. 곧바로 荊州와 揚州 지역을 소유하고 南海에 이르러서 國運을 여러 대에 전한 것이 당연하다. 그러나 애석하다. 義를 봄이 분명하지 못하고 절개를 지킴이 신중하지 못하여, 금년에는 曹操에게 신하 노릇하고 다음 해에는 魏나라에 항복하였으며 금년에는 曹操의 명령을 받아 荊州를 영솔하고 다음 해에는 魏나라의 封함을 받고 吳王이 되어서, 적을 토벌하지 못하고 기꺼이 賊을 도와주며 義를 지키지 못하고 不義를 마음에 달게 여겼으니, 江東 한 모퉁이를 보전한 것만 해도 다행이다.

孫亮은 어린아이의 자질로 賢哲의 보좌가 없어서, 경솔하고 얕고 과감하고 날카로우며 도모하는 것이 너무 엉성하니, 왕위를 내주고 끝마치지 못함은 이치상 필연적인 것이었다. 孫休는 예전의 친애함과 지난날의 은혜로 濮陽興과 張布를 임용하였으며 賢才를 발탁 등용하여 禮樂과 制度를 고치지 못하였으니, 비록 文章을 숭상하고 學問을 좋아하였으나 어찌 국가의 혼란과 멸망을 구제할 수 있었겠는가. 孫皓는 天性이 흉악하며 殘虐한 짓을 제멋대로 행하여 충성스럽게 간하는 자를 죽이고 아첨하는 자를 올려 주어서 公卿과 大臣이 목의 피를 서로 뿌렸으며 백성들을 학대하여 극도로 사치하였으니, 망하지 않기를 바라나 될 수 있었겠는가.

吳나라가 나라를 다스린 자취를 살펴보면 한쪽 지방을 점거한 뒤로부터 이미 漢나라를 보전하려는 마음이 없었고 또 魏나라를 倂呑하려는 계책도 없어서, 위로는 漢나라의 存亡에 관계치 않고 아래로는 曹魏의 强弱에 상관하지 않았으니, 오히려 어찌 논할 것이 있겠는가. 君子가 이르기를 '曹氏는 漢나라의 賊이었지만 孫氏야말로 참으로 漢나라의 賊임을 알지 못하였다. 그러므로 先主(劉備)와 諸葛孔明이 마침 좋은 기회를 만들었다가 또 이 때문에 무너졌다.'라고 하였으니, 아! 진리를 아는 말이라 하겠다."

1) 〔譯註〕 誅區星 : 區星은 長沙 사람으로 1만여 명의 무리를 모아 스스로 將軍이라 칭하고는 城邑을 포위 공격하다가 長沙太守 孫堅에게 격파당하였다.

2) 〔譯註〕 導溫戮卓 : 董卓이 邊章의 난을 토벌하다가 功을 세우지 못하자, 황제가 張溫을 보내어 邊章을 토벌하게 하였다. 張溫이 詔書로써 董卓을 불렀는데 응대하는 것이 불손하자 孫堅이 張溫의 귀에 대고 軍法에 따라 참수하자고 하였는데, 張溫이 따르지 않았다.

3) 〔譯註〕 不許和親 : 辛未年(191)에 孫堅이 董卓의 장수들을 격파하자, 董卓이 두려워하여 和親할 것을 청하였는데, 孫堅이 말하기를 "내가 너희 三族을 멸하지 않으면 죽어도 눈을 감을 수 없으니, 마침내 화친을 하겠는가?" 하고 진격하였다. 董卓이 패주하니 孫堅이 마침내 洛陽으로 들어가 여러 陵寢을 수리하였다.

4) 〔譯註〕 以宿愛舊恩 任用興布 : 濮陽興의 濮陽은 邑으로 姓을 삼은 것이다. ≪陳留風俗傳≫에 漢나라에 長沙太守 濮陽逸이 있었다. 吳主 孫休가 會稽에 있을 때 太守로 있던 濮陽興과 깊이 허여하여 서로 친하였는데, 孫休가 즉위하게 되자 濮陽興이 마침내 張布와 함께 모두 신임을 받아 등용되었다.

歷年圖曰 破虜堅은 以孤遠之兵으로 決忠憤之志하야 首犯賊鋒하고 深蹂[1]洛川하야 汎掃[2]陵寢하니 有足多者라 討逆[3]策은 以童子로 提一旅[4]之衆하야 揮馬箠以下江東한대 耆儒宿將[5]이 狼狽[6]失據하야 開地千里하니 眞英才也라 大帝[7]는 承父兄之烈하고 師友忠賢하야 以成前志하고 赤壁之役에 決策定慮하야 以摧大敵하니 非明而有勇이면 能如是乎아 奄有荊揚하야 薄于南海[8]하야 傳祚累世가 宜矣라 休官, 景帝[9]는 皆明(惠)〔慧〕敢決하야 有先世之風하고 歸命[10]은 驕愎殘虐이 深於桀, 紂하니 求欲不亡이나 得乎아

≪歷年圖≫에 말하였다.

"破虜將軍 孫堅은 고립되고 멀리 떠나온 군대로써 忠憤의 뜻을 결단하여 맨 먼저 적의 예봉을 범하고 洛川을 깊이 유린해서 陵寢을 깨끗이 소제하였으니, 훌륭한 점이 있었다. 討逆將軍 孫策은 童子로서 1旅의 군대를 이끌고 말채찍을 휘둘러 江東을 함락시켰다. 그러자 늙은 선비와 경험이 풍부한 장수가 낭패하고 거점을 잃어서 땅을 천 리나 개척하였으니, 참으로 英才였다. 大帝 孫權은 父兄의 공렬을 이어받고는 충성스럽고 어진 이를 스승 삼고 벗

삼아 前代의 뜻을 이룩하였으며, 赤壁의 전투에서 방책을 결정하여 강한 적(曹操)을 꺾었으니, 총명하고 용맹이 있는 자가 아니라면 이와 같이 할 수 있겠는가. 곧바로 荊州와 揚州 지역을 소유하고 南海에 이르러서 國運을 여러 대에 전한 것이 당연하다. 候官侯 孫亮과 景帝 孫休는 모두 밝고 지혜롭고 과감하게 결단하여 先代의 유풍이 있었고, 歸命侯 孫皓는 교만하고 괴팍하고 잔악함이 桀·紂보다도 심하였으니, 망하지 않기를 구하나 될 수 있었겠는가."

1)〔頭註〕蹂：音柔니 踐也라
蹂는 음이 유이니, 짓밟는 것이다.

2)〔頭註〕汛掃：汛은 音信이니 灑也라
汛은 음이 신이니, 물을 뿌리는 것이다.

3)〔頭註〕討逆：策爲討逆將軍이라
孫策이 討逆將軍이 되었다.

4)〔頭註〕一旅：五人爲伍, 五伍爲兩, 四兩爲卒, 五卒爲旅니 五百人也요 五旅爲師, 五師爲軍이니 萬人也라
5명을 伍라 하고 5伍를 兩이라 하고 4兩을 卒이라 하고 5卒을 旅라 하니 1旅는 500명이요, 5旅를 師라 하고 5師를 軍이라 하니 1軍은 만 명이다.

5)〔頭註〕宿將*)：宿은 素也라
宿은 素이다.

*) 宿將：素將과 같은 말로, 늙고 공로가 많은 장수, 또는 경험이 많아 군사 지식이 풍부한 장수를 이른다.

6)〔附註〕狼狽：狼은 前則跋其胡하고 退則疐其尾라 狽는 狼屬이라 又狽前足絶短하야 每行에 常駕狼하니 失狼則不能動이라 故世言事乖者를 稱狼狽라
狼은 〈턱 밑에 늘어진 살이 있어서〉 앞으로 가면 턱살이 밟혀 넘어지고 뒤로 가면 꼬리가 밟혀 넘어진다. 狽는 狼의 등속이다. 또 狽는 앞발이 짧아서 매번 다닐 때마다 항상 狼을 타고 다니니, 狼을 잃으면 움직이지 못한다. 그러므로 세상에서 일이 어긋나는 것을 말할 때에 狼狽라고 칭한다.

7)〔頭註〕大帝：孫權이라
大帝는 孫權이다.

8)〔頭註〕薄于南海：薄은 迫也니 迫近之義라

薄은 닥침이니, 매우 가깝다는 뜻이다.

9)〔頭註〕 條官 景帝 : 條官은 亮也니 爲條官侯하니 見二十五卷戊寅年會稽王注라 景帝는 休也라

條官은 孫亮이니, 條官侯가 된 것이 25권 戊寅年(258) 會稽王의 注에 보인다. 景帝는 孫休이다.

10)〔頭註〕 歸命 : 皓也라

歸命侯는 孫皓이다.

四月에 詔賜孫皓爵歸命侯하다

4월에 황제가 명하여 孫皓에게 歸命侯의 작위를 하사하였다.

○ 五月에 引見歸命侯皓한대 皓登殿稽顙(계상)이어늘 帝謂皓曰 朕設此座하야 以待卿이 久矣로라 皓曰 臣於南方에 亦設此座하야 以待陛下러이다 賈充이 謂皓曰 聞君在南方하야 鑿人目하고 剝人面皮라하니 此何等刑也오 皓曰 人臣이 有弑其君[1)]하고 及姦回不忠者면 則加此刑耳니라 充이 默然甚愧러라

5월에 歸命侯 孫皓를 인견하였는데, 孫皓가 殿閣에 올라와 머리를 조아리자, 황제가 孫皓에게 이르기를 "朕이 이 자리를 마련하고서 卿을 기다린 지가 오래되었다." 하니, 孫皓가 말하기를 "신도 역시 南方에서 이러한 자리를 마련하고서 폐하를 기다렸습니다." 하였다. 賈充이 孫皓에게 이르기를 "듣자하니, 그대가 남방에 있을 적에 사람의 눈을 파내고 사람의 얼굴 가죽을 벗겼다 하니, 이것이 무슨 형벌인가?" 하자, 孫皓가 말하기를 "신하로서 자기 군주를 시해하고 간사하여 불충한 자가 있으면 이 형벌을 가했다." 하니, 賈充이 아무 말도 하지 못하고 매우 부끄러워하였다.

1)〔頭註〕 有弑其君 : 充弑高貴鄕公髦하니 見上卷庚辰年이라

賈充이 高貴鄕公 曹髦를 시해하였으니, 이 사실이 25권 庚辰年條(260)에 보인다.

○ 王濬之入建業也에 其明日에 王渾이 乃濟江하야 以濬不待己至하고 先受

孫皓降이라하야 意甚愧忿하야 將攻濬이러니 何攀이 勸濬하야 送皓與渾하니 由是로 事得解하니라 渾이 與濬爭功이라 渾이 表濬違詔하고 不受節度[1]라하야 誣以罪狀하고 渾子濟 尙常山公主[2]하야 宗黨이 强盛이라 有司奏請檻車徵濬이어늘 帝不許하다 王濬이 自以功大어늘 而爲渾父子及黨與의 所挫抑이라하야 每進見에 陳其攻伐之勞와 及見枉之狀하고 或不勝忿憤하야 徑出不辭호되 帝每容恕之하니라 益州護軍范通이 謂濬曰 卿이 功則美矣나 然恨所以居美者 未盡善也로다 卿이 旋旆之日에 角巾[3]私第하야 口不言平吳之事하고 若有問者어든 輒曰 聖主之德이요 群帥之力이니 老夫何力之有리오하면 此는 藺生이 所以屈廉頗也[4]니 王渾이 能無愧乎아 濬曰 吾始懲鄧艾之事[5]하야 懼禍及身하니 不得無言이어니와 其終不能遣諸胸中은 是吾褊也[6]니라 時人이 咸以濬功重報輕이라하야 爲之憤邑[7]이어늘 博士秦秀等이 上表하야 訟濬之屈한대 帝乃遷濬鎭軍大將軍하다

王濬이 建業으로 들어간 그 다음 날에 王渾이 마침내 강을 건너와서, 王濬이 자기가 도착하기를 기다리지 않고 먼저 孫皓의 항복을 받았다 하여 마음속으로 몹시 부끄러워하고 분히 여겨 장차 王濬을 공격하려 하였는데, 何攀이 王濬에게 권하여 孫皓를 王渾에게 보내게 하니 이로 말미암아 일의 실마리가 풀렸다. 王渾이 王濬과 공을 다툴 때에 王渾이 表文을 올려 王濬이 詔命을 어기고 節度(지휘)를 받지 않았다 하여 거짓 죄상을 꾸며 誣告하였다. 王渾의 아들 王濟가 常山公主에게 장가들어 宗黨(친족)이 매우 강성하였는데, 有司가 檻車로 王濬을 소환할 것을 주청하였으나 황제가 허락하지 않았다. 王濬이 스스로 생각하기를 '공이 큰데도 王渾 父子와 그들의 도당에게 꺾이고 눌린다.' 하여 매번 나아가 황제를 뵐 때마다 자신이 정벌한 공로와 억울한 情狀을 아뢰었으며, 때로는 분함을 이기지 못해서 곧바로 나오고 황제에게 하직 인사를 올리지 않았으나 황제가 매번 용서하였다.

益州護軍 范通이 王濬에게 이르기를 "卿이 공은 훌륭한데 훌륭한 공에 자처하는 방법이 지극히 선하지 못하는 것이 한스럽다. 卿이 군대를 이끌고 돌아오던 날에 私邸로 돌아와서 角巾을 쓰고 입으로 吳나라를 평정한 일을 말

하지 않고 만일 묻는 자가 있거든 그때마다 말하기를 '聖主의 德이요 여러 장수의 힘이니, 늙은 지아비가 무슨 힘이 있겠는가.'라고 말씀했다면, 이는 옛날 藺生(藺相如)이 廉頗를 굴복시킨 방법이니, 王渾이 부끄럽지 않을 수 있겠습니까." 하였다. 王濬이 말하기를 "내가 처음에 鄧艾의 일을 징계하여 화가 몸에 미칠까 두려워하여 변명하는 말이 없을 수 없었으나 끝내 이것을 가슴속에서 잊어버리지 못함은 나의 도량이 편협한 것이다." 하였다. 당시 사람들이 모두 王濬은 공로가 큰데 보답이 가볍다 하여 이 때문에 분해 하고 근심하였다. 博士 秦秀 등이 表文을 올려 王濬의 억울함을 말하자, 황제가 마침내 王濬을 鎭軍大將軍으로 승진시켰다.

1)〔頭註〕不受節度 : 見上論事注하니라

王濬이 王渾의 지휘를 받지 않은 것은 앞의 '論事' 注에 보인다.

2)〔附註〕尙常山公主 : (文帝昭)〔武帝炎〕之女*)也라 尙은 奉也니 奉事公主也요 又尙者는 尊也니 帝王之女를 尊而尙之하야 不敢斥言娶라 天子之女曰公主니 周制에 天子嫁女에 不自主하고 使諸侯同姓者主之라 故謂之公主라 帝姊妹를 爲長公主요 姑爲大長公主라

常山公主는 武帝 司馬炎의 딸이다. 尙은 받듦이니 공주를 받들어 섬긴다는 뜻이요, 또 尙은 높임이니 帝王의 딸을 높여서 감히 장가든다고 指斥하여 말하지 못한 것이다. 天子의 딸을 公主라 하니, 周나라 제도에 天子가 딸을 시집보낼 때에 직접 주관하지 않고 同姓인 諸侯로 하여금 혼인을 주관하게 하였다. 그러므로 公主라 이른 것이다. 帝王의 자매를 長公主라 하고, 고모를 大長公主라 한다.

*) (文帝昭)〔武帝炎〕之女 : 附註에는 常山公主가 文帝 司馬昭의 딸이라고 하였으나, ≪晉書≫를 살펴보건대 王濟는 武帝 司馬炎의 딸에게 장가들었으므로 이에 근거하여 바로잡았다.

3)〔通鑑要解〕角巾 : 以葛爲之하니 居士野人之服也라

角巾은 葛布로 만드니, 居士와 野人의 복장이다.

4)〔釋義〕藺生所以屈廉頗也 : 藺生, 廉頗는 事見周赧王三十六年하니라

藺生과 廉頗의 일은 周 赧王 36年條(B.C.279)에 보인다.

5)〔釋義〕鄧艾之事*) : 事見漢帝禪炎興元年하니라

鄧艾의 일은 蜀漢 帝禪 炎興 元年條(263)에 보인다.

*) 鄧艾之事 : 三國시대에 魏나라 鄧艾가 蜀을 정벌하자, 蜀漢의 군주인 劉禪이 鄧

艾에게 나아가 항복하였다. 鍾會가 이것을 시기하여 武帝에게 鄧艾가 悖逆하다고 모함하자, 武帝가 詔書로 鄧艾를 불러 서울로 오게 해서 衛瓘을 시켜 철수하게 하였다.

6) 〔釋義〕 是吾褊也 : 褊은 小也라
褊은 작음이다.

7) 〔釋義〕 憤邑 : 憤은 懣也요 邑은 本作悒하니 憂也라
憤은 분개하는 것이요, 邑은 본래 悒으로 쓰니 근심함이다.

○ 杜預還襄陽하야 以爲天下雖安이나 忘戰必危라하야 乃勤於講武하고 申嚴戍守하다 預身不跨馬하고 射不穿札[1]호되 而用兵制勝은 諸將이 莫及이러라

杜預가 襄陽으로 돌아와 말하기를 "천하가 비록 안정되었으나 전쟁의 대비를 잊으면 반드시 위태로워진다." 하여 마침내 무예를 강마함에 힘쓰고 변경의 수비를 거듭 엄하게 하였다. 杜預는 직접 말을 타지 않았으며 활을 쏨에 힘이 없어 화살이 갑옷의 葉片을 뚫지 못하였으나 군대를 운용하여 승리하는 것은 諸將이 미치지 못하였다.

1) 〔釋義〕 射不穿札 : 言〈射〉無力也라 或云 札은 甲也라
활을 쏨에 화살이 갑옷을 뚫지 못하였다는 것은 활을 쏨에 힘이 없음을 말한 것이다. 혹자는 말하기를 "札은 갑옷이다." 하였다.

○ 詔曰 昔在漢末에 四海分崩하야 刺史內親民事하고 外領兵馬러니 今天下爲一하니 當韜戢(도집)干戈[1]라 刺史分職을 皆如漢氏故事[2]하야 悉去州郡兵하고 大郡에 置武吏百人하고 小郡에 五十人하라 交州牧陶璜이 上言호되 州兵을 未宜約損하야 以示單虛니이다 僕射山濤 亦言不宜去州郡武備라호되 帝不聽이러니 及永寧[3]以後에 盜賊群起에 州郡無備하야 不能禽制[4]하야 天下遂大亂하야 如濤所言이라 然이나 其後에 刺史復兼兵民之政하니 州鎭이 愈重矣러라

詔에 이르기를 "과거 漢나라 말기에 온 천하가 분열되어 刺史가 안에서는 백성의 일을 직접 처리하고 밖에서는 兵馬를 통솔하였는데, 지금은 천하가

통일되었으니 창과 방패를 거두어 깊이 간직해야 한다. 刺史의 직책을 모두 漢나라의 故事와 같이 하여 州郡의 병력을 다 제거하고, 큰 郡에는 武吏 100명, 작은 郡에는 50명을 두라." 하였다. 交州牧 陶璜이 上言하기를 "州의 병력을 줄여서 미약하고 비어 있음을 보여서는 안 됩니다." 하였고, 尙書僕射 山濤 또한 州郡의 武備를 버려서는 안 된다고 말하였으나 황제가 듣지 않았다. 永寧 이후로 도적들이 떼 지어 일어났는데, 州郡에 武備가 없어서 도적들을 사로잡아 제어하지 못하니, 천하가 마침내 크게 혼란해져서 山濤가 말한 것처럼 되었다. 그러나 뒤에 刺史가 다시 軍政과 民政을 겸하니, 州鎭의 지위가 더욱 중요해졌다.

1)〔釋義〕韜戢干戈 : 韜, 戢은 皆藏也라
　韜와 戢은 모두 감춤이다.
2)〔譯註〕皆如漢氏故事 : 漢나라 때에 刺史는 다만 郡縣의 長吏를 살펴 천거할 뿐이요, 軍事는 주관하지 않았다.
3)〔通鑑要解〕永寧 : 惠帝年號라
　永寧은 晉나라 惠帝의 年號이다.
4)〔頭註〕禽制 : 禽은 擒也니 言鳥力少하야 可擒捉而取之라
　禽은 사로잡는 것이니, 새는 힘이 부족하여 산 채로 잡아서 취할 수 있음을 말한 것이다.

○ 漢, 魏以來로 羌[1], 胡, 鮮卑[2]降者를 多處之塞內諸郡이러니 其後에 數因忿恨하야 殺害長吏하야 漸爲民患이라 侍御史郭欽이 上疏曰 戎狄이 彊獷(광)[3]하야 歷古爲患하니 宜及平吳之威와 謀臣猛將之略하야 漸徙內郡雜胡[4]於邊地하야 峻四夷出入之防하고 明先王荒服[5]之制면 此는 萬世之長策也니이다 帝不聽하다

漢・魏 이래로 羌族・胡族・鮮卑族 중에 항복한 자들을 대부분 변방(만리장성) 안의 여러 郡에 살게 하였는데, 그 후에 여러 차례 마음속에 불만을 품고서 長吏를 살해하여 점점 백성들의 근심거리가 되었다. 侍御史 郭欽이 상소하기를 "戎狄이 거칠고 사나워서 예로부터 근심이 되었으니, 吳나라를

평정한 위엄과 謀臣과 猛將들의 지략을 가지고 內地의 郡縣에 있는 여러 오랑캐들을 차츰 변방으로 옮겨서, 사방 오랑캐들의 출입을 제한하는 防岸(禁令)을 엄격하게 하고 先王의 荒服을 다스리던 제도를 분명하게 한다면 이는 만대토록 이어질 장구한 계책입니다." 하였으나 황제가 듣지 않았다.

1)〔頭註〕羌 : 羌在西方이라 本牧羊人이니 三苗는 羌氏之別裔라
羌은 西方에 있다. 본래 양을 치던 사람이니, 三苗는 羌氏의 別裔이다.

2)〔釋義〕鮮卑 : 本山名이니 東胡之別種이러니 因退保此山하고 遂以爲號하니라
〔頭註〕其先東胡이니 漢初에 爲匈奴所敗하야 保鮮卑山하고 因以爲號하니라
〔釋義〕鮮卑는 본래 산 이름이니 東胡의 別種이었는데, 인하여 물러가 이 산을 확보하고 마침내 칭호로 삼았다.〔頭註〕선조는 東胡이니, 漢나라 初에 匈奴에게 패배당하여 물러가 鮮卑山을 확보하고 인하여 이로써 칭호를 삼았다.

3)〔釋義〕彊獷 : 彊은 暴橫也요 獷은 若犬之獷獷하야 不可附也라
彊은 포악하고 제멋대로 구는 것이요, 獷은 개처럼 제멋대로 날뛰어서 따르게 할 수 없는 것이다.

4)〔釋義〕雜胡 : 謂戎狄之在塞內諸郡者 雜居不一이라
雜胡는 변방 안의 여러 郡에 있는 오랑캐들이 섞여 살아서 한 종류가 아님을 말한 것이다.

5)〔頭註〕荒服 : 見下要荒*)註하니 服은 從天子之事라
荒服은 설명이 뒤의 '要荒' 註에 보이니, 服은 天子의 일에 종사하는 것이다.

*) 要荒 : 요황은 五服 중의 하나인 要服과 荒服으로 먼 지방을 가리킨다. 五服은 甸服·侯服·綏服·要服·荒服으로, 천자가 직접 통치하는 畿內를 전복이라 하고, 5백 리씩 점점 멀어져 황복에 이른다.

〔新增〕養心吳氏曰 觀漢魏居戎於內郡하면 便當知五胡[1]之亂所由始요 觀郭欽之疏不行하면 便當知五胡之亂所以不可制也니라

養心吳氏가 말하였다.

"漢나라와 魏나라가 오랑캐들을 內地의 郡縣에 살게 한 것을 보면 五胡의 亂이 생겨난 이유를 알 수 있고, 郭欽의 상소가 시행되지 않은 것을 보면 五胡의 亂을 제재할 수 없었던 이유를 알 수 있다."

1)〔附註〕五胡：漢劉淵은 字元海니 匈奴也라 漢高以宗女爲公主하야 以妻冒頓故로 其子孫이 遂冒姓劉氏하니라 後趙石勒은 羯也요 前燕慕容廆는 鮮卑也요 前秦苻洪은 氐也요 後秦姚弋仲은 羌也라

漢나라(五胡十六國의 前趙) 劉淵은 字가 元海이니 匈奴이다. 漢나라 高祖가 종실의 딸을 公主라 하여 冒頓(묵특)에게 시집보냈기 때문에 그 자손들이 마침내 가탁하여 劉氏를 姓으로 삼은 것이다. 後趙의 石勒은 羯族이고 前燕의 慕容廆는 鮮卑族이고 前秦의 苻洪은 氐族이고 後秦의 姚弋仲은 羌族이다.

【辛丑】 二年이라

太康 2년(신축 281)

三月에 詔選孫皓宮人五千人하야 入宮하다 帝旣平吳에 頗事遊宴[1]하고 怠於政事하니 掖庭[2]이 殆將萬人이라 常乘羊車[3]하고 恣其所之하야 至便宴寢하니 宮人이 競以竹葉插戶하고 鹽汁洒(灑)地하야 以引帝車[4]하고 而后父楊駿이 始用事하야 交通請謁하니 勢傾內外러라

3월에 명령을 내려 孫皓의 궁녀 5천 명을 선발하여 입궁하게 하였다. 황제가 吳나라를 평정한 뒤에 宴會를 일삼고 정사를 태만히 하니, 掖庭이 거의 만 명에 이르렀다. 황제가 항상 羊이 끄는 수레를 타고 양이 가는 대로 내버려 두었다가 羊이 이르는 곳에서 곧 잔치를 베풀고 머무니, 궁녀들이 다투어 대나무 잎을 문에 꽂고 소금물을 땅에 뿌려서 황제의 수레를 유인하였고, 황후의 아버지인 楊駿이 처음으로 用事하여 윗사람과 아랫사람이 서로 가서 사사로이 청탁을 하니, 권세가 內外를 휩쓸었다.

1)〔頭註〕遊宴：宴은 與燕通이라

宴은 燕과 통한다.

2)〔頭註〕掖庭：掖宮은 旁舍也니 如人臂掖也라

掖宮은 곁에 딸린 방이니, 사람의 팔뚝과 겨드랑이와 같은 것이다.

3)〔通鑑要解〕羊車：晉志에 一名輦車라하니라

≪晉書≫ 〈輿服志〉에 "羊車는 一名 輦車이다." 하였다.

4)〔頭註〕引帝車：羊嗜竹葉而喜鹹故로 以二者로 引帝車라
羊이 대나무 잎을 잘 먹고 짠 것을 좋아하기 때문에 이 두 가지로써 황제의 수레를 유인한 것이다.

【壬寅】三年이라

太康 3년(임인 282)

帝問司隸校尉劉毅曰 朕이 可方漢之何帝오 對曰 桓, 靈이니이다 帝曰 何至於此오 對曰 桓, 靈은 賣官錢入官庫어니와 陛下는 賣官錢入私門하시니 以此言之컨대 殆不如也니이다 帝大笑曰 桓, 靈之世에는 不聞此言이러니 今朕은 有直臣하니 固爲勝之로다

황제가 司隸校尉 劉毅에게 묻기를 "짐은 漢나라의 어떤 황제에게 견줄 만한가?" 하니, 劉毅가 대답하기를 "桓帝와 靈帝입니다." 하였다. 황제가 말하기를 "어찌 이러한 지경에까지 이르겠는가?" 하니, 대답하기를 "桓帝와 靈帝는 관직을 판 돈을 國庫에 넣었으나 陛下는 관직을 판 돈을 私家로 들이시니, 이 일을 가지고 말한다면 자못 桓帝와 靈帝만도 못합니다." 하였다. 황제가 크게 웃으며 말하기를 "桓帝와 靈帝 때에는 이러한 말을 듣지 못하였는데, 이제 짐은 그대와 같은 직언하는 신하가 있으니, 진실로 그들보다 낫다." 하였다.

○ 後將軍[1]王愷(개)는 文明皇后[2]之弟也요 散騎常侍石崇은 苞之子也라 二人이 皆富於財하야 競以奢侈相高할새 愷는 以粭(이)[3]澳(욱)釜[4]하고 崇은 以蠟代薪하며 愷는 作紫絲步障[5]四十里하고 崇은 作錦步障五十里하며 崇은 塗屋以椒[6]하고 愷는 用赤石脂[7]라 帝每助愷하야 嘗以珊瑚樹賜之하니 高二尺許라 愷以示崇한대 崇이 便以鐵如意[8]로 碎之어늘 愷怒하야 以爲疾己之寶라하니 崇曰 不足爲恨이라 今還卿호리라하고 乃令左右로 悉取其家珊瑚[9]樹하니 高三

四尺者六七株요 如愷比者는 甚衆이러라

後將軍 王愷는 文明皇后의 아우이고, 散騎常侍 石崇은 石苞의 아들이다. 두 사람이 모두 재물이 풍족하여 다투어 사치함을 가지고 서로 고저를 비교할 적에 王愷는 米餹으로 솥을 닦고 石崇은 밀랍을 장작 대신 사용하였으며, 王愷는 붉은색 명주로 40리 길이의 步障을 만들고 石崇은 비단으로 50리 길이의 步障을 만들었으며, 石崇은 집을 산초로 칠하였고 王愷는 赤石脂를 사용하였다. 황제가 매번 王愷를 도와주어 그에게 일찍이 높이가 두 자가 넘는 珊瑚樹를 하사하였는데, 王愷가 이것을 石崇에게 보여 주니 石崇이 곧 鐵如意로 이것을 부수었다. 王愷가 노하여 石崇이 자신의 보물을 질투한 것이라고 말하자, 石崇이 말하기를 "족히 한할 것이 없다. 이제 卿에게 돌려주겠다." 하고는 마침내 좌우의 사람들로 하여금 자기 집에 있는 珊瑚樹를 전부 가지고 오게 하니, 높이가 3, 4척에 이르는 것이 6, 7개였고 王愷의 것과 비슷한 것은 아주 많았다.

1)〔頭註〕後將軍 : 有前, 後將軍하니라
前將軍과 後將軍이 있다.

2)〔頭註〕文明皇后 : 帝皇母后라
文明皇后는 武帝의 母后이다.

3)〔釋義〕以粭 : 粭는 米餹이니 卽餳이라
粭는 米餹이니, 바로 엿이다.

4)〔頭註〕澳釜 : 以水沃釜爲澳이라
물을 솥에 붓는 것을 澳이라 한다.

5)〔附註〕步障*) : 今罣罳(괘시)也니 以小竹交結爲之하야 衣以布或帛하야 可卷可舒라 韻會에 罣는 音卦니 網이요 罳는 音司니 絲也라 謂織絲之文이 輕疎浮虛之貌니 夾道設之하야 以爲屛障者라
步障은 지금의 罣罳이니, 작은 대나무를 서로 엮어 만들어 삼베나 비단을 입혀서 말 수도 있고 펼 수도 있는 것이다. ≪韻會≫에 "罣는 음이 괘이니 그물이고 罳는 음이 사(시)이니 실이다. 罣罳는 실로 짠 무늬가 가볍고 성글며 하늘거리는 모양을 이르니, 이것을 길 좌우에 설치하여 병풍으로 삼는 것이다." 하였다.

*) 步障 : 옛날 귀족들이 밖에 나가 머물 때 설치하던 병풍 같은 行幕을 이르는 바,

바람과 먼지를 막기 위해 대나무를 세워 간살을 만들고 비단을 드리워 길 양쪽에 치는 막이다.

6) 〔頭註〕 塗屋以椒*) : 以椒和泥塗壁하니 取其溫煖而辟除라

산초를 진흙에 개어 벽에 발랐으니, 기운이 따뜻하며 나쁜 기운을 물리치는 뜻을 취한 것이다.

*) 椒 : 산초는 당시 西域에서 들여온 것으로 매우 비싼 물건이어서 황궁에서만 이것으로 벽을 발랐기 때문에 황후의 거처를 椒房이라 하였다.

7) 〔頭註〕 赤石脂 : 藥名이니 本草에 大溫하니 養心氣라하니라

赤石脂는 藥의 이름이니, ≪證類本草≫에 "매우 따뜻하니, 心氣를 기른다." 하였다.

8) 〔頭註〕 鐵如意 : 執之所以供指揮者로 以鐵爲之하니 卽骨朶(타)子*)라

鐵如意는 손에 잡고서 指揮하는 데에 사용하는 것으로 쇠로써 만드니, 곧 骨朶子이다.

*) 骨朶子 : 古代 兵器의 일종으로, 긴 棒처럼 생겼는데 끝에 마늘 모양이나 혹은 蒺藜 모양의 머리가 달려 있다. 唐나라 이후에는 刑杖으로 사용하였고 宋나라 이후에는 천자의 거둥 때에 宿衛하는 자들이 儀仗으로 사용하였다. ≪宋史 儀衛志≫

9) 〔通鑑要解〕 珊瑚 : 生海中하니 色赤也라

珊瑚는 바다 속에서 나오니, 색깔이 붉다.

【甲辰】 五年이라

太康 5년(갑진 284)

初에 陳群이 以吏部不能審覈天下之士라하야 故令郡國하야 各置中正하고 州置大中正하되 皆取本土之人의 任朝廷官, 德充才盛者로 爲之하야 使銓次[1]等級하야 以爲九品하야 有言行修著則升之하고 道義虧缺則降之어든 吏部憑之하야 以補授百官이러니 行之浸久에 中正이 或非其人하야 奸敝日滋라 劉毅上疏曰 今立中正하야 定九品하니 高下任意하고 榮辱在手라 操人主之威福하고 奪天朝之權勢하야 公無考校之負하고 私無告訐(알)之忌하야 用心百態요 營求萬端이라 廉讓之風이 滅하고 爭訟之俗이 成하니 臣은 竊爲聖朝恥之하노이다 蓋中

正之設이 於損政之道에 有八하니 高下逐强弱하고 是非隨興衰하야 一人之身이 旬日異狀하니 上品은 無寒門하고 下品은 無勢族이라 陛下賞善罰惡을 無不裁之以法이어늘 獨置中正하야 委以一國之重하야 曾無賞罰之防하고 又禁人不得訴訟하야 使之縱橫任意하고 無所顧憚케하시니 諸受枉者 抱怨積直하야 不獲上聞이라 由此論之컨대 職名中正이나 實爲奸府요 事名九品이나 而有八損[2)]하니 古今之失이 莫大於此라 愚臣은 以爲宜罷中正하고 除九品하야 棄魏氏之敝法하고 更立一代之美制하노이다 帝雖善其言이나 而終不能改也러라

처음에 陳群이 吏部에서 천하의 선비들을 자세히 살피고 조사하지 못한다 하여 명령을 내려 郡國에는 각각 中正을 두고 州에는 大中正을 두게 하되, 모두 本土 사람 중에 조정의 관직을 맡고 있거나 德이 충만하고 재주가 훌륭한 자를 中正과 大中正으로 삼아 이들로 하여금 등급을 銓衡하여 차등을 매겨서 九品을 만들어, 말이 닦여지고 행실이 드러난 자가 있으면 陞級하고 道義에 부족하고 모자란 점이 있으면 降等하게 하였다. 그리고 吏部에서는 이에 의거하여 百官을 補任하고 임명하게 하였는데, 이를 시행한 지가 점점 오래되자 中正이 혹 적임자가 아니어서 간사한 폐단이 날로 불어났다.

이에 劉毅가 다음과 같이 상소하였다.

“이제 中正을 세워 九品을 정하니, 높이고 낮추는 것을 자기 마음대로 하고 영화롭고 욕됨이 그들의 손에 달려 있어, 군주의 상벌을 주는 권한을 쥐고 天朝의 권세를 빼앗아서 公的으로는 考課할 때에 공정함을 잃는 것을 잘못이라 여기지 않고 私的으로는 남의 약점을 고자질하는 것을 꺼리지 않아서 마음 씀이 천태만상이고 이익을 도모하기를 萬端으로 합니다. 그리하여 청렴하고 겸양하는 풍속이 없어지고 다투고 송사하는 풍속이 이루어지니, 臣은 聖朝를 위하여 부끄럽게 여깁니다. 中正을 설치한 것이 정사하는 방도에 손해되는 점이 여덟 가지가 있으니, 등급을 높이고 낮출 때에 권세의 强弱을 따르며 옳고 그름을 가릴 때에 가문의 성쇠를 따라서 동일한 한 사람에 대해서 열흘 사이에 평가하는 내용이 달라지니, 上品에 오른 사람 치고 빈한한 가문

이 없고 下品에 든 사람 치고 세력 있는 집안이 없습니다. 폐하께서 선한 자에게 상을 내리고 악한 자에게 벌을 주는 것을 법으로 제한하지 않음이 없으신데, 오직 中正을 두어 한 나라의 重任을 맡겨서 일찍이 賞罰의 제한이 없고, 또 다른 사람들이 소송하지 못하도록 금하여 그들로 하여금 자기들 마음대로 횡행하여 돌아보고 꺼리는 바가 없게 하시니, 억울한 일을 당한 자들이 원망을 품으며 直情(꾸밈없는 솔직한 심정)을 가슴속에 쌓아 두기만 하고 위로 아뢸 수가 없습니다. 이것을 가지고 논하건대 관직은 中正이라고 이름하나 진실로 간사한 府庫가 되고, 일은 九品이라고 말하나 여덟 가지 손해되는 것이 있으니, 古今의 잘못이 이보다 더 큰 것이 없습니다. 어리석은 臣은 생각건대 마땅히 中正을 파하고 九品을 없애어 魏나라의 나쁜 법을 버리고 다시 한 왕조의 아름다운 제도를 세워야 합니다."

황제가 비록 그 말을 옳게 여겼으나 끝내 고치지 못하였다.

1)〔釋義〕銓次：王氏曰 考其才(材)德而等第之를 謂之銓次라〔通鑑要解〕取本土之人의 見任朝廷之官, 德充而才盛者로 爲中正하야 使之銓次等級하야 爲九品也라

〔釋義〕王氏가 말하였다. "재주와 덕을 상고하여 차등을 매기는 것을 銓次라고 이른다."〔通鑑要解〕本土 사람 중에 현재 조정의 관직을 맡고 있거나 德이 충만하고 재주가 훌륭한 자를 뽑아 中正으로 삼아서 그들로 하여금 등급을 銓衡하여 차등을 매기게 하여 九品을 만드는 것이다.

2)〔附註〕八損：高下逐强弱하고 是非隨興衰하야 上品無寒門하고 下品無勢族이 一也요 重其任而輕其人하야 使駁論橫於州里하고 嫌隙結於大臣이 二也요 立格九品者는 才德有優劣하고 倫輩有首尾也어늘 而優劣易地하고 首尾倒錯이 三也요 中正無賞罰之防하고 又禁人訴訟하야 受枉者 不得上聞이 四也요 一國之士[*1] 多者千數하니 或流徙異邦하면 面猶不識이어늘 而采譽於臺府하고 納毁於流言하야 任己則有不識之蔽하고 聽受則有彼此之偏이 五也요 凡求人才는 以治民也어늘 今當官著效者는 或附卑品하고 在官無績者는 更獲高敍하야 長浮華而廢功績이 六也요 凡官不同人하고 事不同能[*2]이어늘 今不狀其才之所宜하고 而但第爲九品하야 以品取人하고 或非才能之所長이로되 以狀取人하니 則爲本品之所限하야 徒結白論하야 品狀相妨이 七也요 所下를 不彰其罪하고 所上을 不列其善하야 各任愛憎하

야 以植其私하니 天下之人이 焉得不懈德行而銳人事리오 八也니라

여덟 가지 손해되는 것은, 등급을 높이고 낮출 때에 권세의 强弱을 따르고 옳고 그름을 가릴 때에 가문의 盛衰를 따라서 上品 치고 빈한한 가문이 없고 下品 치고 세력 있는 집안이 없는 것이 첫 번째요, 그 직임은 중하게 여기면서 그 직임을 맡을 사람은 가볍게 선발하여 반박하는 의론이 州里에 제멋대로 행해지고 大臣들 사이에 서로 꺼리고 싫어하는 틈이 생기게 하는 것이 두 번째요, 九品의 격식을 세운 것은 재주와 덕에 優劣의 구분이 있고 同類들 사이에 高下의 구별이 있어서인데 優劣이 뒤바뀌고 高下가 전도되는 것이 세 번째요, 中正은 상벌의 제한이 없으며 다른 사람들이 소송하지 못하도록 금하여 억울한 일을 당한 자가 위로 아뢸 수 없는 것이 네 번째요, 一國의 선비가 많을 경우에는 천 명으로 헤아려지니 혹 다른 고을로 옮겨 가면 얼굴도 알지 못하는데 中正이 臺府에서 칭찬하는 말을 듣고 뽑으며 유언비어 중에 그의 잘못을 채택해서 자신의 견해만 믿으면 사람을 알지 못하는 폐단이 있고 남의 견해를 받아들이면 피차의 편벽됨이 있는 것이 다섯 번째요, 무릇 인재를 구함은 백성들을 다스리기 위해서인데 지금 관직을 맡아서 성적이 현저한 자는 혹 낮은 등급에 있고 관직에 있으면서 공적이 없는 자는 도리어 높은 등급을 얻어서 겉으로만 화려함을 조장하고 실제의 공적을 폐지하는 것이 여섯 번째요, 모든 관직은 일이 똑같지 않고 사람은 재능이 똑같지 않은데 이제 그 재주의 마땅한 바를 살피지 않고 다만 등급을 九品으로 만들어 등급에 따라 사람을 취하고 혹은 재능이 뛰어난 분야가 아닌데도 평가한 말만 가지고 사람을 취하니, 본래의 등급에 제한되어 한갓 근거 없는 빈 말을 늘어놓아 등급과 평가한 말이 서로 방해가 되는 것이 일곱 번째요, 등급을 강등한 사람은 그들의 죄를 드러내지 않고 등급을 올려 준 사람은 그들의 선을 나열하지 않아서 각각 자기의 사랑하고 미워하는 감정에 따라 私黨을 심으니 천하 사람들이 어찌 德行을 닦기를 게을리 하고 人事만을 예의주시하지 않겠는가. 이것이 여덟 번째이다.

＊1) 一國之士 : 漢나라 초기에는 封建制와 郡縣制를 모두 취하여 천하를 郡과 國으로 나누었는 바, 郡은 中央에 속하고 國은 王과 侯를 봉하였다. 여기의 國은 지방 행정 단위를 가리키는 바, 이는 南北朝 시대까지 유지되었다.

＊2) 凡官不同人 事不同能 : ≪晉書≫ 〈劉毅傳〉에는 "凡官不同事 人不同能"으로 되어 있는 바, 역문은 이에 의거하여 해석하였다.

○ 初에 帝以才人謝玖로 賜太子하야 生皇孫遹(율)하다 宮中이 嘗夜失火어늘 帝登樓望之할새 遹年五歲라 牽帝裾하야 入闇中하고 曰 暮夜倉猝이라 宜備非常이니 不可令照見人主니이다 帝由是奇之하야 嘗對群臣에 稱遹似宣帝[1])하니 故로 天下咸歸仰之라 帝知太子不才나 然恃遹明慧라 故로 無廢立之心이러라

처음에 황제가 才人 謝玖를 太子에게 내려 皇孫 司馬遹을 낳았다. 궁궐 안에서 일찍이 밤중에 실화로 불이 났는데, 황제가 누대에 올라 이를 바라보았다. 이때 司馬遹의 나이가 다섯 살이었는데, 황제의 소매를 끌고 어둠 속으로 들어가며 말하기를 "늦은 밤에 창졸간이어서 비상사태에 대비하여야 하니, 불빛이 비쳐 군주를 보게 해서는 안 됩니다." 하였다. 황제가 이로 말미암아 기특하게 여겨 항상 신하들을 대할 때에 司馬遹이 宣帝와 유사하다고 일컬으니, 천하 사람들이 모두 歸服하고 우러렀다. 황제는 太子가 재주가 없음을 알았으나 司馬遹의 지혜로움을 믿었다. 그러므로 태자를 廢立할 마음이 없었다.

1)〔頭註〕宣帝：司馬懿니 追尊爲宣帝라
宣帝는 司馬懿이니 追尊하여 宣帝라 하였다.

〔史略 史評〕史斷曰 司馬氏 經營大業하야 把握政權이 已逾數世라 至武帝得國하고 又能平吳하야 以一天下러니 曾不數年에 紀綱板蕩하고 宗廟丘墟하니 其故는 何哉오 蓋自古有天下之君이 未有無功德於民而能享國長久者라 司馬懿는 以陰賊狡險으로 禍人之國하고 而昭, 師는 又以廢弑不道로 取人之國하고 武帝承平하야 又無遠略하야 荒耽酒色하고 保養奸回하야 風俗尙浮虛하고 士夫賊名檢하야 廉恥道喪하고 賄賂公行하야 罪積數世而功德不及於民하니 欲保邦而長世나 得乎아

史斷에 말하였다.

"司馬氏가 大業을 경영하여 政權을 장악한 지 이미 여러 대를 지났다. 武帝(司馬炎)에 이르러 나라를 얻고 또 吳나라를 평정하여 天下를 통일하였는데, 일찍이 몇 년이 못 되어 紀綱이 어지러워지고 宗廟가 폐허가 되었으니, 그 까

닭은 어째서인가? 예로부터 天下를 소유한 군주가 백성들에게 功德이 없으면서 나라를 장구하게 누린 자는 있지 않았다. 司馬懿는 음험하고 교활함으로 남의 나라를 禍에 빠지게 하였고, 司馬昭와 司馬師는 또 폐위하고 시해하는 무도함으로 남의 나라를 탈취하였으며, 武帝는 태평한 때를 이었고 또 원대한 계책이 없어서 酒色에 빠지고 간신을 보호하고 길러서 風俗이 浮虛함을 숭상하고 사대부들이 名檢(禮法)을 해쳤다. 그리하여 廉恥의 道가 상실되고 뇌물이 공공연히 행해져 罪가 몇 대에 걸쳐 누적되고 功德이 백성들에게 미치지 못하였으니, 국가를 보존하여 오래가고자 하나 될 수 있었겠는가."

孝惠皇帝[1] **名衷**이요 **字正度**니 **武帝第二子**라 **在位十七年**이요 **壽四十八**이라

孝惠皇帝는 이름이 衷이요 字가 正度이니 武帝의 둘째 아들이다. 재위가 17년이고 壽가 48세이다.

1) 〔頭註〕 孝惠皇帝 : 柔質慈民曰惠라
바탕이 유순하고 백성을 사랑하는 것을 惠라 한다.

【庚戌】 永熙元年이라

永熙 元年(경술 290)

四月에 **帝崩**하다 **帝宇量宏厚**하야 **明達好謀**하고 **容納直言**하야 **未嘗失色於人**이러라 **太子卽皇帝位**하야 **詔以太尉楊駿**[1]으로 **爲太傅**하야 **錄朝政**하니 **百官**이 **總己以聽**하니라

4월에 황제가 崩하였다. 황제는 도량이 크고 관후하여 사리에 밝게 통달하고 도모하기를 좋아하였으며, 직언을 용납하여 일찍이 사람들 앞에서 낯빛을 잃은 적이 없었다. 太子가 황제의 지위에 올라 명령을 내려 太尉 楊駿을 太傅로 삼아 조정의 정사를 기록하게 하니, 百官들이 자신의 직책을 모두 총괄하여 그에게 명령을 들었다.

1)〔頭註〕楊駿：武帝炎后父也라
楊駿은 武帝 司馬炎의 황후의 아버지이다.

【辛亥】元康元年이라

元康 元年(신해 291)

賈后[1)]凶悍多權略하야 每欲干預政事로되 而爲太傅駿所抑이라 遂構駿以謀反하야 殺之하고 廢太后[2)]하고 徵汝南王亮[3)]과 及衛瓘하야 秉政[4)]이러니 賈后復召楚王瑋[5)]하야 使殺亮及瓘하고 尋復殺瑋하고 委張華以朝政하다 華盡忠帝室하야 彌縫遺闕[6)]하니 賈后雖凶險이나 猶知敬重華라 賈模與華, 頠(외)로 同心輔政이라 故로 數年之間에 雖闇主在上이나 而朝野安靜하니 華等之功也러라

賈后가 흉악하고 사나우며 權謀와 智略이 많아서 매양 정사에 간여하고자 하였으나 太傅 楊駿에게 억제당하였다. 賈后가 마침내 모반하려 한다고 모함하여 楊駿을 죽이고 楊太后를 폐위하고는 汝南王 司馬亮과 衛瓘을 불러서 정권을 잡게 하였는데, 賈后가 다시 楚王 司馬瑋를 불러서 司馬亮과 衛瓘을 죽이게 하였고, 얼마 뒤에 다시 司馬瑋를 죽이고 張華에게 조정의 정사를 맡겼다. 張華가 황실에 충성을 다하여 임금을 보필하여 잘못을 바로잡으니, 賈后가 비록 흉악하고 음험하였으나 오히려 張華를 공경하고 소중히 여길 줄을 알았다. 賈模가 張華・裴頠와 함께 한마음으로 정사를 보필하였다. 그러므로 수년 동안 비록 혼암한 군주가 위에 있었으나 朝野가 편안하고 조용하였으니, 이는 張華 등의 공이었다.

1)〔頭註〕賈后：惠帝后니 賈充女也라
賈后는 惠帝의 황후이니, 賈充의 딸이다.

2)〔附註〕廢太后：賈后爲太子妃時에 嘗以妬로 手殺數人하고 又以戟擲孕妾하야 子隨刃墮라 武帝大怒하야 將廢之러니 楊后曰 賈公閭有勳於社稷하니 豈可忘之리오 하야 妃得不廢하다 后數誡妃하니 妃不知助己하고 反以爲恨이라 至是에 不以婦道事太后하고 又欲預政이라가 而爲楊駿所抑이라 故殺駿하고 廢太后하니라

賈后가 太子妃였을 때에 일찍이 질투하여 직접 여러 사람을 죽였고, 또 잉태한 첩을 창으로 찔러 뱃속의 자식이 칼날을 따라 떨어졌다. 武帝가 크게 노하여 太子妃를 폐하려 하였는데, 楊后가 말하기를 "賈公閭(賈充)가 社稷에 큰 공이 있으니, 어찌 잊을 수 있겠습니까." 하여 太子妃가 폐위되지 않을 수 있었다. 楊后가 여러 차례 太子妃를 경계하니, 太子妃는 楊后가 자신을 도와주는 줄 모르고 도리어 한스럽게 여겼다. 이때에 이르러 賈后가 며느리의 도리로 太后를 섬기지 않고, 또 정사에 관여하려 하다가 楊駿에게 억제당하였다. 그러므로 楊駿을 죽이고 太后를 폐한 것이다.

3)〔頭註〕汝南王亮：亮은 宣帝懿第三子라

司馬亮은 宣帝 司馬懿의 셋째 아들이다.

4)〔頭註〕秉政：徵汝南王亮爲太宰하여 與太保衛瓘으로 皆錄尙書事하야 輔政이라

汝南王 司馬亮을 불러 太宰로 삼아 太保 衛瓘과 함께 모두 尙書의 일을 총괄하여 정사를 보필하게 하였다.

5)〔頭註〕楚王瑋：瑋는 武帝炎第五子라

司馬瑋는 武帝 司馬炎의 다섯째 아들이다.

6)〔通鑑要解〕彌縫遺闕：彌縫은 猶補合也라

彌縫은 기워서 합하는 것과 같다.

【丁巳】七年이라

元康 7년(정사 297)

九月에 以尙書右僕射王戎으로 爲司徒하다 戎爲三公에 與時浮沈하야 無所匡救하고 委事僚寀[1)]하고 輕出遊放하니라 性復貪吝하야 園田이 徧天下러니 每自執牙籌하야 晝夜會計하야 常若不足이러라 家有好李러니 賣之에 恐人得種하야 鑽其核하고 凡所賞拔을 專事虛名이러라 阮咸之子瞻이 嘗見戎한대 戎問曰 聖人은 貴名敎하고 老, 莊은 明自然하니 其旨同異아 瞻曰 將無同[2)]가한대 戎이 咨嗟良久에 遂辟之하니 時人이 謂之三語掾[3)]이라하니라 是時에 王衍[4)]이 爲尙書令하고 樂廣이 爲河南尹하야 皆善淸談하고 宅心事外[5)]하야 名重當世하니 朝野之人이 多慕效

之리라 衍이 與弟澄으로 好品題[6] 人物하니 擧世以爲儀準하니라 衍이 神精明秀라 少時에 山濤見之하고 嗟歎良久曰 何物老嫗 生寧馨兒[7]오 然이나 誤天下蒼生者는 未必非此人也라하더라 樂廣이 性沖約[8]淸遠하야 與物無競하고 每談論에 以約言析理[9]하야 厭人之心[10]하고 而其所不知는 默如也하며 凡論人에 必先稱其所長하니 則所短은 不言自見이라 王澄及阮咸과 咸의 從子脩와 胡母輔之, 謝鯤, 王尼, 畢卓이 皆以任放[11]爲達이러라 畢卓이 嘗爲吏部郞하야 比舍郞[12]의 釀熟이어늘 卓이 因醉하야 夜至甕間盜飮之라가 爲掌酒者所縛이러니 明旦視之하니 乃畢吏部也라 樂廣이 聞而笑之曰 名敎內에 自有樂地하니 何必乃爾리오하니라

9월에 尙書右僕射 王戎을 司徒로 삼았다. 王戎이 三公이 되자, 세상을 따라 변하여 바로잡고 구원하는 바가 없었고, 官事를 僚寀(屬僚)에게 맡기고 가볍게 나가서 놀고 방탕하였다. 성질이 또 탐욕스럽고 인색하여 田園이 천하에 두루 널려 있었는데, 매양 스스로 牙籌(상아로 만든 주판)를 잡고서 밤낮으로 회계하면서 항상 衣食이 부족한 것처럼 하였다. 집에 좋은 오얏이 있었는데, 이것을 팔 때에 남들이 좋은 씨앗을 얻을까 염려하여 오얏씨에 구멍을 뚫었으며, 무릇 칭찬하고 발탁할 때에 오로지 虛名을 숭상하였다. 阮咸의 아들 阮瞻이 일찍이 王戎을 찾아가 보았는데, 王戎이 "聖人은 名敎를 귀하게 여기고 老子와 莊子는 自然을 밝혔으니, 그 뜻이 같은가, 다른가?" 하고 묻자, 阮瞻이 말하기를 "아마도 같지 않겠습니까.〔將無同〕"라고 하였다. 王戎이 한동안 감탄하고는 마침내 그를 불러 속관으로 삼으니, 당시 사람들이 '三語掾'이라고 하였다.

이때에 王衍이 尙書令이 되고 樂廣이 河南尹이 되어 모두 淸談을 잘하고 마음을 사물 밖에 두어 名望이 당대에 중하니, 朝野의 사람들이 많이 사모하고 본받았다. 王衍이 아우 王澄과 함께 인물을 品題하기를 좋아하니, 온 세상 사람들이 이것을 法度와 標準으로 삼았다. 王衍은 정신과 의표가 밝고 빼어났다. 젊었을 때에 山濤가 그를 보고 한동안 감탄하고 말하기를 "어떤 노

부인이 이런 아이를 낳았는가? 그러나 천하의 백성을 그르칠 자는 반드시 이 사람이 아니지 않을 것이다." 하였다.

樂廣은 성품이 담박하고 검약하며 깨끗하고 원대하여 남과 다툼이 없었고, 매양 담론할 때에 간략한 말로 이치를 분석하여 사람들의 마음에 흡족하게 하고 자기가 알지 못하는 것은 침묵하였으며, 무릇 인물을 논할 때에 반드시 먼저 그의 所長을 칭찬하니 그의 단점은 말하지 않아도 저절로 나타났다. 王澄·阮咸·阮咸의 從子인 阮脩·胡毋輔之·謝鯤·王尼·畢卓은 모두 방종하고 방탕함을 통달한 것이라 여겼다. 畢卓이 일찍이 吏部의 郞官이 되어서 이웃집 郞官의 술이 익자, 畢卓이 술에 취해 밤에 술동이를 보관해 놓은 곳에 이르러 몰래 술을 훔쳐 마시다가 술을 관장하는 자에게 포박당했는데, 다음 날 새벽에 살펴보니 바로 畢卓이었다. 樂廣이 듣고 웃으며 말하기를 "名敎의 안에 본래 즐거운 경지가 있으니, 하필 이와 같이 할 것이 있겠는가." 하였다.

1) 〔釋義〕 僚寀 : 僚는 與寮同이라 爾雅에 寀, 寮는 官也라한대 註云 (同)〔官〕地爲寀요 同官爲寮라

僚는 寮와 같다. ≪爾雅≫에 "寀와 寮는 벼슬이다."라고 하였는데, 〈郭璞의〉 註에 이르기를 "官에 속한 토지(采地)를 寀라 하고, 같은 벼슬에 있는 것을 寮라 한다." 하였다.

2) 〔釋義〕 將無同 : 將無는 猶言無乃, 得無之類니 其意蓋言同也라 〔通鑑要解〕 不直云同而云將無同者는 晉人語度自爾也니 意以爲是而不敢自主也라

〔釋義〕 將無는 無乃·得無라고 말하는 종류와 같으니, 그 뜻은 같음을 말한다. 〔通鑑要解〕 곧바로 '같다.'고 이르지 않고 '아마도 같지 않겠는가.'라고 이른 것은 晉나라 사람의 語法이 본래 그러한 것이니, 마음속에 옳다고 여기면서도 감히 스스로 주장하지 않는 것이다.

3) 〔釋義〕 三語掾 : 三語는 指將無同三字라

三語는 '將無同' 세 글자를 가리킨 것이다.

4) 〔頭註〕 王衍 : 戎之從弟라

王衍은 王戎의 從弟이다.

5) 〔通鑑要解〕 宅心事外 : 宅은 居也라

宅은 거함이다.

6) 〔頭註〕 品題 : 題亦品也라

題도 평가하는 것이다.

7) 〔釋義〕 生寧馨兒 : 寧馨은 猶言恁地也라 王若虛曰 寧은 猶言如此요 馨은 語助也라

寧馨은 恁地(이와 같음)와 같다. 王若虛가 말하였다. "寧은 如此라는 말과 같고, 馨은 어조사이다."

8) 〔頭註〕 沖約 : 沖은 深也라

沖은 깊음이다.

9) 〔釋義〕 約言析理 : 王氏曰 約言以分別義理를 如破木然이라

王氏가 말하였다. "간략한 말로 의리를 분별하기를 나무를 쪼개듯이 하는 것이다."

10) 〔頭註〕 厭人之心 : 厭은 足也, 飽也라

厭은 만족한 것이고 배부른 것이다.

11) 〔釋義〕 任放 : 任은 縱意也요 放은 謂放誕也라 〔通鑑要解〕 任者는 任物之自然이요 放者는 縱其心而不制라

〔釋義〕 任은 마음대로 하는 것이요, 放은 放誕함을 이른다. 〔通鑑要解〕 任은 사물을 자연 그대로 내버려 두는 것이요, 放은 마음대로 풀어놓고 제재하지 않는 것이다.

12) 〔釋義〕 比舍郎 : 比는 〈周〉禮에 五家爲比니 取其相聯比而居也라

比는 ≪周禮≫ 〈地官〉에 5가호를 比라 하였으니, 서로 나란히 이어서 거함을 취한 것이다.

初에 何晏等이 祖述老莊하야 立論以爲호되 天地萬物이 皆以無爲本[1])하니 無也者는 開物成務하야 無往不存者也라 陰陽이 恃以化生하고 賢者恃以成德이라 故로 無之爲用이 無爵而貴矣라하니 王衍之徒 皆愛重之라 由是로 朝廷士大夫 皆以浮誕爲美하야 弛廢職業이라 裴頠著崇有論하야 以釋其蔽나 然習俗已成하야 頠論이 亦不能救也러라

처음에 何晏 등이 老·莊의 道에 근거하여 자신의 이론을 정립하여 이르기

를 "천지의 만물이 모두 無를 근본으로 삼으니, 無라는 것은 물건을 열어주고 일을 이루어(사물을 揭示하여 人事로 하여금 각각 마땅함을 얻게 하여) 가는 곳마다 존재하지 않음이 없는 것이다. 그리하여 陰陽이 이 無에 의지하여 化生하고 賢者가 이 無에 의지하여 德을 이룬다. 그러므로 無의 쓰임이 관작이 없어도 귀하다." 하니, 王衍의 무리가 모두 그를 사랑하고 소중히 여겼다. 이로 말미암아 조정의 士大夫들이 모두 浮華하고 放誕함을 아름답게 여겨서 자신의 직무를 폐하였다. 裴頠가 〈崇有論〉을 지어서 그 폐단을 말하였으나 습속이 이미 이루어져서 裴頠의 의론도 바로잡지 못하였다.

1) 〔附註〕 以無爲本 : 無爲는 本何晏之志니 以爲事事物物이 自無而有하니 無者는 物之未生이요 事之未形者也라 故曰 無者는 開物成務라하니라
　無爲는 본래 何晏의 뜻이니, 何晏이 이르기를 "事事物物이 無로부터 有가 되었으니, 無는 물건이 아직 생기기 이전이요 일이 드러나지 않은 것이다. 그러므로 '無는 물건을 열어주고 일을 이루어 준다.'고 했다." 하였다.

【己未】 九年이라

元康 9년(기미 299)

太子洗馬[1]江統이 以爲戎, 狄이 亂華하니 宜早絶其原이라하야 乃作徙戎論하야 以警朝廷하니 曰 夫夷, 蠻, 戎, 狄이 地在要, 荒[2]하야 禹平水土에 而西戎이 卽敍[3]라 其性氣貪婪하고 凶悍不仁호되 四夷之中에 戎, 狄爲甚이라 弱則畏服하고 强則侵叛하니 當其强也하야는 以漢之高祖로도 而困於白登하고 孝文이 軍於霸上하며 及其弱也하야는 以元, 成之微로도 而單于入朝하니 此其已然之效也라 是以로 有道之君이 牧夷狄也에 惟以待之有備하고 禦之有常하야 雖稽顙執贄[4]나 而邊城이 不弛固守[5]하고 强暴爲寇라도 而兵革이 不加遠征[6]하야 期令境內獲安하고 疆場不侵而已라 魏興之初에 與蜀分隔하야 疆場之戎이 一彼一此러니 武帝徙武都氐於秦川하야 欲以弱寇彊國하야 扞禦蜀虜하니 此蓋權

宜之計요 非萬世之利也니 今者當之에 已受其敝矣라 夫關中[7]은 土沃物豐하니 帝王所居[8]니 未聞戎狄이 宜在此土也라 非我族類면 其心이 必異어늘 而因其衰敝하야 遷之畿服[9]하니 士庶翫習하야 侮其輕弱하야 使其怨恨之氣로 毒於骨髓라가 至於蕃育衆庶면 則坐生其心하리니 以貪悍之性으로 挾憤怒之情하야 候隙乘便하야 輒爲橫逆[10]호되 而居封域之內하야 無障塞之隔하야 掩不備之人하고 收散野之積이라 故로 能爲禍滋蔓하고 暴害不測하니 此는 必然之勢요 已驗之事也라 犬馬肥充이면 則有噬齧(서설)이어든 況於夷狄이 能不爲變이리오 但顧其微弱[11]하야 勢力不逮耳라 夫爲邦者는 憂不在寡[12]而在不安이니 以四海之廣과 庶民之富로 豈須夷虜在內然後에 取足哉리오 此等을 皆可申諭發遣하야 還其本域하야 慰彼羈旅懷土之思하고 釋我華夏纖芥[13]之憂하야 惠此中國하야 以綏四方하고 德施永世가 於計에 爲長也라호되 朝廷이 不能用이러라

太子洗馬 江統이 생각하기를 '戎·狄이 中華를 어지럽히니, 마땅히 일찍 그 근원을 끊어야 한다.' 하여 마침내 〈徙戎論〉을 지어 조정을 경계하니, 그 내용은 다음과 같다.

"東夷·南蠻·西戎·北狄은 지역이 要服과 荒服의 먼 곳에 있어서 禹임금이 水土를 다스렸을 때에 西戎이 따라서 복종하게 되었다. 그들은 성품과 기질이 탐욕스럽고 흉악하며 사납고 不仁한데, 이 四夷 가운데에서도 戎·狄이 가장 심하여 세력이 약할 때에는 두려워 복종하고 강성할 때에는 침략하고 배반한다. 戎·狄이 강성할 때를 당해서는 漢나라 高祖로서도 白登에서 곤욕을 당하였고 孝文帝가 霸上에 군대를 주둔하였으며, 戎·狄이 약할 때에 미쳐서는 미약한 元帝와 成帝 때에도 單于가 들어와 조회하였으니, 이는 이미 정해진 분명한 징험이다. 이 때문에 道가 있는 군주는 夷狄을 기를 때에 다만 그들을 상대함에 방비가 있고 그들을 막음에 일정한 법도가 있어, 비록 오랑캐들이 머리를 조아리고 폐백을 가지고 오더라도 굳게 수비함을 풀지 않았으며 오랑캐들이 강하고 사나워 침략하더라도 군대가 멀리 정벌하러 나가지 않아서, 국경 안이 편안함을 얻고 강역이 침략당하지 않기만을 기약할 뿐

이었다.

魏나라가 일어난 초기에 蜀과 사이가 벌어져서 변경의 戎이 한때는 저쪽에 붙었다가 한때는 이쪽에 붙었는데, 武帝(曹操)가 武都郡의 氐族을 秦川으로 옮겨서 적을 약하게 만들고 국력을 강하게 하여 蜀나라의 침략군을 막게 하고자 하였으니, 이는 때에 따라 마땅함을 저울질하는 일시적인 계책이고 만대토록 이로운 것이 아니어서 이제 받들어 계승함에 이미 그 폐해를 받고 있다.

關中은 토지가 비옥하고 물산이 풍부하여 帝王이 거주했던 곳이니, 戎·狄이 이곳에 있어야 한다는 말은 듣지 못하였다. 우리 同族이 아니면 그 마음속에 반드시 딴 마음을 품을 터인데 그들이 쇠퇴하고 피폐함을 틈타 그들을 畿服으로 옮겼으니, 군사와 백성들이 익숙해져서 만만하게 보고 그들의 미약함을 업신여겨 그들의 원망하고 한하는 기운을 골수에 사무치게 하였다가, 저들이 무리를 길러서 번성하게 되면 그로 인해 나쁜 마음이 생겨나서, 탐욕스럽고 사나운 성질로 분노를 품고서 기회를 노리고 편리한 틈을 틈타 곧바로 이치에 어긋나는 짓을 할 것이다. 그런데도 국경 안에 살게 하여 요새와 보루를 두지 않아서 대비가 없는 백성들을 엄습하고 들에 흩어져 있는 露積을 거두게 한다. 그러므로 禍亂이 더욱 불어나고 크나큰 害를 측량할 수가 없으니, 이는 필연적인 형세이고 이미 징험한 사실이다. 개와 말도 살찌고 충실하면 사람을 무는데, 하물며 夷狄이 변란을 일으키지 않을 수 있겠는가. 〈夷狄이 변란을 일으키지 않는 것은〉 다만 그들의 형세가 미약하여 세력이 미치지 못해서일 뿐이다.

나라를 다스리는 자는 근심할 것이 백성들의 숫자가 적은 데에 있지 않고 백성들이 불안해하는 데에 있으니, 넓은 四海와 많은 백성들을 가지고 어찌 굳이 오랑캐가 內地에 있은 뒤에야 만족함을 취하겠는가. 이 무리를 모두 거듭 타일러 내보내서 본래의 지역으로 돌려보내어, 저들이 객지에 머물면서 고향을 그리워하는 생각을 위로하고 우리 華夏의 티끌만 한 우환을 풀어서 이 中國을 은혜롭게 하여, 사방을 편안하게 하고 德을 영원토록 베푸는 것이 계책에 있어서 좋다.”

그러나 조정에서 그의 말을 따르지 못하였다.

1)〔通鑑要解〕洗馬*) : 官名이라 洗는 與先通하니 蘇典反이라 前也니 太子出則前導威儀하니라

洗馬는 관직명이다. 洗는 先과 통하는 바, 蘇典反(선)이다. 앞이란 뜻으로, 太子가 출행하면 앞에서 威儀를 인도하는 것이다.

*) 洗馬 : 우리나라에서는 洗馬를 '세마'로 읽는 바, 이는 잘못이라 한다.

2)〔通鑑要解〕要荒 : 禹貢에 五服은 甸, 侯, 綏, 要, 荒也라 要者는 取要約之意니 特羈縻之義요 荒者는 以其荒野故로 謂之荒이니 皆夷, 狄之地也라

≪書經≫〈禹貢〉에 "五服은 甸服·侯服·綏服·要服·荒服이다." 하였다. 要는 요약하는 뜻을 취한 것이니, 단지 회유해서 얽어매어 둔다는 뜻이요, 荒은 그 지역이 荒野이기 때문에 이를 일러 荒이라고 한 것이니, 要服과 荒服은 모두 오랑캐 지역이다.

3)〔通鑑要解〕卽敍*) : 卽은 就也요 敍는 功也라

卽은 나아감이요, 敍는 功이 펴짐이다.

*) 卽敍 : 孔安國이 말하기를 "荒服의 밖과 流沙의 안이 모두 차서에 나아감을 이른다." 하였고, 班固가 말하기를 "卽敍란 나아가서 차서하였다는 말이다." 하였다.

4)〔釋義〕執贄 : 贄之言은 至也라 古者相見之禮에 手有所執하야 以告至也라 記曲禮云 凡摯는 天子鬯이요 諸侯圭요 卿羔요 大夫雁이요 士雉요 庶人之摯匹(鴄)이며 野外軍中엔 無摯하야 以纓拾矢可也요 婦人之摯는 椇榛脯脩棗栗이라하니라 鄭氏曰 天子는 無客禮하니 以鬯爲摯者는 所以唯用告神爲至也라 說者以匹爲鶩하니〈鶩은〉鴨也라 纓은 馬繁纓也요 拾은 謂射韝也라 椇는 俱羽反이니 枳也니 有實이라 榛은 實似栗而小라

贄라는 말은 지극함이다. 옛날에 서로 만나 보는 禮에 손에 잡는 것(폐백)이 있어서 이것으로써 정성이 지극함을 고하였다. ≪禮記≫〈曲禮〉에 이르기를 "무릇 폐백은, 天子는 울창주이고 諸侯는 圭이고 卿은 염소이고 大夫는 기러기이고 士는 꿩이고 庶人의 폐백은 오리이다. 野外와 軍中에서는 폐백이 없어서 갓끈과 팔찌와 화살을 쓰는 것도 괜찮으며 부인의 폐백은 탱자와 개암과 포수와 대추와 밤이다." 하였다. 鄭氏가 말하기를 "天子는 客의 禮가 없는데 울창주를 폐백으로 삼는 것은 오직 神에게 고할 때 써서 정성이 지극함으로 삼는 것이다. 해설하는 자가 匹은 鶩이라 하였으니, 鶩은 오리이다. 纓은 말의 뱃대끈이요 拾은 활쏘기 할 때 쓰는 팔찌를 이른다. 椇는 음이 구이다. 탱자이니 열매가 있다. 개암나무는

열매가 밤과 비슷한데 작다." 하였다.

5)〔頭註〕不弛固守：漢元時에 匈奴請罷邊備어늘 漢以爲不可라하니 所謂不弛固守也라

漢나라 元帝 때에 匈奴가 변경의 수비를 파하기를 청하였으나 漢나라가 불가하다 하였으니, 이것이 이른바 굳게 수비함을 풀지 않았다는 것이다.

6)〔頭註〕不加遠征：周宣이 薄伐玁狁하야 至于太原하야 盡境而還이라

周나라 宣王이 잠깐 玁狁을 정벌하여 〈끝까지 추격하지 않고〉 太原에 이르러 축출하기만 하고 국경에 이르러서 돌아왔다.

7)〔釋義〕關中：古者에 郊畿千里니 王業本根이 於是在焉이라 秦嘗用之하야 以(領)〔顧〕諸侯하고 漢嘗因之하야 以定四海하니라 三輔云 東有函谷하고 南有嶢武하고 西有散關하고 北有蕭關하야 四關之中이라 故謂之關中也라

옛날에 郊畿(서울 근교)가 천 리였으니, 王業의 근본이 여기에 있었다. 秦나라가 일찍이 이 關中을 이용하여 제후들을 통솔하였고, 漢나라가 일찍이 關中으로 인하여 사해를 평정하였다. ≪三輔黃圖≫에 이르기를 "동쪽에는 函谷關이 있고 남쪽에는 嶢關과 武關이 있고 서쪽에는 散關이 있고 북쪽에는 蕭關이 있어서 네 관문의 가운데이기 때문에 關中이라 이른다." 하였다.

8)〔通鑑要解〕帝王所居：周都豐, 鎬*)하고 秦都咸陽하고 漢都長安하니 皆關中之地라

周나라는 豐과 鎬에 도읍하고, 秦나라는 咸陽에 도읍하고, 漢나라는 長安에 도읍하였으니, 모두 關中 지역이다.

*) 豐鎬：周나라 文王이 豐에 도읍하였는데, 武王이 鎬로 천도하였다.

9)〔頭註〕遷之畿服 ：畿服은 邦畿千里之內라

畿服은 邦畿 千里 지역의 안이다.

10)〔原註〕橫逆：橫은 不以理也라

橫은 도리대로 하지 않는 것이다.

11)〔通鑑要解〕但顧其微弱：顧는 內顧也라

顧는 속으로 생각하는 것이다.

12)〔通鑑要解〕憂不在寡：論語에 孔子曰 丘聞호니 有國有家者는 不患寡而患不均하며 不患貧而患不安이라하니라

≪論語≫ 〈季氏〉에 孔子가 말씀하기를 "나(丘)는 들으니, 나라를 소유하고 집을 소유한 자는 백성이 적음을 근심하지 않고 고르지 못함을 근심하며, 가난함을

근심하지 않고 편안하지 못함을 근심한다고 한다." 하였다.

13)〔頭註〕纖芥 : 纖은 細也라 芥는 菜名이니 其實至細하야 以喩事之至微라
纖은 가는 것이다. 芥는 푸성귀의 이름이니, 씨앗이 지극히 작으므로 이로써 지극히 세미한 일을 비유한 것이다.

○ 帝爲人戇騃(당애)[1]라 嘗在華林園[2]하야 聞蝦蟆하고 謂左右曰 此鳴者 爲官乎아 爲私乎[3]아하다 時에 天下荒饉하야 百姓이 餓死러니 帝聞之하고 曰 何不食肉糜[4]오하니 由是로 權在群下하고 政出多門하야 勢位之家 更相薦託하야 有如互市[5]러라 賈, 郭[6]이 恣橫하야 貨賂公行이어늘 魯褒作錢神論하야 以譏之曰 錢之爲體 有乾坤之象[7]하야 親之如兄하고 字曰孔方이라 無德而尊하고 無勢而熱[8]하야 排金門, 入紫闥[9]하야 危可使安이요 死可使活이요 貴可使賤이요 生可使殺이라 是故로 忿爭은 非錢不勝이요 幽滯는 非錢不拔이요 怨讐는 非錢不解요 令聞은 非錢不發이라 洛中朱衣當塗之士[10] 愛我家兄을 皆無已已하야 執我之手하고 抱我終始하니 凡今之人은 惟錢而已라하니라

황제는 사람됨이 어리석었다. 일찍이 華林園에서 개구리 울음소리를 듣고 좌우의 사람들에게 이르기를 "이 개구리가 우는 것은 官府를 위해서 우는 것인가? 私家를 위해서 우는 것인가?" 하였으며, 이 당시 천하에 흉년이 들어서 백성들이 굶어 죽었는데, 황제가 이 말을 듣고 말하기를 "〈먹을 곡식이 없으면〉 어찌 고기죽을 먹지 않는가?" 하였다. 이로 말미암아 권력이 여러 신하들에게 있고 정령이 여러 部門에서 나와, 권세 있는 집안들이 번갈아 서로 천거하고 청탁해서 마치 시장에서 물건을 사고팔듯이 하였다.

賈氏와 郭氏가 방자하고 거리낌이 없어서 뇌물이 공공연히 행해지자, 魯褒가 〈錢神論〉을 지어 풍자하기를 "돈의 모양이 乾과 坤의 형상이 있어서 돈을 친애하기를 형처럼 하고 字를 孔方이라 한다. 德이 없으면서도 지위가 높고 세력이 없으면서도 현달하여 대궐문을 밀치고 궁궐 안으로 들어가, 위태로운 자를 편안하게 하고 죽을 자를 살려 주며 귀한 자를 천하게 하고 살 자를 죽게 할 수가 있다. 이 때문에 분쟁은 돈이 아니면 이기지 못하고 침체함(벼슬

이 오르지 못함)은 돈이 아니면 발탁되지 못하고 원수는 돈이 아니면 풀지 못하고 훌륭한 명성은 돈이 아니면 나타나지 못한다. 洛陽의 붉은 옷을 입고 要路를 담당한 선비들이 우리 家兄(돈)을 좋아하기를 모두 끝없이 하여 나의 손을 잡고 처음부터 끝까지 나를 안고 있으니, 무릇 지금 사람들은 오직 돈만 알 뿐이다." 하였다.

1) 〔釋義〕 戇騃 : 愚癡也라
戇騃는 어리석음이다.

2) 〔通鑑要解〕 華林園 : 魏起芳林園이러니 後避齊王芳諱라 故로 改曰華林이라
魏나라가 芳林園을 세웠는데, 뒤에 齊王 曹芳의 諱를 피하였기 때문에 華林園이라 고친 것이다.

3) 〔頭註〕 爲官乎 爲私乎 : 爲는 竝去聲이라
爲는 모두 去聲(위하다)이다.

4) 〔頭註〕 肉糜 : 糜는 粥也라
糜는 죽이다.

5) 〔通鑑要解〕 有如互市 : 綱紀大壞하야 貨賂公行하고 更相薦擧라 故로 謂之互市라
紀綱이 크게 무너져서 뇌물이 공공연히 행해지고 세력 있는 집안들이 번갈아 서로 천거하였다. 그러므로 이를 일러 互市(서로 물건을 교역함)라 한 것이다.

6) 〔頭註〕 賈 郭 : 賈는 賈后女弟之子賈謐*1)이요 郭은 后從舅*2)郭彰, 母郭槐라
賈는 賈后의 여동생의 아들인 賈謐이고, 郭은 賈后의 從舅인 郭彰과 賈后의 어머니인 郭槐이다.

*1) 賈謐 : 賈后의 여동생인 賈午가 韓壽에게 시집가서 謐을 낳았는데, 賈充이 후사가 없으므로 韓謐을 후사로 삼았다.

*2) 從舅 : ≪爾雅≫에 이르기를 "어머니의 昆弟를 舅라 하고 어머니의 從父昆弟를 從舅라 한다." 하였다.

7) 〔釋義〕 有乾坤之象 : 有乾坤二象者는 取圓方之義라
乾과 坤의 두 형상이 있다는 것은 돈의 모양이 바깥은 하늘처럼 둥글고 안은 땅처럼 네모난 뜻을 취한 것이다.

8) 〔譯註〕 無勢而熱 : 熱은 권세가 있어 이름이 높이 드러남을 비유한 것이다.

9) 〔釋義〕 紫闥 : 闥은 宮中小門이라
闥은 궁중의 작은 문이다.

10)〔譯註〕朱衣當塗之士 : 晉나라 제도에 諸王은 붉은 옷을 입었다.

○ 裵頠가 薦韋忠於張華어늘 華辟之러니 忠이 辭疾不起하다 人問其故한대 忠曰 張茂先[1]은 華而不實하고 裵逸民[2]은 慾而無厭하야 棄典禮而附賊后하니 此豈大丈夫之所爲哉리오 逸民이 每有心託我호되 我常恐其溺於深淵而餘波及我어든 況可褰裳而就之哉아 關內侯[3]索靖이 知天下將亂하고 指洛陽宮門銅駝[4]하야 歎曰 會見汝在荊棘中耳라하니라

裵頠가 韋忠을 張華에게 천거하자 張華가 불렀는데, 韋忠이 병이 있다고 사양하고 나오지 않았다. 사람들이 그 까닭을 묻자, 韋忠이 말하기를 "張茂先(張華)은 화려하기만 하고 실제가 없으며 裵逸民(裵頠)은 욕심이 많고 만족함이 없어서 典禮를 버리고 역적인 賈后에게 붙었으니, 이 어찌 대장부가 할 짓이겠는가. 裵逸民이 매번 나에게 정사를 맡기려는 마음이 있었으나 나는 그때마다 항상 깊은 못에 빠져 여파가 나에게 미칠까 염려하였는데, 더구나 내가 치마를 걷고 제 발로 물속으로 들어가겠는가." 하였다. 關內侯 索靖은 천하가 장차 혼란해질 줄 알고 洛陽의 宮門에 있는 구리 낙타를 가리키면서 한탄하기를 "마침내 네가 荊棘 중에 있는 것을 보겠구나." 하였다.

1)〔頭註〕茂先 : 華字라
茂先은 張華의 字이다.

2)〔頭註〕逸民 : 頠字라
逸民은 裵頠의 字이다.

3)〔頭註〕關內侯 : 列侯는 出關就國이어늘 關內侯는 但爵其身이라 其有家累者는 與之關內之邑하여 食其租稅也라
列侯는 關門을 나가 本國으로 나아가는데, 關內侯는 단지 몸에 관작만을 내릴 뿐이다. 家累(家率)가 있는 자는 關內의 읍을 주어서 그 조세를 받아먹게 한다.

4)〔通鑑要解〕銅駝 : 秦始皇所鑄也라
구리 낙타는 秦始皇이 鑄造한 것이다.

【庚申】永康元年이라

永康 元年(경신 300)

賈后毒殺太子어늘 **趙王倫, 孫秀等**[1]이 **起兵殺后**[2]하고 **收張華, 裴頠等**하야 **皆殺之**하다 **石崇, 潘岳等**이 **皆遇害**[3]라 **崇**이 **歎曰 奴輩利吾財爾**로다 **收者曰 知財爲禍**인댄 **何不早散之**오하니 **崇**이 **不能答**이라 **遂皆族誅**하고 **籍沒崇家**하다

賈后가 太子를 독살하자, 趙王 司馬倫과 孫秀 등이 군대를 일으켜 賈后를 죽이고 張華와 裴頠 등을 잡아 모두 죽였다. 石崇과 潘岳 등이 모두 살해당하였다. 石崇이 한탄하기를 "종놈들이 나의 재물을 이롭게 여긴 것이로다." 하였다. 잡으러 온 자가 말하기를 "재물이 화가 될 줄 알았다면 어찌 일찌감치 재물을 나누어 주지 않았는가?" 하니, 石崇이 대답하지 못했다. 마침내 三族을 모두 멸하고 石崇의 가산을 적몰하였다.

1) 〔通鑑要解〕 趙王倫孫秀等 : 趙王倫은 宣帝懿第九子요 孫秀는 倫之嬖倖人이라
趙王 司馬倫은 宣帝 司馬懿의 아홉 번째 아들이고, 孫秀는 司馬倫이 총애하는 신하이다.

2) 〔附註〕 殺后 : 賈后淫虐放恣라 洛南都尉部小吏 端麗美容止라 忽有非常衣服이어늘 衆咸疑其竊盜하니 尉嫌而辨之한대 小吏云 行逢一老嫗하니 說家有疾病에 師卜云 宜得城南少年壓之라하니 欲暫相煩하노니 必有重報라하야늘 於是隨去하니 上車下帷하고 納簏箱中이라 行可十餘里하야 過六七門限하야 開簏箱하니 見樓闕好屋이라 問此是何處오한대 云是天上이라 卽以香湯見浴하고 好衣美食하다 將入見一婦人하니 年可三十五六이요 短形靑黑色이요 眉後有疵라 見留數夕에 共寢歡宴이러니 臨出에 贈此衆物이라하니 聽者聞其形狀하고 知是賈后라 他人入者多死로되 惟此小吏는 以后愛之하야 得全而出하니라
賈后는 음탕하고 사나우며 방자하였다. 洛南都尉部의 아전이 얼굴이 단정하고 고우며 행동거지가 아름다웠는데, 갑자기 평범하지 않은 옷을 입자 사람들이 모두 그가 도둑질한 것이라고 의심하였다. 都尉가 혐의쩍다 하여 따져 묻자, 아전이 대답하기를 "길을 가다가 한 늙은 할미를 만났는데, 말하기를 '집에 질병이 있는데 卜人이 점을 치고서 城南에 사는 소년을 찾아 陰氣를 눌러야 한다고 하므로 잠시 번거롭게 하고자 하니, 반드시 크게 보답하겠다.'고 하였습니다. 이에 따라 갔는데, 수레에 오르자 휘장을 내리고 대나무 상자 속으로 들어가게 하였습니다.

족히 십여 리쯤 가서 6, 7개의 門限(문턱)을 지난 뒤에 상자를 열어 주었는데, 누각과 아름다운 집이 보였습니다. 제가 '이곳이 어디인가?' 하고 묻자, '天上이다.' 하고는 즉시 향기로운 물로 목욕을 시키고 좋은 옷을 입히고는 맛 좋은 음식을 주었습니다. 데리고 들어가 한 부인을 만나게 하였는데, 나이가 족히 35, 6세쯤 되었습니다. 키가 작고 얼굴은 검푸른 색이었으며 눈썹 뒤에 흉터가 있었습니다. 며칠 밤을 머물면서 잠자리를 함께 하며 몹시 좋아하였는데, 나올 때에 이러한 여러 가지 물건을 주었습니다." 하였다. 듣는 사람들이 그 형상을 듣고는 賈后인 줄을 알았다. 다른 사람 중에 궁에 들어간 자는 대부분 죽었으나 오직 이 아전만은 賈后가 사랑하여 온전히 살아나올 수 있었다.

3) 〔通鑑要解〕石崇潘岳等 皆遇害：初에 孫秀嘗爲小吏한대 岳屢撻之하고 崇之甥歐陽建이 素與倫忤라 崇有愛妾하니 曰綠珠라 秀求之호되 不與러니 及淮南王允敗하야 秀因稱崇, 岳, 建奉允爲亂이라하야 收之하다 又事文類抄에 初에 崇이 以眞珠二斛買而爲妾이라 故로 因名之也라

처음에 孫秀가 일찍이 小吏였을 때에 潘岳이 자주 그를 楚撻하였으며, 石崇의 생질인 歐陽建은 평소 司馬倫과 사이가 좋지 않았다. 石崇은 綠珠라는 애첩이 있었다. 孫秀가 요구하였으나 石崇이 주지 않았는데, 淮南王 司馬允이 패하게 되자 孫秀가 이로 인하여 '石崇・潘岳・歐陽建이 司馬允을 받들어 난을 일으켰다.'고 칭하고 잡아들였다. 또 ≪事文類抄≫에는 "처음에 石崇이 眞珠 2斛을 주고 사서 妾을 삼았기 때문에 인하여 綠珠라고 이름한 것이다." 하였다.

【辛酉】永寧元年이라

永寧 元年(신유 301)

趙王倫이 簒位하니 黨與超階越次者 不可勝紀라 每朝會에 貂蟬[1]이 盈坐하니 時人이 爲之諺曰 貂不足하야 狗尾續이라하니라 齊王冏[2]等이 起兵하야 討倫殺之하니 乘輿反正[3]하다

趙王 司馬倫이 帝位를 찬탈하니, 〈黨與가 모두 卿相에 제수되어〉 黨與 중에 계급을 뛰어넘고 차례를 뛰어넘은 자가 이루 셀 수 없이 많았다. 매번 조회할 때마다 貂蟬冠을 쓴 벼슬아치들이 자리에 가득하니, 당시 사람들이 이

때문에 속담을 지어 말하기를 "담비 꼬리가 부족하여 개 꼬리로 이어 붙였다." 하였다. 齊王 司馬冏 등이 군대를 일으켜서 司馬倫을 토벌하여 죽이니, 乘輿(황제)가 反正하였다.

1) 〔釋義〕 貂蟬 : 貂蟬은 侍中, 中常侍冠也니 以貂尾爲飾하고 附蟬爲文이라 貂는 取其內勁悍而外溫潤이요 蟬은 居高淸潔하고 飮露而不食하니 此因物(生)〔主〕義라 故以爲冠飾이라 漢輿服志에 惠文冠은 是一名武弁이요 又曰武冠이라하니라 〔通鑑要解〕 貂蟬은 出東北夷하니 朔地苦寒하야 人以其皮溫額이어늘 後代效之요 因以金璫飾首하고 前挿貂尾라 至漢하야는 因焉하고 加以附蟬爲文也라

〔釋義〕 貂蟬은 侍中과 中常侍의 冠이니, 담비 꼬리로 장식하고 매미 모양의 장식을 붙여 문식하였다. 담비는 안의 성질은 굳세고 겉모습은 따뜻하고 윤택함을 취한 것이고, 매미는 높은 곳에 있어서 청결하며 이슬만 마시고 다른 것을 먹지 않음을 취한 것이니, 이는 물건을 인하여 뜻을 위주로 한 것이다. 그러므로 冠의 꾸밈으로 삼은 것이다. ≪漢書≫ 〈輿服志〉에 "惠文冠은 일명 武弁이요, 또 武冠이라 한다." 하였다. 〔通鑑要解〕 貂蟬은 東北 오랑캐 지역에서 나온다. 북쪽 지역은 매우 추워서 사람들이 그 가죽으로 이마를 보온하는데, 후대에 이것을 흉내내고 인하여 금과 옥으로 머리를 장식하고 앞에 담비 꼬리를 꽂은 것이다. 漢나라 때에 이르러서는 이를 그대로 따르고 겸하여 매미 모양의 장식을 붙여 문식하였다.

2) 〔頭註〕 齊王冏 : 文帝昭之孫이요 齊王攸之子라

齊王 司馬冏은 文帝 司馬昭의 손자이고, 齊王 司馬攸의 아들이다.

3) 〔頭註〕 反正 : 非我失之나 自我復之를 爲中興이요 自我失之나 因人復之를 謂之反正이라

내가 잃은 것이 아니나 내가 회복한 것을 中興이라 하고, 나로 말미암아 잃었으나 다른 사람으로 인해 회복하는 것을 일러 反正이라 한다.

【壬戌】 太安元年이라

太安 元年(임술 302)

齊王冏이 旣得志에 頗驕奢擅權하니 中外失望이라 顧榮, 張翰이 皆慮及禍러니

翰因秋風하야 **起思菰**(고)**菜, 蓴**(순)**羹, 鱸**(로)**魚膾**[1]하야 **歎曰 人生**은 **貴適志耳**니 **富貴何爲**오하고 **卽引去**하니라

齊王 司馬冏이 이미 뜻을 얻고 나자 자못 거만하고 사치하며 권력을 제멋대로 행사하니 中外가 실망하였다. 顧榮과 張翰이 모두 화가 미칠까 염려하였는데, 張翰은 가을바람이 불자 〈고향인 吳中의〉 고비나물과 순챗국과 농어회가 생각나서 한탄하기를 "인생은 뜻에 맞는 것을 귀하게 여길 뿐이니 부귀한들 무엇하겠는가." 하고 그날로 떠났다.

1) 〔釋義〕 菰菜蓴羹鱸魚膾 : 王氏曰 記內則注에 菰는 雕胡也니 江南人呼爲茭草라 蓴은 水葵也니 生水中하고 葉似鳧葵하니 採莖可噉이라 三月至八月은 莖細如釵股하니 名曰絲蓴이요 九月至十月은 漸粗하야 在泥中하니 名曰(瑰)〔塊〕蓴이니 以五味和煮爲羹也라 鱸魚는 巨口細鱗이니 松江之鱸也라 少儀曰 聶而切之爲鱠(膾)라한대 注에 聶之言은 牒也라 先藿葉切之하고 復報切之면 則成鱠라

王氏가 말하였다. "≪禮記≫ 〈內則〉의 注에 '菰는 雕胡이다.' 하였으니, 강남 사람들은 茭草라고 부른다. 蓴은 水葵이다. 물속에서 자라고 잎이 鳧葵와 비슷하며, 줄기를 채취하여 먹을 수 있다. 3월부터 8월까지는 줄기가 가늘어 비녀다리와 같으니 이름을 絲蓴이라 하고, 9월부터 10월까지는 점점 굵어져서 진흙 속에 있으니 이름을 塊蓴이라 하는데, 五味로 간을 맞추어 삶아서 국을 끓인다. 농어는 입이 크고 비늘이 가느니, 松江의 농어이다. ≪禮記≫ 〈少儀〉에 이르기를 '얇게 저민 것을 膾라 한다.' 하였는데, 鄭玄의 注에 '聶이라는 말은 가늘게 써는 것이다. 먼저 콩잎만한 크기로 썰고 그것을 다시 가로로 썰면 膾가 된다.' 하였다."

○ **河間王顒**과 **成都王穎**[1]**等**이 **起兵討齊王冏**하야 **殺之**하다

河間王 司馬顒과 成都王 司馬穎 등이 병력을 일으켜 齊王 司馬冏을 토벌해서 죽였다.

1) 〔通鑑要解〕 河間王顒 成都王穎 : 河間王顒은 宣帝懿弟安平王孚子요 成都王穎은 武帝炎之子라

河間王 司馬顒은 宣帝 司馬懿의 아우인 安平王 司馬孚의 아들이요, 成都王 司馬穎은 武帝 司馬炎의 아들이다.

【甲子】永興元年이라 〈漢高祖劉淵元熙元年이요 成太宗李雄建興元年이라 是歲에 僭國二[1)]니 大一, 小一[2)]이라〉

永興 元年(갑자 304) - 漢나라 高祖 劉淵의 元熙 元年이요, 成나라 太宗 李雄의 建興 元年이다. 이해에 僭國이 둘이니, 大國이 하나이고 小國이 하나이다. -

1)〔譯註〕僭國二：이해 이후로는 僭國이 처음 建國하거나 뒤이어 卽位하거나 혹은 다시 改元했을 때에만 年度 아래에 分注하고, 그렇지 않으면 나열하지 않았다.

2)〔譯註〕是歲僭國二 大一小一：僭國이 둘이니, 大國 하나는 劉淵의 漢(前趙)이고, 小國 하나는 李雄의 成이다.

以成都王穎으로 爲皇太弟하다

成都王 司馬穎을 皇太弟로 삼았다.

○ 初에 太弟穎이 表匈奴左賢王[1)]劉淵하야 爲冠軍將軍하다 淵의 子聰이 驍(효)勇絶人하고 博涉經史하고 善屬文[2)]하고 彎弓三百斤이라 弱冠[3)]에 游京師하니 名士莫不與交러라 穎이 以聰爲積弩將軍하다 淵의 從祖右賢王宣이 謂其族人曰 自漢亡以來로 我單于徒有虛號하야 無復尺土하고 自餘王侯는 降同編戶[4)]라 今吾衆이 雖衰나 猶不減二萬이어늘 奈何斂手受役하야 奄過百年이리오 左賢王은 英武超世하니 天苟不欲興匈奴인댄 必不虛生此人也리라 今司馬氏骨肉相殘하야 四海鼎沸하니 復呼韓邪[5)]之業이 此其時也라하고 乃相與謀하야 推淵爲大單于하고 使其黨呼延攸[6)]로 詣鄴告之하다 淵이 白穎請歸會葬이어늘 穎이 弗許러니 及王浚, 東嬴公騰[7)]이 起兵에 淵이 說穎曰 請爲殿下하야 還說五部[8)]하야 以赴國難하리니 二豎之首[9)]를 可指日而懸也리이다 穎이 悅하야 拜淵爲北單于, 參丞相軍事하다 淵이 至左國城이어늘 劉宣等이 上大單于之號하니 二旬之間에 有衆五萬이라 遷都左國城[10)]하니 胡, 晉歸之者 愈衆이라 淵이 謂群臣曰

昔에 漢有天下久長하야 恩結於民하니 吾는 漢氏之甥[11)]으로 約爲兄弟라 兄亡弟紹 不亦可乎아 乃建國號曰漢이라하고 卽漢王位하야 改元元熙하고 尊漢安樂公하야 爲孝懷皇帝하다

처음에 太弟 司馬穎이 表文을 올려 匈奴 左賢王 劉淵을 冠軍將軍으로 삼았다. 劉淵의 아들 劉聰은 날래고 용맹함이 보통 사람보다 뛰어나고 經史를 널리 섭렵하고 文章을 잘 지었으며 무게가 300근이 나가는 활을 당겼다. 弱冠 시절에 京師에 유람하니, 名士들이 더불어 사귀지 않는 자가 없었다. 司馬穎이 劉聰을 積弩將軍으로 삼았다.

劉淵의 從祖인 右賢王 劉宣이 집안사람들에게 이르기를 "漢나라가 망한 이래로 우리 單于가 단지 빈 이름만 소유하여 다시는 한 자 되는 땅도 없고 그 나머지 王侯는 강등되어 일반 백성들과 똑같이 호적에 편입되었다. 지금 우리 무리가 비록 쇠미해졌으나 그래도 2만 명을 밑돌지 않는데, 어찌 손을 놓고 사역당하여 이대로 백 년을 지낸단 말인가. 左賢王은 英明함과 武勇이 세상에 뛰어나니, 하늘이 만일 우리 匈奴를 일으키고자 하지 않았다면 반드시 이 사람을 헛되이 태어나게 하지 않았을 것이다. 지금 司馬氏가 골육간에 서로 해쳐서 온 천하가 솥의 물이 끓는 듯하니, 呼韓邪單于의 王業을 회복하려면 바로 지금이 기회이다." 하고, 마침내 서로 모의하여 劉淵을 추대하여 大單于로 삼고 그의 黨인 呼延攸로 하여금 鄴 땅에 나아가 이를 고하게 하였다.

劉淵이 司馬穎에게 아뢰어 돌아가서 會葬할 것을 청하였으나 司馬穎이 허락하지 않았는데, 王浚과 東嬴公 司馬騰이 군대를 일으키자 劉淵이 司馬穎을 설득하기를 "청컨대 전하를 위해서 돌아가서 五部를 설득하여 國難에 달려오게 할 것이니, 이렇게 한다면 두 놈의 머리를 머지않아 매달 수 있을 것입니다." 하였다. 司馬穎이 기뻐하여 劉淵을 北單于·參丞相軍事로 삼았다.

劉淵이 左國城에 이르자 劉宣 등이 大單于의 칭호를 올리니, 20일 동안에 5만 명의 무리를 보유하게 되었다.

도읍을 左國城으로 옮기니, 오랑캐와 晉나라 사람들 중에 귀의하는 자가 더욱 많아졌다. 劉淵이 여러 신하들에게 이르기를 "옛날 漢나라는 천하를 오

랫동안 보유하여 은혜가 백성들에게 베풀어졌으니, 우리는 漢나라의 外孫으로 漢나라와 형제가 되기로 약속하였다. 형이 죽으면 아우가 계승하는 것이 또한 옳지 않겠는가." 하고 마침내 국호를 漢이라 하였다. 漢王의 位에 올라 元熙라 개원하고 漢나라 安樂公 劉禪을 추존하여 孝懷皇帝라 하였다.

1) 〔譯註〕 左賢王 : 匈奴 귀족의 최고위 封號로, 보통 太子나 單于의 후계자에게 주어진다. 大臣 중에 신분이 높은 자는 左賢王, 다음은 左谷蠡王, 그 다음은 右賢王, 그 다음은 右谷蠡王이니, 이들을 四角이라 불렀다.

2) 〔通鑑要解〕 屬文 : 屬은 之六切이니 著也라

屬은 之六切(족)이니 저술하는 것이다.

3) 〔頭註〕 弱冠 : 去聲이니 二十曰弱冠이라

去聲이니, 20세를 弱冠이라 한다.

4) 〔釋義〕 編戶 : 編은 排也니 編戶者는 謂列次民籍也라

編은 배열함이니, 編戶는 平民의 호적에 차례로 나열함을 이른다.

5) 〔譯註〕 呼韓邪 : 西漢 때 匈奴의 單于이다. 甘露 元年(B.C.53)에 兄인 郅支單于에게 패하여 남쪽으로 내려와 漢나라에 귀화하여 南匈奴가 되었다. 元帝 竟寧 元年(B.C.33)에 入朝하여 王昭君을 아내로 맞이하여 흉노의 왕비인 閼氏(연지)로 삼았다. 南匈奴는 後漢 光武帝 建武 26年(50)부터 塞內로 들어와 塞內의 平民과 함께 호적에 편입되어 살았는데, 사람들이 그들의 번창을 두려워하자 魏王 曹操가 그를 鄴城에 억류하고 右賢王을 보내어 南匈奴를 관리하게 하였다. 單于의 봉호는 그의 자손들이 물려받았다.

6) 〔釋義〕 呼延攸 : 匈奴名也니 複姓이라 呼延氏는 本曰呼衍이러니 後入中國하야 語轉衍爲延耳라 〔通鑑要解〕 北狄傳에 匈奴四姓은 有呼延氏, 卜氏, 蘭氏, 喬氏로되 而呼延氏最貴하니라

〔釋義〕 呼延攸는 匈奴의 이름이니 複姓이다. 呼延氏는 본래 呼衍이라고 하였는데, 뒤에 中國에 들어와 語音이 변하여 衍을 延으로 쓴 것이다. 〔通鑑要解〕 ≪晉書≫ 〈北狄傳〉에 "匈奴의 네 姓은 呼延氏·卜氏·蘭氏·喬氏가 있는데, 呼延氏가 가장 귀하다." 하였다.

7) 〔通鑑要解〕 王浚 東嬴公騰 : 王浚은 幽州都督이요 東嬴公騰은 幷州刺史니 晉宗室之疎戚이라

王浚은 幽州都督이고 東嬴公 司馬騰은 幷州刺史이니, 晉나라 宗室의 먼 친척

이다.

8)〔通鑑要解〕五部：曹操分南匈奴하야 爲五部하고 以淵父豹로 爲左部帥也라

曹操가 南匈奴를 나누어 五部로 만들고, 劉淵의 아버지 劉豹를 左部帥로 삼았다.

9)〔通鑑要解〕二豎之首：二豎는 謂浚與騰也라

二豎는 王浚과 司馬騰을 이른다.

10)〔通鑑要解〕左國城：匈奴左部所居城也라

左國城은 匈奴의 左部가 거주하는 城이다.

11)〔通鑑要解〕漢氏之甥：漢高以宗室女로 爲公主하야 以妻冒頓하고 約爲兄弟라 故로 其子孫冒姓劉氏라

漢나라 高祖가 종실의 딸을 公主라 하여 冒頓(묵특)에게 시집보내고 兄弟가 되기로 약속하였다. 그러므로 그 자손들이 마침내 가탁하여 劉氏를 姓으로 삼은 것이다.

○ 十月에 李雄[1)]이 卽成都王位하다

10월에 〈成나라〉 李雄이 成都王의 자리에 올랐다.

1)〔原註〕李雄：李特子라 前年에 李特起蜀하니라〔釋義〕李雄은 字仲儁이니 特之第三子也라〔附註〕初에 特이 隨流人入蜀하야 聚爲寇盜하고 自稱益州牧이러니 與益州刺史羅尙戰敗死하다 其子雄이 攻走羅尙하고 遂入成都하야 自稱成都王하니라

〔原註〕李雄은 李特의 아들이다. 전 해(303)에 李特이 蜀에서 군대를 일으켰다.〔釋義〕李雄은 字가 仲儁이니, 李特의 셋째 아들이다.〔附註〕처음에 李特이 유랑하는 사람을 따라 蜀으로 들어가서 무리를 모아 도둑질을 하고 益州牧이라고 자칭하였는데, 益州刺史 羅尙과 싸우다가 패하여 죽으니, 그의 아들 李雄이 羅尙을 공격하여 패주시키고, 마침내 成都에 들어가 成都王이라고 자칭하였다.

○ 帝旣還洛陽에 張方[1)]이 擁兵하야 專制朝政하니 太弟穎이 不得復預事라 詔太弟穎하야 以成都王으로 還第케하고 更立豫章王熾하야 爲皇太弟하다

황제가 洛陽으로 돌아가자 張方이 군대를 끼고 조정의 정사를 專制하니, 太弟 司馬穎이 다시는 정사에 관여할 수가 없었다. 太弟 司馬穎에게 명하여

成都王의 작위를 가지고 私家로 돌아가게 하고, 다시 豫章王 司馬熾를 세워 皇太弟로 삼았다.

1) 〔通鑑要解〕 張方 : 河間王顒之將이라
張方은 河間王 司馬顒의 장수이다.

○ **十一月**에 **張方**이 **劫帝**하야 **遷都長安**하다

11월에 張方이 황제를 위협하여 長安으로 천도하였다.

【丙寅】 光熙元年이라 〈**漢元熙三年**이요 **成晏平元年**이라〉

光熙 元年(병인 306) - 漢나라 元熙 3년이고, 成나라 晏平 元年이다. -

東海王越이 **起兵討張方**하고 **收成都王穎**하야 **殺之**하다

東海王 司馬越이 군대를 일으켜 張方을 토벌하고 成都王 司馬穎을 체포하여 죽였다.

○ **成都王雄**이 **卽皇帝位**하야 **國號**를 **大成**이라하다

成都王 李雄이 황제의 지위에 올라 국호를 大成이라 하였다.

○ **十一月**에 **帝食𪍿中毒崩**[1)]하니 **太弟卽皇帝位**하다 **懷帝始遵舊制**하야 **於東堂聽政**하고 **每至宴會**하야 **輒與群官**으로 **論衆務**하고 **考經籍**하니 **黃門侍郎傅宣**이 **歎曰 今日**에 **復見武帝之世矣**리하더라

11월에 황제가 떡을 먹다가 중독되어 죽으니, 太弟(司馬熾)가 황제에 즉위하였다. 懷帝(司馬熾)가 처음으로 옛 제도를 따라 東堂에서 정사를 다스리고 매번 연회에 이르러서 그때마다 여러 관원들과 여러 가지 정무를 논하고 經籍을 상고하니, 黃門侍郎 傅宣이 감탄하기를 "오늘에야 다시 武帝(司馬炎)의 세상을 보게 되었다." 하였다.

1)〔通鑑要解〕帝食麩中毒崩：或曰 太傅越鴆之也라

혹자는 말하기를 "太傅인 司馬越이 鴆毒으로 황제를 독살한 것이다." 한다.

〔史略 史評〕史斷曰 惠帝昏愚하야 不辨菽麥하야 權在群下하고 政出多門이라 忠賢路絶하고 讒諛得志하야 交相互市하며 皇(帝)〔后〕太子 四廢五復호되 莫能詰問하고 東奔西逸에 受制他人하야 莫適爲主라 上不保母后하고 次不保妻子하고 終不保其身하야 食餠中毒에 弗知禍端하니 議者謂足以報曹氏受制於司馬懿者焉이라

史斷에 말하였다.

"惠帝는 어둡고 어리석어 사리를 분별하지 못하여, 권력이 여러 신하에게 있었고 정사가 여러 部門에서 나왔다. 충성스럽고 어진 자를 등용하는 길이 끊어지고 참소하는 자와 아첨하는 자들이 뜻을 얻어 번갈아 서로 천거하고 청탁해서 벼슬을 마치 시장에서 물건을 사고팔듯이 하였으며, 皇后와 太子가 네 번이나 폐해지고 다섯 번이나 復位되었으나 詰問하지 못하였으며, 동쪽으로 달아나고 서쪽으로 숨음에 다른 사람에게 견제당해서 주장하여 주인이 되지 못하였다. 그리하여 위로는 母后(楊太后)를 보전하지 못하고 그 다음으로는 妻子를 보전하지 못하고 끝에는 자기 몸을 보전하지 못하여 떡을 먹다가 독살당하면서도 禍의 실마리를 알지 못하였으니, 의론하는 자들이 이르기를 '曹氏가 司馬懿에게 견제당한 것을 갚기에 충분하다' 하였다."

孝懷皇帝[1)] 名熾니 武帝第二十五子라 在位六年이요 壽三十이라

孝懷皇帝는 이름이 熾이니, 武帝의 스물다섯 번째 아들이다. 재위가 6년이고 壽가 30세이다.

1)〔頭註〕孝懷皇帝：慈仁短折曰懷라

자애롭고 인자하나 일찍 죽은 것을 懷라 한다.

【丁卯】 永嘉元年이라 〈漢元熙四年이라〉

永嘉 元年(정묘 307) - 漢나라 元熙 4년이다. -

以琅琊王睿[1)]로 爲安東將軍하야 都督揚州하고 鎭建業하다 睿以安東司馬王導로 爲謀主하야 推心親信하고 每事咨焉이러라 睿名論[2)]素輕하야 吳人不附하야 居久之로되 士大夫莫有至者하니 導患之러라 會에 睿出觀禊(계)[3)]어늘 導使睿乘轝(여)하야 具威儀하고 導與名勝으로 皆騎從[4)]하니 紀瞻, 顧榮等이 見之驚異하야 相帥拜于道左러라 導因說睿曰 顧榮, 賀循은 此土之望이라 宜引之하야 以結人心이니 二子旣至면 則無不來矣리이다 睿乃使導로 躬造循, 榮하니 二人이 皆應命而至라 循爲吳國內史하고 榮爲軍司하야 加散騎常侍하고 凡軍府政事를 皆與之謀議하고 又以紀瞻으로 爲軍祭酒[5)]하고 卞壼(곤)으로 爲從事하다 王導說睿하야 謙以接士하고 儉以足用하고 以淸淨爲政하고 撫綏新舊[6)]라 故로 江東이 歸心焉하니라

琅琊王 司馬睿를 安東將軍으로 삼아 揚州를 都督하고 建業에 鎭駐하게 하였다. 司馬睿는 安東司馬 王導를 謀主로 삼아 마음을 미루어 친애하고 신임하였으며 매사를 자문하였다. 司馬睿는 명성과 의론이 평소 가벼워서 吳나라 사람들이 따르지 않아 오랫동안 머물러도 士大夫들이 찾아오는 자가 없으니, 王導가 이를 염려하였다. 마침 司馬睿가 禊를 구경하러 나가자, 王導가 司馬睿로 하여금 轝(가마)를 태워 위의(儀仗)를 갖추게 하고, 자신은 유명 인사들과 함께 모두 기병을 데리고 뒤따르니, 紀瞻과 顧榮 등이 이것을 보고 놀랍고 신기하게 여겨 서로 이끌고 가서 길가에서 절하였다. 王導가 인하여 司馬睿를 설득하기를 "顧榮과 賀循은 이 지방의 명망 있는 사람입니다. 마땅히 이들을 나오게 하여 인심을 맺어야 하니, 두 사람이 이르고 나면 오지 않는 자가 없을 것입니다." 하였다. 司馬睿가 마침내 王導로 하여금 몸소 賀循과 顧榮을 찾아가게 하니, 두 사람이 모두 명령에 응하여 왔다. 賀循을 吳國內史로 삼고 顧榮을 軍司로 삼아 散騎常侍를 가하고 모든 軍府의 정사를 모두 그들과 모의하였다. 또 紀瞻을 軍祭酒로 삼고 卞壼을 從事로 삼았다. 王導가

司馬睿를 설득하여 겸손함으로 선비들을 대하고 검소함으로 재용을 풍족하게 하며 淸淨함으로 정사를 다스리고 中原에서 강을 건너온 사람과 江東 지역의 옛 사람을 어루만지고 편안하게 하였다. 그러므로 江東의 민심이 돌아왔다.

1) 〔附註〕 琅琊王睿 : 卽東晉元帝也라 初에 有牛繼馬後之謠하니 司馬懿忌牛氏하야 酖其將牛金이러니 懿曾孫琅琊恭王覲之妃夏侯氏 通小吏牛氏而生元帝하니 姓冒司馬氏하고 都建業하다 秦時에 望氣[*)]者 言五百年後에 金陵有天子氣라하니 始皇이 東遊而壓之하고 改其地曰秣陵이라하고 塹北山而絶其勢하다 後四百三十七年에 孫權稱帝하고 自謂當之러니 至元帝하야 乃五百二十六年이니 其言乃驗이라 此云牛金所生은 未詳이라 〔通鑑要解〕 琅琊王睿는 宣帝懿之曾孫이니 是爲東晉元帝라

〔附註〕 琅琊王 司馬睿는 바로 東晉의 元帝이다. 처음에 소〔牛〕가 말〔馬〕의 뒤를 잇는다는 동요가 있으니, 司馬懿가 牛氏를 꺼려 그 장수 牛金을 독약을 먹여 죽였다. 그런데 司馬懿의 曾孫인 琅琊恭王 司馬覲의 妃인 夏侯氏가 아전인 牛氏와 간통하여 元帝를 낳으니, 거짓으로 司馬氏의 姓을 칭하고 建業에 도읍하였다. 秦나라 때에 雲氣를 관찰하는 자가 말하기를 "500년 뒤에 金陵에 천자의 기운이 있을 것이다." 하니, 始皇帝가 동쪽 지방에 가서 이 기운을 누르고 그 지명을 秣陵이라고 고쳤으며 북산에 참호를 파서 산세를 끊었다. 437년 뒤에 孫權이 황제를 칭하고 자신이 여기에 해당한다고 말하였는데, 元帝 때가 바로 526년이었으니 그 말이 비로소 맞았다. 여기에서 牛金의 소생이라고 말한 것은 未詳이다. 〔通鑑要解〕 琅琊王 司馬睿는 宣帝 司馬懿의 曾孫이니, 바로 東晉의 元帝이다.

*) 望氣 : 方士들이 점치는 방법의 일종으로, 雲氣를 관찰하여 吉凶을 예측한다.

2) 〔釋義〕 名論 : 名譽議論也라

名論은 명예와 의론이다.

3) 〔附註〕 觀禊 : 禊者는 潔也라 鄭國之俗이 以上巳采蘭芷하야 祓除不祥하니라 漢禮儀志에 三月上巳에 官民皆潔於東流水上하야 洗去宿垢하니 潔은 祭名이라 〔通鑑要解〕 禊는 胡計切이니 祓除不祥也라 除惡祭名이니 三月上巳에 臨水祓除不祥也라

〔附註〕 禊는 깨끗함이다. 鄭나라 풍속은 上巳日에 蘭草와 芷草를 캐어 불길한 것을 제거하였다. ≪後漢書≫ 〈禮儀志〉에 "3월 上巳日에 관원과 백성들이 모두

동쪽으로 흐르는 물가에서 깨끗이 씻어 묵은 때를 제거하니, 潔은 제사 이름이다." 하였다. 〔通鑑要解〕 禊는 胡計切(혜)이니 불길한 것을 제거하는 것이다. 나쁜 것을 제거하는 제사 이름이니, 3월 上巳日에 물가에 임하여 불길한 것을 제거하는 것이다.

4) 〔通鑑要解〕 騎從 : 騎는 奇寄切이요 從은 才用切이니 竝去聲이라 跨馬曰騎는 平聲이요 馬軍則騎는 去聲이라 從은 就也, 順也則平聲이요 隨行也則去聲이라
 騎는 奇寄切(기)이요 從은 才用切(종)이니 모두 去聲이다. 말을 탄다는 뜻의 騎字는 平聲이고 馬軍(騎兵)이라는 뜻의 騎字는 去聲이다. 從은 나아가다, 따르다의 뜻일 때에는 平聲이고, 隨行한다는 뜻일 때에는 去聲이다.

5) 〔通鑑要解〕 祭酒 : 官名이니 在官之長也라 賓客得主人饌이면 則老者一人이 先擧酒하야 祭之라 故로 以祭酒爲稱也라 祭는 沃也라
 祭酒는 관직명이니, 관원들 중에 우두머리이다. 빈객이 주인의 음식을 얻으면 늙은 사람 한 명이 먼저 술을 들어 祭(고수레)한다. 그러므로 祭酒라고 칭한 것이다. 祭는 술을 붓는 것이다.

6) 〔頭註〕 新舊 : 新은 謂自中原來者요 舊는 謂江東人이라
 새로운 사람은 中原으로부터 온 자를 이르고, 옛 사람은 江東 사람을 이른다.

○ 十一月에 以王衍爲司徒하다 衍이 說太傅越曰 朝廷이 危亂하니 當賴方伯이라 宜得文武兼資以任之라하야 乃以弟澄으로 爲荊州都督하고 族弟敦으로 爲靑州刺史하고 語之曰 荊州는 有江, 漢之固하고 靑州는 有負海之險하니 卿二人在外하고 而吾居中이면 足以爲三窟[1]矣라하니라

11월에 王衍을 司徒로 삼았다. 王衍이 太傅 司馬越을 설득하기를 "조정이 위태롭고 혼란하니, 마땅히 方伯에게 의뢰하여야 합니다. 文武를 겸비한 인재를 찾아서 맡겨야만 합니다."라고 하여 마침내 아우인 司馬澄을 荊州都督으로 삼고 族弟인 司馬敦을 靑州刺史로 삼고는 이들에게 말하기를 "荊州는 揚子江과 漢水의 험고함이 있고 靑州는 바다를 뒤에 등진 험준함이 있으니, 卿 두 사람이 밖에 있고 내가 중앙에 있으면 충분히 세 개의 굴이 될 수 있다." 하였다.

1) 〔通鑑要解〕 三窟 : 窟은 穴也라 俗云 兎營三窟하니 必背丘相通이라하니 所謂兎

三窟矣라

窟은 구멍이다. 속담에 이르기를 "토끼는 세 개의 굴을 파는데, 반드시 언덕을 등지고 서로 통하게 한다."라고 하였으니, 이른바 '토끼가 세 개의 숨는 굴을 파 놓는다.'는 것이다.

【戊辰】二年이라 **〈漢永鳳元年**이라〉

永嘉 2년(무진 308) - 漢나라 永鳳 元年이다. -

三月에 **詔封張軌**[1]하야 **爲西平公**하다

3월에 황제가 명하여 張軌를 봉해서 西平公으로 삼았다.

1)〔頭註〕張軌 : 涼州刺史라

張軌는 涼州刺史이다.

○ **漢主淵**이 **卽皇帝位**하야 **以其子聰**으로 **爲大將軍**하고 **族子曜**로 **爲龍驤**(양)**大將軍**하다

漢主 劉淵이 황제에 즉위하여 그의 아들 劉聰을 大將軍으로 삼고 族子 劉曜를 龍驤大將軍으로 삼았다.

【己巳】三年이라 **〈漢河瑞元年**이라〉

永嘉 3년(기사 309) - 漢나라 河瑞 元年이다. -

初에 **何曾**이 **侍武帝宴**[1]하고 **退謂諸子曰 主上**이 **開創**[2]**大業**호되 **吾每宴見**에 **未嘗聞經國遠圖**하고 **惟說平生常事**하니 **非貽厥孫謀之道也**라 **及身而已**니 **後嗣**는 **其殆乎**인저 **汝輩**는 **猶可以免**이어니와 **指諸孫曰 此屬**은 **必及於難**이리라 **曾**이 **日食萬錢**호되 **猶云無下箸處**라하니라

처음에 何曾이 武帝를 모시고 宴會를 열고는 물러나와 아들들에게 말하기

를 "主上이 大業을 창건하였으나 내가 매번 宴會에서 뵐 때마다 국가를 경륜하는 원대한 도모에 대해서는 들은 적이 없고 오직 평소의 일상적인 일만 말씀하니, 후손들에게 좋은 계책을 물려주는 방도가 아니다. 자신에게만 미칠 뿐이니 후손들이 위태로울 것이다. 너희들은 오히려 화를 면할 수 있겠지만." 하고, 여러 손자들을 가리키며 말하기를 "이 아이들은 반드시 난에 미칠 것이다." 하였다. 何曾이 하루에 만 전의 비용을 들여 珍味를 먹으면서도 오히려 젓가락을 댈 곳이 없다고 말하였다.

1)〔頭註〕侍武帝宴：武帝는 炎也라
　武帝는 司馬炎이다.

2)〔通鑑要解〕開創：創與刱通하니 造也라
　創은 刱과 통하니, 만드는 것이다.

○ **石勒**[1)]이 **寇鉅鹿, 常山**하니 **衆至十餘萬**이라 **以張賓爲謀主**하니 **幷州諸胡羯**이 **多從之**하니라

石勒이 鉅鹿과 常山을 침략하니, 무리가 십여 만 명에 이르렀다. 張賓을 謀主로 삼으니 幷州의 여러 胡(흉노)와 羯族들이 많이 따랐다.

1)〔通鑑要解〕石勒[*)]：羯也라
　石勒은 羯族이다.

*) 石勒：319年에 後趙를 건국하였다.

【庚午】四年이라 〈**漢烈宗劉聰光興元年**이라〉

永嘉 4년(경오 310) - 漢나라 烈宗 劉聰의 光興 元年이다. -

七月에 **漢主淵**이 **寢疾**[1)]하야 **以楚王聰**으로 **爲大司馬, 大單于**러니 **淵**이 **卒**하니 **聰**이 **卽帝位**하다

7월에 漢主 劉淵이 병이 심해져서 楚王 劉聰을 大司馬·大單于로 삼았는데, 劉淵이 죽자 劉聰이 황제의 자리에 올랐다.

1)〔通鑑要解〕寖疾：寖은 益也라
寖은 더 심해지는 것이다.

○ 京師饑困이 日甚이어늘 太傅越이 遣使하야 以羽檄[1]으로 徵天下兵하야 使入援京師[2]러니 旣而요 卒無至者하니라

京師에 기근과 곤궁함이 날로 심해지자, 太傅 司馬越이 使者를 보내 羽檄으로 천하의 병력을 징집하여 들어와서 京師를 구원하게 하였는데, 이윽고 끝내 이른 자가 없었다.

1)〔釋義〕羽檄：尺書也니 有急則插羽其上이라
羽檄은 尺書(詔書)이니, 위급한 일이 있으면 그 위에 깃털을 꽂는다.
2)〔通鑑要解〕使入援京師：帝謂使者曰 爲我語征鎭等將[*]호되 今日尙可救어니와 後則無及矣라하라〔頭註〕時에 漢入寇라
〔通鑑要解〕황제가 使者에게 일러 말하기를 "나를 위하여 征과 鎭의 장수들에게 말하되 오늘은 그래도 구제할 수 있겠지만 늦으면 어찌할 도리가 없을 것이라고 하라." 하였다.〔頭註〕이때에 漢나라가 침략하였다.
*) 征鎭等將：征東·征西·征南·征北과 鎭東·鎭西·鎭南·鎭北의 여러 장군을 말한다.

【辛未】五年이라 〈漢嘉平元年이요 成玉衡元年이라〉

永嘉 5년(신미 311) - 漢나라 嘉平 元年이고, 成나라 玉衡 元年이다. -

東海王越이 薨커늘 王衍等이 奉越喪하야 還葬東海할새 石勒이 帥(솔)輕騎追之[1]하니 無一人得免者라 執太尉衍等하야 坐之幕下하고 問以晉故한대 衍이 具陳禍敗之由하고 云計不在己라하고 且自言少無宦情하야 不豫世事라하고 因勸勒稱尊號하야 冀以自免이라 勒曰 君이 少壯登朝하야 名蓋四海하고 身居重任이어늘 何得言無宦情邪아 破壞天下 非君而誰오

東海王 司馬越이 죽자, 王衍 등이 司馬越의 喪을 받들어 東海로 돌아가 장

례할 때에 石勒이 정예기병을 거느리고 추격하니, 한 사람도 빠져나간 자가 없었다. 石勒이 太尉 王衍 등을 사로잡아 幕下에 앉히고 晉나라가 실패하게 된 이유를 묻자, 王衍이 禍敗(재앙과 실패)를 당한 이유를 자세히 말하고 국가의 계책이 자신에게 있지 않았음을 말하였으며, 또 스스로 말하기를 "젊어서부터 벼슬할 마음이 없어서 세상일에 관여하지 않았다."고 하고, 인하여 石勒에게 尊號를 칭할 것을 권하여 스스로 화를 면하기를 바랐다. 石勒이 말하기를 "君이 젊고 건장한 시절에 조정에 올라 명성이 四海를 뒤덮고 몸이 重任을 맡았는데, 어찌 벼슬할 마음이 없었다고 말하는가. 천하를 파괴한 것은 그대가 아니고 누구이겠는가." 하였다.

1) 〔通鑑要解〕 輕騎追之 : 勒率輕騎하고 追越喪於苦縣하야 大敗晉兵하다 執太尉衍等하야 排墻殺之하며 剖越柩하야 燒其尸하고 曰 亂天下者 此人也니 吾爲天下報之하노라

石勒이 정예기병을 거느리고 司馬越의 喪을 추격하여 苦縣에서 따라잡아 晉나라 군대를 크게 패배시켰다. 太尉 王衍 등을 사로잡아 담장을 밀어 무너뜨려 압사시켰으며, 司馬越의 관을 꺼내어 그 시신을 불태우고 말하기를 "天下를 어지럽힌 자가 바로 이 사람이니, 나는 천하를 위하여 원수를 갚아 준 것이다." 하였다.

○ **漢主聰**이 **使前軍大將軍呼延晏**으로 **將兵二萬七千**하야 **寇洛陽**이러니 **比及河南**하야 **晉兵**이 **前後十二敗**에 **死者三萬餘人**이라 **始安王曜, 王彌, 石勒**[1]이 **皆引兵會之**러니 **未至**에 **晏**이 **先至洛陽**하야 **以外繼不至**라하야 **俘掠而去**할새 **帝具舟於洛水**하야 **將東走**러니 **晏**이 **盡焚之**하다 **王彌, 始安王曜繼至**에 **呼延晏**이 **克宣陽門入**이어늘 **帝出華林園門**하야 **欲奔長安**이러니 **漢兵**이 **追執之**하다

漢主 劉聰이 前軍大將軍 呼延晏으로 하여금 2만 7천 명의 병력을 거느리고 洛陽을 침략하게 하였는데, 河南에 이르렀을 즈음에는 晉나라 군대가 전후로 열두 차례 패전하여 죽은 자가 3만여 명이나 되었다. 始安王 劉曜와 王彌·石勒이 모두 군대를 이끌고 가서 회합하기로 하였는데, 이들이 도착하기도 전에 呼延晏이 먼저 洛陽에 이르러서 외부에서 오기로 한 군대가 이르지

않았다 하여 노략질하고 떠나갔다. 이때에 황제가 洛水에 배를 준비해 두었다가 장차 동쪽으로 달아나려 하였는데, 呼延晏이 이것을 모두 불태웠다. 王彌와 始安王 劉曜가 잇따라 이르자 呼延晏이 宣陽門을 점령하고 들어오니, 황제가 華林園의 문으로 나가서 長安으로 달아나려고 하였으나 漢나라 군대가 추격하여 사로잡았다.

1)〔頭註〕始安王曜 王彌 石勒 : 始安王曜는 劉淵族子요 王彌石勒은 皆漢將이라 惤縣令柏根反이어늘 王浚討斬之하니 其長史王彌 遂盜하야 寇靑, 徐러니 後에 降漢이라 後에 石勒誘殺之하니라 惤은 音弦이라

始安王 劉曜는 劉淵의 조카이고, 王彌와 石勒은 모두 漢나라 장수이다. 惤縣令 劉柏根이 반란을 일으키자 王浚이 토벌하여 베어 죽이니, 그 長史인 王彌가 마침내 도적이 되어 靑州와 徐州를 침략하였는데, 뒤에 漢나라에 항복하였다. 뒤에 石勒이 유인하여 죽였다. 惤은 音이 현이다.

○ 時에 海內大亂호되 獨江東이 差安하니 中國士民避亂者 多南渡江이라 鎭東司馬王導 說琅琊王睿하야 收其賢俊하야 與之共事한대 睿從之하야 辟掾屬百餘人하니 時人이 謂之百六掾(연)[1]이라 刁協, 卞壼, 陳頵(균), 庾亮, 甘卓, 周訪, 陶侃이 皆與焉하다

이때에 海內가 크게 혼란하되 유독 江東만은 다소 평안하니, 中原에서 피난 온 선비와 백성들이 대부분 남쪽으로 揚子江을 건너갔다. 鎭東司馬 王導가 琅琊王 司馬睿를 설득하여 이들 중 어진 이와 준걸스러운 이를 수용하여 이들과 정사를 함께하도록 하였는데, 司馬睿가 그의 말을 따라서 掾屬(官屬) 백여 명을 부르니, 당시 사람들이 百六掾이라고 불렀다. 刁協·卞壼·陳頵·庾亮·甘卓·周訪·陶侃이 모두 여기에 참여하였다.

1)〔釋義〕百六掾 : 掾은 官屬也니 言置掾屬一百六人이라

掾은 官屬이니, 百六掾은 官屬 106명을 두었음을 말한 것이다.

○ 八月에 漢主聰이 遣始安王曜等하야 攻長安克之하고 以曜爲車騎大將軍

하야 **鎭長安**하다

8월에 漢主 劉聰이 始安王 劉曜 등을 보내어 長安을 공격하여 함락시키고 劉曜를 車騎大將軍으로 삼아 長安에 鎭駐하게 하였다.

○ **安定太守賈疋(雅)**[1]**與馮翊太守索綝**(삭침)[2]으로 **謀興復晉室**하야 **乃共帥衆向長安**하다 **劉曜與疋等**으로 **戰於黃丘**라가 **曜衆**이 **大敗**하니 **於是**에 **疋等**의 **兵勢大振**이라 **迎秦王業**[3]하야 **入於雍城**하다

安定太守 賈疋가 馮翊太守 索綝과 晉나라 왕실을 부흥할 것을 모의하여 마침내 함께 병력을 거느리고 長安으로 향하였다. 劉曜가 賈疋 등과 黃丘에서 싸우다가 劉曜의 군대가 대패하니, 이에 賈疋 등의 군세가 크게 떨쳐졌다. 賈疋가 秦王 司馬業을 맞이하여 雍城으로 들어왔다.

1)〔釋義〕賈疋 : 疋는 古文雅字라
　疋는 雅의 古字이다.
2)〔釋義〕索綝 : 姓名이라
　索綝은 성명이다.
3)〔頭註〕秦王業 : 愍帝也니 武帝炎孫이요 吳王晏子也라
　秦王 司馬業은 愍帝이니, 武帝 司馬炎의 손자이고 吳王 司馬晏의 아들이다.

○ **周顗**(의)**奔琅琊王睿**하니 **睿以顗爲軍諮祭酒**하다 **前騎都尉桓彝 亦避亂過江**이라가 **見睿微弱**하고 **謂顗曰 我以中州多故**로 **來此求全**이러니 **而單弱**이 **如此**하니 **將何以濟**리오 **旣而**요 **見王導**하야 **共論世事**하고 **退謂顗曰 向見管夷吾**[1]하니 **無復憂矣**라하니라 **諸名士相與登新亭**[2]**游宴**할새 **周顗中坐歎曰 風景**은 **不殊**하나 **擧目**에 **有江河之異**[3]라하고 **因相視流涕**하다 **王導愀**(추)**然**[4]**變色曰 當共勠(戮)力王室**하야 **克復神州**[5]어늘 **何至作楚囚**[6]**對泣耶**아하니 **衆皆收淚謝之**하니라

周顗가 琅琊王 司馬睿에게 망명해 오니 司馬睿가 周顗를 軍諮祭酒로 삼았

다. 前騎都尉 桓彝도 난리를 피하여 揚子江을 지나다가 司馬睿의 세력이 미약한 것을 보고 周顗에게 이르기를 "나는 中原이 多難하기 때문에 이곳에 와서 온전하기를 바랐는데, 고단하고 미약함이 이와 같으니 장차 어떻게 中原을 구제할 수 있겠는가." 하였다. 이윽고 王導를 만나 함께 세상일을 논하고 물러나와 周顗에게 이르기를 "방금 管夷吾를 만났으니 다시 걱정할 것이 없다." 하였다. 여러 名士들이 함께 新亭에 올라가 놀고 잔치할 때에 周顗가 잔치 자리에서 한탄하기를 "풍경은 옛날과 다르지 않으나, 눈을 들어 바라보니 山河의 차이가 있다(山河는 옛 산하가 아니다)." 하고, 인하여 서로 바라보고 눈물을 흘렸다. 王導가 愀然히 얼굴빛을 바꾸며 말하기를 "함께 왕실을 위해 힘을 합쳐 中原을 회복할 생각을 해야 할 때에 어쩌자고 楚나라 죄수처럼 서로들 울기만 하는가." 하니, 여러 사람들이 모두 눈물을 거두고 사과하였다.

1) 〔釋義〕 見管夷吾 : 春秋에 齊管仲은 (字)〔名〕夷吾니 相桓公霸諸侯러니 今以王導比之하니라
春秋時代에 齊나라 管仲은 이름이 夷吾로, 桓公을 도와 諸侯들 중에 霸者가 되게 하였는데, 이제 王導를 管仲에게 견준 것이다.

2) 〔譯註〕 新亭 : 胡三省의 註에 "≪金陵覽古≫에 이르기를 '新亭은 江寧縣에서 10리 되는 곳에 있으니, 강가에 가까이 임하였다.' 하였으니, 살펴보건대 新亭은 勞勞亭에서 가깝다.〔新亭 在江寧縣十里 近臨江渚 按新亭蓋近勞勞亭〕" 하였다.

3) 〔通鑑要解〕 江河之異 : 言洛都遊宴에 多在河濱이러니 而新亭臨江者也라
洛都에서 놀고 잔치할 때에 대부분 黃河 가에서 하였는데, 지금 新亭이 揚子江가에 임하였음을 말한 것이다.

4) 〔原註〕 愀然 : 變色也라
愀然은 얼굴빛이 변하는 것이다.

5) 〔釋義〕 神州 : 王氏曰 中國을 名曰赤縣神州라 赤縣神州內에 自有九州하니 禹之序九州是也라 杜氏通典曰 神州는 謂王者所〈卜〉居吉土니 五千里內地名이라 注에 崑崙東南地方五千里를 名曰神州라
王氏가 말하기를 "中國을 赤縣神州라 이름한다. 赤縣神州 안에 본래 九州가 있었으니, 禹임금이 九州를 차서한 것이 이것이다." 하였다. 杜氏(杜佑)의 ≪通典≫에

이르기를 "神州는 王者가 거주하는 길한 곳을 이르니, 5천 리 안에 있는 지역을 이른다." 하였는데, 그 注에 "崑崙山 동남쪽으로 사방 5천 리 이내의 지역을 神州라 이름한다." 하였다.

6) 〔頭註〕 楚囚 : 晉侯見鍾儀하고 曰 南冠而縶者는 誰也오 有司對曰 鄭人所獻楚囚也니이다하니 南冠은 楚冠也라

≪春秋左傳≫ 成公 9年條에 "晉侯가 鍾儀를 보고 말하기를 '南方의 冠을 쓰고 묶여 있는 자는 누구인가?' 하니, 有司가 대답하기를 '鄭人이 바친 楚나라 죄수입니다.' 했다." 하였다. 南冠은 楚나라 冠이다.

○ **賈疋等**이 **圍長安數月**하니 **漢中山王曜 連戰皆敗**라 **驅掠士女**하고 **奔于平陽**이어늘 **秦王業**이 **自雍入于長安**하다

賈疋 등이 長安을 수개월 동안 포위하니, 漢나라 中山王 劉曜가 연달아 싸워 모두 패하였다. 劉曜가 남녀 백성들을 노략질하고 平陽으로 달아나자, 秦王 司馬業이 雍城으로부터 長安으로 들어갔다.

○ **九月**에 **賈疋等**이 **奉秦王業**하야 **爲皇太子**하고 **建行臺**[1]**於長安**하다

9월에 賈疋 등이 秦王 司馬業을 받들어 皇太子로 삼고 行臺(임시 조정)를 長安에 세웠다.

1) 〔附註〕 行臺 : 自魏, 晉有之라 晉文帝討諸葛誕할새 裴秀等이 以行臺從하니 別置官屬하니라 其官置令僕射하고 其尙書丞郎을 皆隨時權置하니 謂之行臺省하야 以行尙書事하니라

行臺는 魏·晉 시대부터 있었다. 晉나라 文帝(司馬昭)가 諸葛誕을 토벌할 적에 裴秀 등이 行臺를 가지고 따라가니, 별도로 관속을 두었다. 관원은 令과 僕射를 두고 尙書丞과 郎을 모두 때에 따라 임시로 설치하였으니, 이를 일러 行臺省이라 하고 尙書의 일을 행하게 하였다.

○ **南安赤亭羌**[1]**姚弋仲**[2]이 **東徙楡眉**하니 **戎, 夏襁負從之者 數萬**이러라

南安郡 赤亭의 羌族인 姚弋仲이 〈부족을 이끌고〉 동쪽 楡眉縣으로 옮겨 가

니, 戎族과 漢族 중에서 포대기로 자식을 업고 따르는 자가 수만 명이었다.

1) 〔頭註〕 赤亭羌 : 弋仲六世祖遷郡하야 內附東漢하니 處南安之赤亭이라
姚弋仲의 6세조가 고을을 옮겨 東漢에 內應하니, 南安郡의 赤亭에 살게 하였다.
2) 〔譯註〕 姚弋仲 : 永嘉의 난리 때 前趙의 劉曜에게 귀의하였다가 뒤에 다시 後趙의 石虎에게 갔다. 後趙가 망하자 東晉에 항복하였다. 뒤에 아들 姚萇이 後秦을 건립하고 그를 景元皇帝로 追諡하였다.

○ 鎭東將軍顧榮과 前太子洗馬衛玠皆卒하다 玠美風神하고 善淸談이라 常以爲人有不及이면 可以情恕요 非意相干이면 可以理遣이라 故로 終身不見(현)喜怒之色하니라

鎭東將軍 顧榮과 前 太子洗馬 衛玠가 모두 별세하였다. 衛玠는 風神이 아름답고 淸談을 잘하였다. 항상 말하기를 "남이 미치지 못하는 것이 있으면 實情을 살펴 용서할 수 있고, 나쁜 뜻으로 침범하는 것이 아니면 이치로 따져서 떨쳐 버릴 수 있다." 하였다. 그러므로 종신토록 기뻐하고 노여워하는 기색을 나타내지 않았다.

〔史略 史評〕 史斷曰 懷帝는 天資淸卲하야 過惡不彰이로되 而爲胡漢所擒하야 俾着靑衣하고 侍宴行酒하니 識者謂足以報齊王奪璽之忿焉이라하니라

史斷에 말하였다.

"懷帝는 天資가 깨끗하고 높아서 과실과 악행이 드러나지 않았으나 오랑캐인 漢나라에게 사로잡혀 漢主가 懷帝로 하여금 천한 자가 입는 靑衣를 입고 연향 때 옆에 모시고서 술을 따라 돌리게 하였으니, 識者들이 이르기를 '齊王 曹芳이 司馬師에게 玉璽를 빼앗긴 분노를 갚기에 충분하다.' 하였다."

孝愍皇帝[1]는 名鄴이니 武帝孫이요 吳王晏子也라 在位四年이요 壽十八이라

孝愍皇帝는 이름이 鄴이니, 武帝의 손자이고 吳王 司馬晏의 아들이다. 재위가 4년이고 壽가 18세이다.

1)〔頭註〕孝愍皇帝：愍은 與閔通하니 在國逢難曰閔이라
　愍은 閔과 통하니, 나라 안에서 병난을 만난 것을 閔이라 한다.

【癸酉】建興元年이라 〈漢嘉平三年이라〉

建興 元年(계유 313) - 漢나라 嘉平 3년이다. -

春正月에 漢主聰이 宴群臣於光極殿[1]할새 使懷帝로 着靑衣行酒어늘 庾珉, 王儁等이 不勝悲憤하야 因號泣하니 聰이 惡之하다 二月에 聰이 殺珉, 儁等故晉臣十餘人하고 懷帝亦遇害라 四月에 懷帝凶問이 至長安하니 皇太子擧哀하고 卽皇帝位하야 以麴允으로 爲左僕射하고 索綝(삭침)으로 爲衛將軍하야 軍國之事를 悉以委之하다

봄 정월에 漢主 劉聰이 光極殿에서 신하들에게 잔치를 베풀 적에 懷帝로 하여금 靑衣를 입고 술잔을 돌리게 하자, 庾珉과 王儁 등이 비통한 마음을 이기지 못하여 인하여 울부짖고 눈물을 흘리니, 劉聰이 이들을 미워하였다. 2월에 劉聰이 庾珉과 王儁 등 옛 晉나라의 신하 10여 명을 죽였고, 懷帝 또한 살해당하였다. 4월에 懷帝의 訃音이 長安에 이르자, 皇太子가 發喪하고 황제의 자리에 올라 麴允을 尙書左僕射로 삼고 索綝을 衛將軍으로 삼고서 軍務와 國政을 모두 이들에게 자문하였다.

1)〔通鑑要解〕光極殿：劉淵이 起光極殿於平陽이라
　劉淵이 平陽에 光極殿을 세웠다.

○ 初에 中國士民避亂者 多北依王浚호되 浚이 不能存撫하고 又政法不立하니 士民이 往往復去之러라 唯慕容廆(외)[1] 政事修明하고 愛重人物이라 故로 士民이 多歸之어늘 廆擧其英俊하야 隨才授任하다

처음에 中國에서 피난 온 선비와 백성들이 대부분 북쪽으로 가서 王浚에게 의지하였으나 王浚이 보호하고 按撫해 주지 못하고 또 정사와 법이 확립되지

못하니, 선비와 백성들이 왕왕 다시 떠나갔다. 오직 慕容廆만이 정사가 잘 닦여지고 분명하며 인재를 사랑하고 소중히 여겼다. 그러므로 선비와 백성들이 많이 그에게 귀의하니, 慕容廆가 그중에 영특하고 준걸스러운 자를 발탁하여 재주에 따라 임무를 맡겼다.

1) 〔附註〕 慕容廆 : 鮮卑也니 後爲前燕하니라 有熊氏之裔니 曾祖莫護跋이 魏宣帝時에 有功得封하야 始建國於棘城하니라 時에 燕, 代多冠步搖冠하니 莫護跋이 見而好之하야 乃斂髮襲冠하고 因號爲步搖러니 其後에 音訛하야 遂爲慕容하니라 或云慕二儀之德하고 繼三光之容이라하야 遂以慕容爲氏라하니라
慕容廆는 鮮卑族이니 뒤에 前燕의 선조가 된다. 熊氏의 후손이니, 曾祖 莫護跋이 魏나라 宣帝(司馬懿) 때에 功이 있어 封地를 얻어 비로소 棘城에 建國하였다. 이때 燕·代 지방에서 步搖冠(婦人의 冠)을 많이 썼는데, 莫護跋이 이것을 보고 좋아하여 마침내 머리카락을 틀어 올리고 冠을 썼다. 그러므로 사람들이 인하여 그를 步搖라고 불렀는데, 그 뒤에 音이 잘못되어 마침내 慕容이 되었다. 혹자는 이르기를 "二儀(天地)의 德을 사모〔慕〕하고 三光(日·月·星)의 모습〔容〕을 이었다 하여 마침내 慕容을 氏로 삼았다." 하였다.

○ 初에 范陽祖逖(적)이 少有大志러니 與劉琨으로 俱爲司州主簿하야 同寢할새 中夜에 聞鷄鳴하고 蹴(축)琨覺(교)[1]曰 此非惡聲也라하고 因起舞[2]러니 及渡江에 睿以爲軍諮祭酒하다 逖居京(師)〔口〕[3]에 糾合[4]驍健하고 言於睿曰 晉室之亂은 非上無道而下怨叛也요 由宗室爭權하야 自相魚肉[5]하야 遂使戎狄乘隙하야 毒流中土라 今遺民이 旣遭殘賊하야 人思自奮하니 大王이 誠能命將出師하야 使如逖者統之하야 以復中原이면 郡國豪傑이 必有望風響應者矣리이다 睿素無北伐之志라 以逖爲奮威將軍, 豫州刺史하야 給千人廩, 布三千匹하고 不給鎧(개)仗[6]하고 使自召募하다 逖이 將其部曲[7]百餘家하야 渡江中流할새 擊楫而誓曰 祖逖이 不能淸中原而復濟者면 有如大江이라하다 遂屯淮陰하야 起冶鑄兵하야 募得二千餘人而後에 進하다

처음에 范陽의 祖逖이 젊어서 큰 뜻이 있었다. 劉琨과 함께 모두 司州의

主簿가 되어서 함께 잘 때에 한밤중에 닭이 우는 소리를 듣고 祖逖이 劉琨을 발로 차서 깨우며 말하기를 "이는 나쁜 소리가 아니다." 하고 인하여 일어나 춤을 추었는데, 강을 건너오자 司馬睿가 그를 軍諮祭酒로 삼았다. 祖逖이 京口에 있을 때에 날래고 건장한 자들을 규합하고서 司馬睿에게 말하기를 "晉나라 皇室의 혼란은 윗사람이 무도하여 아랫사람들이 원망하고 배반해서가 아니요, 宗室이 권력을 다투어 서로 屠戮해서 마침내 戎狄으로 하여금 틈을 타게 하여 해독이 中原에까지 미치게 하였기 때문입니다. 지금 遺民들은 이미 해를 입어서 사람마다 스스로 떨치고 일어날 것을 생각하니, 大王이 진실로 장수에게 명하여 군대를 내어서 저와 같은 자로 하여금 통솔하게 하여 中原을 수복한다면 郡國의 豪傑들이 반드시 높은 명망을 듣고 호응하는 자가 있을 것입니다." 하였다.

司馬睿는 본래 北伐할 뜻이 없었으므로 祖逖을 奮威將軍・豫州刺史로 삼고서 군사 천 명 분의 군량과 삼베 3천 필을 주고, 갑옷과 병기는 주지 않고 祖逖으로 하여금 스스로 불러 모집하게 하였다. 祖逖이 그의 部曲 100여 家를 거느리고서 揚子江 中流를 건너갈 적에 노를 치며 맹세하기를 "내가 中原을 깨끗이 소탕하지 않고는 다시 이 강을 건너오지 않을 것이니, 大江을 두고 맹세하겠다." 하였다. 마침내 淮陰에 주둔하고서 쇠를 불려 병기를 주조하고 모집하여 2천여 명을 얻은 뒤에 진격하였다.

1) 〔通鑑要解〕 蹴琨覺 : 蹴은 踏也요 覺는 居效切이니 寤也라
蹴은 발로 차는 것이요, 覺는 居效切(교)이니 잠에서 깨는 것이다.

2) 〔附註〕 蹴琨……起舞 : 蹴은 蹋也라 天官書에 夜半鷄를 謂之荒鷄라하니 荒鷄鳴이면 天下亂이라하고 晉書에 史臣曰 劉琨, 祖逖이 聞鷄暗舞하야 思中原之燎火하고 幸天步之多艱하니 原其素懷하면 抑爲貪亂者矣라하니라 李白詩에 劉琨與祖逖이 起舞鷄鳴晨하니 雖有匡濟心이나 終爲樂禍人이라하니라
蹴은 발로 참이다. ≪史記≫ 〈天官書〉에 "새벽이 되기 전인 한밤중에 우는 닭을 荒鷄라 하니, 荒鷄가 울면 천하가 혼란해진다." 하였다. ≪晉書≫ 〈祖逖傳〉에 史臣이 말하기를 "劉琨과 祖逖이 한밤중에 닭이 우는 소리를 듣고 몰래 춤을 추어 中原이 불탈 것을 생각하고 天運이 多難한 것을 요행으로 여겼으니, 평소에 품은 뜻을 살펴보면 또한 천하를 탐낸 자라고 할 만하다." 하였다. 李白의 詩에 "劉琨

과 祖逖이 닭이 우는 새벽에 일어나 춤을 추었으니, 비록 세상을 바로잡아 구제하려는 마음이 있었으나 끝내 禍를 좋아한 사람이다." 하였다.

3) 〔譯註〕 逖居京(師)〔口〕 : '京師'는 ≪資治通鑑≫에 '京口'로 되어 있는 바, 京口는 城의 이름이다. ≪資治通鑑≫의 胡三省 註에 "吳나라 孫權이 吳로부터 丹徒로 옮겨 와서 이곳을 일러 京城이라 하였다. 京峴山이 동쪽에 있는데, 城이 山을 따라 보루를 만들어 아래로 강나루를 굽어보기 때문에 京口라고 한 것이다.〔吳孫權 自吳徙丹徒 謂之京城 有京峴山在其東 其城因山爲壘 俯臨江津 故曰京口〕" 하였다.

4) 〔頭註〕 糾合 : 繩三合曰糾니 猶言交締也라
노끈 세 가닥을 꼰 것을 糾라고 하니, 糾合은 締結이라고 말하는 것과 같다.

5) 〔釋義〕 自相魚肉 : 魚肉可食하니 猶言自相呑啖也라
魚肉은 먹을 수 있으니, 자기들끼리 서로 삼키고 먹는다고 말하는 것과 같다.

6) 〔通鑑要解〕 鎧仗 : 仗은 兵器니 刀戟總名이라
仗은 兵器이니, 칼과 창의 총칭이다.

7) 〔頭註〕 部曲 : 大將軍營은 五部에 部校尉一人하고 部有曲하니 曲有軍候一人이라
〈古代의 군대 編制에〉 大將軍의 진영에는 5部에 部마다 校尉 한 사람이 있고, 部에는 曲이 있는 바, 曲에는 軍候 한 사람이 있었다.

【乙亥】 三年이라 〈漢建元元年이라〉

建興 3년(을해 315) - 漢나라 建元 元年이다. -

詔進拓跋猗(의)盧[1]爵하야 爲代王하다

황제가 명하여 拓跋猗盧의 작위를 올려 代王으로 삼았다.

1) 〔原註〕 拓跋猗盧 : 後爲元魏하니라 〔附註〕 拓跋猗盧 : 拓跋은 複姓이니 後改姓元氏하니라 初에 匈奴劉虎附漢이어늘 劉琨將討之할새 說猗盧하야 請兵하야 遂破劉虎하니라 琨結爲兄弟하고 表爲大單于하야 封之代公이러니 後爲元魏하니라 魏之先은 出自黃帝라 受封國에 有大鮮卑山하야 因以大鮮卑爲號하니라
〔原註〕 拓跋猗盧는 뒤에 元魏(北魏)의 선조가 된다. 〔附註〕 拓跋은 複姓이니, 뒤에 성을 元氏로 고쳤다. 처음에 匈奴 劉虎가 漢나라에 붙자, 劉琨이 그를 토벌하려 할 적에 拓跋猗盧를 설득하여 병력을 청하여 마침내 劉虎를 격파하였다. 劉

琨이 拓跋猗盧와 의형제를 맺고 表文을 올려 大單于로 삼아서 代公에 봉하였는데, 뒤에 元魏가 되었다. 魏나라의 先祖는 黃帝로부터 나왔다. 封國을 받은 곳에 大鮮卑山이 있어서 인하여 大鮮卑라고 호칭하였다.

○ **陶侃**이 **爲廣州刺史**하다 **侃**이 **在廣州**에 **無事**면 **輒朝運百**甓(벽)[1]**於齋外**하고 **暮運於齋內**어늘 **人問其故**한대 **答曰 吾方致力中原**하노니 **過爾優逸**이면 **恐不堪事**라 **故自勞爾**라하더라

陶侃이 廣州刺史가 되었다. 陶侃이 廣州에 있을 적에 일이 없으면 그때마다 아침에 백 장의 벽돌을 집 밖으로 운반했다가 저녁이면 집 안으로 운반하였다. 사람들이 그 이유를 묻자, 대답하기를 "내가 막 中原에 힘을 다하려 하니, 지나치게 편안하면 일을 감당하지 못할까 두렵기 때문에 스스로 수고롭게 하는 것뿐이다." 하였다.

1) 〔釋義〕 甓 : 甓은 韻會云 瓴甋을 謂之甓이라
甓은 ≪韻會≫에 이르기를 "벽돌을 甓이라 한다." 하였다.

【丙子】四年이라 〈**漢麟嘉元年**이라〉

建興 4년(병자 316) - 漢나라 麟嘉 元年이다. -

八月에 **漢大司馬曜 逼長安**하다 **九月**에 **曜攻陷長安**하니 **帝乘羊車**하고 **肉袒銜璧**[1]**輿櫬**하고 **出東門降**이어늘 **曜焚櫬受璧**하고 **遷帝及公卿以下於其營**이러니 **辛丑**에 **送至平陽**하다

8월에 漢나라 大司馬 劉曜가 長安을 핍박하였다. 9월에 劉曜가 長安을 공격하여 함락시키니, 황제가 양이 끄는 수레를 타고 肉袒하고 璧玉을 입에 물고 棺을 수레에 싣고서 東門에 나가 항복하였다. 劉曜가 棺을 불태우고 璧玉을 받고서 皇帝와 公卿 이하를 軍營으로 옮겼는데, 辛丑日(17일)에 平陽으로 압송하였다.

1)〔通鑑要解〕銜璧：縛手하야 不能執璧故로 銜之以爲降也라 降은 他註에 作贄라
손을 포박하여 璧玉을 잡을 수 없으므로 입에 물고 항복하는 것이다. 降은 다른 註에는 贄로 되어 있다.

(于)〔干〕寶[1]論曰 晉之亡也는 樹立失權하고 托付非才하야 四維[2]不張하야 而苟且之政이 多也일새라 夫基廣則難傾이요 根深則難拔이요 理節則不亂[3]이요 膠結則不遷[4]이니 昔之有天下에 所以能長久는 用此道也라 今晉之興也는 創基立本이 固異於先代矣요 加以朝寡純德之人하고 鄕乏不貳之老하야 風俗淫僻하고 恥尙失所라 學者는 以莊, 老爲宗[5]而黜六經하고 談者는 以虛蕩爲辨而賤名檢[6]하고 行身者는 以放濁爲通而狹節信하고 進仕者는 以苟得爲貴而鄙居正하고 當官者는 以望空[7]爲高而笑勤恪이라 是以로 劉頌[8]이 屢言治道하고 傅咸[9]이 每糾邪正이나 皆謂之俗吏라하고 其倚仗虛曠하고 依阿無心者는 皆名重海內하니 禮法刑政이 於此大壞라 國之將亡에 本必先顚[10]은 其此之謂乎인저 故로 觀阮籍之行이면 而覺禮敎崩弛之由하고 察庾純, 賈充之爭[11]이면 而見師尹之多僻하고 考平吳之功이면 而知將帥之不讓하고 思郭欽之謀면 而寤戎狄之有釁하고 覽傅玄, 劉毅之言이면 而得百官之邪하고 核傅咸之奏[12], 錢神之論이면 而覩寵賂之彰이라 民風國勢如此하니 雖以中庸[13]之君과 守文之主[14]治之라도 猶懼致亂이어든 況惠帝以放蕩之德으로 臨之哉아 懷帝[15]는 承亂(得)〔卽〕位하야 羈以强臣[16]하고 愍帝[17]는 奔播之後에 徒守虛名하야 天下之勢旣去하니 非命世之雄才[18]면 不能復取之矣니라

干寶의 論에 말하였다.

"西晉이 멸망한 것은 왕위를 이을 후계자를 잘못 선발하였고, 왕의 보필을 맡긴 신하가 적임자가 아니어서 禮·義·廉·恥의 四維가 확립되지 못하여 구차한 정사가 많았기 때문이다. 터전이 넓으면 기울기 어렵고 뿌리가 깊으면 뽑기가 어려우며 조리가 있고 절도가 있으면 어지럽지 않고 人心이 굳게 뭉치면 바뀌지 않으니, 옛날 천하를 소유함에 장구할 수 있었던 것은 이 방법을 썼기 때문이다. 지금 晉나라가 일어남은 터전을 마련하고 근본을 세운 것이 진실로 先代와 달랐다. 게다가 조정에는 순수한 德을 갖춘 사람이 적고

지방에는 두마음을 품지 않은 노인이 없어서 풍속이 음탕하고 간사하며 부끄러워하고 숭상함이 기준을 잃었다. 배우는 자들은 莊子와 老子를 종주로 삼고 六經을 내쳤으며, 말하는 자들은 허황된 말을 才辯으로 삼고 名檢(禮法)을 천하게 여겼으며, 行身(修身)하는 자들은 방탕하고 혼탁한 것을 통달한 것이라 여기고 절개와 신의를 협소하게 여겼으며, 나아가 벼슬하는 자들은 〈방법을 가리지 않고 벼슬을〉 구차히 얻는 것을 귀하게 여기고 正道를 지키는 것을 비루하게 여겼으며, 관직을 맡은 자들은 헛된 명망을 淸高하다고 여기고 부지런함과 근신함을 비웃었다. 이 때문에 劉頌이 여러 번 나라를 다스리는 방도를 말하고 傅咸이 매번 간사함과 바름을 규찰하여 드러냈으나 모두 이들을 일러 俗吏라 하였으며, 空論만 일삼고 책임을 지지 않는 자들과 아첨하고 주관이 없는 자들은 모두 명망이 海內에 중하였으니, 禮法과 刑政이 이에 크게 무너졌다. '나라가 장차 망하려 하면 근본이 먼저 흔들린다.'는 것은 이를 두고 한 말일 것이다.

그러므로 阮籍의 방자한 행실을 보면 禮敎가 무너지고 해이해진 이유를 깨달을 수 있고, 庾純과 賈充의 다툼을 보면 師尹(高官)이 편벽됨이 많음을 볼 수 있고, 吳나라를 평정한 공을 살펴보면 장수들이 겸양하지 않음을 알 수 있고, 郭欽의 계책을 생각하면 오랑캐들이 틈을 타고 일어남을 깨달을 수 있고, 傅玄과 劉毅의 말을 보면 百官들의 간사함을 알 수 있고, 傅咸의 奏疏와 〈錢神論〉을 살펴보면 은총이 남발되고 뇌물이 공공연하게 행해졌음을 알 수 있다. 백성의 풍속과 나라의 형세가 이와 같으니, 비록 中庸(中等)의 재주와 떳떳한 法을 지키는 군주가 다스렸더라도 오히려 혼란을 일으킬까 두려운데, 더구나 惠帝가 방탕한 덕으로 임함에 있어서겠는가. 懷帝는 난리 중에 즉위하여 강한 신하에게 제재당하였고 愍帝는 도망하여 파천한 뒤에 한갓 헛된 이름만 지켜서 天下의 大勢가 이미 떠나갔으니, 세상에 이름날 만한 영웅의 재주가 아니라면 다시 천하를 취할 수가 없는 것이다."

1) 〔頭註〕 (于)〔干〕寶[*)] : 東晉人이라

干寶는 東晉 사람이다.

*) 干寶 : 晉나라 新蔡 사람이다. 著作郞을 지냈고, ≪晉書≫를 저술하였는데, 陰

陽과 術數를 좋아하였다. ≪萬姓統譜≫에 "楊萬里가 '晉 于寶'라고 하자, 한 吏胥가 '干寶이지 于寶가 아니다.'라고 하니, 楊萬里는 그 吏胥를 일러 一字師(한 글자를 바로잡아 준 스승)라 하였다." 한다.

2) 〔頭註〕 四維：禮義廉恥라

四維는 禮・義・廉・恥이다.

3) 〔頭註〕 理節則不亂：理節은 謂政教有條理節度也라

理節은 政教에 條理와 節度가 있음을 이른다.

4) 〔頭註〕 膠結則不遷：膠는 固也라 言君布仁惠之德이면 則根基深廣하고 人心固結하야 不可遷也라

膠는 견고함이다. 군주가 어질고 은혜로운 德을 베풀면 근본과 터전이 깊고 넓으며 人心이 굳게 결속하여 옮겨 가지 않음을 말한 것이다.

5) 〔釋義〕 以莊老爲宗：莊, 老는 謂莊子, 老子也니 皆虛無之學也라 王氏曰 按玄妙內篇曰 莊子는 姓莊이요 名周요 字子休니 生宋國睢陽蒙縣하고 號曰南華仙人이라 嘗爲蒙漆園吏하니 與梁惠王同時라 其學이 無所不闚나 然其要는 本歸于老子之言이라 著書十餘萬言하니 其言이 恍洋自恣하야 以適己라 老子는 姓李요 名耳라 字伯陽이니 一名重耳요 外字聃이니 或云 謚曰聃이라하니 周時人이라 李母懷胎八十一載에 逍遙李樹下라가 乃剖左腋而生하니 生卽皓然이라 故로 曰老子라 後爲周守藏室之史러니 見周之衰하고 去周西度關할새 關令尹喜見之하고 曰子將隱矣하니 强爲我著書하라 於是에 著道德二篇上下經五千餘言而去하니 竟莫知其所終이라

莊・老는 莊子와 老子를 이르니, 모두 허무한 학설을 주장하였다. 王氏가 말하였다. "살펴보건대 ≪玄妙內篇≫에 莊子는 성이 莊이고 이름이 周이며 자가 子休이니, 宋나라 睢陽 蒙縣에서 출생하였고 호를 南華仙人이라 하였다. 일찍이 蒙縣 漆園의 관리가 되었으니, 梁惠王과 동시대였다. 그의 학문은 엿보지 않은 바가 없었으나 그 요점은 본래 老子의 말로 귀결되었다. 10여만 자에 이르는 책을 지었는데, 그 말을 황당하고 자기 마음대로 하여 스스로 만족해했다. 老子는 성이 李이고 이름이 耳이다. 자는 伯陽이니, 일명은 重耳이고 다른 자는 聃인데 혹자는 시호가 聃이라고 한다. 周나라 때 사람이다. 李耳의 어머니가 임신한 지 81년 만에 오얏나무 아래를 거닐다가 마침내 왼쪽 겨드랑이 밑을 가르고 낳았는데, 낳고 보니 머리가 희었으므로 老子라 하였다. 뒤에 周나라 藏室을 지키는 柱下史가 되었다. 周나라가 쇠한 것을 보고 周나라를 떠나 서쪽으로 관문을 지나갈 적

에 關令 尹喜가 그를 보고 말하기를 '그대가 장차 은둔하려 하니, 부디 나를 위하여 책을 지어 달라.'고 하였다. 이에 ≪道德經≫ 上·下 두 편 5천여 자를 짓고 떠나갔는데, 마침내 그가 죽은 곳은 알지 못한다."

6)〔頭註〕名檢 : 法度也라

名檢은 법도이다.

7)〔釋義〕望空 : 望은 名也니 猶言虛名也라

望은 명망이니, 望空은 虛名이라고 말하는 것과 같다.

8)〔頭註〕劉頌 : 武帝時에 守廷尉라

劉頌은 武帝 때에 廷尉를 맡았다.

9)〔附註〕傅咸 : 武帝時에 襲父玄爵하고 累遷尙書右丞하니 剛簡有大節이라 風格峻整하고 識性明悟하야 疾惡如仇하고 推心善樂하니라

傅咸은 武帝 때에 아버지 傅玄의 爵位를 세습하고 여러 번 승진하여 尙書右丞에 이르렀다. 성품이 강직하고 간략하며 큰 절개가 있었다. 풍채와 품격이 준엄하고 단정하였으며, 지식이 밝고 성품이 깨여서 惡을 미워하기를 원수와 같이 하고 자신의 마음을 미루어 선한 일을 즐거워하였다.

10)〔譯註〕國之將亡 本必先顚 : 이 내용은 ≪春秋左傳≫ 閔公 元年條에 보인다.

11)〔附註〕賈充之爭 : 賈充이 與朝士宴할새 庾純行酒호되 充不時飮하니 純醉하야 與爭言曰 長者爲壽어늘 何敢爾乎아 充曰 父老不歸養하니 卿無天地로다 純曰 高貴鄕公何在오하니 充慚怒하야 上表解職하고 純亦自劾한대 詔免하니 純以榮官忘親하고 而充嘗弑高貴鄕公也라

賈充이 朝士와 연회할 때에 庾純이 술잔을 돌렸으나 賈充이 제때에 마시지 않자, 庾純이 술에 취하여 말다툼하기를 "長者가 祝壽하는 술잔을 올렸는데, 어찌 감히 이렇게 하는가?" 하니, 賈充이 말하기를 "아버지가 늙었는데도 돌아가서 봉양하지 않으니, 卿은 天地가 없는 것이다." 하였다. 庾純이 말하기를 "高貴鄕公(曹髦)은 어디에 있는가?" 하니, 賈充이 부끄러워하고 노여워하여 表文을 올려 직책에서 물러났고, 庾純 또한 스스로 탄핵하자 면직하도록 명하였으니, 庾純은 관직을 영화롭게 여겨 어버이를 잊었고 賈充은 일찍이 高貴鄕公을 시해하였기 때문이다.

12)〔附註〕傅咸之奏 : 咸爲司隷校尉하야 上言호되 貨賂流行하니 所宜深絶이라하니라 時에 朝政寬弛하야 權豪放恣러니 咸奏免河南尹澹等官하니 京師肅然하니라

傅咸이 司隷校尉가 되어서 上言하기를 "뇌물이 공공연히 유행하니, 마땅히 깊

이 끊어야 한다."라고 하였다. 당시 조정이 느슨하고 해이해져서 權臣과 土豪들이 방자하였는데, 傅咸이 河南尹 司馬澹 등의 관직을 면직할 것을 아뢰니, 京師가 숙연하였다.

13)〔頭註〕中庸：謂不賢不愚之才라
中庸은 현명하지도 않고 어리석지도 않은 중간 정도의 재주를 이른다.

14)〔頭註〕守文之主：謂守常平治世之主也라
守文은 떳떳한 법을 지켜 세상을 다스리는 군주를 이른다.

15)〔頭註〕況惠帝……懷帝：惠帝衷이요 懷帝熾니 皆武帝炎子라
惠帝는 司馬衷이요 懷帝는 司馬熾이니, 모두 武帝 司馬炎의 아들이다.

16)〔頭註〕强臣：太傅越輩라
강한 신하는 太傅 司馬越의 무리이다.

17)〔頭註〕愍帝：鄴이라
愍帝는 司馬鄴이다.

18)〔頭註〕命世之雄才：謂天命之生斯世之雄才也라
하늘이 명하여 이 세상에 태어나게 한 뛰어난 재주를 가진 인물을 이른다.

歷年圖曰 武帝旣遷魏祚에 席卷全吳하고 纘禹舊服이러니 恃其治安하고 荒于酒色하며 以開基之始에 不爲遠圖하야 崇尙浮華하고 敗棄禮法이라 惠帝昏愚하야 不辨菽麥하니 比之컨대 萬金之寶를 委之中衢하고 無人守之하니 安得不爲他人有乎아 禍生於閨闥하고 成於宗室하야 骨肉相殘하니 胡, 羯, 氐, 羌, 鮮卑[1] 爭承其敝하야 剖裂中原하고 虀[2]醢生民하야 積骸成丘하고 流血成淵이 幾三百年하니 豈不哀哉아

≪歷年圖≫에 말하였다.

"武帝는 이미 魏나라의 국통을 옮기자 吳나라 전 지역을 석권하고 禹王의 옛 강토를 이었는데, 나라가 잘 다스려져 안정됨을 믿고는 주색에 빠지며 開國하는 초기에 원대한 도모를 하지 않아서 浮華함을 숭상하고 禮法을 버렸다. 惠帝는 어둡고 어리석어서 사리를 분별하지 못하여, 비유하면 萬金의 보물을 길거리에 버려두고 지키는 사람이 없는 것과 같았으니, 어찌 타인의 소유가 되지 않을 수 있겠는가. 禍가 閨門에서 생겨나고 宗室에서 이루어져 골육간에 서로 해치고 죽이니, 胡族・羯族・氐族・羌族・鮮卑族이 다투어 그

피폐한 틈을 타서 中原을 분열시키며 백성들을 屠戮하여, 해골이 쌓여 언덕을 이루고 피가 흘러 연못을 이룬 것이 거의 300년에 이르렀다. 어찌 슬프지 않겠는가."

1)〔釋義〕胡羯氐羌鮮卑：胡는 謂劉淵이요 羯은 謂石勒이요 氐는 謂苻堅이요 羌은 謂姚弋仲이요 鮮卑는 謂慕容廆니 此謂五胡也라
 胡族은 劉淵(前趙)을 이르고, 羯族은 石勒(後趙)을 이르고, 氐族은 苻堅(前秦)을 이르고, 羌族은 姚弋仲(後秦)을 이르고, 鮮卑族은 慕容廆(前燕)를 이르니, 이를 일러 五胡라 한다.

2)〔頭註〕虀：音躋니 凡醯醬所和를 細切爲虀라
 虀는 음이 제이니, 식초와 醬을 섞어 절인 것을 가늘게 썬 것을 虀라 한다.

〔史略 史評〕史斷曰 愍帝는 僅得虛名하야 服稟不給하고 荐被圍辱하야 輿櫬出降하고 蒲伏虜庭하야 洗爵執蓋하니 識者謂足以報高貴鄕公墮車之痛[1)]焉이라하니라

史斷에 말하였다.

"愍帝는 겨우 허울뿐인 이름만을 얻어 의복과 양식이 부족하였고 거듭 포위를 당하여 수레에 관을 싣고 나가서 항복하였으며 오랑캐의 뜰에서 포복하여 잔을 씻고 일산을 잡았으니, 識者들이 이르기를 '高貴鄕公(曹髦)이 수레에서 떨어져 죽은 원통함을 씻기에 충분하다.' 하였다."

1)〔譯註〕高貴鄕公墮車之痛：賈充이 高貴鄕公 曹髦를 시해하였는 바, 이 내용은 앞의 25권 庚辰年條(260)에 자세히 보인다.

〔史略 史評〕胡氏曰 司馬炎이 簒魏以有天下라 然이나 以創業垂統之君으로 於風俗之衰에 恬不介意하니 蓋自竹林七賢之徒 以老莊虛無之敎로 滅魏는 炎所知也라 使其平吳之後에 正風俗하고 崇儒雅런들 尙可匡救어늘 奈何付託이 旣非其人이요 而王戎, 王衍輩 崇尙淸談하고 遺落世事하야 卒至八王構禍而骨肉相殘하고 二帝遠狩而冠屨倒置하니 是誰之過歟오 吁라 老莊之學이 禍人國家 如此하니 後世人主 可不戒哉아

胡氏가 말하였다.

"司馬炎이 魏나라를 찬탈하여 천하를 소유하였다. 그러나 창업하여 國統을 전한 군주로서 風俗이 쇠퇴하는 것을 보고서도 태연하게 개의치 않았으니, 竹林七賢의 무리가 老·莊의 虛無한 가르침으로 魏나라를 멸망시킨 것은 司馬炎도 아는 바였다. 그가 만일 吳나라를 평정한 뒤에 風俗을 바로잡고 儒雅를 숭상하였으면 오히려 바로잡아 구제할 수 있었을 터인데, 부탁하여 맡긴 자가 이미 적임자가 아니었고 王戎과 王衍의 무리가 淸談을 숭상하고 세상일을 내버려두어 끝내 八王이 화근을 만들어 골육간에 서로 해치고 죽이며 二帝가 멀리 파천하여 上下가 전도됨에 이르렀으니, 이것이 누구의 잘못이란 말인가. 아, 老·莊의 학설이 사람과 국가에 화를 끼침이 이와 같으니, 後世의 군주가 경계하지 않을 수 있겠는가."

晉 紀

中宗元皇帝[1] **名睿**니 **宣帝曾孫**이요 **琅琊王覲之子**라 **在位六年**이요 **壽四十六**이라

中宗 元皇帝는 이름이 睿이니 宣帝의 曾孫이고 琅琊王 司馬覲의 아들이다. 재위가 6년이고 壽가 46세이다.

1)〔通鑑要解〕中宗元皇帝 : 始建國都曰元이요 主義行德曰元이라
나라의 도읍을 처음으로 세운 것을 元이라 하고, 義를 주장하고 덕을 행한 것을 元이라 한다.

【丁丑】建武元年이라 〈**漢麟嘉二年**이요 **涼元公張寔**{珍}**建興五年**이라 ○ **舊大國一**이요 **幷成小國一**이며 **新小國一**이니 **凡三僭國**[1]이라〉

建武 元年(정축 317) - 漢나라 麟嘉 2년이요, 涼나라(前涼) 元公 張寔의 建興 5년이다. ○ 예전에 있던 大國이 하나이고 成나라까지 아울러 小國이 하나이며, 새로운 小國이 하나이니, 僭國이 모두 셋이다. -

1)〔譯註〕舊大國一……凡三僭國 : 예전에 있던 大國 하나는 漢이고, 小國 하나는 成이며, 새로운 小國 하나는 涼이다.

琅琊王[1]이 **卽晉王位**하야 **大赦改元**하고 **始備百官**하고 **立宗廟, 建社稷**하니 **是時**에 **承喪亂之後**하야 **江東**이 **草創**이라 **刁**(조)**協**이 **久宦中朝**하야 **諳練舊事**하고 **賀循**이 **爲世儒宗**하야 **明習禮樂**하니 **凡有疑議**에 **皆取決焉**하니라

琅琊王이 晉王에 즉위하여 크게 사면령을 내리고 연호를 고치며 처음으로 백관을 구비하고 宗廟를 세우고 社稷을 세우니, 이때에 喪亂을 겪은 뒤여서 江東 지방이 어수선하였다. 刁協은 오랫동안 조정에서 벼슬하여 故事에 정통하고 賀循은 세상의 儒宗이 되어서 禮樂에 밝고 익숙하니, 모든 의심스러운 의논이 있을 때마다 모두 이들에게 가서 결정하였다.

1) 〔附註〕 琅琊王 : 晉初에 有牛繼馬之謠러니 宣帝曾孫琅邪(琊)王覲之妃夏侯氏 通小吏牛金而生帝하다 中國多難이어늘 帝欲避難하야 求外補하야 得平陳將軍하고 鎭下邳하다 用王導策하야 移鎭建業하고 承制爲晉王이러니 愍帝凶聞至에 乃卽帝位하니라

晉나라 초기에 '소〔牛〕가 말〔馬〕을 잇는다.'는 讖謠가 있었는데, 宣帝(司馬懿)의 曾孫인 琅琊王 司馬覲의 妃인 夏侯氏가 아전인 牛金과 간통하여 元帝를 낳았다. 中原이 다사다난하므로 元帝가 난리를 피하고자 하여 外職에 보임되기를 청하여 平陳將軍을 얻고 下邳에 鎭駐하였다. 王導의 계책을 따라 옮겨서 建業을 鎭守하고 황제의 명을 받들어 晉王이 되었는데, 愍帝의 訃告가 이르자 마침내 황제에 즉위하였다.

○ **劉琨, 段匹磾(제) 相與歃(삽)血[1]同盟하고 期以翼戴晉室하다**

劉琨과 段匹磾가 함께 歃血하여 동맹을 하고 晉나라 황실을 보좌하고 떠받들 것을 기약하였다.

1) 〔譯註〕 歃血 : 굳은 약속의 표시로 개나 돼지, 말 따위 희생의 피를 서로 나누어 마시거나 입에 바름을 이른다.

○ **十一月에 征南軍司戴邈이 上疏하야 以爲 喪亂以來로 庠序隳(휴)廢라 議者或謂平世엔 尙文하고 亂世엔 尙武라하니 此言이 似之而實不然이라 今王業이 肇建하야 萬物이 權輿[1]하니 謂宜篤道崇儒하야 以勵風化니이다 王이 從之하야 始立太學하다**

11월에 征南軍司 戴邈이 상소하여 이르기를 "喪亂을 겪은 이래로 庠序(학교)가 폐지되었습니다. 의론하는 자가 혹 말하기를 '태평한 세상에는 文을

숭상하고 어지러운 세상에는 武를 숭상한다.' 하니, 이 말이 옳은 듯하나 실제로는 옳지 않습니다. 지금 王業이 처음 창건되어 만물이 비로소 떨치고 일어나니 道를 돈독히 하고 儒學을 높여서 風化를 장려해야 한다고 생각합니다." 하니, 왕이 그 말을 따라서 비로소 太學을 세웠다.

1) 〔頭註〕 權輿*) : 始也라
  權輿는 시작이다.

*) 權輿 : 저울대와 수레 바탕이라는 뜻으로, 사물의 시초를 이르는 말이다. 저울을 만들 때는 저울대부터 만들고 수레를 만들 때는 수레 바탕부터 만든다는 데서 유래하였다.

○ 漢主聰이 出畋할새 以愍帝로 行車騎將軍하야 戎服으로 執戟前導하니 見者指之曰 此는 故長安天子也라하고 聚而觀之하고 故老有垂泣者러라

漢主 劉聰이 나가서 사냥할 적에 愍帝에게 명하여 車騎將軍을 대리하여 군복 차림으로 창을 잡고 앞에서 인도하게 하니, 보는 자들이 가리키며 말하기를 "이분은 옛날 長安의 천자이다." 하고 모여서 구경하였고, 故老 중에 눈물을 흘리는 자가 있었다.

○ 十二月에 聰이 饗群臣于光極殿할새 使愍帝로 行酒洗爵이라가 已而요 更(경)衣하고 又使之執蓋[1])하니 晉臣이 多涕泣有失聲者라 尙書郎辛賓이 起하야 抱帝大哭하니 聰이 命引出斬之하고 愍帝도 遂遇害於平陽하다

12월에 劉聰이 光極殿에서 여러 신하들에게 연회를 베풀 적에 愍帝로 하여금 술을 따르고 술잔을 씻게 하였다가 이윽고 옷을 갈아입고 또 日傘을 잡게 하니, 晉나라 신하들이 눈물을 흘리며 슬피 울어 失聲한 자가 많았다. 尙書郎 辛賓이 일어나 愍帝를 껴안고 크게 통곡하니, 劉聰이 명하여 끌어내어 목을 베게 하고 愍帝도 마침내 平陽에서 살해당하였다.

1) 〔譯註〕 更衣 又使之執蓋 : 更衣는 측간을 가리키기도 하는 바, '更衣할새 又使之執蓋하니'로 懸吐하고 "측간에 갈 때에 따라가서 또 변기 뚜껑을 잡게 하니"로 해

석하기도 한다.

【戊寅】 太興元年이라 〈漢主劉曜光初元年이라〉

太興 元年(무인 318) - 漢主 劉曜의 光初 元年이다. -

三月에 愍帝凶問이 至建康이어늘 王이 斬衰(최)[1]居廬러니 旣而요 卽皇帝位하야 大赦改元하니 百官이 皆陪列[2]이라 帝命王導하야 升御床共坐한대 導固辭曰 若太陽이 下同萬物인대 蒼生이 何由仰照리잇고 帝乃止하다

3월에 愍帝의 訃告가 建康에 이르자, 晉王(司馬覲)이 斬衰服 차림으로 廬幕에 거하였는데, 이윽고 황제에 즉위하여 크게 사면령을 내리고 연호를 고치니, 백관들이 모두 陪侍하였다. 황제가 王導에게 명하여 御床에 올라와 함께 앉자고 하자, 王導가 한사코 사양하며 말하기를 "만약 태양이 아래로 지상의 만물과 함께 있다면 蒼生들이 어떻게 태양이 환하게 내리 비추는 것을 우러러 볼 수 있겠습니까?" 하니, 황제가 비로소 중지하였다.

1) 〔釋義〕 斬衰 : 喪衣下不縫者를 爲斬衰라 〔通鑑要解〕 父服曰斬衰요 母服曰齊衰라
〔釋義〕 상복의 아랫단을 꿰매지 않은 것을 斬衰라 한다. 〔通鑑要解〕 아버지를 위해서 입는 상복을 斬衰라 하고, 어머니를 위해서 입는 상복을 齊衰라 한다.

2) 〔頭註〕 陪列 : 猶陪位라
陪列은 陪位(자리에서 모심)와 같다.

○ 漢主聰이 卒하고 太子粲이 卽位러니 爲靳準[1]所殺이라 丞相曜卽皇帝位하고 石勒을 進爵爲趙王[2]하다

漢主 劉聰이 죽고 太子 劉粲이 즉위하였는데 靳準에게 살해당하였다. 丞相 劉曜가 황제의 자리에 오르고 石勒의 작위를 올려 주어 趙王이라 하였다.

1) 〔頭註〕 靳準[*] : 大司空이라
靳準은 大司空이나.

*) 靳準 : 漢主 劉聰의 國舅이자 劉粲의 외조부이다.

2)〔附註〕爲趙王：準이 弑粲而代之어늘 石勒이 引兵討準한대 丞相曜自立하고 封勒爲趙公이러니 明年에 勒自稱趙王하니라 曜는 劉淵族子也라
靳準이 劉粲을 시해하고 대신 서자, 石勒이 군대를 이끌고 가서 靳準을 토벌하였다. 丞相 劉曜가 스스로 즉위하고 石勒을 봉하여 趙公으로 삼았는데, 다음 해에 石勒이 趙王이라 자칭하였다. 劉曜는 劉淵의 族子이다.

【己卯】二年이라 〈**漢改號趙**하니 **光初二年**이라 ○ **後趙高祖石勒元年**이라 ○ **舊大國一**이요 **成**, 涼**小國二**며 **新大國一**이니 **凡四僭國**[1]이라〉

太興 2년(기묘 319) - 漢나라가 趙(前趙)로 국호를 고치니 光初 2년이다. ○ 後趙 高祖 石勒의 元年이다. 예전에 있던 大國이 하나이고 成・涼 등 小國이 둘이며, 새로운 大國이 하나이니, 僭國이 모두 넷이다. -

1)〔譯註〕舊大國一……凡四僭國：예전에 있던 大國 하나는 劉曜의 趙(前趙)이고, 小國 둘은 李雄의 成과 張寔의 前涼이며, 새로운 大國 하나는 石勒의 後趙이다.

漢主曜還都長安하고 **改國號曰趙**라하고 **以單于爲祖**[1]하다

漢主 劉曜가 〈平陽에서〉 다시 長安에 도읍하고 국호를 趙라 고치고 單于를 始祖로 삼았다.

1)〔附註〕以單于爲祖：以冒頓配天하고 光文配上帝라 冒頓은 漢高時頭曼單于之子也니 曜以爲祖라 光文은 劉淵之諡也라
冒頓(묵특)을 하늘에 배향하고 光文을 上帝에게 배향하였다. 冒頓은 漢나라 高祖 때 頭曼單于의 아들이니, 劉曜가 그를 시조로 삼은 것이다. 光文은 劉淵의 시호이다.

○ **石勒**[1]이 **始與曜絶**하고 **自稱趙王**하다

石勒이 처음으로 劉曜와 단절하고 趙王이라 자칭하였다.

1)〔原註〕石勒：後趙也라
石勒은 後趙의 왕이다.

【庚辰】三年이라 〈趙光初三年이요 後趙二年이라〉

太興 3년(경진 320) - 趙나라(前趙) 光初 3년이고, 後趙 2년이다. -

祖逖이 鎭雍丘하고 數(삭)遣兵하야 邀擊[1]後趙兵하니 後趙鎭戍歸逖者 甚多라 境土漸蹙이러라 七月에 詔加逖鎭西將軍하다 逖이 在軍에 與將士同甘苦하고 約己務施하고 勸農桑하고 撫納新附하야 雖疎賤者라도 皆結以恩禮하니 自河以南이 多叛後趙하고 歸于晉이러라 逖이 練兵積穀하야 爲取河北之計한대 後趙王勒이 患之하야 乃下幽州하야 爲逖修祖, 父墓[2]하고 置守冢二家하고 因與逖書하야 求通하다 逖의 牙門童建이 殺〈新〉蔡內史周密하고 降于後趙어늘 勒이 斬之하야 送首於逖하고 曰 叛臣逃吏는 吾之深仇라 將軍之惡(오) 猶吾惡(오)[3]也라하니 逖이 深德之하야 自是로 後趙人이 叛歸逖者를 逖皆不納하고 禁諸將하야 不使暴後趙之民하니 邊境之間이 稍得休息이러라

祖逖이 雍丘에 鎭駐하고 자주 군대를 보내어 後趙의 군대를 요격하니, 後趙의 鎭營에서 지키는 자들 중에 祖逖에게 歸附하는 자가 매우 많아서 後趙의 국경이 점점 줄어들었다.

7월에 詔書를 내려 祖逖에게 鎭西將軍을 가하였다. 祖逖이 軍中에 있을 때에 장병들과 고락을 함께 하고 자신을 위해서는 검소하게 하고 남에게 베풀기를 힘쓰며 농업과 養蠶을 권장하고 새로 歸附한 자들을 어루만지고 받아들여서 비록 소원하고 천한 자라도 모두 은혜와 예로써 맺으니, 黃河 이남 지방이 대부분 後趙를 배반하고 晉나라에 귀부하였다.

祖逖이 군사를 훈련시키고 곡식을 저축하여 河北을 점령할 계획을 세우니, 後趙王 石勒이 이를 근심하여 마침내 幽州로 내려가서 祖逖을 위하여 祖逖의 할아버지와 아버지의 묘를 수축하였으며 묘를 지키는 집 두 기호를 설치하고 이를 기화로 祖逖에게 편지를 보내어 사신을 통하기를 청하였다. 祖逖의 牙門(衙門) 童建이 新蔡內史 周密을 죽이고 後趙에 항복하자, 石勒이 그의 목을 베어 머리를 祖逖에게 보내고 말하기를 "배반한 신하와 도망간 관리는 내

가 깊이 미워하는 자이다. 장군이 증오하는 것은 또한 내가 증오하는 것과 같다." 하니, 祖逖이 그의 은덕에 깊이 감격하여 이후로는 石勒을 배반하고 祖逖에게 귀부하려는 後趙 사람들을 祖逖이 다 받아 주지 않았으며, 諸將들을 금지하여 後趙의 백성들을 침략하지 못하게 하니, 변경 사이가 차츰 안정되어 갔다.

1)〔頭註〕邀擊 : 邀는 遮也라
　邀는 遮(기다리고 있다가 차단함)이다.
2)〔通鑑要解〕爲逖修祖 父墓 : 逖范陽人이니 其祖, 父墓在焉之라
　祖逖은 范陽 사람이니, 할아버지와 아버지의 묘소가 그곳에 있었다.
3)〔通鑑要解〕將軍之惡猶吾惡 : 惡는 皆烏路切이라
　惡는 모두 烏路切(오)이다.

○ 帝之始鎭江東也에 王敦이 與從弟導로 同心翼戴라 帝亦推心任之하야 敦總征討하고 導專機政하고 群從子弟[1] 布列顯要하니 時人이 爲之語曰 王與馬[2]共天下라하더라 後에 敦이 自恃有功하고 且宗族彊盛하야 稍益驕恣어늘 帝畏而惡之하야 乃引劉隗, 刁協等하야 以爲腹心하고 稍抑損王氏之權하니 導亦漸見疎外라 導能任眞推分[3]하야 澹如也하니 有識이 皆稱其善處興廢호되 而敦은 益懷不平하야 遂構嫌隙이러라

황제가 처음 江東에 鎭駐했을 때에 王敦이 從弟 王導와 함께 한마음으로 황제를 보좌하고 떠받들었다. 황제 또한 誠心으로 그들을 신임해서 王敦은 토벌하는 軍務를 총괄하고 王導는 중요한 政事를 전담하였으며 여러 從子와 從弟들이 현달하고 중요한 관직에 布陳하였다. 당시 사람들이 말하기를 "王(王氏)과 馬(司馬氏)가 천하를 함께 누린다." 하였다. 뒤에 王敦이 建國하는 데에 功이 있음을 자부하고 또 종족이 강성하여 갈수록 더욱 교만하고 방자해지자, 황제가 두려워하고 미워해서 마침내 劉隗와 刁協 등을 나오게 하여 심복으로 삼고 차츰 王氏의 권한을 억제하고 줄이니, 王導 역시 점점 소외당하였다. 王導는 천진한 성품에 맡겨 두고 스스로 분수를 지켜 담담하니, 식

견 있는 자들이 모두 興亡의 시기에 잘 대처한다고 칭찬하였다. 그러나 王敦은 더욱 불평하는 마음을 품어 마침내 틈이 벌어졌다.

1)〔頭註〕群從子弟：兄弟之子를 相謂從이라하니 從昆弟는 言本同祖나 從父而別也라
兄弟의 아들을 서로 이르기를 從이라 하니, 從昆弟는 본래 조부는 같으나 아버지를 따라서 구별됨을 말한 것이다.
2)〔頭註〕王與馬：王은 謂王導宗族이요 馬는 謂晉帝司馬氏라
王은 王導의 宗族을 이르고, 馬는 晉帝 司馬氏를 이른다.
3)〔釋義〕任眞推分：任從其眞性하야 不肯假借하고 推之分齊하야 無復顧惜이라
〔通鑑要解〕帝抑損王氏權하야 導漸見疎外어늘 而能任其眞性하고 推之分限하야 不介于懷하니 言自然安分이요 非矯情也라
〔釋義〕천진한 성품 그대로 맡겨 두어 거짓으로 꾸미려 하지 않고 分齊(분수, 본분)를 지켜 다시 돌아보거나 아까워함이 없는 것이다. 〔通鑑要解〕황제가 王氏의 권한을 억제하고 줄여서 王導가 점점 소외당하였으나 王導는 천진한 성품에 맡겨 두고 스스로 分限(분수)을 지켜 마음에 개의치 않았으니, 자연히 분수를 편안히 여긴 것이고 實情을 속인 것이 아님을 이른다.

【辛巳】四年이라 〈趙光初四年이요 後趙三年이라〉

太興 4년(신사 321) - 趙나라 光初 4년이고, 後趙 3년이다. -

七月에 以戴淵으로 爲征西將軍, 都督司, 兗, 豫, 幷, 幽, 冀六州諸軍事하고 鎭合肥하다 豫州刺史祖逖이 以戴淵吳士[1]로 雖有才望이나 無弘致遠識하고 且已剪荊棘[2]하고 收河南地어늘 而淵이 雍容一旦來統之라하야 意甚怏(앙)怏하고 又聞王敦이 與劉, 刁[3]構隙하야 將有內難하야 知大功不遂하고 感激發病하야 九月에 卒於雍丘하니 豫州士女 若喪父母라 王敦이 久懷異志러니 聞逖卒하고 益無所憚이러라 十月에 以逖弟約으로 爲西平將軍, 豫州刺史하야 領逖之衆하다

7월에 戴淵을 征西將軍·都督司州兗州豫州幷州幽州冀州諸軍事로 삼고 合肥에 鎭駐하게 하였다. 豫州刺史 祖逖은 戴淵이 吳나라 사람으로 비록 재주

와 명망이 있으나 원대한 志趣와 고원한 識見이 없고, 또 자신이 온갖 고난을 제거하고 河南 지역을 수복하였는데 戴淵이 한가롭게 하루아침에 와서 통솔한다 하여 마음에 몹시 불쾌해 하였으며, 또 王敦이 劉隗·刁協과 틈이 생겨서 장차 內亂이 있을 것이라는 말을 듣고 큰 공이 이루어지지 못할 줄 알고 感慨하고 激憤하여 병이 나서 9월에 雍丘에서 죽으니, 豫州의 남녀 백성들이 마치 부모상을 당한 것처럼 슬퍼하였다. 王敦이 오랫동안 딴 마음을 품고 있었는데 祖逖이 죽었다는 말을 듣고 더욱 기탄하는 바가 없게 되었다.

10월에 祖逖의 아우 祖約을 西平將軍·豫州刺史로 삼아서 祖逖의 무리를 거느리게 하였다.

1)〔頭註〕戴淵吳士 : 淵은 廣陵人이니 廣陵은 故吳王濞(비)所都라
　戴淵은 廣陵 사람이니, 廣陵은 옛날 吳王 劉濞가 도읍했던 곳이다.
2)〔頭註〕荊棘 : 猶亂也라
　荊棘은 亂과 같다.
3)〔頭註〕劉刁 : 劉隗, 刁協이라
　劉, 刁는 劉隗와 刁協이다.

〔新增〕胡氏曰 祖士雅[1]慷慨忠義하고 有智略以行之하니 豈惟晉臣이리오 亦自古難得之才也라 惜其未聞道也여 易曰 知進而不知退하고 知存而不知亡하고 知得而不知喪하나니 其惟聖人이라야 知之而不失其正乎인저하니 戴淵이 可與共事者면 同心協力하야 以圖終功이 可也요 不可與共事而朝廷無用我之意者면 歸納印符하고 角巾東路[2]니 南山之南과 北山之北이 何往而不適哉아 又況王敦所以隱而未叛은 徒以豫州爲虞니 士雅知內難將作인댄 尤當訓明軍旅하고 張皇義聲하야 使奸人慴息하야 不敢動이요 如其事擧면 不妄投軀니 豈不善哉아 道二而已라 儻以全身爲賢이면 則由前所陳이요 儻以許國爲重이면 則由後所論이니 於義皆得이라 若夫功之成否는 皆天也니 又何必怏怏發病而喪其軀哉아 謂之不聞大道가 不亦宜乎아

胡氏가 말하였다.

"祖士雅(祖逖)는 강개하고 충의심이 있으며 지략이 있어 이로써 행하였으

니, 어찌 晉나라의 신하일 뿐이겠는가. 또한 예로부터 얻기 어려운 인재였다. 그러나 그가 道를 듣지 못한 것이 애석하다. ≪周易≫ 乾卦에 이르기를 '나아감만 알고 물러날 줄을 모르며, 보존함만 알고 망할 줄을 모르며, 얻음만 알고 잃을 줄을 모르니, 오직 聖人이라야 進退와 存亡의 이치를 알아 正道를 잃지 않는다.' 하였다. 戴淵이 함께 일할 만한 자였다면 마음을 함께 하고 힘을 합쳐서 종말의 공을 도모하는 것이 옳았을 것이요, 함께 일할 수가 없고 조정에서 자신을 써줄 마음이 없으면 印符를 반납하고 角巾을 쓰고 동쪽으로 돌아가는 길에 올랐어야 할 것이니, 南山의 남쪽과 北山의 북쪽이 어디를 간들 마땅하지 않았겠는가. 또 더구나 王敦이 逆心을 숨기고 배반하지 않은 까닭은 한갓 豫州를 걱정해서였으니, 士雅가 장차 內亂이 일어날 줄 알았다면 더욱 마땅히 군대를 訓明(훈련)시키고 의로운 명성을 넓혀서 간사한 사람으로 하여금 두려워서 감히 움직이지 못하게 했어야 할 것이요, 만일 그 일이 거행되었다면 망령되이 투신하지 않았어야 하니, 이렇게 하면 어찌 좋지 않았겠는가. 방법은 두 가지일 뿐이니, 진실로 몸을 온전히 하는 것을 어질게 여긴다면 앞에 말한 것을 따랐어야 할 것이요, 만일 나라에 몸을 허락하는 것을 중하게 여긴다면 뒤에 논한 것을 따랐어야 할 것이다. 이렇게 하면 모두 의리에 맞았을 것이다. 공을 이루고 이루지 못하는 것으로 말하면 모두 天運이니, 또 어찌 굳이 怏怏하여 병이 나서 자기 몸을 잃는단 말인가. 이를 일러 大道를 듣지 못했다고 하는 것이 당연하지 않은가."

1) 〔頭註〕 祖士雅 : 士雅는 祖逖字니 傳作士稚라
士雅는 祖逖의 字이니, ≪晉書≫ 〈祖逖傳〉에는 '士稚'로 되어 있다.

2) 〔譯註〕 角巾東路 : 각건은 處士나 隱者가 쓰는 두건을 이르고, 東路는 벼슬을 그만두고 은퇴하여 동쪽으로 돌아가겠다는 뜻으로, ≪晉書≫ 〈羊祜傳〉에 羊祜가 일찍이 從弟인 羊琇에게 보낸 편지에 이르기를 "이미 변방을 평정한 뒤에는 마땅히 角巾을 쓰고 동쪽으로 길을 떠나 고향으로 돌아가 棺이 들어갈 구덩이를 만들겠다.〔旣定邊事 當角巾東路 歸故里 爲容棺之墟〕"라고 하였는 바, 후에는 돌아가 은거하는 것을 나타내는 말로 쓰인다.

○ 十一月에 以慕容廆(외)로 爲都督幽, 平二州諸軍事하고 封遼東公하니 廆立子皝(황)하야 爲世子하다

11월에 慕容廆를 都督幽州平州諸軍事로 삼고 遼東公에 봉하니, 慕容廆가 아들 慕容皝을 세워 세자로 삼았다.

【壬午】 永昌元年이라 〈趙光初五年이요 後趙四年이라〉

永昌 元年(임오 322) - 趙나라 光初 5년이고, 後趙 4년이다. -

王敦이 將作亂할새 謂謝鯤曰 劉隗[1]奸邪하야 將危社稷이라 吾欲除君側之惡하노니 何如오 鯤曰 隗誠始禍나 然城狐社鼠[2]니이다 敦怒曰 君은 庸才라 豈達大體리오하고 遂擧兵於武昌하야 上疏罪狀劉隗한대 沈充이 亦起兵於吳興하야 以應敦하다 敦至蕪湖하야 又上表罪狀刁協하니 帝大怒하야 詔曰 王敦이 憑恃寵靈[3]하고 敢肆狂逆하야 方朕太甲[4]하야 欲見幽囚하니 是可忍也인댄 孰不可忍이리오 今親帥六軍하야 以誅大逆호리니 有殺敦者면 封五千戶侯하리라 〈敦傳〉

王敦이 난을 일으키려 할 적에 謝鯤에게 이르기를 "劉隗가 간사하여 장차 社稷을 위태롭게 할 것이다. 내가 군주 곁에 있는 악한 자를 제거하고자 하니, 어떠한가?" 하자, 謝鯤이 말하기를 "劉隗가 진실로 禍의 시초이지만 城 안에 사는 여우와 社에 사는 쥐에 불과합니다." 하였다. 王敦이 노하여 말하기를 "그대는 용렬한 재주이니, 어찌 일의 大體를 알겠는가." 하고는 마침내 武昌에서 군대를 일으키고서 상소하여 劉隗의 죄상을 나열하니, 沈充이 또한 吳興에서 군대를 일으켜 王敦에게 호응하였다. 王敦이 蕪湖에 이르러서 또다시 表文을 올려 刁協의 죄상을 아뢰니, 황제가 크게 노하여 조서를 내리기를 "王敦이 은총과 신임을 믿고서 감히 미치고 패역한 짓을 恣行하여 朕을 太甲에게 비교하여 幽閉하고 가두려 하니, 이것을 차마 할 수 있다면 무슨 짓을 차마 못하겠는가. 이제 六軍을 직접 거느리고서 大逆罪를 범한 자를 주벌할 것이니, 王敦을 죽이는 자가 있으면 五千戶의 侯에 봉하겠다." 하였

다. - ≪晉書≫〈王敦傳〉에 나옴 -

1)〔頭註〕劉隗：帝引劉隗等하야 欲抑王氏하니 見上庚辰이라
 황제가 劉隗 등을 나오게 하여 王氏를 억제하고자 하였으니, 앞의 庚辰年條(320)에 보인다.

2)〔頭註〕城狐社鼠：城狐不灌하고 社鼠不燻은 謂其得所依憑也니 指人君左右近習이라
 성 안에 사는 여우는 물을 대어 잡을 수가 없고 社에 사는 쥐는 불을 질러 잡을 수 없다는 것은 의거할 곳을 얻었음을 이르니, 임금의 좌우에서 임금을 가까이 모시는 近臣을 가리킨다.

3)〔頭註〕寵靈：靈亦寵也라
 靈도 역시 총애하는 것이다.

4)〔頭註〕方朕太甲：方은 比也라 敦上疏曰 昔에 太甲顚覆厥度로되 幸納伊尹之忠하야 殷道復昌故云云이라
 方은 비교함이다. 王敦이 상소하여 아뢰기를 "옛날에 太甲이 法度를 전복시켰으나 다행히 伊尹의 忠言을 받아들여 殷나라의 道가 다시 창성할 수 있었습니다.……" 하였으므로 이렇게 말한 것이다.

帝徵戴淵, 劉隗하야 入衛建康하니 隗至하야 與刁協勸帝하야 盡誅王氏어늘 帝不許하니 隗始有懼色이러라 司空導 帥其從弟中領軍邃와 左衛將軍廙(이)와 侍中侃, 彬과 及諸宗族二十餘人하고 每旦에 詣臺[1)]待罪하다 周顗(의)將入할새 導呼之曰 伯仁[2)]아 以百口累卿[3)]하노라 顗直入不顧러니 旣見帝에 言導忠誠하야 申救甚至하니 帝納其言하다 顗喜飮酒하야 至醉而出할새 導猶在門하야 又呼之어늘 顗不與言하고 顧左右曰 今年에 殺諸賊奴하고 取金印如斗大하야 繫肘後호리라 旣出에 又上表하야 明導無罪하야 言甚切至호되 導不之知하고 甚恨之러라 帝命還導朝服하고 召見之하니 導稽首曰 賊臣逆子 何代無之리오마는 不意今者에 近出臣族이로소이다 帝跣而執其手하고 曰 茂弘[4)]아 方寄卿以百里之命[5)]이어늘 是何言耶오

황제가 戴淵과 劉隗를 불러 들어와서 建康을 호위하게 하였다. 劉隗가 이르러서 刁協과 함께 황제에게 권하여 王氏를 다 죽이라고 하였으나 황제가 허락하지 않으니, 劉隗가 비로소 두려워하는 기색이 있었다.

司空 王導가 그의 從弟 中領軍 王邃와 左衛將軍 王廙와 侍中 王侃·王彬 및 여러 宗族 20여 명을 거느리고 매일 아침마다 臺에 나아가 待罪하였다. 周顗가 들어가려 할 적에 王導가 불러 이르기를 "伯仁아, 우리 집안 一族의 목숨을 卿에게 부탁한다." 하였는데, 周顗가 곧바로 들어가고 돌아보지 않았으나 황제를 뵙자 王導의 충성을 말하여 변명하고 구원하기를 매우 지극히 하니, 황제가 그의 말을 받아들였다. 周顗가 기뻐하여 술을 마시고 취해서 나오니, 王導가 아직도 문 앞에 있다가 또다시 周顗를 불렀다. 周顗가 王導와 말하지 않고 좌우를 돌아보며 말하기를 "금년에 여러 역적 놈들을 죽이고서 말〔斗〕처럼 큰 金印을 취하여 팔뚝 뒤에 매달겠다." 하였다. 이미 나온 뒤에 또다시 表文을 올려 王導의 무죄함을 밝혀 내용이 매우 간절하고 지극하였으나 王導는 이것을 알지 못하고 매우 한하였다.

황제가 명하여 王導에게 朝服을 도로 돌려주게 하고 그를 불러서 보았다. 王導가 머리를 조아리며 말하기를 "賊臣과 逆子가 어느 대인들 없었겠습니까마는 이번에 가까이 신의 집안에서 나올 줄은 생각하지 못했습니다." 하니, 황제가 맨발로 나와 그 손을 잡고서 말하기를 "茂弘아, 막 卿에게 百里의 政令을 맡기려 하는데, 이 무슨 말인가." 하였다.

1)〔頭註〕詣臺 : 尙書는 爲中臺요 御史는 爲憲臺라
尙書는 中臺라 하고, 御史는 憲臺라 한다.

2)〔釋義〕伯仁 : 周顗字也라
伯仁은 周顗의 字이다.

3)〔通鑑要解〕以百口累卿 : 累는 猶托也라 人謂其家之親屬曰百口*)라하니 欲使顗保護導하야 以全其家也라
累는 맡김과 같다. 사람들이 자기 집안의 親屬을 일러 百口라 하니, 周顗로 하여금 王導를 보호하게 하여 그 집안을 온전히 하고자 한 것이다.

*) 百口 : 백 명의 식구라는 뜻으로, 全家 또는 近親 一族을 이르는 말이다.

4)〔頭註〕茂弘 : 導字라

茂弘은 王導의 字이다.

5)〔頭註〕百里之命 : 欲托孤*)라

百里의 命은 어린 군주를 부탁하고자 한 것이다.

*) 托孤 : ≪論語≫ 〈泰伯〉에 "六尺의 어린 군주를 맡길 만하고 百里(諸侯國)의 政令을 부탁할 만하며 大節에 임해서 그 절개를 빼앗을 수 없다면 君子다운 사람인가? 君子다운 사람이다.〔可以託六尺之孤 可以寄百里之命 臨大節而不可奪也 君子人與 君子人也〕"라고 보이는 바, 어린 군주를 보필하여 國政을 대행하게 함을 이른다.

○ 三月에 以導로 爲前鋒大都督하고 加戴淵驃騎將軍하고 詔曰 導以大義滅親하니 可以吾爲安東時節[1]假之라하다 以周顗로 爲尙書左僕射하고 王邃로 爲右僕射하다

3월에 王導를 前鋒大都督으로 삼고 戴淵에게 驃騎將軍을 가하고 조서를 내리기를 "王導는 大義를 지키기 위해 친척도 돌아보지 않았으니, 내가 安東將軍으로 있었을 때의 符節을 그에게 빌려 주겠다." 하였다. 周顗를 尙書左僕射로 삼고, 王邃를 右僕射로 삼았다.

1)〔釋義〕吾爲安東時節 : 懷帝時에 元帝嘗爲安東將軍하야 都督揚州하니라

懷帝 때에 元帝가 일찍이 安東將軍이 되어서 揚州를 都督하였다.

○ 敦據石頭[1]하야 歎曰 吾不復得爲盛德事矣로다 帝命刁協, 劉隗, 戴淵하야 帥衆攻石頭러니 協, 隗俱敗어늘 帝令公卿百官으로 詣石頭見敦하고 以敦爲丞相, 都督中外諸軍, 錄尙書事하다 呂猗(의)[2]說敦曰 周顗, 戴淵이 皆有高名하야 足以惑衆이니 公不除之면 恐必有再擧之憂니라 敦然之하야 從容問導호되 導不答[3]이어늘 收顗及淵하야 殺之하다 王導後에 料檢[4]中書故事라가 乃見顗救己之表하고 執之流涕曰 吾雖不殺伯仁이나 伯仁이 由我而死[5]하니 幽冥之中에 負此良友라하더라 敦竟不朝天子而還武昌하다 敦旣得志에 暴慢滋

甚하야 **四方貢獻**을 **多入其府**하고 **將相岳牧**[6)]이 **皆出其門**하니라

王敦이 石頭城를 점거하고서 한탄하기를 "내가 다시는 훌륭한 德이 있는 일을 할 수 없게 되었다." 하였다. 황제가 刁協·劉隗·戴淵에게 명하여 무리를 거느리고 石頭城를 공격하게 하였는데, 刁協·劉隗가 모두 패하였다. 황제가 公卿과 百官으로 하여금 石頭城에 나아가 王敦을 만나 보게 하고 王敦을 丞相·都督中外諸軍·錄尙書事로 삼았다.

呂猗가 王敦을 설득하기를 "周顗와 戴淵이 모두 높은 명망이 있어서 충분히 사람들을 현혹시킬 수 있으니, 公이 이들을 제거하지 않으면 반드시 재차 군대를 일으킬 우려가 있습니다." 하였다. 王敦이 그 말을 옳게 여겨 조용히 王導에게 물었으나 王導가 대답하지 않자, 周顗와 戴淵을 체포하여 죽였다. 王導가 뒤에 中書省의 옛일을 정리하다가 마침내 周顗가 자신을 구원해 준 表文을 보고는 표문을 잡고 눈물을 흘리며 말하기를 "내가 비록 伯仁을 죽이지는 않았으나 伯仁이 나 때문에 죽었으니, 이러한 좋은 벗을 저버려서 마침내 죽게 만들었다." 하였다.

王敦이 끝내 천자에게 조회하지 않고 武昌으로 돌아갔다. 王敦은 이미 뜻을 얻고 나자, 포악하고 태만함이 더욱 심하여 사방의 貢獻을 대부분 자기의 창고로 들이고 將相과 岳牧(牧伯)이 모두 그 문하에서 나왔다.

1) 〔釋義〕 石頭 : 城名이니 今建業이라
 石頭는 城의 이름이니, 지금의 建業이다.

2) 〔頭註〕 呂猗 : 敦參軍也라
 呂猗는 王敦의 參軍이다.

3) 〔通鑑要解〕 導不答 : 敦參軍呂猗說之하니 然之하여 以問導曰 周, 戴는 南北之望이니 當登三司無疑也라하야늘 導不答하고 又曰 止應令僕邪아하야늘 又不答하고 敦曰 若不爾면 正當誅爾라하야늘 又不答하니 收顗及淵殺之하니라 顗被收에 路經太廟하니 大言曰 賊臣王敦이 傾覆社稷하고 枉殺忠臣하니 神祇有靈인댄 當速殺之리라하니 收人以戟傷其口하야 流血至踵이나 容止自若하니 觀者 皆爲流涕라 幷淵殺之하다
 王敦의 參軍인 呂猗가 王敦을 설득하니, 王敦이 그 말을 옳게 여겨 王導에게 묻

기를 "周顗와 戴淵은 南方과 北方의 명망 있는 사람이니, 이들이 三公의 지위에 올라야 함은 의심할 나위가 없다." 하였으나 王導가 대답하지 않았다. 王敦이 또 말하기를 "三公이 못 된다면 尙書令이나 尙書左・右僕射에 그쳐야 하겠는가?" 하였으나 또 대답하지 않았다. 王敦이 말하기를 "만약 이렇게 하지 않는다면 다만 그들을 죽일 뿐이다." 하였으나 王導가 또 대답하지 않으니, 王敦이 周顗와 戴淵을 체포하여 죽였다. 周顗가 체포당할 때 도중에 太廟를 지나게 되자, 큰 소리로 말하기를 "賊臣인 王敦이 社稷을 전복하고 忠臣을 억울하게 죽이니, 天地神明이 계신다면 속히 그를 죽일 것이다." 하였다. 체포해 가는 사람이 창으로 그의 입을 찔러 피가 흘러서 발꿈치에까지 이르렀으나 행동거지가 태연자약하니, 구경하는 자들이 모두 그를 위하여 눈물을 흘렸다. 周顗를 戴淵과 함께 죽였다.

4)〔頭註〕料檢：料理也라

料檢은 헤아려서 정리하는 것이다.

5)〔通鑑要解〕伯仁由我而死：自愧於敦三問不答之意也라

王敦이 세 번 물었을 때에 대답하지 않은 것을 스스로 부끄러워하는 뜻이다.

6)〔頭註〕岳牧：舜有四岳十二牧이라 故로 後之居方面者를 謂之岳牧이라

舜임금은 四岳과 十二牧이 있었다. 그러므로 후에 方面을 다스리는 자를 일러 岳牧이라 한다.

〔新增〕朱氏(黼)曰 王敦之反에 王導不能無罪也라 晉靈公이 欲殺趙盾(돈)한대 趙盾出奔이어늘 其弟趙穿이 遂弑靈公于桃園이러니 春秋書曰 趙盾이 弑其君夷皐라하고 客有毁郭解[1]者어늘 解之客이 殺之한대 公孫弘曰 解雖不知나 其罪甚於解殺之라하고 遂族解하니 二事雖不同이나 原心定罪하야 推其所自來하면 盾, 解固有難辭其責者라 導旣當國하니 敦은 其從父兄也라 以王氏失職이라하야 致興兵犯順이어늘 導不能防之於始하고 又不能止之於今하니 雖欲辭其責이나 可乎아 賊旣東下에 始闔門待罪하고 石頭失守나 位爵如昨하고 至行胸臆報恩怨하야 不免假手于賊이라 自我雖不殺伯仁이나 伯仁由我而死一語로 推之컨대 導雖有格天之烈, 蓋世之功이나 欲免趙盾郭解之誅면 終不能也니라

朱氏(朱黼)가 말하였다.

"王敦이 배반한 것에 대해 王導도 죄가 없지 못하다. 晉나라 靈公이 趙盾을 죽이려고 하자 趙盾이 도망갔다. 그 아우 趙穿이 마침내 靈公을 桃園에서

시해하였는데, ≪春秋≫에 쓰기를 '趙盾이 그 군주 夷皐를 시해했다.' 하였다. 그리고 어떤 사람이 郭解를 헐뜯자 郭解의 문객이 그를 죽였는데, 公孫弘이 말하기를 '郭解가 비록 그러한 사실을 알지 못하였으나 죄는 郭解가 직접 죽인 것보다 심하다.' 하고 마침내 郭解의 三族을 멸하였다. 이 두 가지 일은 비록 똑같지 않으나 마음을 근원하여 죄를 확정해서 그 由來한 바를 미루어 본다면 趙盾과 郭解가 진실로 그 책임을 회피하기 어렵다. 王導가 이미 국정을 담당하였으니, 王敦은 그의 從兄이었다. 王氏가 직책을 잃었다 하여 王敦이 군대를 일으켜 順理를 범하였는데 王導가 처음에 이것을 막지 못하였고 또 지금에 저지하지 못하였으니, 비록 책임을 면하고자 하나 될 수 있겠는가. 역적인 王敦이 이미 동쪽으로 내려온 뒤에야 비로소 闕門에서 待罪하였고, 石頭城을 빼앗겼으나 지위와 관작이 예전과 똑같았으며, 심지어는 자기 감정대로 은혜와 원수를 갚아서 적에게 손을 빌려 줌을 면치 못하였다. '내가 비록 伯仁을 죽이지 않았으나 伯仁이 나 때문에 죽었다.'는 한 마디 말을 가지고 미루어 본다면, 王導가 비록 하늘을 감동시킬 만한 정성과 세상을 뒤덮을 만한 공로가 있다 해도 趙盾과 郭解의 벌을 면하고자 한다면 끝내 면할 수가 없을 것이다."

1)〔頭註〕郭解 : 漢武時人이라
郭解는 漢나라 武帝 때 사람(俠客)이다.

○ 祖逖이 既卒에 後趙屢寇河南이어늘 祖約이 不能禦하고 退屯壽春한대 後趙遂取陳留하니 梁, 鄭之間이 復騷然矣러라

祖逖이 죽은 뒤에 後趙가 자주 河南을 침략하였는데,〈祖逖의 아우인〉祖約이 막지 못하고 후퇴하여 주둔하였다. 後趙가 마침내 陳留를 점령하니, 梁·鄭 지방이 다시 소란하였다.

○ 十一月에 帝憂憤成疾하야 崩하니 司空王導 受遺詔輔政하다 帝恭儉有餘나 而明斷不足이라 故로 大業未復하고 而禍亂內興이러라 太子卽皇帝位하다

11월에 황제가 근심하고 분하여 병이 되어 崩하니, 司空 王導가 遺詔를 받아 정사를 보필하였다. 황제가 공손함과 검소함은 有餘하였으나 총명함과 결단성은 부족하였다. 그러므로 大業을 회복하지 못하고 禍亂이 안으로부터 일어났다. 태자가 황제에 즉위하였다.

永嘉陳氏曰 自古로 爭天下者는 常易하고 收天下者는 常難이라 唐人有言호되 神堯[1]以一旅取天下어늘 而子孫不能以天下取河北[2]이라하니 嗟夫라 是亦其勢然也라 夫以匹夫而爭天下와 與失天下而收之者는 其勢甚不相若也라 凡人之情은 輕於用人之所有하고 重於用己之所愛하나니 輕則勇하고 重則怯하니 此爭天下與收天下之所以異也라 昔漢高帝資三尺之劍하야 五載而成帝業하니 何其銳也오 蓋高帝崛起豐沛之微하야 無寸土爲之階하니 兵은 秦兵也요 粟은 秦粟也요 城邑은 秦之城邑也라 驅非己之民하고 食非己之粟하야 而收非己之城邑이라 故得以肆意而爲之하야 降數十郡而喪之를 不恨也하고 捐數千里而授三將을 不惜也요 睢水之圍와 滎陽之脫에 瀕於死而不衰也라 以匹夫而爭天下에 其幸而集[3]則帝王이요 不幸而不集이면 吾如彼何哉리오 高帝亦不得不勇爲之矣라 晉元之南渡也에 撫江都之勝하고 兼吳會[4]之饒하니 亦足以奮矣로되 而沒齒不能歸侵疆之咫尺者는 非他也라 其心이 愛夫一隅之可以自託하야 惴惴然惟恐其用之而併失之也일새라 故曰是亦其勢然也라하노라 三代之後에 中興之功이 莫易於光武하니 豈光武獨能也哉아 蓋其勢亦高帝之勢요 而光武亦以高帝之道用之也일새니라

永嘉陳氏가 말하였다.

"예로부터 천하를 다투는 것은 항상 쉽고, 천하를 잃었다가 收復하는 것은 항상 어려웠다. 唐나라 사람이 말하기를 '神堯는 1旅(500명)로 천하를 취하였으나 자손들은 천하를 가지고도 河北을 취하지 못했다.' 하였으니, 아! 슬프다. 이는 또한 형세가 그러한 것이다. 匹夫로서 천하를 다투는 것과 천하를 잃었다가 수복하는 것은 그 형세가 매우 다르다. 무릇 사람의 情은 남이 소유한 것을 쓰는 것은 가볍게 여기고, 자신이 아끼는 것을 쓰는 것은 중하게 여기는 법이다. 가볍게 여기면 용감하고 중하게 여기면 겁을 내니, 이는

천하를 다투는 것과 천하를 잃었다가 수복하는 것이 다른 까닭이다.

옛날 漢나라 高帝는 三尺劍을 잡고 5년 만에 帝業을 이룩하였으니, 어쩌면 그렇게도 빨랐는가. 高帝는 豐沛의 미천한 신분으로 일어나서 한 자의 땅도 소유하지 못하였으니, 군대는 秦나라 군대였고 곡식은 秦나라 곡식이었고 성읍은 秦나라의 城邑이었다. 자기 백성이 아닌 자들을 부리고 자기의 곡식이 아닌 것을 먹고 자기 城邑이 아닌 곳을 거두었다. 그러므로 자기 마음대로 행할 수 있어서 수십 개의 郡을 적에게 내주고도 이것을 잃는 것을 안타까워하지 않고, 수천 리의 땅을 떼어서 세 명의 장수에게 주는 것을 아까워하지 않았으며, 睢水에서 포위당하고 滎陽에서 탈출할 때에 거의 죽을 뻔했는데도 쇠하지 않은 것이다. 匹夫로서 천하를 다툴 때에 다행히도 성공하면 帝王이 될 것이요, 불행히도 성공하지 못한다면 내가 저 天運을 어찌하겠는가. 高帝는 또한 용감하게 하지 않을 수가 없었던 것이다.

晉나라 元帝가 남쪽으로 건너올 때에 江都의 아름다운 경치를 어루만지고 吳會 지방의 풍요로움을 겸하였으니, 또한 충분히 분발할 수 있었으나 죽을 때까지 침략당한 강토를 咫尺도 돌려받지 못한 것은 다른 이유가 없다. 그 마음속으로 한 귀퉁이에 스스로 의탁할 수 있음을 아까워해서 벌벌 떨며 행여 이것을 쓰다가 아울러 그것마저 잃을까 두려워하였기 때문이다. 그러므로 내가 말하기를 '이는 또한 형세가 그러한 것이다.'라고 한 것이다. 三代 이후에 中興한 功이 光武帝보다 더 쉬운 사람이 없었으니, 어째서 光武帝만 홀로 능하였겠는가. 이는 그 형세가 또한 高帝의 형세였고 光武帝가 또한 高帝의 방법을 썼기 때문이다."

1) 〔頭註〕 神堯 : 唐高祖李淵이라
   神堯는 唐나라 高祖 李淵이다.
2) 〔譯註〕 唐人有言……而子孫不能以天下取河北 : 이 내용은 歐陽脩의 〈讀李翱文〉에 보이며, 唐人은 李翱를 말한다.
3) 〔頭註〕 集 : 成也라
   集은 이룸이다.
4) 〔頭註〕 吳會 : 吳地는 爲荊, 揚, 交, 廣之都會라

吳地는 荊州・揚州・交州・廣州의 都會地(모두 모이는 곳)이다.

〔史略 史評〕史斷曰 元帝는 本牛氏之子로 冒典午[1])之裔하야 遯居江表라 天下士民이 有思晉者 皆裹粮而歸之하야 中外勸進호되 拒而弗從이라가 及愍帝遇害에 始正位號하니 亦庶乎知節者라 加以天性簡儉하고 容受直言이라 初鎭江東에 頗荒于酒러니 王導正色直諫한대 亟命引觴覆之하고 所幸鄭夫人이 衣無文綵하고 布帳練帷하며 詳刑簡化하니 史氏稱其光啓中興이 非溢美矣라 然이나 帝才具不優하고 志氣非遠이라 初以懷帝之命으로 來臨江左하니 國有緩急이면 固宜糾合義旅하야 入衛王室이어늘 而乃自爲封殖之謀하고 無慷慨救時之志하야 懷帝遂以蒙塵호되 迄不聞勤王之擧하며 愍帝嗣立에 增重寄委하고 制詔深切하니 所宜動心이로되 顧乃坐視神州陸沈[2])과 戎馬縱橫하야 曾不以介意焉이라 方且陽爲出師하야 遷延不進하야 遂使河南으로 終淪左衽하니 惜哉라 夫受君父之托而坐視其禍變하고 因時事之艱難而僥倖以自利하야 三綱淪矣니 其能以討賊乎아 此所以建國規模 亦復不競하고 亂臣賊子에 如王敦者 不旋踵以起하니 豈無自而然哉아

史斷에 말하였다.

"元帝는 본래 牛氏의 아들인데 거짓으로 典午(司馬氏)의 後裔라 하고 江表(江南)에 도망가 있었다. 天下의 선비와 백성 중에 晉나라를 그리워하는 자들이 모두 양식을 싸 가지고 그에게 돌아가서 中外에서 帝位에 오를 것을 권하였으나 거절하고 따르지 않다가 愍帝가 살해당하자 비로소 天子의 지위와 칭호를 바로잡았으니, 또한 忠節을 아는 자에 가까웠다. 더구나 天性이 간소하고 검약하며 直言을 받아들였다. 처음 江東에 鎭駐했을 때에 한창 술에 빠졌는데, 王導가 正色하고 直諫하자 급히 술잔을 가져다 엎어 버리도록 명하였으며, 총애하는 鄭夫人은 옷에 문채가 없었고 삼베 장막에 마전한 삼베로 휘장을 만들었으며, 형벌을 자세히 살피고 교화를 간략히 하였으니, 史官이 中興을 크게 열었다고 칭찬한 것이 지나친 말이 아니다.

그러나 元帝는 才具(재능)가 넉넉하지 못하고 志氣가 원대하지 못하였다. 처음에 懷帝의 명령으로 江左(江東)에 와서 임하였으니, 나라에 위급한 일이

있으면 진실로 義兵을 규합하여 들어가서 王室을 호위했어야 할 터인데, 마침내 자신이 諸侯에 봉해질 계책만 세우고 慷慨하여 세상을 구제할 뜻이 없었다. 그리하여 懷帝가 마침내 蒙塵하였으나 끝내 勤王하는 일을 했다는 말을 듣지 못하였으며, 愍帝가 뒤를 이어 즉위하자 더욱 중하게 위임하고 詔書의 내용이 깊고 간절하였으니 마땅히 마음을 움직였어야 할 터인데, 도리어 神州(中國)가 외적에게 망하고 오랑캐의 軍馬가 종횡으로 치달리는 것을 앉아서 보기만 하고 일찍이 介意치 않았다. 그리고 또 겉으로 출병하는 체하면서 지체하고 전진하지 않아서 마침내 河南 지방으로 하여금 옷깃을 왼쪽으로 여미는 오랑캐의 풍속에 빠지게 하였으니, 애석하다.

君父의 부탁을 받았으면서 禍變을 앉아서 보기만 하고 時事의 어려움을 이용하여 요행을 바라 자신에게 이롭게 하여 三綱이 매몰되었으니, 어찌 逆賊을 토벌할 수 있었겠는가. 이 때문에 建國한 規模가 또한 다시 떨쳐지지 못하였고 亂臣賊子 중에 王敦과 같은 자가 미처 발길을 돌리기도 전에 나왔으니, 어찌 유래한 바가 없이 그러했겠는가."

1) 〔譯註〕 典午 : 司馬氏를 가리킨다. 典은 맡는다는 뜻으로 司와 같고, 午는 十二支 중에 말〔馬〕에 해당하므로 이렇게 칭한 것이다.

2) 〔譯註〕 神州陸沈 : 神州는 赤縣神州의 줄임말로 中國을 가리키며, 陸沈은 나라가 외적에게 함몰당함을 이른다.

肅宗明皇帝[1] 名紹요 字道畿니 元帝長子라 在位三年이요 壽二十七이라

肅宗 明皇帝는 이름이 紹이고 字가 道畿이니, 元帝의 長子이다. 재위가 3년이고 壽가 27세이다.

1) 〔頭註〕 明皇帝 : 照臨四方曰明이라
四方에 밝게 임하는 것을 明이라 한다.

【甲申】 太寧二年이라 〈趙光初七年이요 後趙六年이라〉

太寧 2년(갑신 324) - 趙나라 光初 7년이고, 後趙 6년이다. -

五月에 **王敦**이 **疾甚**하니 **矯詔拜王應**[1]하야 **爲武衛將軍**하야 **以自副**하고 **以王含**으로 **爲驃騎大將軍**하다 **錢鳳**이 **謂敦曰 脫有不諱**[2]인댄 **便當以後事付應耶**잇가 **敦曰 非常之事**는 **非常人所能爲**요 **且應年少**하니 **豈堪大事**리오 **我死之後**에 **莫若釋兵散衆**하고 **歸身朝廷**하야 **保全門戶 上計也**요 **退還武昌**하야 **收兵自守**하야 **貢獻不廢 中計也**요 **及吾尙存**하야 **悉衆而下**하야 **萬一僥倖**이 **下計也**니라 **鳳謂其黨曰 公之下計**는 **乃上策也**라하고 **遂與沈充定謀**하야 **俟敦死**하야 **卽作亂**하다

5월에 王敦이 병이 위독하니, 詔命을 사칭하고 아들 王應을 임명하여 武衛將軍으로 삼아서 자신의 副로 삼고 형 王含을 驃騎大將軍으로 삼았다. 錢鳳이 王敦에게 이르기를 "만일 숨길 수 없는 일(王敦의 죽음)이 있게 되면 곧 後事를 王應에게 맡겨야 합니까?" 하니, 王敦이 말하기를 "非常한 일은 보통 사람이 할 수 있는 바가 아니요, 또 王應이 나이가 어리니 어찌 큰일을 감당하겠는가. 내가 죽은 뒤에는 병기를 버리고 무리를 해산하고 조정에 몸을 의탁하여 門戶를 보전하는 것만 한 것이 없으니 이것이 上策이요, 물러가 武昌으로 돌아가서 군대를 거두어 스스로 지키면서 貢獻(貢物의 헌납)을 폐하지 않는 것이 中策이요, 내가 아직 살아 있을 때에 병력을 통솔하고 동쪽으로 내려가서 만에 하나 요행을 바라는 것이 下策이다." 하였다. 錢鳳이 그의 同黨에게 이르기를 "公의 下策이 바로 上策이다." 하고는 마침내 沈充과 계책을 정하여 王敦이 죽기를 기다려 곧 난을 일으키기로 하였다.

1)〔原註〕王應：敦兄含子니 敦無子하야 以應爲嗣하니라
王應은 王敦의 형인 王含의 아들이니, 王敦이 아들이 없어서 王應을 후사로 삼았다.

2)〔通鑑要解〕脫有不諱：脫은 或然之辭라
脫은 혹시나 하고 의심하는 말이다.

○ **司徒導聞敦疾篤**하고 **率子弟**하야 **爲敦發哀**[1]하니 **衆以爲敦信死**라하야 **咸有**

奮志러라 於是에 尙書謄詔下敦府[2)]하야 列敦罪惡하니 敦이 見詔甚怒而病轉篤하야 不能自將하고 以王含爲元帥하야 以誅姦臣溫嶠[3)]等으로 爲名하고 水陸五萬이 奄至江寧南岸이라 帝帥(솔)諸軍하야 出屯南皇堂하고 夜募壯士하야 遣將軍段秀等하야 帥甲卒千人하야 渡水掩其未備하고 平旦에 戰於越城하야 大破之하고 斬其前鋒將何康하다 敦聞含敗하고 大怒曰 我兄은 老婢耳라 門戶衰하니 世事去矣로다 我當力行호리라하고 因作勢而起라가 困乏復臥라 敦이 尋卒하니 敦黨이 悉平이라 有司發王敦瘞(예)하야 出尸하야 焚其衣冠하고 跽而斬之하다

司徒 王導가 王敦이 병이 위독하다는 말을 듣고 子弟를 거느리고 가서 王敦을 위해 訃告를 발표하니, 여러 사람들은 王敦이 참으로 죽었다고 여겨서 모두 분발하려는 뜻이 있었다. 이때에 尙書가 조칙을 謄書하여 王敦의 官府에 내려 보내어 王敦의 죄악을 열거하니, 王敦이 조서를 보고 매우 노하여 병이 더욱 도져서 스스로 군대를 거느릴 수가 없으므로 王含을 元帥로 삼아, 간신 溫嶠 등을 죽이는 것을 명분으로 삼고 水軍과 陸軍 5만 명이 江寧의 南岸에 갑자기 이르렀다. 황제가 諸軍을 거느리고 나와 南皇堂에 주둔하였다. 밤에 壯士를 모집하여 將軍 段秀 등을 보내서 甲兵 천 명을 거느리고 물을 건너 아직 대비하지 못했을 때에 기습하게 하여 해뜰 때 越城에서 싸워 크게 격파하고 前鋒將 何康을 목 베었다. 王敦은 王含이 패전했다는 말을 듣고 크게 노하여 말하기를 "우리 형은 퇴물이다. 가문이 쇠하니 대세가 이미 글렀다. 내 마땅히 억지로라도 가야겠다." 하고는 인하여 불끈 힘을 주어 일어나다가 기력이 부쳐 도로 누웠다. 王敦이 얼마 후에 죽으니, 王敦의 黨이 모두 평정되었다. 有司가 王敦을 매장한 무덤을 파서 그의 시신을 꺼내어 衣冠을 불태우고 꿇어앉혀서 목을 베었다.

1)〔頭註〕爲敦發哀 : 欲討敦이라가 知其物情所畏하고 乃僞言敦死라
王導가 王敦을 토벌하고자 하다가 物情(사람들의 마음)이 두려워한다는 것을 알고 마침내 王敦이 죽었다고 거짓으로 말한 것이다.

2)〔頭註〕尙書謄詔下敦府 : 謄은 傳也요 敦府는 敦之官府라
謄은 전함이요, 敦府는 王敦의 官府이다.

3)〔附註〕溫嶠：初에 嶠爲劉琨使江東할새 其母不欲이어늘 嶠絶裾而行이러니 旣至에 不得還하니 終身恨之하다 帝旣親任하니 敦惡之하야 請爲左司馬어늘 嶠乃詐爲勤敬하고 進密謀하야 以附其欲이라 深結錢鳳하고 爲之聲譽하야 每曰 錢世儀精神滿腹이라하니 嶠素有藻鑑之名일새 鳳甚悅하다 會丹陽尹缺이어늘 嶠言於敦曰 京尹은 咽喉之地니 公宜自選이니이다 敦然之하야 問誰可者오한대 嶠薦鳳하니 鳳亦推嶠라 嶠僞辭하니 遂表用之하야 使覘朝廷이라 嶠與敦別할새 洒(灑)涕러니 嶠至建康하야 盡以敦逆謀告帝하고 與尙書令庾亮으로 畫計討之한대 敦聞之하고 大怒曰 吾乃爲小物所欺라하니라

처음에 溫嶠가 劉琨을 위해 江東으로 사신 갈 때에 그 어머니가 가지 못하게 하자 溫嶠가 옷자락을 끊고 갔었는데, 도착한 뒤에 다시 돌아가지 못하니 종신토록 한하였다. 황제가 溫嶠를 친애하고 믿자, 王敦이 그를 미워하여 자신의 左司馬로 삼을 것을 청하였다. 溫嶠가 이에 거짓으로 王敦의 官府의 일을 열심히 하고 공경히 하였으며 은밀한 계책을 올려서 그의 바람을 맞춰 주었다. 溫嶠가 錢鳳과 깊이 교분을 맺고 그를 칭찬하여, 말할 때마다 "錢世儀(錢鳳)는 神彩가 전신에 꽉 차 있다." 하니, 溫嶠가 평소에 사람을 알아본다는 명성이 있었으므로 錢鳳이 매우 기뻐하였다. 마침 丹陽尹의 자리가 비자, 溫嶠가 王敦에게 말하기를 "京尹은 매우 중요한 자리이니, 公이 직접 선발하여야 합니다." 하였다. 王敦이 옳게 여겨 누가 적임자인지 묻자 溫嶠가 錢鳳을 천거하니, 錢鳳이 또한 溫嶠에게 사양하였다. 溫嶠가 거짓으로 사양하니, 王敦이 마침내 表文을 올려 溫嶠를 등용해서 조정을 엿보게 하였다. 溫嶠가 王敦과 작별할 적에 거짓으로 눈물을 흘렸는데, 溫嶠가 建康에 이르러서는 王敦의 반역하려는 계책을 모두 황제에게 아뢰고 尙書令 庾亮과 함께 王敦을 토벌할 계책을 세우니, 王敦이 그 말을 듣고 크게 노하여 말하기를 "내 마침내 하찮은 놈에게 속임을 당했다." 하였다.

【乙酉】三年이라 〈**趙光初八年**이요 **後趙七年**이라〉

太寧 3년(을유 325) - 趙나라 光初 8년이고, 後趙 7년이다. -

五月에 **以陶侃**으로 **爲征西大將軍, 都督荊, 湘, 雍, 梁四州諸軍事, 荊州刺史**하니 **荊州士女相慶**이러라 **侃**이 **性聰敏恭勤**하야 **終日斂膝危坐**하고 **軍府衆事**를 **檢攝無遺**하야 **未嘗少閑**하다 **常語人曰 大禹**는 **聖人**이로되 **乃惜寸陰**하시니

至於衆人하야는 **當惜分陰**[1)]이니 **豈可但逸遊荒醉**하야 **生無益於時**하고 **死無聞於後**리오 **是**는 **自棄也**라하니라 **嘗造船**할새 **其木屑竹頭**를 **侃**이 **皆令籍而掌之**한대 **人咸不解所以**러니 **後正會**[2)]에 **積雪初晴**하야 **廳事前**에 **餘雪猶濕**이어늘 **乃以木屑布地**하고 **及桓溫伐蜀**에 **又以侃所貯竹頭**로 **作丁**[3)]**裝船**하니 **其綜理微密**이 **皆此類也**러라

5월에 陶侃을 征西大將軍·都督荊州湘州雍州梁州諸軍事·荊州刺史로 삼으니, 荊州의 남녀 백성들이 서로 경하하였다. 陶侃은 성품이 총명하고 민첩하며 공손하고 부지런하여 종일토록 무릎을 모으고 단정히 앉아서 軍府의 여러 가지 일을 단속하여 빠뜨림이 없어 일찍이 조금도 한가한 적이 없었다. 항상 사람들에게 말하기를 "大禹는 聖人인데도 마침내 寸陰을 아끼셨으니, 衆人들에 이르러서는 分陰을 아껴야만 한다. 어찌 다만 편안히 놀고 할 일을 폐한 채 술에 취하여, 살아서는 세상에 유익함이 없고 죽어서는 후세에 알려짐이 없게 하겠는가. 이는 자포자기이다." 하였다. 일찍이 배를 만들 때에 톱밥과 대나무 조각을 陶侃이 모두 장부에 기록하여 관장하게 하니, 사람들이 모두 어디에 쓰려는 것인지 알지 못하였는데, 뒤에 元旦의 모임에 눈이 많이 내리다가 날씨가 막 개어서 廳事 앞에 남은 눈이 아직도 젖어 있자 이에 톱밥을 땅에 뿌렸으며, 桓溫이 蜀을 정벌할 때에 또 陶侃이 저장해 두었던 대나무 조각으로 대못을 만들어 배를 정비하니, 일을 종합하고 처리함에 치밀하고 빈틈없음이 모두 이와 같았다.

1)〔釋義〕分陰 : 分은 分寸之分也라
分은 分寸의 分이다.

2)〔頭註〕正會 : 會正歲[*)]之首月也라
正會는 正歲의 첫 달에 모이는 것이다.

*) 正歲 : 夏曆의 正月을 이르니, 四時의 바름을 얻었기 때문에 正歲라 한다.

3)〔頭註〕作丁 : 丁은 讀曰釘이라
丁은 釘으로 읽는다.

〔新增〕 養心吳氏曰 晉俗之敝가 在於淸談廢事어늘 而侃能勤事如此하니 可謂 砥柱中流[1]하야 不爲習俗所移라 賢於王導, 謝安이 遠矣니라

養心吳氏가 말하였다.

"晉나라 풍속의 병폐는 淸談을 하여 일을 폐지하는 데 있었는데, 陶侃이 일을 부지런히 하기를 이와 같이 하였으니, 中流의 砥柱가 되어서 習俗에 옮김을 당하지 않았다고 이를 만하다. 王導와 謝安보다 크게 어질다."

1) 〔頭註〕 砥柱中流 : 書禹貢에 砥作底라 在冀州大河中流하니 其形如柱라

≪書經≫ 〈禹貢〉에는 '砥'가 '底'로 되어 있다. 冀州의 大河(黃河) 中流에 있으니, 그 모양이 기둥과 같다.

七月에 **帝崩**하다 **帝明敏有機斷**이라 **故**로 **能以弱制强**하야 **誅剪逆臣**하고 **克復大業**하니라 **太子卽皇帝位**하니 **生五年矣**라 **太后**[1]**臨朝稱制**하고 **以司徒導**로 **錄尙書事**하고 **與中書令庾亮**과 **尙書令卞壼**으로 **參輔朝政**이나 **然事之大要**는 **皆決於亮**[2]하니라

7월에 황제가 崩하였다. 황제는 명민하고 결단력이 있었다. 그러므로 약한 형세로 강한 자를 제압하여 逆臣을 죽이고 大業을 회복하였다. 太子가 황제에 즉위하니, 나이가 5세였다. 太后가 조정에 臨御하여 制를 칭하고 司徒 王導를 錄尙書事로 삼고, 中書令 庾亮과 尙書令 卞壼과 함께 참여하여 조정의 정사를 보필하게 하였다. 그러나 일의 大體는 모두 庾亮에게서 결정되었다.

1) 〔頭註〕 太后 : 荀氏라

太后는 荀氏이다.

2) 〔譯註〕 皆決於亮 : 庾亮은 明帝의 皇后의 오라비이다.

〔史略 史評〕 史斷曰 明帝는 潛謀獨斷하야 躬率六軍[1]하고 掃除大憝하야 未及朞年에 敦黨悉平하니 雖享國日淺이나 而志亦可壯矣니라

史斷에 말하였다.

"明帝는 은밀히 도모하고 홀로 결단하여 몸소 六軍(全軍)을 거느리고 元兇

을 소탕하여 미처 期年이 되기 전에 王敦의 도당이 모두 평정되었으니, 비록 재위한 연수는 짧으나 뜻은 또한 장하게 여길 만하다."

1)〔譯註〕六軍：1군은 1만 2천 5백 명인 바, 고대에 천자국은 6군이고 제후국의 대국은 3군이었다. 이 때문에 全軍을 가리키는 말로 쓰인다.

顯宗成皇帝[1] 名衍이니 明帝長子也라 在位十七年이요 壽二十二라

顯宗 成皇帝는 이름이 衍이니, 明帝의 長子이다. 재위가 17년이고 壽가 22세이다.

1)〔頭註〕成皇帝：安民立政曰成이라
백성을 안정시키고 정사를 확립한 것을 成이라 한다.

【丁亥】咸和二年이라 〈趙光初十年이요 後趙九年이라〉

咸和 2년(정해 327) - 趙나라 光初 10년이고, 後趙 9년이다. -

十月에 庾亮이 以蘇峻[1]在歷陽하야 終爲禍亂이라하야 欲下詔徵之하야 訪於司徒導한대 導曰 峻은 猜險하니 必不奉詔니 不若且包容之니라 卞壼, 溫嶠累書止亮하고 擧朝以爲不可라호되 亮皆不聽하다 於是에 下優詔徵峻하야 爲大司農하니 峻이 遂不應命하다 峻이 知祖約怨朝廷[2]하고 乃遣使하야 推崇約하고 請共討庾亮하니 約이 大喜하야 以兵會峻하다

10월에 庾亮은 蘇峻이 歷陽에 있어서 끝내 禍亂을 일으킬 것이라 하여 조서를 내려 부르고자 해서 司徒 王導에게 묻자, 王導가 말하기를 "蘇峻은 시기하고 음험하니, 반드시 조서를 받들지 않을 것입니다. 우선 너그럽게 포용하는 것만 못합니다." 하였다. 卞壼과 溫嶠가 여러 번 편지를 보내어 庾亮을 만류하고 온 조정이 불가하다고 하였으나 庾亮이 모두 듣지 않았다. 이에 우대하는 조서를 내려 蘇峻을 불러 大司農으로 삼으니, 蘇峻이 마침내 명령에 응하지 않았다. 蘇峻은 祖約이 조정을 원망한다는 것을 알고 마침내 使者를 보내어 祖約을 추대하여 높이고 함께 庾亮을 토벌할 것을 청하니, 祖約이 크게 기뻐하여 병력을 데리고 蘇峻과 만났다.

1)〔附註〕蘇峻：懷帝永嘉之亂에 糾合數千家하니 元帝以爲鷹揚將軍이러니 後討敦有功한대 進持節, 冠軍將軍하다 旣有功에 潛有異志하니라
蘇峻이 懷帝 永嘉의 亂에 수천 가호를 규합하니 元帝가 蘇峻을 鷹揚將軍으로 삼았는데, 뒤에 王敦을 토벌한 공이 있자 持節·冠軍將軍으로 승진시켰다. 공을 세운 뒤에 남몰래 딴 마음을 품었다.

2)〔附註〕祖約怨朝廷：約은 逖之弟也라 約自以名輩不後郗鑒, 卞壼이어늘 而不與顧命遺詔러니 褒進大臣에 又不及己하니 疑亮削之하야 乃怨亮하니라
祖約은 祖逖의 아우이다. 祖約이 스스로 '名聲과 行輩(지위)가 郗鑒과 卞壼에게 뒤지지 않는데도 顧命의 遺詔에 참여하지 못하였다.'고 여겼는데, 대신들을 승진시킬 때에 또 자신에게 미치지 않으니, 庾亮이 삭제한 것이라고 의심해서 마침내 庾亮을 원망하였다.

【戊子】三年이라 〈趙光初十一年이요 後趙太和元年이라〉

咸和 3년(무자 328) - 趙나라 光初 11년이고, 後趙 太和 元年이다. -

蘇峻이 帥衆二萬人하야 濟自橫江하다 二月庚戌에 峻이 至蔣陵覆舟山하니 陶回[1]謂庾亮曰 峻이 知石頭有重戍하야 不敢直下하고 必向小丹楊(陽)南道하야 步來하리니 宜伏兵邀之면 可一戰擒也리이다 亮이 不從이러니 峻이 果自小丹楊來라가 迷失道하야 夜行에 無復部分하니 亮乃悔之러라 峻이 攻淸溪柵이어늘 卞壼이 帥諸軍拒擊이라가 不能禁하니 峻이 因風縱火하야 燒臺省及諸營, 寺署[2]라 庾亮이 帥衆하고 將陳于宣陽門內라가 未及成列하야 士衆이 皆棄甲走하니 亮이 奔尋陽하다 峻兵이 入臺城하야 稱詔大赦호되 惟庾亮兄弟는 不在原例[3]라 以王導有德望이라하야 猶使以本官으로 居己之右하고 祖約으로 爲侍中, 太尉, 尙書令하고 峻이 自爲驃騎將軍, 錄尙書事하다

蘇峻이 병력 2만 명을 거느리고 橫江으로부터 건너왔다. 2월 경술일(1일)

에 蘇峻이 蔣山 丘陵의 覆舟山에 이르니, 陶回가 庾亮에게 이르기를 "蘇峻이 石頭城에 重兵의 수비가 있음을 알아서 감히 곧바로 동쪽으로 내려오지 못하고 반드시 小丹陽城으로 향하여 남쪽 길을 따라 걸어서 올 것이니, 마땅히 군대를 매복했다가 맞아서 싸우면 一戰에 사로잡을 수 있습니다." 하였으나 庾亮이 따르지 않았다. 蘇峻이 과연 小丹陽城에서 오다가 길을 잃어서 밤에 행군할 때에 部隊의 질서가 없으니, 庾亮이 비로소 후회하였다. 蘇峻이 淸溪(建康城 동쪽)의 柵을 공격하자 卞壼이 諸軍을 거느리고 공격에 맞섰으나 저지하지 못하니, 蘇峻이 바람을 타고 불을 놓아 三臺五省과 여러 軍營과 寺署(官署)를 불태웠다. 庾亮이 병력을 인솔하고 宜陽門 안에서 陣을 치려다가 미처 대열을 이루기도 전에 군사들이 모두 갑옷을 버리고 달아나니, 庾亮은 溫嶠가 있는 尋陽으로 도망하였다. 蘇峻의 군대가 臺城에 들어와 황제의 조서라고 칭하고 크게 사면하였으나 庾亮 형제만은 용서해 주는 例에 들어 있지 않았다. 王導는 덕망이 있다 하여 오히려 王導로 하여금 본래의 관직을 지닌 채 자신의 윗자리에 있게 하고 祖約을 侍中・太尉・尙書令으로 삼았으며, 蘇峻 자신은 驃騎將軍・錄尙書事가 되었다.

1)〔頭註〕陶回 : 司徒司馬也니 司徒屬官에 有司馬하니라
　陶回는 司徒의 司馬였으니, 司徒의 屬官에 司馬가 있다.
2)〔頭註〕諸營寺署 : 府庭所在를 皆謂之寺요 官舍曰署라
　府庭(衙門)이 있는 곳을 일러 寺라 하고, 官舍를 署라 한다.
3)〔頭註〕原例 : 赦罪曰原이라
　죄를 용서해 주는 것을 原이라 한다.

〔新增〕尹氏曰 蘇峻이 狼子野心이어늘 庾亮이 旣不能思所處之[1]하고 而乃遽頒召命하야 自速其反이라 方其下詔之初에 擧朝以爲不可어늘 亮乃愎諫自用하니 其失이 一也요 溫嶠欲帥衆入衛하고 三吳[2]欲起兵赴難이어늘 亮皆拒之[3]하니 其失이 二也요 孔坦[4]이 請斷阜陵하고 守當利[5]諸口어늘 而亮不從하니 其失이 三也요 陶回請伏兵小丹陽南道어늘 亮又不許하니 其失이 四也라 由是而觀하면 召釁稔禍를 誰其尸之오 至於國破君危하야 宗社不守어늘 亮不能於此

灰身以謝天下하고 方且奉頭鼠竄하야 草間求活하니 向非溫嶠諸賢이 戮力討賊이면 則晉氏必不血食이리니 亮雖萬死나 猶爲無補라 誤國如此어늘 尙可不加誅責[6)]乎아

尹氏가 말하였다.

“蘇峻은 이리와 같은 야심을 품고 있었는데, 庾亮이 이미 대처할 방법을 생각하지 않고 갑자기 소환하는 명령을 반포하여 스스로 반란을 재촉하였다. 조서를 내리던 초기에 온 조정이 불가하다고 말하였으나 庾亮이 마침내 고집을 부려 諫言을 듣지 않고 자기 의견을 썼으니 그 잘못이 하나요, 溫嶠가 군대를 거느리고 들어와 호위하고자 하고 三吳 지방에서 군대를 일으켜 난을 구하러 달려오고자 하였으나 庾亮이 모두 거절하였으니 그 잘못이 둘이요, 孔坦이 阜陵을 차단하고 當利의 여러 어구를 지킬 것을 청하였는데 庾亮이 따르지 않았으니 그 잘못이 셋이요, 陶回가 小丹陽의 남쪽 길에 군대를 매복할 것을 청하였는데 庾亮이 또 허락하지 않았으니 그 잘못이 넷이다. 이로 말미암아 본다면 재앙을 부르고 화를 키움을 누가 주장하였는가. 국가가 망하고 군주가 위태로워서 宗社를 지킬 수 없는 지경에 이르렀는데, 庾亮이 이때에 몸을 죽여서 천하에 사죄하지 못하고 또 머리를 받들고 쥐처럼 숨어서 풀숲에서 구차히 살기를 바랐다. 그때 만일 溫嶠 등 여러 賢者가 힘을 합쳐서 역적을 토벌하지 않았다면 晉나라는 반드시 나라를 보전하지 못했을 것이니, 庾亮이 비록 만 번 죽더라도 오히려 보탬이 없었을 것이다. 나라를 이와 같이 그르쳤는데, 오히려 주벌을 가하지 않을 수 있겠는가.”

1)〔頭註〕處之：亮嘗言於朝曰 峻은 狼子野心하니 終必爲亂이라하니라
庾亮이 일찍이 조정에서 말하기를 “蘇峻은 이리와 같은 야심을 품고 있으니, 끝내 반드시 난을 일으킬 것이다.” 하였다.

2)〔頭註〕三吳：蘇潤湖三州是라
三吳는 蘇州·潤州·湖州의 세 州가 바로 이것이다.

3)〔附註〕皆拒之：徵峻호되 峻不應命이어늘 溫嶠欲入衛建康하고 三吳亦欲起義兵이러니 亮報嶠書曰 吾憂西陲를 過於歷陽하니 足下無過雷池一步라하니라
蘇峻을 불렀으나 蘇峻이 명에 응하지 않자 溫嶠가 들어가 建康을 호위하고자

하였고, 三吳 또한 義兵을 일으키고자 하였는데, 庾亮이 溫嶠에게 답한 편지에 이르기를 "내 서쪽 변방을 우려하기를 歷陽보다 더하게 하니, 足下는 雷池에서 한 걸음도 떼지 말라." 하였다.

4)〔頭註〕孔坦：尙書左丞이라

孔坦은 尙書左丞이다.

5)〔頭註〕當利：地名이니 一云 當利便處諸江口라하니라

當利는 지명이니, 一說에 이르기를 "마땅히 강어귀에 처하게 하는 것이 편리한 것이다." 하였다.

6)〔頭註〕誅責：誅亦責也라

誅 또한 꾸짖음이다.

四月에 庾亮, 溫嶠 將起兵討峻할새 遣督護王愆期하야 詣荊州邀陶侃[1]하야 與之同赴國難이러니 侃이 卽戎服登舟하야 晝夜而進하다 溫嶠有衆七千이러니 洒(灑)泣登舟하고 郗(치)鑒[2]이 在廣陵하야 城孤糧少하고 逼近胡寇하야 人無固志러니 得詔書하고 卽流涕하야 誓衆入赴國難하니 將士爭奮이러라 嶠等이 同趣(趨)建康하니 戎卒四萬이요 旌旗七百餘里요 鉦(정)鼓[3]之聲이 震於遠近이러라 蘇峻이 聞西方兵起하고 乙未에 逼遷帝於石頭어늘 侃督水軍하야 向石頭하고 庾亮, 溫嶠, 趙胤이 帥步兵萬人하야 從白石南上하야 欲挑戰하다 峻이 將八千人逆戰이라가 馬躓(지)어늘 侃의 部將彭世, 李千等이 投之以矛하니 峻墜馬한대 斬首臠(련)[4]割之하고 焚其骨하다 三軍이 皆稱萬歲[5]하니 餘衆이 大潰러라 峻의 司馬任(護)〔讓〕等이 共立峻弟逸하야 爲主하고 閉城自守라 趙胤이 遣將擊祖約于歷陽하니 約이 奔後趙하다

4월에 庾亮과 溫嶠가 장차 군대를 일으켜 蘇峻을 토벌하려 할 적에 督護 王愆期를 보내어 荊州에 나아가 陶侃을 맞이해서 함께 國難에 달려가자 하니, 陶侃이 즉시 군복을 입고 배에 올라서 밤낮으로 진군하였다. 溫嶠는 7천 명의 병력이 있었는데 〈蘇峻의 죄상을 열거하자 7천 명의 군사가〉 눈물을 흘리면서 배에 올랐고, 郗鑒은 廣陵에서 城이 고립되고 양식이 부족하며 오랑

캐들(後趙)과 가까이 있어서 사람들이 견고히 지킬 뜻이 없었으나 조서를 읽고는 금방 눈물을 흘리면서 군사들에게 國難에 달려갈 것을 맹세하니, 장병들이 다투어 분발하였다. 溫嶠 등이 建康으로 함께 달려오니 병력이 4만 명이요 旌旗가 7백여 리에 뻗쳤으며 징소리와 북소리가 遠近에 진동하였다.

蘇峻이 西方에서 군대가 일어났다는 말을 듣고 을미일(5월 18일)에 황제를 위협하여 石頭城으로 옮기자, 陶侃은 水軍을 독려하여 石頭城으로 향하고 庾亮·溫嶠·趙胤은 步兵 만 명을 거느리고 白石 남쪽에서 올라가서 도전하고자 하였다. 蘇峻이 8천 명을 거느리고 이들을 맞아 싸웠다. 싸우다가 말이 넘어지자, 陶侃의 部將 彭世와 李千 등이 창을 던지니, 蘇峻이 말에서 떨어졌는데, 목을 베고 살점을 저미고 뼈를 불태웠다. 三軍이 모두 만세를 부르니, 나머지 무리가 크게 무너졌다. 蘇峻의 司馬 任讓 등이 함께 蘇峻의 아우 蘇逸을 세워서 군주로 삼고 성문을 닫고 스스로 지켰다. 趙胤이 장수를 보내어 祖約을 歷陽에서 공격하니, 祖約이 後趙로 도망하였다.

1)〔頭註〕邀陶侃 : 邀與要通하니 求也라
 邀는 要와 통하니, 구하는 것이다.

2)〔頭註〕郄鑒 : 郄는 晉書에 作郗하니 音絺니 姓名也라
 郄는 ≪晉書≫에 郗로 되어 있다. 音이 치이니 姓名이다.

3)〔通鑑要解〕鉦鼓 : 鉦은 音正이니 鐃也, 鐲也라 鐲은 似小鍾이요 鐃는 似鈴也라
 鉦은 音이 정이니, 징이며 방울이다. 鐲은 작은 鍾과 비슷하고 鐃는 방울과 비슷하다.

4)〔頭註〕臠 : 力轉切이니 切肉也라
 臠은 力轉切(련)이니 저민 고기이다.

5)〔通鑑要解〕皆稱萬歲 : 七國時엔 衆所喜慶于君者에 皆呼萬歲러니 秦漢以下로 臣下對見于君하야 拜恩慶賀에 率以爲常이라
 戰國 시대에는 뭇 백성들이 임금에게 기쁜 경사가 있을 때에 모두 萬歲를 불렀는데, 秦漢 이후로는 臣下가 임금을 대면하여 謝恩肅拜하고 慶賀할 때에 대체로 만세를 부르는 것을 일상적인 것으로 여겼다.

○ **後趙中山公虎[1] 擊趙**어늘 **趙主曜 大敗之**하다 **曜濟自大陽**하야 **圍石生[2]**

於金墉하니 **襄國**[3]이 **大震**이러라

後趙 中山公 石虎가 趙나라를 공격하자, 趙主 劉曜가 대패시켰다. 劉曜가 大陽으로부터 건너가서 石生을 金墉에서 포위하니, 襄國이 크게 진동하였다.

1)〔頭註〕中山公虎：字季龍이니 石勒之從子라
中山公 石虎는 字가 季龍이니, 石勒의 조카이다.
2)〔頭註〕石生：後趙將이라
石生은 後趙의 장수이다.
3)〔釋義〕襄國：石勒所據之地也라
襄國은 石勒이 점거한 곳이다.

○ **十一月**에 **後趙王勒**이 **自將救洛陽**하야 **大破趙兵**하고 **斬首五萬餘級**하고 **遂殺曜**하다

11월에 後趙王 石勒이 스스로 군대를 거느리고 洛陽을 구원하여 趙兵을 대파하고 5만여 명의 首級을 베고 마침내 劉曜를 죽였다.

【己丑】四年이라 〈**趙光初十二年**이요 **後趙太和二年**이라 ○ **是歲**에 **趙亡**하니 **大一**, **小二**니 **凡三僭國**[1]이라〉

咸和 4년(기축 329) - 趙나라 光初 12년이고, 後趙 太和 2년이다. ○ 이해에 趙나라가 망하였다. 大國이 하나이고 小國이 둘이니, 僭國이 모두 셋이다. -

1)〔譯註〕大一小二 凡三僭國：大國 하나는 石勒의 後趙이고, 小國 둘은 李雄의 成과 張駿의 前涼이다.

正月에 **趙太子熙 帥百官**하야 **奔上邽**(규)하니 **關中**이 **大亂**이라 **將軍蔣英**, **辛恕據長安**하고 **遣使降于後趙**하다

정월에 趙나라 太子 劉熙가 百官을 거느리고 上邽로 도망가니, 關中이 크게 혼란하였다. 장군 蔣英과 辛恕가 長安을 점거하고 使者를 보내어 後趙에

항복하였다.

○ 二月에 諸軍이 攻石頭할새 西軍[1]이 獲蘇逸斬之하다

2월에 諸軍이 石頭城을 공격할 때에 西軍이 蘇逸을 사로잡아 목을 베었다.

1)〔通鑑要解〕西軍 : 侃等諸軍이라
西軍은 陶侃 등의 諸軍이다.

○ 群臣이 見帝하고 頓首號泣請罪하다 司徒導入石頭하야 令取故節[1]한대 陶侃이 笑曰 蘇武節[2]은 似不如是라하니 導有慚色이러라

여러 신하들이 황제를 뵙고 머리를 조아리며 울부짖고 벌줄 것을 청하였다. 司徒 王導가 石頭城에 들어가서 옛 節(깃발)을 가져오게 하자, 陶侃이 웃으며 말하기를 "蘇武의 節은 이와 같지 않을 듯하다." 하니, 王導가 부끄러워하는 기색이 있었다.

1)〔譯註〕司徒導入石頭 令取故節 : 王導는 직접 王敦을 토벌할 때 假節이있는데, 石頭城에서 달아나면서 이 節을 버렸었다.

2)〔譯註〕蘇武節 : 蘇武는 前漢 武帝 때의 장수로 匈奴에 使臣 갔다가 억류되었으나 끝내 항복하지 않고 항상 漢나라의 깃발을 잡고 忠節을 지키다가 19년 만에 귀국하였는 바, 앞의 11권에 보인다.

○ 是時에 宮闕灰燼하야 以建平園爲宮이라 溫嶠는 欲遷都豫章하고 三吳之豪는 欲都會稽하야 二論이 紛紜未決이어늘 司徒導曰 孫仲謀, 劉玄德이 俱言建康은 王者之宅이라하니 古之帝王이 不以豐儉[1]移都라 苟務本節用이면 何憂彫(凋)敝리오 若農事不修면 則樂土爲墟矣요 且北寇游魂[2]이 伺我之隙하니 一旦示弱하야 竄於蠻越하야 求之望實[3]이면 懼非良計니 今特宜鎭之以靜이면 群情自安이리이다 由是로 不復徙都하다

이때에 궁궐이 다 불타서 建平園을 궁궐로 삼았다. 溫嶠는 豫章으로 천도

하고자 하고 三吳의 호걸들은 會稽에 도읍하고자 해서 두 가지 의론이 분분하여 결정하지 못하였는데, 司徒 王導가 말하기를 "孫仲謀와 劉玄德이 모두 말하기를 '建康은 王者가 살 곳이다.' 하였으니, 옛날 帝王들은 부유하고 곤궁함에 따라 도읍을 옮기지 않았다. 만일 本業(농사)에 힘쓰고 財用을 절약한다면 어찌 피폐함을 걱정하겠는가. 만약 농사가 닦여지지 않으면 樂土가 빈 터가 될 것이요, 또 북쪽 오랑캐의 떠돌아다니는 魂이 우리의 틈을 엿볼 것이니, 하루아침에 약함을 보이고 도망하여 蠻, 越(豫章과 會稽)에 이르러서 저들로 하여금 우리를 중하게 여겨 주기를 구한다면 좋은 계책이 아닐 듯하다. 이제 다만 마땅히 고요함으로써 진정하면 민심이 저절로 편안해질 것이다." 하니, 이로 말미암아 다시는 도읍을 옮기지 않았다.

1)〔通鑑要解〕豐儉 : 豐은 大也요 儉은 小也라
豐은 큼이요, 儉은 작음이다.
2)〔通鑑要解〕游魂 : 言其遊散이라
游魂은 떠돌아다니고 흩어진 무리를 이른다.
3)〔通鑑要解〕望實*) : 望은 聞望也요 實은 實事也라
望은 명망이요, 實은 實事(實際)이다.
*) 望實 : 이름과 실상이 부합하는 사람을 가리킨다.

【庚寅】 五年이라 〈趙建平元年이라〉

咸和 5년(경인 330) - 趙나라(後趙) 建平 원년이다. -

二月에 後趙群臣이 請後趙王勒하야 卽皇帝位한대 勒이 乃稱大趙天王하고 行皇帝事하다

2월에 後趙의 여러 신하들이 後趙王 石勒에게 황제의 자리에 나아갈 것을 청하자, 石勒이 마침내 大趙天王이라 칭하고 황제의 일을 행하였다.

【壬辰】 咸和七年이라 〈趙建平三年이라〉

咸和 7년(임진 332) - 趙나라 建平 3년이다. -

正月에 趙王勒이 大享群臣할새 謂徐光曰 朕可方自古何等主오 對曰 陛下의 神武謀略이 過於漢高하야 後世에 無可比者니이다 勒笑曰 人豈不自知리오 卿言이 太過로다 朕이 若遇漢高祖인대 當北面事之하야 與韓, 彭比肩이요 若遇光武인대 當並驅中原하야 未知鹿[1]死誰手라 大丈夫行事를 宜磊(뇌)磊落落[2]하야 如日月皎然이요 終不效曹孟德, 司馬仲達이 欺人孤兒寡婦하야 狐媚以取天下也니라 群臣이 皆頓首稱萬歲러라 勒雖不學이나 好使諸生讀書而聽之하고 時以其意로 論古今得失하니 聞者莫不悅服이러라 嘗使人讀漢書러가 聞酈食其勸立六國後하고 驚曰 此法은 當失이어늘 何以遂得天下오 及聞留侯諫[3]하고 乃曰 賴有此耳라하니라

정월에 趙王 石勒이 여러 신하들에게 크게 宴享할 적에 徐光에게 이르기를 "朕은 옛날의 어떤 군주에 비교할 만한가?" 하니, 대답하기를 "폐하의 神武와 謀略이 漢나라 高祖보다 뛰어나서 후세에 비할 만한 자가 없습니다." 하였다. 石勒이 웃으며 말하기를 "사람이 어찌 자신을 알지 못하겠는가. 卿의 말이 너무 지나치다. 朕이 만약 漢나라 高祖를 만났으면 北面하고 섬겨서 韓信・彭越과 어깨를 나란히 하였을 것이요, 만약 光武帝를 만났으면 함께 말을 몰고 中原을 달려서 사슴이 누구 손에 죽었을지 알지 못하였을 것이다. 大丈夫는 일을 행하는 것을 명백하고 시원하게 해서 마치 해와 달처럼 분명하게 할 것이요, 끝내 曹孟德(曹操)과 司馬仲達(司馬懿)이 남의 고아와 과부를 속여 여우처럼 홀려서 천하를 취하는 것은 본받지 않겠다." 하니, 여러 신하들이 모두 머리를 조아리며 만세를 불렀다.

石勒은 비록 배우지 않았으나 諸生들로 하여금 책을 읽게 하고 듣기를 좋아하였으며 때로는 자신의 견해를 가지고 古今의 得失을 논하니, 듣는 자들이 기뻐하고 복종하지 않는 이가 없었다. 일찍이 사람을 시켜 ≪漢書≫를 읽게 하다가 酈食其가 六國의 후손을 세우기를 권하는 대목을 듣고 놀라 말하

기를 "이 방법은 잘못되었는데, 어떻게 천하를 얻었단 말인가?" 하였다. 그러다가 留侯(張良)가 간했다는 말을 듣고는 비로소 말하기를 "이 사람이 있음에 힘입은 것이다." 하였다.

1)〔釋義〕鹿 : 史記蒯通曰 秦失其鹿에 天下共逐之러니 高才(材)疾足者 先得焉이라 한대 註云 以鹿喩帝位也라하니라
≪史記≫에 蒯通이 말하기를 "秦나라가 사슴을 잃자 천하가 함께 쫓았는데, 재주가 높고 발이 빠른 자가 먼저 잡았다." 하였다. 註에 이르기를 "사슴으로 황제의 자리를 비유한 것이다." 하였다.

2)〔釋義〕礧礧落落 : 礧는 與磊通이라 韻會에 落字下註云 磊落은 魁礧貌라하니라
礧는 磊와 통한다. ≪古今韻會擧要≫에 落字 아래의 註에 이르기를 "磊落은 뛰어난 모양이다." 하였다.

3)〔釋義〕留侯諫 : 留侯는 張良也니 諫立六國後 其不可者八하니라
留侯는 張良이니, 六國의 후손을 세움에 불가한 점 여덟 가지를 간하였다.

〔新增〕胡氏曰 石世龍[1]이 謂人豈不自知리오하니 信矣나 而未知知人之不易也라 光武之於漢高는 猶武王之於文王也어늘 勒謂遇漢高면 卽與韓, 彭比肩이요 遇光武면 則當竝驅中原이라하니 是는 以光武爲韓, 彭之流니 豈知光武者哉리오 〈高帝는 開四百餘年基業하고 石勒은 肉未及冷에 妻子已不能保어늘 徐光이 乃謂神武謀略이 過於漢高라하니 主有侈心에 臣進諛說하니 其不能長世也 宜哉로다〉[2]

胡氏가 말하였다.

"石世龍이 이르기를 '사람이 어찌 자신을 알지 못하겠는가.'라고 하였으니, 이 말이 옳으나 사람을 알기가 쉽지 않음은 알지 못하였다. 光武帝가 漢나라 高祖에게 있어서는 武王이 文王에 있어서와 같은데, 石勒이 이르기를 '내가 漢나라 高祖를 만났으면 韓信·彭越과 함께 어깨를 나란히 하여 섬겼을 것이요, 光武帝를 만났으면 나란히 中原을 치달렸을 것이다.'라고 하였으니, 이는 光武帝를 韓信과 彭越의 부류로 여긴 것이다. 어찌 光武帝를 안 자이겠는가. 高帝는 4백여 년의 基業을 열었고 石勒은 죽어서 시신이 채 식기도 전에 처자식이 이미 목숨을 보전하지 못하였는데, 徐光이 도리어 石勒을 칭찬하여

神武와 謀略이 漢나라 高祖보다 낫다고 말하였으니, 군주가 사치한 마음이 있음에 신하가 아첨하는 말을 올린 것이다. 나라를 장구하게 전하지 못한 것이 당연하다."

1)〔譯註〕石世龍 : 世龍은 後趙의 高祖 石勒의 字이다.
2)〔譯註〕高帝……宜哉 : 〈 〉의 부분은 ≪二十史略≫의 내용을 보충한 것이다.

【癸巳】八年이라 **〈趙建平四年**이라**〉**

咸和 8년(계사 333) - 趙나라 建平 4년이다. -

五月에 **遼東慕容**廆**卒**하니 **世子**皝(황)이 **以平北將軍**으로 **行平州刺史**하다

5월에 遼東의 慕容廆가 죽으니, 世子 慕容皝이 平北將軍의 신분으로 平州刺史의 일을 행하였다.

○ **七月**에 **趙主勒**이 **卒**하니 **太子弘**이 **卽位**하다

7월에 趙主 石勒이 죽으니, 太子 石弘이 즉위하였다.

【甲午】九年이라 **〈趙主石弘延熙元年**이라**〉**

咸和 9년(갑오 334) - 趙主 石弘의 延熙 元年이다. -

成主雄이 **卒**하고 **太子班**이 **卽位**러니 **其弟期 謀作亂**하야 **因班夜哭**하야 **弑之**[1]하고 **期卽皇帝位**[2]하다

〈6월에〉 成主 李雄이 죽고 太子 李班이 즉위하였는데, 〈10월에〉 그의 아우 李期가 난을 일으킬 것을 모의하여 李班이 밤에 곡할 때를 틈타 李班을 시해하고 李期가 황제에 즉위하였다.

1)〔通鑑要解〕因班夜哭弑之 : 班未葬之前에 哭於殯宮이어늘 班之弟李越이 潛殺之殯宮하고 立其次弟期하야 卽位하니라

李班이 李雄을 장례하기 전에 殯宮에서 곡하였는데, 李班의 아우 李越이 몰래 殯宮에서 그를 시해하고 그의 다음 아우인 李期를 세워 즉위시켰다.

2)〔原註〕期卽皇帝位 : 期後爲漢王壽所弑하고 壽卽位하야 改國號漢하니라
李期는 뒤에 漢王 李壽에게 시해당하였고, 李壽가 즉위하여 국호를 漢으로 바꾸었다.

○ 加庾亮征西將軍, 假節[1), 都督江, 荊, 豫, 益, 梁, 雍六州諸軍事하야 鎭武昌하니 亮이 辟殷浩[2)하야 爲記室參軍하다 浩與豫章太守褚裒(저부)와 丹楊丞杜乂로 皆以識度淸遠하고 善談老, 易[3)이라하야 擅名江東이로되 而浩尤爲風流所宗이러라 桓彛嘗謂裒曰 季野[4)有皮裏春秋라하니 言其外無臧否(비)[5)나 而內有褒貶也요 謝安曰 裒雖不言이나 而四時之氣 已備矣라하니라

庾亮을 征西將軍·假節·都督江州荊州豫州益州梁州雍州諸軍事에 임명하여 武昌에 鎭駐하게 하니, 庾亮이 殷浩를 불러 記室參軍으로 삼았다. 殷浩는 豫章太守 褚裒, 丹楊丞 杜乂와 함께 모두 식견과 도량이 깨끗하고 원대하며 ≪道德經≫과 ≪周易≫을 잘 담론한다 하여 江東 지방에 명성을 날렸는데, 殷浩는 더욱이 風流의 宗主가 되었다. 桓彛가 일찍이 褚裒를 평하여 이르기를 "季野는 皮裏春秋가 있다." 하였으니, 겉으로는 잘잘못을 분별함이 없으나 마음속에 褒貶함이 있음을 말한 것이요, 謝安이 말하기를 "褚裒가 비록 말하지 않으나 四時의 기운이 이미 갖추어져 있다." 하였다.

1)〔譯註〕假節 : 節을 빌려 준다는 뜻으로 일종의 권한을 표시한다. 晉나라 때에 지방의 軍權을 맡은 장관은 都督·監軍·督軍의 세 등급이 있었으며 그 권한도 이에 상응하였다. 都督은 使持節·持節·假節의 구분이 있으며, 監軍과 督軍 역시 이와 같았다. 使持節은 二千石 이하를, 持節은 官位가 없는 사람을, 假節은 軍事가 있을 때 군령을 어긴 자를 죽일 수 있었다. 南北朝 때에도 이 제도를 사용하였다.

2)〔通鑑要解〕辟殷浩 : 浩는 羨之子니 陶侃旣沒에 亮이 始專制上流하니라
殷浩는 殷羨의 아들이니, 陶侃이 죽은 뒤에야 庾亮이 비로소 建康의 上流에 주둔한 군대를 專制하였다.

3)〔釋義〕老易：老는 謂老子道德經이요 易은 謂周易也라
　老는 老子의 ≪道德經≫이요, 易은 ≪周易≫을 이른다.
4)〔釋義〕季野：褚裒字라
　季野는 褚裒의 字이다.
5)〔釋義〕臧否：否는 音鄙니 臧은 善也요 否는 不善也라
　否는 음이 비이니, 臧은 善함이고 否는 不善함이다.

○ 十一月에 趙丞相虎[1] 廢趙主弘하야 爲海陽王하고 自稱居攝[2]趙天王하다

11월에 趙나라 丞相 石虎가 趙主 石弘을 폐위하여 海陽王으로 삼고 자칭 居攝趙天王이라 하였다.

1)〔頭註〕丞相虎：卽中山公虎라
　丞相 虎는 바로 中山公 石虎이다.
2)〔通鑑要解〕居攝：攝은 假也니 非其位而居之者를 謂之攝也라
　攝은 빌리는 것이니, 자기 자리가 아닌데 거하는 것을 일러 攝이라 한다.

○ 王導辟太原王濛하야 爲掾하고 王述爲中兵屬하다 述性沈靜하야 每坐(座)客이 辨(辯)論蜂起호되 而述은 處之恬如也러라 年三十에 尙未知名하니 人謂之癡라 導以門地辟之하야 旣見에 唯問在東米價한대 述이 張目不答이어늘 導曰 王掾이 不癡어늘 人何言癡也오 嘗見導每發言에 一坐莫不贊美어늘 述正色曰 人非堯, 舜이어니 何得每事盡善이리오하니 導改容謝之하니라

王導가 太原의 王濛을 불러 아전을 삼고 王述을 中兵屬으로 삼았다. 王述은 성품이 침착하고 고요해서 매번 座客들이 다투어 변론하여 벌떼처럼 일어났으나 王述은 태연하게 대처하였다. 나이 30세가 되어서도 이름이 알려지지 못하니 사람들이 바보라고 하였다. 王導가 문벌로써 그를 초빙하여 만나본 뒤에 다만 동쪽 지방에 있을 때의 쌀값을 묻자, 王述이 〈그를 비루하다고 여겨〉 눈을 부릅뜨고 대답하지 않으니, 王導가 말하기를 "王述이 바보가 아닌데 사람들은 어찌하여 바보라 말하는가?" 하였다. 일찍이 王導가 매번 말

할 때마다 온 좌석에 있는 사람들이 찬미하지 않는 이가 없는 것을 보고 王述이 정색하며 말하기를 "사람이 堯·舜이 아니거늘 어찌 每事가 모두 선하겠는가." 하니, 王導가 얼굴빛을 고치고 사례하였다.

○ **九月**에 **趙王虎 遷都于鄴**하다

9월에 趙王 石虎가 鄴으로 천도하였다.

【戊戌】 咸康四年이라 〈**趙太祖石虎建武四年**이라 ○ **成改號漢**하야 **中宗李壽漢興元年**이라 ○ **代高祖什翼犍建國元年**이라 ○ **舊大國一**이요 **漢, 涼小國二**요 **新小國一**이니 **凡四僭國**[1]이라〉

咸康 4년(무술 338) - 趙나라 太祖 石虎 建武 4년이다. ○ 成나라는 국호를 漢으로 고쳐서 中宗 李壽의 漢興 元年이다. ○ 代나라 高祖 拓跋什翼犍의 建國 元年이다. ○ 예전에 있던 大國이 하나이고 漢과 涼 등 小國이 둘이며, 새로운 小國이 하나이니, 僭國이 모두 넷이다. -

1) 〔譯註〕 舊大國一……凡四僭國 : 예전에 있던 大國 하나는 石虎의 後趙이고, 小國 둘은 李壽의 成과 張駿의 前涼이며, 새로운 小國 하나는 拓跋什翼犍의 代이다.

五月에 **以司徒導**로 **爲太傅**하야 **都督中外諸軍事**하고 **郗鑒爲太尉**하고 **庾亮爲司空**하다 **是時**에 **亮**이 **雖居外鎭**이나 **而遙執朝廷之權**하고 **旣據上流**하야 **擁强兵**하니 **趣勢者多歸之**라 **導內不能平**[1]하야 **常遇西風塵起**면 **擧扇自蔽**하고 **徐曰元規**[2]**塵汚人**이라하더라

5월에 司徒 王導를 太傅로 삼아서 中外의 여러 軍事를 都督하게 하고 郗鑒을 太尉로 삼고 庾亮을 司空으로 삼았다. 이때에 庾亮이 비록 바깥 鎭營(武昌)에 있었으나 멀리에서 조정의 권세를 잡고 이미 〈建康의〉 上流를 점거하여 강한 병력을 보유하니, 세력을 따르는 자가 많이 귀복하였다. 王導가 속으로 못마땅하게 여겨 항상 西風이 불어 먼지가 일어날 때를 당하면 부채를 들어 스스로 가리면서 천천히 말하기를 "元規(庾亮)의 먼지가 사람을 더럽힌

다.” 하였다.

1)〔通鑑要解〕導內不能平：亮與郗鑒書하야 吾與君欲起兵廢導라한대 鑒不聽이어늘 或言之於導라 故로 心內不平이라
庾亮이 郗鑒에게 편지를 보내어 “내 그대와 함께 군대를 일으켜 王導를 폐하고자 한다.” 하였으나 郗鑒이 듣지 않았는데, 혹자가 이것을 王導에게 말하였으므로 속으로 못마땅하게 여겼다.

2)〔釋義〕元規：庾亮字라
元規는 庾亮의 字이다.

○ **代王翳槐**[1]**卒**하고 **弟什翼犍**이 **卽代王位**하니 **雄勇有智略**하야 **國人**이 **附之**라 **於是**에 **東自濊**(예)**貊**으로 **西及落那**하고 **南距陰山**하고 **北盡沙漠**히 **率皆歸服**하니 **有衆數十萬人**이러라

代王 拓拔翳槐가 죽고 아우 拓拔什翼犍이 代王에 즉위하니, 뛰어나게 용맹하고 지략이 있어서 나라 사람들이 따랐다. 이에 동쪽으로 濊貊으로부터 서쪽으로 落那에 이르고 남쪽으로 陰山에 이르고 북쪽으로 沙漠에 이르기까지 모두 귀복하니, 수십만 명의 무리를 소유하였다.

1)〔頭註〕翳槐：拓拔猗盧之孫이라
拓拔翳槐는 拓拔猗盧의 손자이다.

○ **慕容皝**[1]이 **卽燕王位**하다

慕容皝이 燕王에 즉위하였다.

1)〔頭註〕慕容皝：廆之子라
慕容皝은 慕容廆의 아들이다.

【己亥】五年이라 〈**趙建武五年**이라〉

咸康 5년(기해 339) - 趙나라 建武 5년이다. -

七月에 **王導薨**하다 **導簡素寡欲**하고 **善因事就功**하야 **雖無日用之益**이나 **而歲計有餘**라 **輔相三世**[1)]에 **倉無儲穀**하고 **衣不重帛**이러라

7월에 王導가 薨하였다. 王導는 간략하고 소박하고 욕심이 적으며 일을 따라 공을 이루기를 잘하여 비록 平日에 볼 수 있는 큰 유익함은 없었으나 해로 계산하면 유여하였다. 3代의 황제를 보필함에 창고에 쌓인 곡식이 없고 옷은 여벌의 비단옷이 없었다.

1)〔通鑑要解〕三世：元, 明, 成也라
三世는 元帝・明帝・成帝를 이른다.

〔史略 史評〕史斷曰 東晉中興은 王導之功이 居多焉이라 方元帝之在藩也에 導獨知其可輔하고 陳以興復之計하야 傾心推奉하니 其於中興之功이 一也요 旣而西都覆沒에 四方勸進하고 王敦이 憚帝嚴明하야 欲更議所立이라가 賴導固爭하야 厥議遂止하니 其於中興之功이 二也요 及其輔政에 不以江左寡弱이라하야 而爲偸安之計하고 方且大立規模하고 廣連羽翼하야 先用顧榮, 賀循하야 以來衆士하고 盡收過江名流하야 以佐謀畫이라 故로 桓彝見其亟談時事而輟憂하고 周顗聞其志復神州而收淚하니 其於中興之功이 三也라 是以로 賢士競進하고 百姓歸心하야 荊揚晏安에 戶口殷實하야 江左立國이 幾百餘年하니 導之功이 豈小小哉아

史斷에 말하였다.

"東晉이 中興한 것은 王導의 功이 대부분을 차지한다. 元帝가 藩屛에 있을 때에 王導만이 오직 元帝가 보필할 만한 인물이라는 것을 알고 興復할 계책을 아뢰어서 온 마음을 기울여 추대하고 받들었으니 이것이 中興의 功에 있어 첫 번째이고, 이윽고 西都(長安)가 함락되자 四方에서 皇族들에게 帝位에 오를 것을 권하였고 王敦이 明帝의 엄숙함과 밝음을 꺼려서 다시 세울 사람을 의논하려고 하다가 王導가 굳이 만류함에 힘입어서 그 의논이 마침내 중지되었으니 이것이 中興의 功에 있어 두 번째이고, 정사를 보필하게 되자 江左가 적고 약하다 하여 구차히 안주하려는 계책을 세우지 않고 막 規模를 크

게 세우고 羽翼을 널리 연결하였다. 그리하여 顧榮과 賀循을 먼저 등용하여 여러 선비들을 오게 하였으며 揚子江을 건너온 名流들을 다 수용하여 謀畫을 돕게 하였다. 그러므로 桓彝는 그가 세상일을 지극히 말하는 것을 보고는 근심을 거두었고, 周顗는 그가 神州를 회복하려는 뜻이 있음을 듣고 눈물을 거두었으니, 이것이 中興의 功에 있어 세 번째이다. 이 때문에 어진 선비들이 다투어 나오고 백성의 마음이 돌아와서 荊州와 揚州가 편안하여 戶口가 많아지고 충실하여 江左에 나라를 세운 것이 거의 백여 년 동안 이어졌으니, 王導의 功이 어찌 적겠는가."

【壬寅】 八年이라 〈趙建武八年이라〉

咸康 8년(임인 342) - 趙나라 建武 8년이다. -

五月에 **帝不豫**[1]하니 **帝二子**[2]**皆在襁褓**라 **庾冰**[3]이 **說帝以國有彊敵**[4]하니 **宜立長君**이라하야 **請以同母弟琅邪王岳爲嗣**한대 **帝許之**하다

5월에 황제가 편찮으니 황제의 두 아들이 모두 강보에 싸여 있었다. 庾冰이 황제를 설득하기를 "나라 안에 강한 적이 있으니, 나이가 많은 군주를 세워야 한다." 하여 同母弟인 琅邪王 司馬岳을 후사로 삼을 것을 청하였는데, 황제가 이를 허락하였다.

1) 〔頭註〕 不豫 : 豫는 安也라
 豫는 편안함이다.
2) 〔頭註〕 二子 : 丕, 奕이라
 두 아들은 司馬丕와 司馬奕이다.
3) 〔通鑑要解〕 庾冰 : 中書監이라
 庾冰은 中書監이다.
4) 〔通鑑要解〕 彊敵 : 漢, 趙也라
 강한 적은 漢나라와 趙나라이다.

〔史略 史評〕 史斷曰 成帝頗務簡約하니 雄武之度는 雖有慊於前王이나 而恭儉

之德은 足追蹤於往烈이요 又能敬禮故老大臣하야 有足稱者라 惜乎라 政出渭陽[1]에 賞刑顚錯하야 殺戮近親하고 貶黜舊傅라 帝僅六歲에 已能詰問流涕[2]면 則庾亮之專國擅權을 可知矣라 蘇峻이 雖云狂悖나 逆謀未彰이어늘 亮處置失宜하야 激成反狀하고 乃奉頭鼠竄하야 僥倖求免이라가 遂致遺憂國母[3]하고 遷帝石頭하니 倘非溫嶠, 陶侃諸君子의 戮力討賊하야 斬峻平亂이면 則社稷幾非晉有리니 嗚呼危哉로다

史斷에 말하였다.

"成帝는 자못 간소함과 검약함을 힘썼으니, 雄武한 도량은 비록 前王에 비해 부족함이 있었으나 공손하고 검소한 德은 지나간 前烈을 충분히 뒤따를 수 있었으며, 또 元老大臣을 공경하고 예우하여 칭찬할 만한 점이 있었다. 그런데 애석하게도 정사가 外叔(庾亮)에게서 나와 상과 벌이 전도되고 잘못되어서 가까운 친척들을 살육하고 옛 師傅를 축출하였다. 成帝가 겨우 여섯 살이었는데도 이미 詰問하고 눈물을 흘렸으니, 그렇다면 庾亮이 국정을 독점하고 권력을 독단하였음을 알 수 있다. 蘇峻이 비록 狂悖하다고 하나 逆謀가 아직 드러나지 않았는데, 庾亮이 잘못 조처하여 격발시켜서 배반하는 상황을 만들고는 도리어 머리를 받들고 쥐처럼 도망하여 요행으로 화를 면하기를 바라다가 마침내 國母에게 근심을 끼치고 皇帝를 石頭城으로 옮기게 만들었다. 만일 溫嶠와 陶侃 등 여러 君子가 힘을 다하여 역적을 토벌해서 蘇峻을 목베고 난리를 평정하지 않았다면 社稷이 거의 晉나라의 소유가 아니었을 것이니, 아! 위태롭다."

1) 〔譯註〕 渭陽 : 外叔을 가리키는 말로, ≪詩經≫ 〈秦風 渭陽〉에 "외숙을 전송하러 渭水 북쪽에 이르렀다.〔我送舅氏 曰之渭陽〕"라고 한 데서 유래하였다. 이 시는 春秋時代 秦나라 康公이 太子로 있을 적에 외삼촌인 晉나라 文公이 秦나라에 망명해 와 있었는데, 다시 본국으로 돌아가게 되자 康公이 위수까지 배웅 나와 외삼촌을 이별하는 회포를 읊은 것이다.

2) 〔譯註〕 帝僅六歲 已能詰問流涕 : 庾亮이 南頓王 司馬宗을 죽이자, 成帝가 묻기를 "白頭公이 어디에 있는가?" 하니, 庾亮이 대답하기를 "모반하다가 죽임을 당했습니다." 하였다. 成帝가 눈물을 흘리면서 말하기를 "외숙은 남이 반역했다고 말하

고는 곧 그를 죽였으니, 만일 남들이 外叔이 반역했다고 말하면 어찌 해야 하는가?" 하니, 庾亮이 두려워 낯빛이 변하였다.

3) 〔譯註〕 遂致遺憂國母 : 庾亮은 明帝의 皇后인 庾氏의 오라비이다.

○ 六月에 帝崩하니 琅琊王이 卽皇帝位하다

6월에 황제가 崩하니, 琅琊王이 황제에 즉위하였다.

晉 紀

康皇帝[1] 名岳이요 字世同이니 成帝母弟也라 在位二年이요 壽二十二라

康皇帝는 이름이 岳이요 字가 世同이니, 成帝의 同母弟이다. 재위가 2년이고 壽가 22세이다.

1)〔頭註〕康皇帝：溫柔好樂曰康
온화하고 유순하여 좋아하고 즐거워할 만한 것을 康이라 한다.

【癸卯】 建元元年이라 〈趙建武九年이라〉

建元 元年(계묘 343) - 趙나라(後趙) 建武 9년이다. -

庾翼[1]이 薦桓溫於成帝曰 桓溫이 有英雄之才하니 願陛下勿以常人遇之, 常壻畜之[2]하시고 宜委以方面[3]之任이면 必有弘濟艱難之勳하리이다 時에 杜乂, 殷浩 才名冠世호되 翼獨弗之重也하고 曰 此輩는 宜束之高閣[4]하야 俟天下太平然後에 徐議其任耳라하니라 浩累辭徵辟하고 屛居墓所하야 幾將十年하니 時人이 擬之管, 葛[5]이라 江夏相謝尙[6]과 長山令王濛이 常伺其出處하야 以卜江左興亡하고 常(嘗)相與省之러니 知浩有確然[7]之志하고 旣返에 相謂曰 深源[8]不起하니 當如蒼生何오 翼이 請浩爲司馬[9]한대 浩不應이어늘 翼이 遺浩書曰 王夷甫立名非眞[10]하니 雖云談道나 實長華競이라 明德君子 遇會處際[11]에 寧可然乎아호되 浩猶不起러라

庾翼이 桓溫을 成帝에게 천거하기를 "桓溫은 영웅의 재주가 있으니, 바라건대 폐하께서는 그를 보통 사람으로 대우하시거나 보통의 사위로 기르지 마시고 方面의 임무를 맡긴다면 반드시 어려움을 크게 구제하는 功이 있을 것입니다." 하였다. 이때 杜乂와 殷浩가 재주 있다는 명성이 세상에 으뜸이었으나 庾翼만은 홀로 이들을 중시하지 않고 말하기를 "이런 무리들은 〈亂世에는 쓸데가 없으니〉 높은 다락에 묶어 두었다가 천하가 태평해지기를 기다린 뒤에 천천히 그 임무를 의논해야 한다." 하였다. 殷浩가 여러 번 나라의 부름을 사양하고 물러나 묘소에 은거하여 거의 10년에 이르니, 당시 사람들이 管仲과 諸葛孔明에게 견주었다. 江夏相 謝尙과 長山令 王濛은 항상 그의 出處를 살펴 江左(江東)의 흥망을 점쳤다. 한번은 함께 殷浩를 문안하였는데, 殷浩에게 확고한 뜻이 있음을 알고서 돌아온 뒤에 서로 말하기를 "深源이 나오지 않으니, 이 蒼生들을 어찌한단 말인가?" 하였다. 庾翼이 殷浩를 司馬로 삼을 것을 청하자, 〈황제가 명하여 司馬로 삼았는데〉 殷浩가 응하지 않으니, 庾翼이 殷浩에게 편지를 보내기를 "王夷甫(王衍)가 명성을 세운 것은 진짜가 아니니, 비록 道를 말했다고 하나 실로 浮華함을 다투는 氣風을 助長하였다. 재주와 德을 겸비한 君子가 좋은 때를 당하여 만남에 어찌 그렇게 할 수 있겠는가?" 하였으나 殷浩는 여전히 나오지 않았다.

1)〔通鑑要解〕庾翼：亮之弟니 亮卒에 翼代之라
庾翼은 庾亮의 아우이니, 庾亮이 죽자 庾翼이 대신하였다.

2)〔通鑑要解〕常壻畜之：桓彝之子也니 尙明帝女南康公主하니라
桓溫은 桓彝의 아들이니, 明帝의 딸인 南康公主에게 장가들었다.

3)〔通鑑要解〕方面：本文則方郘(召)하니 方叔, 召虎*)라 周宣王이 用之하야 以中興也라
≪資治通鑑≫ 本文에는 '方面'이 '方郘'로 되어 있으니, 方郘는 方叔과 召虎이다. 周나라 宣王이 이들을 등용하여 中興하였다.

*) 方叔 召虎：方叔과 召虎는 周나라 宣王의 重臣으로, 宣王의 命에 따라 方叔은 荊蠻을 정벌하고 召虎는 淮夷를 평정하여 周나라의 중흥을 도왔다. ≪詩經≫ 〈小雅 采芑〉는 方叔이 荊蠻을 정벌할 때의 일을 읊은 것이며, 〈大雅 江漢〉은 召虎가 江漢에 왔을 때의 일을 읊은 것이다.

4)〔譯註〕高閣 : 높은 곳에 놓아두는 것으로, 방치해 둠을 이른다.

5)〔釋義〕管葛 : 管은 謂夷吾요 葛은 謂孔明이라

管은 管夷吾(管仲)를 이르고, 葛은 諸葛孔明을 이른다.

6)〔通鑑要解〕江夏相謝尙 : 相은 漢志에 每國置相一人하니 主治民하야 如令, 長하고 不臣也라하니라 謝尙은 鯤之子라

相은 ≪後漢書≫ 〈百官志〉에 "각 諸侯國마다 相 한 명을 두니, 백성들을 다스리는 것을 주관하여 縣令이나 縣長과 같고, 제후왕에게 신하 노릇 하지 않는다." 하였다. 謝尙은 謝鯤의 아들이다.

7)〔通鑑要解〕確然 : 守志堅固하야 不移也라

確然은 뜻을 지킴이 견고하여 변치 않는 것이다.

8)〔釋義〕深源*) : 殷浩字也라

深源은 殷浩의 字이다.

*) 深源 : 殷浩의 字는 본래 淵源이었는데, 唐 高祖 李淵의 諱를 피하여 고친 것이다.

9)〔通鑑要解〕請浩爲司馬 : 請於國하니 詔除爲侍中, 安平軍司馬也라

庾翼이 殷浩를 司馬로 삼을 것을 국가에 청하자, 황제가 명하여 殷浩에게 侍中·安平軍司馬를 제수한 것이다.

10)〔頭註〕王夷甫立名非眞*) : 非眞은 不實也니 翼意言浩不可如王衍이라 夷甫는 衍字라

진짜가 아니라는 것은 진실하지 못한 것이니, 庾翼의 뜻은 殷浩가 王衍과 같아서는 안 됨을 말한 것이다. 夷甫는 王衍의 字이다.

*) 王夷甫立名非眞 : 王衍은 言辯이 뛰어나서 만약 자기 뜻에 맞지 않는 일이 있으면 수시로 말을 바꾸었으므로 당시 사람들이 그를 일러 '口中雌黃'이라고 하였는 바, 자황은 예전에 詩文의 잘못된 곳을 고칠 때에 자황을 바르고 고쳤으므로 字句를 添削함을 이른다. 王衍은 정권이 바뀔 때에 국가를 생각하지 않고 오로지 자구책만 생각하다 石勒에게 잡혀 피살되었다.

11)〔頭註〕遇會處際 : 遇風雲之會*)하고 處功名之際라

風雲의 기회를 만나고, 功名의 즈음에 처한 것이다.

*) 風雲之會 : 풍운은 신하가 훌륭한 군주를 만남을 이른다. ≪周易≫ 〈乾卦〉 九五 爻辭에 "나는 용이 하늘에 있으니, 대인을 만나 봄이 이롭다.〔飛龍在天 利見大

人〕" 하였는데, 〈文言傳〉에 이것을 인용하고 "구름은 용을 따르고 바람은 범을 따른다.〔雲從龍 風從虎〕" 하였는 바, 나는 용은 聖君을 비유하고 大人은 어진 신하를 비유한 것이다.

【甲辰】 二年이라 **〈趙建武十年**이요 **漢主李勢太和元年**이라**〉**

建元 2년(갑진 344) - 趙나라 建武 10년이고, 漢主 李勢의 太和 元年이다. -

九月에 **帝崩**하고 **太子卽位**하니 **時方二歲**라 **太后褚氏**[1]**臨朝稱制**하고 **何充**을 **加侍中, 錄尙書事**하다

9월에 황제가 崩하고 태자가 즉위하니, 이때 막 2세였다. 太后 褚氏가 조정에 臨御하여 制를 칭하고 何充에게 侍中·錄尙書事를 가하였다.

1)〔頭註〕褚氏 : 裒女라
褚氏는 褚裒의 딸이다.

孝宗穆皇帝[1] **名聃**이요 **字彭祖**니 **康帝太子也**라 **在位十七年**이요 **壽十九**라

孝宗 穆皇帝는 이름이 聃이고 字가 彭祖이니, 康帝의 太子이다. 재위가 17년이고 壽가 19세이다.

1)〔通鑑要解〕穆皇帝 : 布德執義曰穆이라
德을 베풀고 義를 지키는 것을 穆이라 한다.

【乙巳】 永和元年이라 **〈趙建武十一年**이라 ○ **燕王慕容皝十二年**이라 ○ **舊大國一**이요 **漢, 涼, 代小國三**이요 **新小國一**이니 **凡五僭國**[1]이라**〉**

永和 元年(을사 345) - 趙나라 建武 11년이다. ○ 燕王 慕容皝 12년이다. ○ 예전에 있던 大國이 하나이고 漢·涼·代 등 小國이 셋이며 새로운 小國이 하나이니, 모두 僭國이 다섯이다. -

1)〔譯註〕舊大國一……凡五僭國 : 예전에 있던 大國 하나는 石虎의 後趙이고, 小國 셋은 李勢의 漢, 張駿의 前涼, 拓跋什翼犍의 代이며, 새로운 小國 하나는 慕容皝의 燕(前燕)이다.

以會稽王昱[1]으로 **爲撫軍大將軍, 錄尙書事**하고 **以徐州刺史桓溫**으로 **爲安西將軍, 荊州刺史**하다

會稽王 司馬昱을 撫軍大將軍·錄尙書事로 삼고, 徐州刺史 桓溫을 安西將軍·荊州刺史로 삼았다.

1)〔頭註〕會稽王昱 : 昱은 音育이라 晉元帝少子니 是爲簡文帝라
昱은 音이 육(욱)이다. 司馬昱은 晉 元帝의 少子이니, 이가 바로 簡文帝이다.

【丙午】二年이라 〈**趙建武十二年**이요 **漢嘉寧元年**이라〉

永和 2년(병오 346) - 趙나라 建武 12년이고, 漢나라 嘉寧 元年이다. -

以殷浩로 **爲揚州刺史**하니 **浩固辭**어늘 **會稽王昱**이 **遺浩書曰 足下去就 卽時之廢興**이니 **若深存挹退**하야 **苟遂本懷**면 **吾恐天下之事去矣**라한대 **浩乃就職**하다

殷浩를 揚州刺史로 삼으니, 殷浩가 한사코 사양하였는데, 會稽王 司馬昱이 殷浩에게 편지를 보내어 이르기를 "足下의 거취에 바로 時運이 폐하느냐 흥하느냐가 달려 있으니, 만약 겸양하는 마음을 깊이 보존하여 〈세속의 일을 돌아보지 않고〉 다만 본래의 마음을 이루려 한다면 나는 천하의 일이 글러버릴까 두렵다." 하자, 殷浩가 마침내 부임하였다.

○ **五月**에 **西平公張駿**[1]이 **薨**커늘 **世子重華 自稱涼州牧, 西平公, 假涼王**[2]이라하다

5월에 前涼의 西平公 張駿이 薨하자, 世子 張重華가 涼州牧·西平公·假

涼王이라 자칭하였다.

1)〔頭註〕張駿[*]：張軌及二子寔, 茂 保據河右러니 及駿勤修庶政하야 民富兵强하니 遠近稱爲賢君이라하다
張軌와 두 아들인 張寔·張茂가 河右(河西)를 점거하였는데, 張駿이 庶政을 부지런히 닦아서 백성들이 풍족하고 군대가 강해지자, 遠近에서 칭송하여 賢君이라 하였다.

*) 張駿：張寔의 아들로 叔父 張茂의 뒤를 이어 卽位하였다.

2)〔譯註〕世子重華……假涼王：≪資治通鑑≫에는 "관속들이 世子 張垂華를 추대하여 使持節·大都督·太尉·護羌校尉·涼州牧·西平公·假涼王으로 삼았다.〔官屬上世子垂華爲使持節, 大都督, 太尉, 護羌校尉, 涼州牧, 西平公, 假涼王〕"고 되어 있다.

○ **安西將軍桓溫**이 **伐漢**[1)]할새 **拜表卽行**[2)]하다

安西將軍 桓溫이 漢나라를 정벌할 때에 表文을 올리고는 즉시 출발하였다.

1)〔原註〕伐漢：李氏據蜀稱漢하니라〔頭註〕戊戌年에 成李壽弑其君期하고 自立하야 改國號漢이라하다 李壽는 特弟驤之子也라
〔原註〕李氏가 蜀을 점거하고 漢이라고 칭하였다.〔頭註〕무술년(338)에 成나라 李壽가 그 군주 李期를 죽이고 자신이 왕위에 서서 國號를 成에서 漢으로 고쳤다. 李壽는 李特의 아우인 李驤의 아들이다.

2)〔釋義〕拜表卽行：謂拜上表하고 而不及聞詔命而輒行也라
表文을 올리고는 미처 詔命을 듣기도 전에 곧바로 길을 떠남을 이른다.

【丁未】三年이라 〈**趙建武十三年**이라 ○ **是歲**에 **漢亡**하니 **大一, 小三**이니 **凡四僭國**[1)]이라〉

永和 3년(정미 347) - 趙나라 建武 13년이다. ○ 이해에 漢나라가 망하였다. 大國이 하나이고 小國이 셋이니, 僭國이 모두 넷이다. -

1)〔譯註〕大一小三 凡四僭國：大國 하나는 石虎의 後趙이고, 小國 셋은 張重華의 前涼, 拓跋什翼犍의 代, 慕容皝의 燕(前燕)이다.

二月에 **溫**이 **自將步卒**하고 **直指成都**한대 **漢主勢**[1)] **悉衆出戰**이어늘 **溫**이 **乘勝長**

驅하야 **至成都**하야 **縱火燒其城門**하니 **漢人**이 **惶懼**하야 **無復鬪志**라 **勢送降文於溫**하고 **尋輿櫬面縛**하고 **詣軍門**이어늘 **溫**이 **解縛焚櫬**하고 **送勢及宗室十餘人於建康**하고 **擧賢旌善**하니 **蜀人**이 **悅之**러라

2월에 桓溫이 직접 보병을 거느리고 곧바로 成都로 향하자, 漢主 李勢가 병력을 총동원하여 나와서 싸웠다. 桓溫이 승승장구하여 成都에 이르러서 불을 놓아 城門을 태우니, 漢나라 사람들이 두려워하여 다시는 싸울 마음이 없었다. 李勢가 항복문을 桓溫에게 보내고 얼마 뒤에 관을 수레에 싣고 두 손을 등 뒤로 돌려 묶고 얼굴을 사람들에게 보이도록 앞으로 쳐들고 軍門에 나오자, 桓溫이 포박을 풀어 주고 관을 불태웠으며 李勢와 宗室 10여 명을 建康으로 보내고 어진 사람을 천거하고 선한 사람을 표창하니, 蜀 지방 사람들이 기뻐하였다.

1)〔頭註〕漢主勢 : 壽長子라

永和 漢主 李勢는 李壽의 長子이다.

【戊申】 四年이라 〈**趙建武十四年**이라〉

永和 4년(무신 348) - 趙나라 建武 14년이다. -

四月에 **朝廷**이 **論平蜀之功**하야 **乃加溫征西大將軍**하고 **封臨賀郡公**하다 **溫旣滅蜀**에 **威名大振**하니 **朝廷**이 **憚之**러라 **會稽王昱**이 **以揚州刺史殷浩有盛名**하야 **朝野推服**이라하야 **乃引爲心膂**하야 **與參綜**[1]**朝權**하야 **欲以抗溫**하니 **由是**로 **與溫浸相疑貳**러라

4월에 조정에서 蜀의 漢나라를 평정한 공을 논하여 마침내 桓溫에게 征西大將軍을 가하고 臨賀郡公에 봉하였다. 桓溫이 蜀을 멸망시킨 뒤로 위엄과 명망이 크게 떨쳐지니, 조정이 두려워하였다. 會稽王 司馬昱이 揚州刺史 殷浩가 훌륭한 명성이 있어 朝野가 추대하고 복종한다 하여, 마침내 그를 나오게 하여 심복으로 삼아서 함께 조정의 권력에 참여하고 총괄하게

함으로써 桓溫에게 대항하고자 하니, 이로 말미암아 桓溫과 점점 서로 의심하게 되었다.

1)〔釋義〕參綜：謂參錯綜核也라
參綜은 參錯하고 綜核(政事에 하나하나 참여하여 자세하게 밝힘)함을 이른다.

○ 十一月에 燕王皝(황)이 卒하고 世子儁이 卽位하다

11월에 燕王 慕容皝이 죽고, 世子 慕容儁이 즉위하였다.

【己酉】五年이라〈趙太寧元年이라〉

永和 5년(기유 349) - 趙나라 太寧 元年이다. -

正月에 趙王虎卽皇帝位[1)]라가 旣而病卒하니 太子世卽位하다 彭城王遵이 廢世爲譙王이라가 尋殺之하고 遵卽位[2)]하야 以武興公閔[3)]으로 爲都督中外諸軍事하다 閔言於遵曰 蒲洪[4)]은 人傑也라 今以洪鎭關中이면 臣恐秦, 雍之地가 非復國家之有라한대 遵從之하야 罷洪都督하니 洪이 怒하야 歸枋(방)頭[5)]하야 遣使來降[6)]하다

정월에 趙王 石虎가 황제에 즉위하였다가 얼마 후 병들어 죽으니, 太子 石世가 즉위하였다. 彭城王 石遵이 石世를 폐위하여 譙王으로 삼았다가 얼마 뒤 시해하고 자신이 즉위하여 武興公 石閔을 都督中外諸軍事로 삼았다. 石閔이 石遵에게 말하기를 "蒲洪(前秦을 세움)은 인걸입니다. 이제 蒲洪으로 하여금 關中을 鎭撫하게 하면 신은 秦州와 雍州 지역이 다시는 우리나라의 소유가 못 될까 두렵습니다." 하자, 石遵이 그의 말을 따라 蒲洪을 都督에서 파면하였다. 蒲洪이 노하여 枋頭로 돌아가 使者를 보내어 晉나라에 와서 항복하였다.

1)〔附註〕虎卽皇帝位：虎荒耽酒色하고 喜怒無常이라 窮奢極侈하야 聚斂無極하고 悉發前代陵墓하야 取其金寶라 作大武宮於襄國하고 東西宮於鄴都할새 皆甃以文

石하고 以漆灌瓦하며 金(鐺)〔璫〕銀楹하고 珠簾玉壁하야 窮極工巧라 選士民之女하야 服珠玉하고 被綺縠(곡)이 萬餘人이요 以女騎千人으로 爲鹵簿하야 皆著(착)紫綸巾[*1], 熟錦袴하고 執羽鳴鼓吹以游宴이라 投石於河하야 以作飛橋하니 功費數千萬億이요 又作臺觀四十餘所하고 又營長安, 洛陽(一)〔二〕宮하니 作者四十餘萬人이라 又發男女十六萬하야 築華林苑及長墻于鄴北할새 燃燭夜作하니 死者太半이라 濟南平陵城北에 石虎一夕에 自移城東南하니 狼狐千餘隨之成蹊어늘 虎喜曰 石虎者는 朕也니 天欲使朕平蕩江南也라하고 於是에 制征士五人에 出車一乘, 牛二頭, 米十斛, 絹十匹호되 不辦者斬하니 民鬻子以供이로되 猶不能給하야 自經於道者相望이라 命太子遊獵하니 太子宣이 乘大輅하고 羽葆華蓋[*2]하고 建天子旌旗하고 戎卒十八萬이라 虎望之하고 笑曰 我家父子如是하니 自非天崩地陷이면 復何愁리오하다 復命秦公韜繼遊한대 亦如是하니 宣이 怒其與己敵하야 使刺客殺韜하고 又謀不軌라가 事覺伏誅하다

石虎는 酒色에 빠지고 기뻐하고 노여워함이 일정함이 없었다. 극도로 사치하여 세금을 거둠이 끝이 없었으며, 前代 帝王의 陵墓를 모두 발굴하여 금은보화를 취하였다. 襄國에 太武宮을 짓고 鄴都에 東宮과 西宮을 지을 적에 모두 무늬 있는 돌로 섬돌을 만들고 기와 틈에 옻칠을 부었으며, 金으로 서까래를 만들고 銀으로 기둥을 장식하며, 진주 주렴에 玉으로 벽을 만들어서 공교함을 지극히 하였다. 士民의 딸을 뽑아 珠玉으로 꾸미고 얇은 비단옷을 입힌 것이 만여 명이요, 여자 騎兵 천 명을 鹵簿(儀仗隊)로 삼았는데, 모두 자주색 綸巾을 씌우고 精製한 비단으로 만든 바지를 입힌 다음, 깃털로 장식한 깃발을 잡고 북을 울리고 나팔을 불며 뒤따르게 하여 놀고 잔치하였다. 돌을 黃河에 쏟아 부어서 飛橋를 만드니, 공력과 비용이 수천만억이었다. 또 樓觀을 40여 곳에 만들고 長安과 洛陽에 두 궁궐을 만드니 일하는 자가 40여만 명이었다. 또 남녀 16만 명을 징발하여 華林苑과 長墻을 鄴都 북쪽에 쌓을 적에 횃불을 밝히고 밤에도 일하니, 죽은 자가 태반이었다.

濟南의 平陵城 북쪽에 돌로 만든 호랑이〔石虎〕가 하룻밤 사이에 저절로 城의 동남쪽으로 옮겨 가니, 이리와 여우 천여 마리가 뒤를 따라가서 길이 이루어지자, 石虎가 기뻐하며 말하기를 "돌로 만든 호랑이는 바로 朕이다. 하늘이 아마도 나로 하여금 江南 지방을 평정하게 하려는가 보다." 하였다. 이에 명을 내려 출정하는 군사 5명마다 兵車 1대와 소 2頭, 쌀 10斛, 비단 10필을 내게 하되 마련하지 못하는 자는 목을 베니, 백성들이 자식을 팔아 비용을 대었으나 오히려 충

분하지 못하여 길에서 스스로 목을 매어 죽는 자가 서로 이어졌다.

太子에게 명하여 나가서 사냥하게 하니, 太子 石宣이 황제가 타는 大輅를 타고 華蓋를 새의 깃털로 장식하며 天子의 깃발을 꽂았으며, 병졸이 18만 명이었다. 石虎가 이것을 바라보고 웃으며 말하기를 "우리 집 父子가 이와 같으니, 만일 하늘이 무너지고 땅이 꺼지지 않는다면 다시 무엇을 근심하겠는가." 하였다. 다시 秦公 石韜에게 명하여 자신이 놀러 나갈 때 뒤를 따르도록 하였는데 그가 또한 이와 똑같이 하니, 石宣은 그가 자신과 대등하게 맞선 것에 노하여 자객을 시켜 石韜를 죽이고 또 반역을 도모하다가 일이 발각되어 죽었다.

＊1) 綸巾 : 푸른색 깁으로 만든 두건으로, 三國 시대 蜀漢의 승상 諸葛亮이 軍中에서 항상 素輿를 타고 綸巾을 쓰고 白羽扇을 손에 들고 三軍을 지휘하였으므로 諸葛巾이라고도 칭한다.

＊2) 羽葆華蓋 : 羽葆는 비단으로 만든 日傘에 새의 깃으로 아름답게 장식한 것으로 帝王의 儀仗에 사용하고, 華蓋 또한 제왕이나 높은 벼슬아치가 타는 수레의 일산을 가리킨다.

2) 〔附註〕 遵卽位 : 虎之子也라 遵이 與丞相燕王斌(빈)과 大將軍張豺로 竝受遺詔輔政이러니 劉后恐斌不利於太子하야 矯詔免歸第한대 張豺矯詔殺斌하다 虎卒에 世卽位하고 劉氏臨朝한대 征虜將軍石閔이 說遵曰 殿下長且賢하시니 先帝亦意以爲嗣러니 末年에 爲張豺所誤라 今若聲豺之惡하야 鼓而討之면 其誰不從이리오 遵從之하야 遂趣鄴하니 耆舊士民이 皆迎之하다 豺惶怖하야 亦出迎이어늘 遵命執豺하야 斬于市하다 假劉氏令하야 以遵嗣位하니 封世爲譙王하고 廢劉氏라가 皆殺之하다 於是에 鄴中暴風拔樹하고 震雷雨雹하야 大如盂斗요 太武暉華殿災하고 及諸門觀閣이 蕩然無餘하고 金石皆盡이라 火月餘乃滅하니라

石遵은 石虎의 아들이다. 石遵이 丞相인 燕王 石斌, 大將軍 張豺와 함께 石虎의 遺詔를 받아 정사를 보필하였는데, 劉后는 石斌이 정사를 보필하면 太子에게 불리할까 염려해서 조서를 위조하여 면직하고 집으로 돌아가게 하니, 張豺가 조서를 위조하여 石斌을 죽였다.

石虎가 죽자 石世가 즉위하고 劉氏가 조정에 임어하였는데, 征虜將軍 石閔이 石遵을 설득하기를 "전하가 나이가 많고 또 어지시니, 先帝께서 또한 意中에 후사를 삼으려 하였는데, 말년에 張豺 때문에 잘못되었습니다. 이제 만약 張豺의 惡行을 성토하여 북을 울리고 진군하여 토벌한다면 그 누가 따르지 않겠습니까." 하였다. 石遵이 그의 말을 따라 마침내 鄴都로 달려가니, 耆老들과 士民들이 모

두 환영하였다. 張豺가 두려워하여 또한 나와서 맞이하자, 石遵이 명하여 張豺를 잡아서 시장에서 목 베게 하였다. 劉氏의 명령을 가탁하여 石遵으로 황제의 지위를 잇게 하니, 石遵이 石世를 봉하여 譙王을 삼고 劉氏를 폐위하였다가 모두 죽였다.

이때 鄴中에 폭풍이 불어 나무가 뽑히고 천둥 벼락이 치며 크기가 사발과 말〔斗〕만한 우박이 내렸다. 太武暉華殿에 불이 나고 여러 문과 觀閣이 다 불타 버려 남은 것이 없었으며 금은보화도 모두 없어졌다. 화재가 한 달이 넘어서야 비로소 꺼졌다.

3)〔通鑑要解〕武興公閔：虎之養子라

武興公 石閔은 石虎의 養子이다.

4)〔通鑑要解〕蒲洪：苻堅之祖니 略陽臨渭氐人이라

蒲洪은 苻堅의 조부이니, 略陽郡 臨渭縣 사람으로 氐族이다.

5)〔釋義〕枋頭*)：曹操於淇水(江)〔口〕에 下大枋木以成堰하야 遏其水하야 東入白溝하야 以通漕運하고 因號其處曰枋頭라하니라

曹操가 淇水 어귀에서 큰 통나무를 내려 보내어 제방을 만들어 물길을 막아서 동쪽으로 白溝로 들어가게 하여 漕運을 통하게 하고 인하여 그곳을 이름하기를 枋頭라고 하였다.

*) 枋頭：地名이다. 咸和 8년(333)에 蒲洪이 石虎에게 秦州와 雍州 지역의 백성 및 氐族과 羌族 10여만 호를 關東으로 옮기자고 설득하니, 石虎가 蒲洪으로 하여금 무리를 끌고 枋頭로 가서 살게 하였다.

6)〔頭註〕遣使來降：秦雍流民이 立洪爲主라

秦州와 雍州 지역의 流民들이 蒲洪을 세워 군주로 삼았다.

○ 六月에 桓溫이 聞趙亂하고 出屯安陸하고 遣諸將하야 經營北方할새 趙揚州刺史王浹이 擧壽春降이어늘 征北大將軍褚裒 上表請伐趙하고 卽日戒嚴하야 直指泗口하다 徑赴彭城하니 北方士民降附者 日以千計러라 朝野皆以爲中原을 指期可復이라호되 蔡謨獨謂所親曰 胡滅이 誠爲大慶이나 然恐更貽朝廷之憂로라 其人曰 何謂也오 謨曰 夫能順天乘時하야 濟群生於艱難者는 非上聖與英雄이면 不能爲也니 自餘則莫若度(탁)德量力이라 觀今日之事컨대 殆非時賢

所及이라 必將經營分表[1)]하야 疲民以逞하리니 旣而材略疎短하야 不能副心하고 財殫力竭하야 智勇俱困이면 安得不憂及朝廷乎아 魯郡民五百餘家 相與起兵附晉하고 求援於褚裒라 裒遣(步)〔部〕將王龕(감), 李邁하야 將銳卒三千迎之하니 趙李農이 帥騎二萬하고 與龕等으로 戰於代陂러니 龕等이 大敗하야 皆沒於趙하다 八月에 裒退屯廣陵이러니 詔命裒하야 還鎭京口하다 時에 河北大亂하야 遺民二十餘萬口가 渡河〈欲〉來歸러니 會에 裒已還하니 威勢不接하야 不能自拔하고 死亡略盡하니라

6월에 桓溫이 趙나라가 혼란하다는 말을 듣고 나가서 安陸에 주둔하고 諸將을 보내어 北方을 경영하였다. 이때 趙나라 揚州刺史 王浹이 壽春을 가지고 항복하자, 征北大將軍 褚裒가 表文을 올려 趙나라를 칠 것을 청하고 그날로 삼엄하게 경계하여 곧바로 泗口로 향하였다. 지름길을 따라 彭城으로 달려가니, 北方의 士民 중에 항복하고 따르는 자가 하루에 천 명으로 헤아려졌다. 朝野에서 모두 머지않아 中原을 회복할 수 있다고 말하였으나 蔡謨만은 홀로 친한 사람에게 이르기를 "오랑캐가 멸망하는 것은 진실로 크게 경하할 일이나 다시 조정에 근심을 끼칠까 두렵노라." 하였다. 그 사람이 말하기를 "무슨 말인가?" 하니, 蔡謨가 말하기를 "하늘에 순응하고 기회를 타서 生民들을 어려움에서 구제하는 것은 至聖과 英雄豪傑이 아니면 하지 못하니, 그 밖의 사람은 德을 헤아리고 힘을 헤아리는 것만 못하다. 일을 살펴보건대 자못 지금의 현자들이 미칠 수 있는 바가 아니다. 틀림없이 제 분수 이상으로 경영해서 백성들을 피곤하게 하여 욕심을 부릴 것이니, 이윽고 재주와 지략이 엉성하고 부족하여 마음에 부응하지 못하고 재물이 다하고 힘이 고갈되어 지혜와 용맹이 모두 궁해지면 어찌 우환이 조정에 미치지 않을 수 있겠는가." 하였다.

魯郡의 백성 5백여 가호가 서로 군대를 일으켜 晉나라에 붙고 褚裒에게 구원을 청하였다. 褚裒가 部將 王龕과 李邁를 보내어 정예병 3천 명을 거느리고 맞이하게 하니, 趙나라 李農이 騎兵 2만 명을 거느리고 王龕 등과 代陂에

서 싸웠는데, 王龕 등이 대패하여 모두 趙나라에서 죽었다. 8월에 褚裒가 후퇴하여 廣陵에 주둔하였는데, 조서를 내려 褚裒에게 명해서 돌아와 京口에 鎭駐하게 하였다. 이때 河北 지방이 크게 혼란하여 遺民 20여만 명이 黃河를 건너와 歸附하고자 하였는데, 마침 褚裒가 돌아오자 위엄과 기세가 이어지지 못해서 遺民들이 스스로 빠져 나오지 못하고 거의 다 죽었다.

1)〔釋義〕分表 : 分은 劑요 表는 外라〔頭註〕分은 量也요 表는 外也니 言經營過於分量之外라

〔釋義〕分은 劑(분량)요, 表는 벗어남이다.〔頭註〕分은 분량이고 表는 벗어남이니, 經營함이 分量의 밖에 넘침을 이른다.

○ 十一月에 趙武興公閔이 執趙主遵하야 殺之하다

11월에 趙나라 武興公 石閔이 趙主 石遵을 잡아서 죽였다.

○ 秦, 雍流民이 相率西歸[1)]할새 路由枋頭하야 共推蒲洪爲主하니 衆이 十餘萬이라 洪子健이 在鄴斬關하고 出奔枋頭하다

秦州와 雍州 지역의 流民들이 서로 이끌고 서쪽으로 돌아갈 적에 길이 枋頭를 경유하므로 함께 蒲洪을 추대하여 군주로 삼으니, 무리가 10여만 명이었다. 蒲洪의 아들 蒲健이 鄴에 있다가 관문을 지키는 장수를 베고 나와 枋頭로 달아났다.

1)〔頭註〕秦雍流民[*)] 相率西歸 : 秦, 雍流民은 卽石虎所從者니 今因趙亂故로 西歸라

秦州와 雍州 지역의 流民들은 곧 石虎를 따르던 자들이니, 지금 趙나라가 어지럽기 때문에 서쪽으로 돌아간 것이다.

*) 秦雍流民 : 咸和 4년(329)과 8년(333)에 石虎에 의해 關東과 司州·冀州로 옮겨진 氐族과 羌族 및 秦州와 雍州 지역의 백성들을 가리킨다.

【庚戌】六年이라 〈趙主石祗永寧元年이라 ○ 魏主冉閔永興元年이라 ○ 舊大國一이요 涼, 代, 燕小國三이요 新大國一이니 凡五僭國[1)]이라〉

永和 6년(경술 350) - 趙主 石祗의 永寧 元年이다. ○ 魏主 冉閔의 永興 元年이다. ○ 예전에 있던 大國이 하나이고 涼·代·燕 등 小國이 셋이며 새로운 大國이 하나이니, 僭國이 모두 다섯이다. -

1)〔譯註〕舊大國一……凡五僭國 : 예전에 있던 大國 하나는 石祗의 後趙이고, 小國 셋은 張重華의 前涼, 拓跋什翼犍의 代, 慕容儁의 燕(前燕)이며, 새로운 大國 하나는 冉閔의 魏이다.

正月에 **趙大將軍閔**이 **卽皇帝位**하고 **改國號魏**라하고 **復姓冉氏**[1)2)]하다

정월에 趙나라 大將軍 石閔이 황제에 즉위하여 국호를 魏라고 고치고 冉氏 姓을 회복하였다.

1)〔頭註〕復姓冉氏 : 閔[*)]은 本姓冉氏이니 魏郡內黃人이라 石勒이 獲之하고 命石虎하야 養以爲子라

石閔은 본래 姓이 冉氏이니, 魏郡 內黃 사람이다. 石勒이 〈石閔의 아버지 石瞻을〉 사로잡고 石虎에게 명하여 石閔을 길러서 養子로 삼게 하였다.

*) 閔 : 石閔은 字가 永曾이고 어렸을 때 字는 棘奴이니 石虎의 養子로 본래 姓이 冉이고 이름이 良이다. 石勒이 陳午를 격파하고 冉瞻을 사로잡으니, 石閔은 당시 나이가 12세였는데, 石虎에게 명하여 아들로 삼게 하였다.

2)〔原註〕改國號魏 復姓冉氏 : 八年에 爲燕所滅하니라

魏나라는 永和 8년(352)에 燕나라에게 멸망당하였다.

○ **姚弋仲**[1)], **蒲洪**이 **各有據關右之志**라 **弋仲**이 **遣其子襄**하야 **帥**(솔)**衆五萬擊洪**이어늘 **洪**이 **迎擊破之**하다 **洪**이 **自稱大都督, 三秦王**이라하고 **改姓苻氏**[2)]하다

姚弋仲과 蒲洪이 각각 關西 지방을 점령할 뜻이 있었다. 姚弋仲이 아들 姚襄을 보내어 5만 명의 병력을 거느리고 蒲洪을 공격하자, 蒲洪이 맞아 싸워 격파하였다. 蒲洪이 大都督·三秦王이라 자칭하고 姓을 苻氏로 고쳤다.

1)〔頭註〕姚弋仲 : 石虎時에 累遷하야 至冠軍大將軍이라

姚弋仲은 石虎 때에 여러 번 승진하여 冠軍大將軍에 이르렀다.

2)〔釋義〕改姓苻氏 : 晉載記[*)]曰 其家池中蒲生하니 長五丈五요 節如竹形이라 時咸

謂之蒲家라하니 因爲氏焉하다 又隴右大雨어늘 謠曰 雨若不止면 洪水必起라하니 因名曰洪이라 後以讖文에 有艸付應王하고 又以孫堅背有艸付字라하야 遂改姓苻하니라

《晉書》〈苻洪載記〉에 이르기를 "집의 연못에서 부들〔蒲〕이 자랐는데 길이가 5丈 5尺이며 마디가 대나무 모양과 같으니 당시에 모두 蒲家라고 일렀으므로 인하여 姓氏로 삼았다." 하였다. 또 隴右에 큰비가 내렸는데, 동요에 이르기를 "비가 만약 그치지 않으면 홍수가 반드시 일어난다." 하니 인하여 이름을 洪이라 하였다. 뒤에 圖讖書에 "艸付가 응당 왕 노릇 할 것이다." 하였고, 또 손자인 苻堅의 등에 艸付라는 글자가 있다 하여 마침내 성을 苻氏로 고쳤다.

*) 晉載記 : 載記는 舊史에 일찍이 帝王이라고 칭호하였으나 正統이 아닌 자를 위하여 지은 傳記로 本紀·列傳과 구별하였다. 淸나라 趙翼의 《二十二史箚記》에 "《晉書》는 여러 代를 전한 僭僞한 나라들에 대해 世家라 하지 않고 載記라고 했다." 하였다.

○ 三月에 洪이 卒하니 世子健이 代領其衆하다

3월에 蒲洪이 죽으니, 世子 苻健이 대신 그 무리를 거느렸다.

○ 十一月에 苻健이 入長安하야 以民心思晉이라하야 乃遣使詣建康하야 獻捷하고 幷修好於桓溫하니 於是에 秦, 雍夷, 夏 皆附之러라

11월에 苻健이 長安에 들어와서 民心이 晉나라를 생각한다 하여 마침내 使者를 보내어 建康에 와서 포로와 전리품을 바치고 아울러 桓溫과 우호 관계를 맺으니, 이에 秦州와 雍州 지역의 오랑캐와 漢族들이 모두 따랐다.

【辛亥】 七年이라 〈趙永寧二요 魏永興二年이라 ○ 秦主苻健皇始元年이라 ○是歲에 趙亡하니 舊大國一이요 涼, 代, 燕小國三이요 新大國一이니 凡五僭國[1)]이라〉

永和 7년(신해 351) - 趙나라 永寧 2년이고, 魏나라 永興 2년이다. ○ 秦主 苻健의 皇始 元年이다. ○ 이해에 趙나라가 망하였다. 예전에 있던 大國이 하나이고 涼·代·燕 등 小國이 셋이며 새로운 大國이 하나이니, 僭國이

모두 다섯이다. -

1) 〔譯註〕 舊大國一……凡五僭國 : 예전에 있던 大國 하나는 冉閔의 魏이고, 小國 셋은 張重華의 前涼, 拓跋什翼犍의 代, 慕容儁의 燕(前燕)이며, 새로운 大國 하나는 苻健의 秦(前秦)이다.

正月에 苻健이 卽天王位하야 國號를 大秦이라하고 凡趙之苛政不便於民者를 皆除之하다

정월에 苻健이 天王에 즉위하여 국호를 大秦이라 하고, 백성들에게 불편한 모든 趙나라의 까다로운 정사를 모두 제거하였다.

○ 初에 桓溫이 聞石氏亂하고 上疏請出師하야 經略中原호되 事久不報라 溫이 知朝廷仗殷浩하야 以抗己하고 甚忿之나 然이나 素知浩之爲人하야 亦不之憚也라 以國無他釁이라하야 遂得相持彌年[1]하니 雖有君臣之跡이나 羈縻而已요 八州[2]士衆資調[3] 殆不爲國家用이러라 屢求北伐호되 詔書不聽하다 十二月에 溫이 拜表輒行할새 帥衆四五萬하고 順流而下하야 軍于武昌하니 朝廷이 大懼라 司馬高崧(숭)이 言於會稽王昱曰 王宜致書하야 諭以禍福이면 自當返旆(패)요 如其不爾면 便六軍整駕하리니 逆順이 於玆判矣리이다하고 乃於坐에 爲昱草書[4]하니 溫卽上疏하야 惶恐謝罪하고 回軍還鎭하다

처음에 桓溫이 石氏가 혼란하다는 말을 듣고 上疏하여 출병해서 中原을 經略할 것을 청하였으나 朝廷에서는 이 일에 대해 오랫동안 답을 내리지 않았다. 桓溫은 조정이 殷浩에게 기대어 자신에게 항거함을 알고 매우 분해 하였지만 평소 殷浩의 사람됨을 알았으므로 또한 두려워하지 않았다. 나라에 별다른 일이 없다 하여 마침내 1년이 되도록 서로 대치만 하니, 비록 겉으로는 君臣間의 관계를 유지하였으나 매여 있기만 할 뿐이었고, 〈桓溫이 관할하는〉 8州의 군사와 재물과 貢物이 거의 국가를 위해 쓰여지지 않았다. 桓溫이 여러 번 北伐을 청하였으나 윤허하는 詔書가 내려지지 않았다.

12월에 桓溫이 表文을 올리고 곧바로 떠날 적에 병력 4, 5만 명을 거느리고 물길을 따라 내려와서 武昌에 군대를 주둔하니, 朝廷이 크게 두려워하였다. 司馬인 高崧이 會稽王 司馬昱에게 말하기를 "왕이 桓溫에게 글을 보내어 禍福(出兵의 利害)으로 타이른다면 스스로 군대를 이끌고 돌아갈 것이요, 만일 이렇게 하지 않으면 곧바로 六軍을 정돈하여 토벌해야 할 것이니, 반역과 순종함이 여기에서 판명이 날 것입니다." 하고, 마침내 그 자리에서 司馬昱을 위해 편지를 초하니, 桓溫이 〈편지를 받고는〉 즉시 上疏하여 황공해하며 사죄하고 군대를 돌려 鎭으로 돌아갔다.

1)〔通鑑要解〕彌年 : 久也라
彌年은 오램이다.

2)〔頭註〕八州 : 溫이 都督荊, 司, 雍, 益, 梁, 寧, 交, 廣八州하니라
桓溫이 荊州・司州・雍州・益州・梁州・寧州・交州・廣州의 8州를 도독하였다.

3)〔釋義〕資調 : 謂資財調賦라
資調는 資財(資産)와 調賦(해마다 바치는 공물)를 이른다.

4)〔通鑑要解〕爲昱草書 : 書曰 寇難宜平이요 時會宜接이니 此實爲國遠圖요 經略大算이라 能弘斯會는 非足下而誰리오 然이나 異常之擧는 衆之所駭니 苟或望風振擾하야 一時竝散이면 則望實竝喪하고 社稷之事去矣云云하니 溫見書하고 卽上疏하야 謝之也라
高崧이 초한 편지에 이르기를 "적의 禍難은 평정해야 하고 좋은 기회는 꼭 잡아야 하니, 이는 실로 국가를 다스리는 원대한 계책이요 천하를 經略하는 중대한 계획이다. 이렇게 좋은 기회를 넓힐 수 있는 것은 足下가 아니면 그 누구이겠는가. 그러나 이번의 이상한 행동은 사람들이 놀라는 바이니, 만일 혹 소문을 듣고 소요를 일으켜 足下의 군대가 일시에 모두 흩어져 버린다면 足下의 명성과 실제는 모두 수포로 돌아가고 國家의 大事는 글러 버릴 것이다.……" 하니, 桓溫이 편지를 보고 즉시 상소하여 사죄하였다.

【壬子】八年이라 〈**魏永興三年**이요 **秦皇始二年**이라 ○ **燕主慕容儁元璽元年**이라 ○ **是歲**에 **魏亡**하니 **大二, 小二**니 **凡四僭國**[1]이라〉

永和 8년(임자 352) - 魏나라 永興 3년이고, 秦나라 皇始 2년이다. ○ 燕主 慕容儁 元璽 元年이다. ○ 이해에 魏나라가 망하였다. 大國이 둘이고 小國이 둘이니, 僭國이 모두 넷이다. -

1) 〔譯註〕 大二小二 凡四僭國 : 大國 둘은 苻健의 前秦과 慕容儁의 前燕이고, 小國 둘은 張重華의 前涼과 拓跋什翼犍의 代이다.

正月에 秦王健이 卽皇帝位하다

정월에 秦王 苻健이 황제에 즉위하였다.

○ 殷浩上疏하야 請出師許, 洛[1]이어늘 詔許之하다 浩之北伐也에 王羲之以書止之호되 不聽이러니 旣而無功이라 復謀再擧어늘 羲之遺浩書曰 今以區區江左로 天下寒心[2]이 固已久矣라 力爭武功이 非所當作이라호되 不聽이러라

殷浩가 上疏하여 許昌과 洛陽으로 출병할 것을 청하자, 황제가 조서를 내려 허락하였다. 殷浩가 北伐할 때에 王羲之가 편지를 보내어 만류하였으나 듣지 않았는데, 이윽고 功이 없었다. 다시 재차 거병할 것을 도모하자, 王羲之가 殷浩에게 편지를 보내어 이르기를 "이제 구구한 江東 지방을 가지고 천하가 두려워한 지가 진실로 이미 오래되었다. 武功을 다투기를 힘쓰는 것은 그대가 응당 해야 할 바가 아니다."라고 하였으나 듣지 않았다.

1) 〔頭註〕 許洛 : 許昌, 洛陽이니 俱在河南이라
許, 洛은 許昌과 洛陽이니, 모두 河南에 있다.

2) 〔頭註〕 天下寒心 : 寒心者는 恐不能自保라 是人寒甚則心戰이요 恐懼亦戰일새 以懼比寒하야 言可爲戰也라
寒心은 스스로 보전하지 못할까 두려워하는 것이다. 사람이 추위가 심하면 마음이 떨리고 두려움을 느껴도 떨리므로 두려움을 추위에 견주어 떨린다고 말한 것이다.

○ 四月에 燕滅魏[1]하다

4월에 燕나라가 魏를 멸망시켰다.

1)〔頭註〕燕滅魏：燕王儁이 遣慕容恪하야 擊魏하야 執其主閔以歸하야 殺之하다
燕王 慕容儁이 慕容恪을 보내어 魏나라를 공격해서 魏主 冉閔을 잡아 가지고 돌아와서 죽였다.

○ 十一月에 燕王儁이 卽皇帝位하고 徙都鄴하다

11월에 燕王 慕容儁이 황제에 즉위하고 鄴으로 도읍을 옮겼다.

○ 姚弋仲이 卒하니 子襄이 帥衆來歸하다 襄이 博學善談論하니 江東人士 皆重之러라

姚弋仲이 죽으니, 아들 姚襄(羌族)이 군대를 거느리고 와서 歸附하였다. 姚襄이 박학하고 담론을 잘하니, 江東의 인사들이 모두 그를 중하게 여겼다.

【癸丑】 九年이라 〈秦皇始三年이요 燕元璽二年이라〉

永和 9년(계축 353) - 秦나라 皇始 3년이고, 燕나라 元璽 2년이다. -

姚襄이 屯歷陽이어늘 殷浩惡其强盛하야 屢遣刺客刺之러니 十月에 浩北伐할새 以襄爲前驅한대 襄이 反攻浩於山桑하니 浩大敗하다

姚襄이 歷陽에 주둔하자, 殷浩가 그의 강성함을 미워하여 여러 번 자객을 보내어 찔러 죽이게 하였다. 10월에 殷浩가 북벌할 때에 姚襄을 前驅로 삼았는데, 姚襄이 山桑에서 도리어 殷浩를 공격하니 殷浩가 대패하였다.

【甲寅】 十年이라 〈秦皇始四年이요 燕元璽三年이요 涼王張祚和平元年이라〉

永和 10년(갑인 354) - 秦나라 皇始 4년이고, 燕나라 元璽 3년이고, 涼王 張祚의 和平 元年이다. -

正月에 **張祚自稱**涼王[1)]하다 **揚州刺史殷浩 連年北伐**할새 **師徒屢敗**하야 **糧械都盡**이라 **桓溫**이 **因朝野之怨**하야 **上疏數浩之罪**하고 **請廢之**하니 **朝廷**이 **不得已免浩爲庶人**[2)]하다 **自此**로 **內外大權**이 **一歸於溫矣**러라

정월에 張祚가 涼王이라 자칭하였다. 揚州刺史 殷浩가 여러 해를 계속하여 북벌할 때에 군사들이 여러 번 패하여 군량과 병기가 모두 떨어졌다. 桓溫이 朝野가 원망하는 틈을 타서 上疏하여 殷浩의 죄를 열거하고 폐출할 것을 청하니, 조정이 부득이 殷浩를 면직하여 庶人으로 삼았다. 이로부터 내외의 큰 권력이 모두 桓溫에게로 돌아갔다.

1) 〔頭註〕 自稱涼王 : 張祚는 涼州牧이라 軌子寔, 寔弟茂, 寔子駿, 駿子重華, 重華子曜靈이니 涼人이 廢之하고 立祚하니 祚는 重華之庶兄이라

張祚는 涼州牧이다. 張軌의 아들이 張寔이고, 張寔의 아우가 張茂이고, 張寔의 아들이 張駿이고, 張駿의 아들이 張重華이고, 張重華의 아들이 張曜靈이다. 涼州 사람들이 張曜靈을 폐하고 張祚를 세웠으니, 張祚는 張重華의 庶兄이다.

2) 〔附註〕 免浩爲庶人 : 浩恒書空作咄咄怪事字하다 久之에 溫將以浩爲尙書令한대 浩欣然將答書할새 慮有誤하야 開閉十數라가 竟達空函하니 溫大怒하야 遂絶하니라 〔通鑑要解〕 浩少與溫齊名하니 而心競不相下하야 溫常輕之라 浩旣被黜에 雖愁怨不形辭色이나 常書空作咄咄怪事字라 久之에 溫以浩爲尙書令하야 書告之러니 竟達空函이라 故로 遂絶之하니 卒於徙所하니라

〔附註〕 殷浩를 면직하여 庶人으로 삼으니, 殷浩가 항상 허공에 咄咄怪事라는 글자를 쓰곤 하였다. 오랜 뒤에 桓溫이 장차 殷浩를 尙書令으로 삼으려 하자, 殷浩가 기뻐하여 장차 답서를 보내려 할 적에 오류가 있을까 우려하여 뜯어보고 봉함하기를 십수 번 하다가 끝내 빈 봉투를 보내니, 桓溫이 크게 노하여 마침내 殷浩와 절교하였다. 〔通鑑要解〕 殷浩가 젊었을 적에 桓溫과 명성이 똑같으니, 桓溫은 마음속으로 다투고 서로 낮추지 아니하여 항상 殷浩를 경시하였다. 殷浩는 축출당한 뒤에 비록 근심과 원망을 말과 안색에 드러내지 않았으나 항상 허공에 咄咄怪事라는 글자를 썼다. 오랜 뒤에 桓溫이 장차 殷浩를 尙書令으로 삼고자 하여 이를 편지로 알렸는데, 〈殷浩가 답서를 보낸 적에〉 마침내 빈 봉투를 보냈으므로 크게 노하여 끝내 절교하니, 殷浩는 유배지에서 죽었다.

○ 桓溫이 統步騎四萬하고 伐秦하야 進至霸上하니 三輔郡縣이 皆來降이라 溫이 撫諭居民하야 使安堵復業하니 民이 爭持牛酒迎勞라 男女는 夾路觀之하고 耆老는 有垂泣者하야 曰 不圖今日에 復覩官軍이라하더라

桓溫이 보병과 기병 4만 명을 거느리고 秦나라를 정벌할 적에 진격하여 霸上에 이르니, 三輔의 郡縣이 모두 와서 항복하였다. 桓溫이 거주하는 백성들을 어루만지고 타일러서, 백성들로 하여금 사는 곳을 편안히 여기고 生業으로 돌아가게 하니, 백성들이 다투어 쇠고기와 술을 가지고 와서 맞이하고 위로하였다. 이에 남녀들은 길의 좌우에 늘어서서 이것을 구경하였고, 耆老들은 눈물을 흘리면서 말하기를 "오늘날 다시 官軍을 보게 될 줄은 생각지도 못했다." 하였다.

○ 北海王猛이 少好學하고 倜(척)儻[1]有大志하야 不屑細務하니 人皆輕之호되 猛은 悠然自得하야 隱居華陰이러니 聞桓溫入關하고 披褐[2]詣之하야 捫蝨(슬)而談當世之務호되 旁若無人이라 溫異之하야 問曰 吾奉天子之命하야 將銳兵十萬하고 爲百姓除殘賊이어늘 而三秦豪傑이 未有至者는 何也오 猛曰 公이 不遠數千里하고 深入敵境하야 今長安咫尺이어늘 而不度(渡)霸水하니 百姓이 未知公心[3]하야 所以不至니이다 溫이 嘿然無以應하고 徐曰 江東엔 無卿比也라하고 乃署[4]猛軍謀祭酒하다

北海의 王猛이 젊어서부터 학문을 좋아하고 의기가 드높아 큰 뜻이 있어서 소소한 일을 좋아하지 않으니, 사람들이 모두 그를 경시하였으나 王猛은 悠然히 自得하여 華陰에 은거하였는데, 桓溫이 關中으로 들어왔다는 말을 듣고 짧은 갈옷을 입고 찾아가서 이를 잡으며 당세의 일을 말하되 옆에 사람이 없는 것처럼 거리낌이 없었다. 桓溫이 기이하게 여겨 묻기를 "내가 天子의 命을 받들어 정예병 10만 명을 거느리고 백성을 위해 잔당들을 제거하는데, 三秦의 호걸 중에 찾아오는 자가 없음은 어째서인가?" 하니, 王猛이 말하기를

"公이 수천 리를 멀다 하지 않고 적의 국경에 깊숙이 들어와서 이제 長安이 지척에 있는데도 霸水를 건너가지 않으니, 백성들이 公의 마음을 알지 못하여 이 때문에 이르지 않는 것입니다." 하였다. 桓溫이 묵묵히 대답이 없다가 천천히 말하기를 "江東 지방에는 卿에게 비교할 사람이 없다." 하고, 마침내 王猛을 軍謀祭酒로 서용하였다.

1) 〔通鑑要解〕 倜儻 : 不羈貌요 高遠貌라
 倜儻은 매이지 않는 모양이요, 高遠한 모양이다.

2) 〔釋義〕 披褐 : 披는 通作被라 平聲이니 (褐)〔褶〕 被衣帶*)也라 〈褐은〉 以毛毳織之라
 披는 被와 통용된다. 平聲(헤치다)이니, 옷에 띠를 매지 않은 것이다. 갈옷은 털로 짜서 만든다.

*) 褶被衣帶 : 褶被는 옷에 띠를 매지 않은 것을 이르는 바, 마음내키는 대로 행동하고 삼가지 않음을 비유하는 말로 쓰인다.

3) 〔通鑑要解〕 不度霸水……未知公心 : 桓溫이 破秦入關而不渡者는 恐官軍知難而退也라 又史註云 疑溫有異志也라하니라
 桓溫이 秦나라를 격파하고 關中에 들어갔는데도 霸水를 건너가지 않은 것은 官軍이 상대하기 어렵다는 것을 알고 후퇴할까 해서였다. 또 史註에 이르기를 "桓溫이 딴 뜻이 있다고 의심한 것이다." 하였다.

4) 〔頭註〕 乃署 : 署는 除也니 謂除官이라
 署는 제수함이니, 관직을 제수하는 것을 이른다.

○ 初에 溫이 指秦麥以爲粮이러니 旣而요 秦人이 悉芟(삼)麥하니 溫軍이 乏食이라 六月에 徙關中[1]三千餘戶而歸할새 秦兵이 追擊之한대 溫軍이 屢敗하다

처음에 桓溫이 意中에 秦나라 지방의 보리를 군량으로 삼을 수 있을 것이라고 여겼는데, 이윽고 秦나라 사람이 보리를 모두 베어 가니 桓溫의 군대가 식량이 부족하였다. 6월에 關中의 3천여 가호를 옮기고 돌아올 적에, 秦나라 군대가 추격하자 桓溫의 군대가 여러 번 패하였다.

1) 〔頭註〕 關中 : 東有函谷關하고 南有嶢關, 武關하고 西有散關하고 北有蕭關故로 名關中이라

동쪽에는 函谷關, 남쪽에는 嶢關과 武關, 서쪽에는 散關, 북쪽에는 蕭關이 있으므로 關中이라고 이름하였다.

【乙卯】 十一年이라 〈秦主苻生壽光元年이라 ○ 燕元璽四年이라 ○ 涼去年號[1)]하다〉

永和 11년(을묘 355) - 秦主 苻生의 壽光 元年이다. ○ 燕나라 元璽 4년이다. ○ 涼나라가 和平이란 年號를 없앴다. -

1) 〔譯註〕 涼去年號 : 前涼의 張玄靚은 張重華의 兄인 張祚가 피살되자 張祚의 和平이란 연호를 없애고 아버지 張重華의 연호를 다시 사용하여 建興 43년이라 하였다.

六月에 秦主健이 卒하고 太子生이 卽位하다

6월에 秦主 苻健이 죽고, 태자 苻生이 즉위하였다.

【丙辰】 十二年이라 〈秦壽光二年이요 燕元璽五年이라〉

永和 12년(병진 356) - 秦나라 壽光 2년이고, 燕나라 元璽 5년이다. -

桓溫이 自江陵北伐할새 與寮屬으로 登平乘樓[1)]하야 望中原하고 歎曰 遂使神州陸沈[2)]하야 百年丘墟는 王夷甫諸人이 不得不任其責[3)]이라하더라

桓溫이 江陵에서 北伐할 적에 동료들과 함께 큰 배 위의 누각에 올라가서 中原을 바라보고 한탄하기를 "마침내 中原을 매몰시켜 百年의 基業이 폐허가 되게 한 것은 王夷甫(王衍) 등 여러 사람이 책임을 지지 않을 수 없다." 하였다.

1) 〔譯註〕 平乘樓 : 平乘은 큰 선박의 이름으로, 또 平乘舫이라고도 부른다. 平乘樓는 큰 배 위에 높이 세운 누각을 이른다.

2) 〔釋義〕 神州陸沈[*)] : 神州는 中國也니 註見懷帝永嘉五年하니라 陸은 高平地요 沈은 溺也라 神州陸沈은 謂中原淪沒也니 猶王道陵夷之義라 〔通鑑要解〕 中國名曰 赤縣神州라 內有九州하니 禹之序九州 是也라 陸沈은 謂無水而沈이라

〔釋義〕 神州는 中國이니, 註가 懷帝 永嘉 5年條(311)에 보인다. 陸은 높고 평

평한 곳이요 沈은 빠짐이다. 神州가 陸沈했다는 것은 中原이 쇠퇴함을 이르니, 王道가 陵夷(쇠퇴)하였다는 뜻과 같다. 〔通鑑要解〕 中國을 이름하기를 赤縣神州라 한다. 중국 안에 九州가 있으니, 禹王이 九州를 차서한 것이 이것이다. 陸沈은 물이 없이 육지가 가라앉은 것과 같음을 이른다.

*) 陸沈 : ≪莊子≫ 〈則陽〉 郭象의 注에 "陸沈은 사람들 속에 섞여 사는 隱者를 이른다. 그가 하는 말은 모두 세상의 이야기이지만 마음은 세상 사람과 다르다. 〈마땅히 드러나야 하는데 도리어 숨은 것이〉 비유하면 물이 없이 육지가 가라앉은 것〔無水而沈〕과 같다." 하였다.

3) 〔通鑑要解〕 不得不任其責 : 謂王衍等이 尙淸談하고 而不恤王事하야 以致夷狄亂華也라

책임을 지지 않을 수 없다는 것은 王衍 등이 淸談을 숭상하고 國事를 돌보지 않아서 夷狄들이 中華를 어지럽히게 만들었음을 이른다.

○ 八月에 溫至伊水하니 姚襄이 撤圍拒之어늘 溫이 結陳(陣)而前하야 親被甲督戰하니 襄衆이 大敗하야 死者數千人이라 襄이 帥麾下數千騎하고 奔于洛陽北山하니 周成이 帥衆出降하나 溫이 屯故太極殿前이러니 旣而요 徙屯金墉城하다 謁諸陵하고 有毁壞者면 修復之하고 以二千人戍洛陽하야 衛山陵하고 執周成以歸하니 姚襄[1)]이 奔平陽[2)]하다

8월에 桓溫이 伊水에 이르니, 姚襄이 洛陽의 포위를 풀고 와서 桓溫을 막았다. 桓溫이 陣을 치고 전진하여 직접 갑옷을 입고 싸움을 독려하니, 姚襄의 무리가 크게 패하여 죽은 자가 수천 명이었다. 姚襄이 휘하의 騎兵 수천 명을 거느리고 洛陽의 北山으로 달아나니, 周成이 무리를 거느리고 나와서 항복하였다. 桓溫이 옛 太極殿 앞에 주둔하였는데, 이윽고 金墉城으로 옮겨 주둔하였다. 여러 陵에 배알하였고 허물어져 파괴된 곳이 있으면 수리하여 복구하였으며, 2천 명을 洛陽에 주둔시켜 山陵을 호위하게 하고 周成을 사로잡아 돌아오니, 姚襄이 平陽으로 달아났다.

1) 〔通鑑要解〕 姚襄 : 姓名이니 弋仲子라

姚襄은 姓名이니, 姚弋仲의 아들이다.

2)〔原註〕姚襄奔平陽：襄이 後欲圖關中하야 帥衆伐秦이라가 兵敗하야 爲秦所殺하니 弟萇이 帥其衆降秦하니라
　姚襄이 뒤에 關中을 도모하고자 하여 군대를 거느리고 秦나라를 정벌했다가 군대가 패하여 秦나라에게 죽임을 당하니, 아우 姚萇이 군대를 거느리고 秦나라에 항복하였다.

○ 十月에 燕大司馬恪이 圍段龕[1]於廣固하니 十一月에 龕이 面縛出降이어늘 恪이 撫安新民하고 悉定齊地하다

10월에 燕나라 大司馬 慕容恪이 段龕을 廣固에서 포위하니, 11월에 段龕이 두 손을 등 뒤로 돌려 묶고 얼굴을 사람들에게 보이도록 앞으로 향하고 나와서 항복하였다. 慕容恪이 새로 歸附한 백성들을 어루만져 위로하고 齊나라 지역을 다 평정하였다.

1)〔通鑑要解〕段龕：龕은 音堪이라 初에 鮮卑段蘭이 領其衆하고 徙廣固러니 辛亥年에 來降하니 以爲鎭北將軍하고 封齊公이라
　龕은 音이 감이다. 처음에 鮮卑族인 段蘭이 무리를 끌고서 廣固로 옮겨 갔는데, 신해년(351)에 晉나라에 와서 항복하니 그를 鎭北將軍으로 삼고 齊公에 봉하였다.

【丁巳】升平元年이라 〈秦主苻堅永興元年이라 ○ 燕光壽元年이라〉

升平 元年(정사 357) - 秦主 苻堅의 永興 元年이다. ○ 燕나라 光壽 元年이다. -

秦主生이 飮酒無晝夜하야 乘醉多所殺戮하니 群臣이 得保一日을 如度十年이라 東海王堅[1]이 素有時譽하야 與薛讚, 權翼[2]善이러니 讚, 翼이 密說堅曰 主上이 猜忌暴虐하야 中外離心하니 方今에 宜主秦祀者 非殿下而誰오 願早爲計하야 勿使他姓得之하소서 堅이 以問尙書呂婆樓한대 婆樓曰 僕里舍에 有王猛者하니 其人謀略이 不世出이니 殿下宜請而咨之하소서 堅이 因婆樓以招

猛하야 **一見如舊友**하고 **語及時事**에 **堅大悅**하야 **自謂如劉玄德之遇諸葛孔明也**라하니라

秦主 苻生이 밤낮없이 술을 마셔서 술김에 살육을 많이 자행하니, 群臣들이 하루 동안 목숨을 보전하는 것을 십 년처럼 여겼다. 東海王 苻堅이 평소에 당시 사람들의 칭찬이 있어서 薛讚・權翼과 친하였는데, 薛讚과 權翼이 은밀히 苻堅을 설득하기를 "주상이 잔인하고 포학무도하여 中外의 마음이 떠났으니, 현재 秦나라의 제사를 주관해야 할 자는 전하가 아니고 누구이겠습니까. 바라건대 일찍 계책을 세워서 他姓으로 하여금 나라를 얻게 하지 마소서." 하였다. 苻堅이 尙書 呂婆樓에게 묻자, 呂婆樓가 말하기를 "저희 마을에 사는 사람 중에 王猛이라는 자가 있어 그 사람의 모략이 좀처럼 세상에 나타나지 않을 만큼 뛰어나니, 전하께서는 그를 초청하여 자문하소서." 하였다. 苻堅이 呂婆樓를 통하여 王猛을 초대해서 한 번 만나 보고는 오래된 친구처럼 여겼으며, 당세의 일을 언급하자 苻堅이 크게 기뻐하여 스스로 劉玄德이 諸葛孔明을 만난 것과 같다고 여겼다.

1)〔頭註〕東海王堅：洪之孫이요 雄之子라
東海王 苻堅은 蒲洪의 손자이고 苻雄의 아들이다.

2)〔通鑑要解〕薛讚權翼：故姚襄參軍이라
薛讚과 權翼은 옛날에 姚襄의 參軍이었다.

〔新增〕養心吳氏曰 孔明은 三代之遺才니 王猛이 豈其儔匹哉아 若論劉玄德之信任이면 則堅實無愧之矣리라

養心吳氏가 말하였다.

"孔明은 三代 시대의 遺才(후세의 뛰어난 인재)이니, 王猛이 어찌 그에게 匹敵할 수 있겠는가. 그러나 만약 劉玄德의 신임을 가지고 논한다면 苻堅이 실로 劉玄德에게 부끄럽지 않을 것이다."

梁平老[1]**等**이 **謂堅曰 主上失德**하야 **上下嗷嗷**하야 **人懷異志**하니 **燕, 晉二方**이

伺隙而動이면 **恐禍發之日**에 **家國俱亡**일까하노니 **此**는 **殿下之事也**니 **宜早圖之**하소서 **堅然之**하다 **堅**이 **與呂婆樓**로 **帥麾下三百人**하야 **鼓譟而進**하니 **宿衛**[2]**將士 皆舍仗**[3]**歸堅**호되 **生猶醉寐**라 **堅兵**이 **引生置別室**하고 **廢爲越王**이러니 **尋殺之**하다 **堅**이 **乃去皇帝號**하고 **稱大秦天王**이라하다

梁平老 등이 苻堅에게 이르기를 "주상이 德을 잃어 上下가 원망하여 사람들이 딴 마음을 품고 있으니, 燕나라와 晉나라 두 방면이 틈을 엿보아 출동하면 禍亂이 일어났을 때에 집안과 나라가 함께 망할까 두렵습니다. 이는 전하의 일이니, 빨리 도모하셔야 합니다." 하니, 苻堅이 이 말을 옳게 여겼다. 苻堅이 呂婆樓와 함께 휘하 300명을 거느리고서 북을 치고 함성을 지르며 진격하니, 궁궐을 宿衛하던 장병들이 모두 병장기를 버리고 苻堅에게 歸附하였는데, 苻生은 오히려 취하여 자고 있었다. 苻堅의 군사들이 苻生을 끌어다가 別室에 유치하고 폐출하여 越王으로 삼았다가 오래지 않아 그를 죽였다. 苻堅이 마침내 皇帝의 칭호를 없애고 大秦天王이라고 칭하였다.

1)〔頭註〕梁平老 : 御史中丞也라
　梁平老는 御史中丞이다.
2)〔頭註〕宿衛 : 宿은 守也라
　宿은 지킴이다.
3)〔頭註〕舍仗 : 仗은 五兵總名이니 五兵은 謂矛戟弓劍戈라
　仗은 다섯 가지 병기의 총칭이니, 다섯 가지 병기는 矛·戟·弓·劍·戈를 이른다.

○ **十一月**에 **秦王堅**이 **行至尙書**하야 **以文案不治**라하야 **免左丞{相}**[1]**程卓官**하고 **以王猛代之**하다 **堅**이 **擧異才**하고 **修廢職**하며 **課農桑**하고 **恤困窮**하며 **禮百神**하고 **立學校**하며 **旌節義**하고 **繼絶世**하니 **秦民**이 **大悅**이러라

11월에 秦王 苻堅이 巡視하다가 尙書臺에 이르러서 文案이 제대로 다스려지지 못했다 하여 左丞 程卓을 직위에서 면직시키고 王猛으로 대신하게 하였다. 苻堅이 특이한 재능이 있는 자를 천거하고 폐지된 정사를 닦으며, 농업

과 양잠을 권장하고 곤궁한 자들을 구휼하며, 여러 神들에게 제사를 올리고 학교를 세우며, 節義가 있는 인물을 표창하고 後嗣가 없는 賢者의 代를 이어 주니, 秦나라 백성들이 크게 기뻐하였다.

1)〔譯註〕免左丞{相}:≪資治通鑑≫에는 '左丞相'이 '左丞'으로 되어 있는 바, 이에 근거하여 바로잡았다. 左丞은 尙書左丞을 가리키는 바, 尙書臺의 佐貳官으로 尙書右丞보다 위이다.

【戊午】 二年이라 〈**秦永興二年**이요 **燕光壽二年**이라〉

升平 2년(무오 358) - 秦나라 永興 2년이고, 燕나라 光壽 2년이다. -

九月에 **秦大旱**이어늘 **堅**이 **減膳徹樂**하고 **命后妃以下**하야 **悉去羅紈**하고 **開山澤之利**하야 **公私共之**하고 **息兵養民**하니 **旱不爲災**라 **王猛**이 **日親幸用事**러라

9월에 秦나라에 크게 가뭄이 들자, 苻堅이 음식의 가짓수를 줄이고 음악을 연주하지 않고 后妃 이하에게 명하여 모두 비단옷을 입지 못하게 하였으며, 山林과 川澤의 이로움을 개방하여 公私가 함께 이용하게 하고 전투를 중지하고 백성들을 기르니, 가뭄이 들었으나 재앙이 되지 않았다. 王猛이 날로 더욱 친애와 총애를 받아 用事하였다.

【庚申】 四年이라 〈**秦甘露二年**이라 ○ **燕幽帝慕容暐建熙元年**이라〉

升平 4년(경신 360) - 秦나라 甘露 2년이다. ○ 燕나라 幽帝 慕容暐의 建熙 元年이다. -

正月에 **燕主儁**이 **疾篤**하야 **召大司馬, 太原王恪**하야 **受遺詔輔政而卒**하니 **太子暐卽位**하다

정월에 燕主 慕容儁이 병이 위독해지자, 大司馬·太原王 慕容恪을 불러서 遺詔를 받아 정사를 보필하게 하고 죽으니, 太子 慕容暐가 즉위하였다.

○ 朝廷이 初聞燕主儁卒하고 皆以爲中原可圖라호되 桓溫曰 慕容恪이 尙在하니 憂方大耳라하더라

晉나라 조정에서 처음에 燕主 慕容儁이 죽었다는 말을 듣고는 모두 中原을 수복할 수 있다고 여겼으나 桓溫이 말하기를 "慕容恪이 아직 살아 있으니, 우환이 한창 크다." 하였다.

○ 謝安이 少有[1]重名하야 前後徵辟[2]에 皆不就하고 寓居會稽하야 以山水文籍自娛하니 雖爲布衣나 時人이 皆以公輔期之라 士大夫至相謂曰 安石이 不出하니 當如蒼生何오하니라 年四十餘에 桓溫이 請爲司馬한대 安이 乃赴召하니 溫이 大喜하야 深禮重之러라

謝安이 젊어서부터 두터운 명망이 있어서 전후의 부름에 모두 나아가지 않고 會稽에 우거하여 山水와 文籍을 스스로 즐기니, 비록 포의의 신분이었으나 세상 사람들이 모두 公卿과 宰輔로 기대하였다. 사대부들이 심지어 서로 이르기를 "安石(謝安)이 세상에 나오지 않으니, 천하의 백성을 어찌해야 한단 말인가." 하였다. 나이 40여 세에 桓溫이 司馬가 될 것을 청하자 謝安이 마침내 부름에 달려가니, 桓溫이 크게 기뻐하여 매우 예우하고 소중히 여겼다.

1) 〔頭註〕 少有 : 少는 言自少라
   少는 젊어서부터라는 뜻이다.
2) 〔譯註〕 徵辟 : 布衣를 불러서 出仕하게 하는 것을 이르는데, 조정에서 부르는 것을 徵이라 하고, 三公 이하가 부르는 것을 辟이라 한다.

【辛酉】 五年이라 〈秦甘露三年이라 ○ 燕建熙二年이라 ○ 是歲에 涼奉升平之號하니라〉

升平 5년(신유 361) 〈秦나라 甘露 3년이다. ○ 燕나라 建熙 2년이다. ○ 이 해에 涼나라가 東晉 穆帝의 연호인 升平을 받들어 사용하였다.〉

五月에 帝崩하니 無嗣라 琅邪(琊)王丕 卽皇帝位[1]하다

5월에 황제가 崩하니, 후사가 없었다. 琅琊王 司馬丕가 황제에 즉위하였다.

1) 〔通鑑要解〕 卽皇帝位 : 帝崩하니 無嗣라 皇太后令曰 琅琊王丕는 中興正統[*]이니 義望情地 莫與爲比라 其以爲王하야 奉大統하라하다
穆帝가 崩하니 후사가 없었다. 皇太后가 명령하기를 "琅琊王 司馬丕는 中興 후의 正統이니, 의리와 명망, 인정과 지위로 볼 때 비길 만한 자가 없다. 그를 황제로 삼아 大統을 받들게 하라." 하였다.

*) 琅琊王丕 中興正統 : 元帝・明帝・成帝는 모두 正統으로 帝位를 서로 전하였다. 琅琊王 司馬丕는 成帝의 長子이므로 中興(東晉) 후의 正統이라고 이른 것이다.

○ 范甯이 好儒學하고 性質直이라 常(嘗)謂王弼, 何晏[1]之罪가 深於桀, 紂[2]라 或以爲貶之太過라한대 甯曰 王, 何가 蔑棄典文하고 幽沈仁義하야 游辭浮說로 波蕩後生하야 使搢紳[3]之徒로 翻然改轍하야 以至禮壞樂崩하고 中原傾覆하니 遺風餘俗이 至今爲患이라 桀, 紂는 縱暴一時나 適足以喪身覆國하야 爲後世戒하니 豈能迴百姓之視聽哉리오 故로 吾以爲一世之禍는 輕하고 歷代之患은 重하며 自喪之惡은 小하고 迷衆之罪는 大也라하노라

范甯은 儒學을 좋아하며 성질이 질박하고 정직하였는데, 일찍이 말하기를 "王弼과 何晏의 죄가 桀・紂보다도 심하다." 하였다. 혹자가 말하기를 "폄하하기를 너무 지나치게 한다." 하자, 范甯이 말하기를 "王弼과 何晏은 經典과 文獻을 멸시하며 仁義를 인멸시켜 근거 없는 말과 부화한 말로 후생들을 미혹시켰다. 그리하여 士大夫들로 하여금 번연히 발자취를 고치게 하여 禮樂이 붕괴되고 中原이 전복되는 데까지 이르게 되었으며 남은 풍속이 지금까지도 폐해가 되고 있다. 桀・紂는 비록 한 때에 방종하고 포학하였으나 다만 자기 몸을 죽이고 나라를 전복시켜서 후세의 경계가 될 뿐이니, 어찌 백성들의 보고 들음을 바꿀 수 있었겠는가. 그러므로 나는 생각건대 한 대의 禍患은 가볍고 역대의 禍患은 중하며, 자기 몸을 망치는 죄악은 작고 무리를 미혹시키는 죄악은 크다고 여긴다." 하였다.

1)〔頭註〕王弼 何晏：魏人이니 見二十五卷己巳年이요 晏은 又見二十六卷丁巳年이라

王弼과 何晏은 魏나라 사람이니, 25권 己巳年條(249)에 보인다. 何晏은 또 26권 丁巳年條(297)에 보인다.

2)〔頭註〕桀紂：諡法에 賊人多殺曰桀이요 殘義損善曰紂라

諡法에 "사람을 해치고 많이 죽이는 것을 桀이라 하고, 의로운 사람을 해치고 선한 사람을 손상시키는 것을 紂라 한다." 하였다.

3)〔頭註〕搢紳：搢은 挿也요 紳은 大帶也니 謂挿笏於紳也라 周禮註에 搢은 讀作薦이니 謂挿之於紳帶之間也라

搢은 꽂음이고 紳은 큰 띠이니, 搢紳은 笏을 큰 띠에 꽂는 것을 이른다. ≪周禮≫ 註에 "搢은 천(진)으로 읽으니, 紳帶의 사이에 꽂는 것을 이른다." 하였다.

○ 十二月에 秦王堅이 命牧伯守宰하야 各擧孝悌廉直과 文學政事호되 察其所擧하야 得人者는 賞之하고 非其人者는 罪之하니 由是로 人莫敢妄擧하고 而請託不行이라 當是之時하야 內外之官이 率皆稱職하야 田疇修闢하니 倉庫充實하고 盜賊이 屛息[1]이러라

12월에 秦王 苻堅이 牧·伯·守·宰에게 명하여 각각 孝悌와 廉直과 文學과 政事 등의 科目으로 인재를 천거하게 하되 천거된 사람을 살펴서 적임자인 경우에는 천거한 사람에게 상을 내리고 적임자가 아닌 경우에는 죄를 주니, 이로 말미암아 사람들이 감히 망령되이 천거하지 못하고 청탁이 행해지지 않았다. 이때를 당하여 內外의 관직이 모두 잘 수행되어 田野가 닦여지고 개간되니, 창고가 충실하고 도적들이 숨을 죽였다.

1)〔頭註〕屛息：屛은 蔽也요 息은 鼻息也라 屛藏其氣息은 言懼甚也라

屛은 가리는 것이요 息은 코로 숨을 쉬는 것이다. 숨을 죽였다는 것은 두려움이 심함을 말한다.

〔史略 史評〕史斷曰 康帝는 降年不永하니 無足多者요 穆帝는 襁褓之資로 母后稱制[1]하야 中外無事 十有餘年이라 維時에 石虎死하야 胡中大亂이어늘 朝

廷이 乃用殷浩하야 蕩平關河라 然이나 用違其才하야 卒致山桑之敗[2]하니 晉之威權이 自此로 一歸桓溫矣라 蓋溫與浩 少而齊名하니 晉人之用浩는 本圖抗溫이라 故로 其敗也에 溫之勢浸以熾焉하니라

史斷에 말하였다.

"康帝는 수명이 길지 못하였으니 칭찬할 만한 점이 없고, 穆帝는 포대기에 싸인 어린 아이로 母后가 稱制하여 나라 안팎이 무사한 것이 십여 년이었다. 이때에 石虎가 죽어 오랑캐가 크게 어지러웠는데, 조정에서 殷浩를 등용하여 關河(요해처)를 완전히 평정하였다. 그러나 인재를 잘못 등용하여 끝내 山桑의 패배를 불러 왔으니, 晉나라의 위세와 권력이 이로부터 한결같이 桓溫에게로 돌아갔다. 桓溫과 殷浩는 젊어서부터 명성이 대등하였으니, 晉나라에서 殷浩를 등용한 것은 본래 桓溫에게 대적하려 한 것이었다. 그러므로 殷浩가 패배하자 桓溫의 세력이 점차 강성해진 것이다."

1)〔譯註〕稱制 : 황제를 대신하여 정사를 행함을 이른다.

2)〔譯註〕山桑之敗 : 穆帝가 殷浩를 불러 나오게 하여 楊州刺史로 삼았는데, 군대를 이끌고 北伐하다가 桑山縣에 이르러서 姚襄에게 패배당하였다.

哀皇帝[1] 名丕요 字千齡이니 成帝長子라 在位四年이요 壽二十五라

哀皇帝는 이름이 丕요 字가 千齡이니, 成帝의 長子이다. 재위가 4년이고 壽가 25세이다.

1)〔頭註〕哀皇帝 : 恭仁短折曰哀라
공손하고 어질지만 일찍 죽은 것을 哀라 한다.

【壬戌】隆和元年이라 〈秦甘露四年이요 燕建熙三年이라〉

隆和 元年(임술 362) 秦나라 甘露 4년이고, 燕나라 建熙 3년이다.

正月에 桓溫이 上疏하야 請遷都洛陽하고 自永嘉之亂[1]으로 播流江表[2]者를 請

一切北徙하야 以實河南한대 朝廷이 畏溫하야 不敢爲異나 而北土蕭條하야 人情이 疑懼하니 雖並知不可나 莫敢先諫이러라 散騎常侍孫綽이 上疏曰 昔에 中宗[3] 龍飛에 非惟信順[4]協於天人이요 實賴萬里長江하야 畫(획)而守之耳러니 今自喪亂已來로 六十餘年[5]에 河, 洛丘墟하고 函夏[6]蕭條하야 士民이 播流江表하야 已經數世라 存者는 老子長孫하고 亡者는 丘隴成行(항)하니 雖北風之思[7]가 感其素心이나 目前之憂 實爲交切이라 植根江外[8] 數十年矣어늘 一朝에 頓欲拔之하야 驅蹙於空荒之地[9]하니 提挈萬里에 踰險浮深하야 離墳墓, 棄生業이면 田宅을 不可復售[10]요 舟車를 無從而得이라 捨安樂之國하고 適習亂之鄕은 國家之所宜深慮也니이다 王述曰 溫이 欲以虛聲威朝廷耳요 非實事也니 但從之면 自無所至리이다 事果不行하다 溫이 又議移洛陽鍾虡[11]어늘 述曰 永嘉不競[12]하야 暫都江左하니 方當蕩平區宇하고 旋軫舊京이요 若其不爾면 宜改遷園陵이니 不應先事鍾虡니라 溫이 乃止하다

정월에 桓溫이 上疏하여 洛陽으로 천도할 것을 청하고, 永嘉의 난리로부터 江外(江南)로 옮겨 온 자들을 일체 북쪽으로 옮겨서 河南을 충실히 할 것을 청하였는데, 조정에서 桓溫을 두려워하여 감히 異見을 말하지 못하였다. 그러나 북쪽 지방이 황량하여 민심이 의심하고 두려워하니 비록 모두들 옮기는 것이 불가함을 알았으나 감히 먼저 간하지 못하였다. 散騎常侍 孫綽이 상소하기를 "옛날 中宗(元帝)이 즉위하자 誠信과 和順함이 天意와 民心에 합하였을 뿐만 아니라 실로 萬里의 長江에 의지해서 경계로 삼아 지켰습니다. 이제 국가에 난리가 있은 이래로 60여 년인데, 黃河와 洛陽 일대가 빈 터가 되고 函夏(中原 지역)가 쓸쓸하여 관리와 백성들이 江外로 옮겨 온 지 이미 몇 대가 지났습니다. 그리하여 생존한 자는 자식이 이미 늙고 손자가 장성했으며 죽은 자는 무덤이 행렬을 이루고 있으니, 비록 北方에 대한 그리움이 평소 그들의 마음을 흔들리게 하지만 目前의 우환이 실로 더욱 절박합니다. 江外에 뿌리를 내린 지가 수십 년인데 하루아침에 갑자기 뽑아다가 텅 비고 황량

한 땅에 내몰고자 하니, 가솔들을 이끌고 만 리를 감에 험한 산을 넘고 깊은 물을 건너서 先塋을 떠나고 生業을 버리게 되면 田地와 집을 다시 살 수가 없고 배와 수레를 얻을 길이 없습니다. 안락한 나라를 버리고 오랫동안 전란을 겪었던 고향으로 가는 것은 국가가 깊이 염려해야 할 바입니다." 하였다. 王述이 말하기를 "桓溫이 큰소리쳐서 조정을 위협하고자 한 것일 뿐이지 실제의 일이 아니니, 다만 그대로 따르면 저절로 이르는 바가 없을 것입니다." 하였는데, 일이 과연 행해지지 않았다.

桓溫이 또 洛陽의 종과 종틀을 옮겨 올 것을 의논하자, 王述이 말하기를 "永嘉年間에 강성하지 못하여 잠시 江左(江南)에 도읍하고 있으니, 바야흐로 區宇(온 천하)를 평정하고 곧바로 옛 서울로 돌아가야 할 것이요, 만약 그렇게 하지 못한다면 先帝의 陵墓를 옮겨 와야 할 것이니, 먼저 종과 종틀을 옮겨 오는 것은 마땅하지 않습니다." 하니, 桓溫이 이에 중지하였다.

1)〔頭註〕永嘉之亂 : 懷帝爲劉聰所執이라
永嘉의 亂은 晉 懷帝가 漢나라(前趙)의 劉聰에게 사로잡힌 일을 가리킨다.

2)〔通鑑要解〕播流江表 : 播流는 播越流離也요 江表는 中原以江南爲江表라
播流는 피난하여 이곳저곳으로 떠돌아다니는 것이요, 江表는 中原에서 揚子江 남쪽 지역을 江表라 하였다.

3)〔通鑑要解〕中宗 : 元帝廟號라
中宗은 元帝의 廟號이다.

4)〔通鑑要解〕信順 : 易大傳曰 天之所助者順也요 人之所助者信也라
≪周易≫〈繫辭傳〉에 이르기를 "하늘이 돕는 것은 順함이요(하늘은 이치를 순히 따르는 자를 도와주고), 사람이 돕는 것은 誠信이다.(사람은 성실한 자를 도와준다)" 하였다.

5)〔頭註〕今自喪亂已來 六十餘年 : 自賈后之廢하고 趙王倫之誅로 繼而諸王交兵하고 胡羯乘之而起하야 天下大亂이 至是六十餘年이라
賈后가 폐출되고 趙王 司馬倫이 죽임을 당함으로부터 계속하여 諸王이 서로 交戰하고 胡와 羯이 이 틈을 타고 일어나 천하가 크게 어지러웠는데, 이때에 이르러 60여 년이 되었다.

6)〔通鑑要解〕函夏 : 函은 謂函谷關이니 關之東爲中夏也라 故曰函夏也라 又函은

容也요 夏는 大也니 言中原之地 所函容者大也라

函은 函谷關을 이르니, 함곡관의 동쪽이 中夏이므로 函夏라고 이른 것이다. 또 函은 용납하는 것이고 夏는 큼이니, 中原 지역은 포용하는 것이 큼을 말한 것이다.

7) 〔釋義〕 北風之思 : 詩北風篇曰 北風其喈하니 雨雪其霏로다 惠而好我로 携手同歸라하니라 〔頭註〕 胡馬는 每北風則翹首北望이라

〔釋義〕 ≪詩經≫ 〈北風篇〉에 이르기를 "北風이 차갑게 부니 함박눈이 펄펄 내리도다. 사랑하여 나를 좋아하는 이와 손을 잡고 함께 돌아가리라." 하였다. 〔頭註〕 胡馬는 매양 北風이 불면 머리를 들고 북쪽을 바라본다.

8) 〔頭註〕 江外 : 中原以江南爲江外라

江外는 中原에서 揚子江 남쪽 지역을 江外라고 한다.

9) 〔頭註〕 頓欲拔之 驅蹙於空荒之地 : 頓은 遽也라 蹙은 音祝이니 至也요 又行謹敬也라

頓은 갑자기이다. 蹙은 音이 축이니 이르는 것이요, 또 행실을 삼가고 공경하는 것이다.

10) 〔頭註〕 復售 : 售는 賣物去手라

售는 물건을 팔아서 手中을 떠난 것이다.

11) 〔頭註〕 鍾虡[*] : 虡는 音巨니 鍾鼓之跗에 以猛獸爲飾이라 又作鐻하니 樂器所懸이니 橫曰筍이요 植曰虡라

虡는 音이 거이니 종과 북의 받침에 猛獸를 붙여서 장식한 것이다. 또 鐻로도 쓰니 樂器를 매다는 것이다. 가로로 된 것을 筍이라 하고 세로로 된 것을 虡라 한다.

*) 鍾虡 : 鍾虡는 나라의 중요한 기물이므로 桓溫이 洛陽에서 建康으로 옮겨 오려 한 것이다.

12) 〔釋義〕 永嘉不競 : 競은 彊也라 懷帝永嘉五年에 爲劉聰所獲이라 故云永嘉不競也라니라

競은 강함이다. 懷帝 永嘉 5년(311)에 劉聰에게 사로잡혔으므로 '永嘉 年間에 강성하지 못했다'고 말한 것이다.

【癸亥】 興寧元年이라 〈秦甘露五年이요 燕建熙四年이라〉

興寧 元年(계해 363) - 秦나라 甘露 5년이고, 燕나라 建熙 4년이다. -

五月에 加桓溫侍中, 大司馬, 都督中外諸軍, 錄尙書事[1)]하다 溫이 以王坦之로 爲長史하니 坦之는 述之子也요 又以郗(치)超로 爲參軍하고 王珣(순)으로 爲主簿하야 每事를 必與二人謀之하니 府中이 爲之語曰 髥參軍, 短主簿[2)]는 能令公喜하고 能令公怒라하더라 珣與謝玄이 皆爲溫掾(연)이러니 溫이 俱重之하야 曰 謝掾은 年四十에 必擁旄杖節[3)]이요 王掾은 當作黑頭公[4)]이니 皆未易才[5)]也라하니 玄은 奕之子也러라

5월에 桓溫에게 侍中・大司馬・都督中外諸軍・錄尙書事를 가하였다. 桓溫이 王坦之를 長史로 삼으니 王坦之는 王述의 아들이다. 또 郗超를 參軍으로 삼고 王珣을 主簿로 삼아서 매사를 반드시 두 사람과 상의하니, 府中 사람들이 말하기를 "수염이 긴 參軍과 키가 작은 主簿가 令公(桓溫)을 기쁘게도 하고 令公을 노여워하게도 한다." 하였다. 王珣과 謝玄이 모두 桓溫의 掾屬이 되었는데, 桓溫이 모두 소중히 여겨 말하기를 "謝掾은 나이 40에 반드시 깃발을 끼고 節을 잡을 것이요 王掾은 마땅히 黑頭 相公이 될 것이니, 모두 쉽게 얻을 수 있는 인재가 아니다." 하였다. 謝玄은 謝奕의 아들이다.

1) 〔頭註〕 錄尙書事 : 錄은 總也라
錄은 총괄함이다.

2) 〔頭註〕 髥參軍 短主簿 : 以超多髥하고 而珣體短也일새라
수염이 긴 參軍과 키가 작은 主簿라고 한 것은 郗超는 수염이 많고 王珣은 체구가 왜소하였기 때문이다.

3) 〔頭註〕 擁旄杖節 : 旄節은 見三卷庚辰下의 旌旄節旗注하니라 〔通鑑要解〕 言當方面也라
〔頭註〕 旄와 節은 3권의 庚辰年條(B.C.221) 아래의 旌旄節旗 注에 보인다. 〔通鑑要解〕 깃발을 끼고 節을 잡는다는 것은 方面을 담당할 것임을 말한다.

4) 〔譯註〕 黑頭公 : 黑頭는 검은 머리라는 뜻으로 나이가 젊음을 비유한 것인바, 黑頭公은 젊은 나이에 三公의 지위에 오른 사람을 이른다.

5) 〔通鑑要解〕 皆未易才 : 未易는 言難得也라
쉽지 않다는 것은 얻기 어려움을 말한다.

【甲子】二年이라 〈秦甘露六年이라 ○ 燕建熙五年이라 ○ 涼西平博公張天錫一年이라〉

興寧 2년(갑자 364) - 秦나라 甘露 6년이다. ○ 燕나라 建熙 5년이다. ○ 涼나라 西平博公 張天錫 1년이다. -

正月에 以揚州刺史王述로 爲尙書令하다 王述이 每授職에 不爲虛讓하고 其所辭는 必於所不受러니 及爲尙書令하야 子坦之白述호되 故事當讓이라한대 述曰 汝謂我不堪耶아 坦之曰 非也라 但克讓이 自美事耳니이다 述曰 旣爲堪之어니 何爲復讓이리오 人言汝勝我라호되 定不及也로다

정월에 揚州刺史 王述을 尙書令으로 삼았다. 王述이 벼슬에 제수될 때마다 겉으로만 사양하는 체하지 않고, 사양할 때는 반드시 받지 않을 경우에만 사양하였다. 王述이 尙書令이 되자 아들 王坦之가 王述에게 아뢰기를 "故事에 비춰 보건대 마땅히 사양하여야 합니다." 하니, 王述이 말하기를 "너는 내가 이 벼슬을 감당하지 못할 것이라고 생각하느냐?" 하였다. 王坦之가 말하기를 "아닙니다. 다만 사양하는 것이 본래 아름다운 일이기 때문입니다." 하니, 王述이 말하기를 "이미 감당할 수 있으니 어찌 다시 사양하겠느냐. 사람들은 네가 나보다 낫다고 말하나 너는 참으로 나에게 미치지 못한다." 하였다.

三年[1]에 帝崩[2]하고 琅琊王奕이 卽皇帝位하다

興寧 3년(을축 365)에 황제가 崩하고, 琅琊王 司馬奕이 황제에 즉위하였다.

1) 〔譯註〕 三年 : 干支 다음에 年度를 표시하고 列國을 倂記한 前後의 例와 달리 底本에 '三年'으로 年度만 표기되었음을 밝혀 둔다.

2) 〔通鑑要解〕 帝崩 : 帝信方士하야 斷穀餌藥이러니 藥發하야 崩하다
황제가 方士의 말을 믿어 穀類를 끊고 藥을 먹었는데, 藥毒이 나와 崩하였다.

○ 三月에 燕太宰恪과 吳王垂[1] 共攻洛陽克之하고 引兵略河南諸城[2]하야 盡下之하다

3월에 燕나라 太宰 慕容恪과 吳王 慕容垂가 함께 洛陽을 공격하여 이긴 다음 군대를 이끌고 河南의 여러 성을 공격하여 모두 항복시켰다.

1)〔頭註〕吳王垂 : 慕容皝第五子也니 儁立하야 封垂爲吳王이라
吳王 慕容垂는 慕容皝의 다섯째 아들이니, 慕容儁이 즉위한 다음 慕容垂를 봉하여 吳王으로 삼았다.

2)〔頭註〕引兵略河南諸城 : 略은 與掠通이라
略은 掠字와 통용한다.

帝奕 字延齡이니 成帝次子也라 後爲桓溫廢하야 爲海西公하니 史曰 廢帝라 在位六年이요 壽四十五라

황제 司馬奕은 字가 延齡이니, 成帝의 次子이다. 뒤에 桓溫에게 폐위당하여 海西公이 되니, 역사책에는 廢帝라 하였다. 재위가 6년이고 壽가 45세이다.

【丁卯】 太和二年이라 〈秦建元三年이요 燕建熙八年이라〉

太和 2년(정묘 367) - 秦나라 建元 3년이고, 燕나라 建熙 8년이다. -

燕太原王恪[1)]이 疾病이어늘 暐[2)]親視之하고 問以後事한대 恪曰 吳王이 文武兼資하야 管, 蕭之亞니 陛下若任以大政이면 國家可安이어니와 不然이면 秦, 晉이 必有窺窬[3)]之計하리이다 言終而卒하다 秦王堅이 聞恪卒하고 陰有圖燕之計러라

燕나라 太原王 慕容恪이 병이 심해지자, 慕容暐가 친히 가서 병을 살펴보고 그가 죽은 뒤의 일을 물었는데, 慕容恪이 말하기를 "吳王이 文武를 겸비하여 管仲과 蕭何에 버금가니, 폐하께서 만약 그에게 큰 정사를 맡기신다면 국가가 평안하겠지만 그렇지 않으면 秦나라와 晉나라가 반드시 틈을 엿보아 동하려는 계책이 있을 것입니다." 하였다. 慕容恪이 말을 마치고 죽었다. 秦王 苻堅이 慕容恪이 죽었다는 소문을 듣고 은밀히 燕나라를 도모할 계책을

세웠다.

1)〔頭註〕太原王恪：皝之第四子라
太原王 慕容恪은 慕容皝의 넷째 아들이다.
2)〔頭註〕暐：皝之第二子儁之子라
慕容暐는 慕容皝의 둘째 아들인 慕容儁의 아들이다.
3)〔通鑑要解〕窺窬：窬는 音由니 門邊小竇也라
窬는 音이 유이니, 문 옆의 작은 구멍이다.

【己巳】四年이라 〈**秦建元五年**이요 **燕建熙十年**이라〉

太和 4년(기사 369) - 秦나라 建元 5년이고, 燕나라 建熙 10년이다. -

四月에 **大司馬桓溫**이 **帥步騎五萬**하고 **伐燕**할새 **時**에 **恪已死**하니 **諸將**이 **不能抗**이라 **燕王暐 乃求救于秦**이어늘 **王猛**이 **密言於堅曰 燕雖彊大**나 **慕容評**은 **非溫敵也**니 **若溫擧山東**하야 **進屯洛邑**하고 **收幽, 冀之兵**하고 **引幷, 豫之粟**하야 **觀兵**[1]**崤, 澠**(효민)[2]이면 **則陛下大事去矣**리이다 **今不如與燕合兵以退溫**이니 **溫退**면 **燕亦病矣**라 **然後**에 **我承其敝而取之**면 **不亦善乎**잇가 **堅從之**하야 **遣洛州刺史鄧羌**하야 **帥步騎二萬**하야 **以救燕**하다 **溫**이 **數**(삭)**戰不利**[3]하고 **糧儲復竭**이라 **又聞秦兵將至**하고 **乃焚舟棄輜重鎧**(개)**仗**[4]하고 **自陸道奔還**이어늘 **吳王垂自帥八千騎**하고 **追之**하야 **及溫於襄邑**하야 **大破之**하고 **斬首三萬級**하다 **秦將苟池 邀擊溫於譙**하야 **又破之**하니 **死者復以萬計**라 **溫收散卒**하야 **屯于山陽**[5]하다 **溫**이 **深恥喪敗**하야 **乃歸罪於袁眞**하야 **奏免眞爲庶人**[6]하다

4월에 大司馬 桓溫이 步兵과 騎兵 5만 명을 거느리고 燕나라를 정벌하였다. 이때 慕容恪이 이미 죽으니 여러 장수들이 항거하지 못하였다. 燕王 慕容暐가 마침내 秦나라에 구원을 요청하니, 王猛이 은밀히 苻堅에게 말하기를 "燕나라가 비록 강대하나 慕容評은 桓溫의 적수가 아니니, 만약 桓溫이 山東을 점령한 다음 進軍하여 洛邑에 주둔하고 幽州와 冀州의 군사를 거두고 幷

州와 豫州의 곡식을 징발해서 崤山과 澠池에서 군대를 열병한다면 폐하의 대사가 틀어질 것입니다. 이제 燕나라와 병력을 규합하여 桓溫을 물리치는 것만 못하니, 桓溫이 후퇴하면 燕나라도 병들 것입니다. 그런 뒤에 우리가 그 피폐한 틈을 타서 취한다면 또한 좋지 않겠습니까." 하였다. 苻堅이 그의 말을 따라 洛州刺史 鄧羌을 보내어 보병과 기병 2만 명을 거느리고 가서 燕나라를 구원하게 하였다.

桓溫이 여러 번 싸워 승리하지 못하고 비축했던 양식이 다시 고갈되었는데, 또 秦나라 군대가 올 것이라는 말을 듣고 마침내 배를 불태우고 輜重과 갑옷과 병기를 버리고 육로를 따라서 달아나 돌아왔다. 吳王 慕容垂가 스스로 8천 명의 기병을 거느리고 이들을 추격하여 襄邑에서 桓溫을 따라잡아 크게 격파하고 3만 명의 首級을 베었다. 秦나라 장수 苟池가 桓溫을 譙에서 맞아 싸워서 또다시 격파하니, 죽은 자가 다시 만 명으로 헤아려졌다. 桓溫이 흩어진 병졸을 수습하여 山陽에 주둔하였다. 桓溫이 패망한 것을 깊이 부끄러워하여 마침내 袁眞에게 죄를 씌워서 袁眞을 면직시킬 것을 아뢰어 庶人으로 삼았다.

1) 〔頭註〕 觀兵 : 觀은 音貫이라 觀은 示요 兵은 威也니 謂陳兵耀之也라
觀은 音이 관이다. 觀은 보이는 것이고 兵은 威勢이니, 觀兵은 군대를 정렬하여 위협함을 이른다.

2) 〔釋義〕 崤澠 : 崤는 山名이요 澠은 水名이니 (澠池縣)皆在弘農하니라
崤는 산 이름이고 澠은 물 이름이니, 모두 弘農郡에 있다.

3) 〔釋義〕 數戰不利 : 數은 不一也라
數은 한 번 만이 아닌 것이다.

4) 〔釋義〕 鎧仗 : 鎧는 甲也요 仗은 刀戟總名이라
鎧는 갑옷이고, 仗은 칼과 창의 총칭이다.

5) 〔釋義〕 山陽 : 山陽은 揚州域이니 晉分廣陵하야 置山陽郡하고 隋置楚州하고 宋爲淮安軍하니라 括地志에 楚州山陽縣은 本漢射陽縣也니 射는 食夜反이라
山陽은 揚州 지역이니, 晉나라가 廣陵을 분할하여 山陽郡을 두었고, 隋나라는 楚州를 두었고, 宋나라는 淮安軍을 만들었다. 《括地志》에 "楚州의 山陽縣은 본래 漢나라 射陽縣이니, 射는 食夜反(사)이다." 하였다.

6)〔附註〕奏免眞爲庶人 : 袁眞은 豫州刺史也라 溫이 使眞攻譙, 梁할새 開石門하야 以通水運이러니 不克하니 乃歸罪하야 奏免爲庶人이라 眞이 不伏하고 表溫罪狀이어늘 朝廷不報하니 遂據壽春하고 叛降于燕하니라
袁眞은 豫州刺史였다. 桓溫이 袁眞으로 하여금 譙와 梁을 공격하게 할 적에 石門을 열어 水運을 통하게 하였는데, 이기지 못하자 마침내 죄를 씌워 袁眞을 면직시킬 것을 아뢰어 庶人으로 삼았다. 袁眞이 복종하지 않고 表文을 올려 桓溫의 죄상을 아뢰었으나 조정에서 회답하지 않자, 마침내 壽春을 점거하고 배반하여 燕나라에 항복하였다.

○ 燕吳王垂 還鄴하니 威名益振이라 太傅評이 忌之어늘 垂與子弟姪로 俱奔秦하다 初에 秦王堅이 聞太宰恪卒하고 陰有圖燕之志호되 憚垂威名하야 不敢發이러니 及聞垂至하고 大喜하야 郊迎執手하고 曰 天生賢傑은 必相與共成大功이니 此는 自然之數也라 要當與卿共定天下하리니 然後에 還卿本鄉하야 世封幽州 不亦美乎아 王猛이 言於堅曰 慕容垂父子 譬如龍虎하야 非可馴之物이라 若借以風雲이면 將不可復制니 不如早除之니이다 堅曰 吾方收攬英雄하야 以淸四海어니 奈何殺之리오하고 乃以垂爲冠軍將軍하다

燕나라 吳王 慕容垂가 鄴으로 돌아오니, 위엄과 명망이 더욱 떨쳐졌다. 太傅 慕容評이 그를 시기하자 慕容垂가 아들, 아우, 조카들과 함께 秦나라로 달아났다. 처음에 秦王 苻堅은 太宰 慕容恪이 죽었다는 말을 듣고 은밀히 燕나라를 도모할 마음이 있었으나 慕容垂의 위엄과 명성을 두려워하여 감히 군대를 일으키지 못하였는데, 慕容垂가 왔다는 말을 듣고 크게 기뻐하여 교외로 나가 맞이하고 손을 잡고 말하기를 "하늘이 어진 영걸을 냄은 반드시 서로 더불어 큰 공을 이루게 하려고 해서이니, 이는 자연의 운수이다. 요컨대 卿과 함께 천하를 평정할 것이니, 그런 뒤에 卿을 본래의 고향으로 돌아가게 해서 대대로 幽州에 봉해 주는 것이 또한 아름답지 않겠는가." 하였다. 王猛이 苻堅에게 말하기를 "慕容垂 父子는 비유하면 용과 범 같아서 길들일 수 있는 물건이 아닙니다. 만약 바람과 구름을 빌려 주면 장차 다시는 제재할

수 없을 것이니 일찍 제거하는 것만 못합니다." 하니, 苻堅이 말하기를 "내가 막 영웅들을 거두어 모아서 四海를 깨끗이 하려 하니, 어찌 죽이겠는가." 하고는 마침내 慕容垂를 冠軍將軍으로 삼았다.

○ 秦王堅이 遣王猛, 梁成, 鄧羌하야 帥步騎三萬하고 伐燕하야 十二月에 進攻洛陽하다

秦王 苻堅이 王猛·梁成·鄧羌을 보내어 보병과 기병 3만 명을 거느리고 燕나라를 정벌한 다음 12월에 진군하여 洛陽을 공격하였다.

○ 大司馬溫이 發徐, 兗州民하야 築廣陵城하고 徙鎭之하니 時에 征役旣頻하고 加之疫癘[1)]하야 死者什四五라 百姓이 嗟怨이러라 秘書監孫盛이 作晉春秋[2)]할새 直書時事하니 大司馬溫이 見之하고 怒하야 謂盛子曰 枋頭는 誠爲失利[3)]어니와 何至乃如尊君[4)]所言이리오 若此史遂行이면 自是關君門戶事[5)]니라 其子遽拜謝[6)]하고 請改之하다 時에 盛이 年老家居할새 性이 方嚴有軌度하니 子孫이 雖班(斑)白이나 待之愈峻이러니 至是하야 諸子乃共號泣稽顙하고 請爲百口計호되 盛이 大怒不許하니 諸子遂私改之[7)]하다

大司馬 桓溫이 徐州와 兗州의 백성들을 징발하여 廣陵城을 쌓고 옮겨서 鎭駐하니, 이때에 부역이 이미 빈번하고 역병까지 겹쳐서 죽는 자가 10에 4, 5나 되므로 백성들이 크게 원망하였다. 秘書監 孫盛이 ≪晉春秋≫를 지을 적에 당시의 일을 隱諱하지 않고 곧바로 쓰니, 大司馬 桓溫이 이것을 보고 노하여 孫盛의 아들에게 이르기를 "枋頭에서는 내가 참으로 불리하였지만 어찌 마침내 尊君(부친)이 말한 것 같은 지경에까지 이르렀겠는가. 만약 이 역사책이 마침내 세상에 행해진다면 이는 자연 그대 가문의 존망에 관계되는 일일 것이다." 하였다. 孫盛의 아들이 급히 이마를 조아리며 절하여 사죄하고 내용을 고칠 것을 청하였다. 이때 孫盛이 연로하여 집에 거처할 때에 성품이 방정하고 엄격하여 법도가 있으니, 자손들이 비록 斑白이 되었으나 孫盛은

그들을 대함에 더욱 준엄하게 하였다. 이때에 이르러 여러 아들들이 마침내 함께 울부짖으며 이마를 조아리고 많은 식구의 목숨을 위하여 고려할 것을 청하였으나 孫盛이 크게 노하고 허락하지 않으니, 여러 아들들이 마침내 몰래 고쳤다.

1)〔通鑑要解〕疫癘 : 癘鬼爲災曰疫이요 四時不和之疾曰癘라
 癘鬼(역병을 일으키는 귀신)가 재앙을 만든 것을 疫이라 하고, 四時가 순조롭지 못하여 병이 생긴 것을 癘라 한다.

2)〔譯註〕晉春秋 : 東晉 簡文帝의 母后인 鄭太后의 이름이 阿春이므로 '春'字를 피휘하여 쓰지 않고 '陽'字로 代用하여 ≪晉陽秋≫라고 칭하였다.

3)〔釋義〕枋頭誠爲失利 : 穆帝永和五年에 時桓溫及燕人으로 戰于枋頭하야 不利而還하니라〔附註〕史略에 帝奕時에 溫及燕人戰於枋頭하야 不利而還이라하고 其下曰 吳王垂 旣破晉軍에 威名大振이라하니 枋頭失利는 似指上己巳之戰이어늘 而釋義與此相背하니 未詳이라
〔釋義〕穆帝 永和 5년(349)에 당시 桓溫이 燕나라 사람과 枋頭에서 싸워서 승리하지 못하고 돌아왔다.〔附註〕≪二十史略≫에 "廢帝 司馬奕의 때에 桓溫이 燕나라 사람과 枋頭에서 싸워 승리하지 못하고 돌아왔다." 하고, 그 아래에 이르기를 "吳王 慕容垂가 이미 晉나라 군대를 격파하자, 위엄과 명망이 크게 떨쳐졌다." 하였으니, '枋頭에서 불리하였다'는 것은 앞의 기사년(369)의 전투를 가리킨 듯한데 釋義의 내용은 이와 서로 배치되니, 자세하지 않다.

4)〔通鑑要解〕尊君 : 晉人은 於人子前에 稱其父爲尊君尊公이라
 晉人은 아들 앞에서 아버지를 칭하여 尊君, 尊公이라 하였다.

5)〔頭註〕關君門戶事 : 言欲滅其門也라
 그대 가문의 存亡에 관계된다는 것은 孫盛의 가문을 멸망시키고자 함을 말한다.

6)〔通鑑要解〕其子遽拜謝 : 遽는 急也, 疾也니 戰慄也라
 遽는 급함이고 빠름이니, 두려워서 떠는 것이다.

7)〔通鑑要解〕私改之 : 盛이 先已寫別本하야 傳之外國이라 及孝武帝購求異書할새 得之於遼東人한대 與見本不同하니 遂兩存焉하니라
 孫盛이 먼저 이미 별도로 한 본을 베껴서 外國에 전하였다. 東晉의 孝武帝(司馬曜)가 진귀한 책을 찾아 구할 때에 遼東 사람에게서 이 別本을 얻었는데, 현재의 本과 같지 않으니 마침내 두 가지 본이 있게 되었다.

【庚午】五年이라〈秦建元六年이라 ○ 燕建熙十一年이라 ○是歲에 燕亡하니 大一, 小二니 凡三僭國[1)]이라〉

太和 5년(경오 370) - 秦나라 建元 6년이다. ○ 燕나라 建熙 11년이다. ○ 이해에 燕나라가 망하였다. 大國이 하나이고 小國이 둘이니, 僭國이 모두 셋이다. -

1)〔譯註〕大一小二 凡三僭國 : 大國 하나는 苻堅의 前秦이고, 小國 둘은 張天錫의 前涼과 拓跋什翼犍의 代이다.

正月에 燕荊州刺史武威王筑(축)이 以洛陽降秦하다 六月에 秦王堅이 復遣王猛하야 督鎭南將軍楊安等하야 將步騎六萬하고 以伐燕하다 八月에 燕主暐 命太傅上庸王評하야 將中外精兵三十萬하고 以拒秦하다 猛이 克壺關하니 所過郡縣이 皆望風降附라 燕人이 大震이러라 黃門侍郞封孚 問司徒長史申胤曰 事將何如오 胤歎曰 鄴必亡矣니 吾屬이 今玆將爲秦虜로다 然이나 越得歲而吳伐之하야 卒受其禍[1)]하니 今福德이 在燕[2)]하니 秦雖得志나 而燕之復建이 不過一紀耳라하더라 九月에 秦王猛이 進兵潞川하니 太傅評이 以猛縣(懸)軍[3)]深入이라하야 欲以持久制之어늘 猛이 陳於渭源而誓之하니 衆皆踊躍하야 破釜棄糧하고 大呼競進이라 燕兵이 大敗하야 俘斬五萬餘人하고 乘勝追擊하니 所殺及降者 又十萬餘人이라 評이 單騎走還鄴하니 秦兵이 長驅而東하야 丁卯에 圍鄴하다 十一月에 秦王堅이 自帥精銳十萬하고 赴鄴하다 戊寅에 燕散騎侍郞餘蔚이 夜開鄴北門하고 納秦兵하니 燕主暐 與上庸王評等으로 奔龍城이어늘 秦王堅이 使遊擊將軍郭慶으로 追及於高陽하야 執以詣秦王堅하다 堅이 哀而釋之하고 令還宮하니 帥文武出降하고 諸州牧守及六夷[4)]渠帥 盡降於秦하다

정월에 燕나라 荊州刺史 武威王 慕容筑이 洛陽을 가지고 秦나라에 항복하였다.

6월에 秦王 苻堅이 다시 王猛을 보내어 鎭南將軍 楊安 등을 독려해서 보병과 기병 6만 명을 거느리고 燕나라를 치게 하였다. 8월에 燕主 慕容暐가 太傅 上庸王 慕容評에게 명하여 中外의 정예병 30만 명을 거느리고 秦나라를 맞아 싸우게 하였다. 王猛이 壺關을 함락시키니, 지나는 곳의 郡縣들이 모두 기세만 보고도 항복하여 붙었으므로 燕나라 사람들이 크게 동요하였다. 黃門侍郎 封孚가 司徒長史 申胤에게 묻기를 "일이 장차 어떻게 되겠는가?" 하니, 申胤이 탄식하며 말하기를 "鄴都가 반드시 망할 것이니, 우리들은 이제 秦나라의 포로가 될 것이다. 그러나 越나라가 歲星을 얻었는데 吳나라가 정벌하여 끝내 그 禍를 받았다. 지금 福德星이 燕나라에 있으니, 秦나라가 비록 뜻을 얻더라도 燕나라의 重建은 1紀(12년)를 넘기지 못할 것이다." 하였다.

9월에 秦나라 王猛이 潞川으로 진군하자, 太傅 慕容評은 王猛이 懸軍(외로운 군대)을 이끌고 적지에 깊이 들어왔다 하여 지구전으로 제압하고자 하였는데, 王猛이 渭源에서 군대를 진열하고 맹세하니, 군사들이 모두 기뻐서 날뛰며 결사의 각오로 가마솥을 부수고 양식을 버리고서 크게 고함치며 함께 진격했다. 燕나라 군대를 대패시켜 5만여 명을 포로로 사로잡고 목을 베었으며 승세를 타고 추격하니, 죽인 자와 항복받은 자가 또 10만여 명이었다. 慕容評이 單騎로 달아나 鄴都로 돌아오니, 秦나라 군대가 승승장구하여 동쪽으로 와서 정묘일(10월 26일)에 鄴都를 포위하였다.

11월에 秦王 苻堅이 스스로 정예병 10만 명을 거느리고 鄴城으로 달려갔다. 무인일(11월 7일)에 燕나라 散騎侍郎 餘蔚이 밤중에 鄴城의 北門을 열고 秦나라 병사를 받아들이니, 燕主 慕容暐가 上庸王 慕容評 등과 함께 龍城으로 달아났다. 秦王 苻堅이 遊擊將軍 郭慶으로 하여금 추격하게 하여 郭慶이 高陽에서 이들을 사로잡아 秦王 苻堅에게 보냈다. 苻堅이 가엾게 여겨 이들을 놓아주고 궁으로 돌아가게 하니 文武官을 거느리고 나와서 항복하였고, 여러 州의 牧守와 여섯 오랑캐족의 渠帥(추장)들이 모두 秦나라에 항복하였다.

1) 〔釋義〕越得歲……卒受其禍 : 左傳昭三十二年에 吳伐越한대 史墨曰 不及四十年하야 越其有吳乎인저 越得歲而吳伐之하니 必受其凶이라하니라 杜預註曰 此年에

歲在星紀하니 星紀는 吳, 越之分也라 歲星所在에 其國有福이어늘 吳先用兵故로 反受其殃이라하더니 哀二十二年에 越果滅吳하니라 索隱曰 天官占云 歲星은 一曰應星이요 一曰經星이요 一曰紀星이라 歲星은 東方木之精이니 蒼帝之象也라 所在之國은 不可伐이요 可以伐人이라하니라

≪春秋左傳≫ 昭公 32年條에 吳나라가 越나라를 정벌하자, 史墨이 말하기를 "40년이 못 되어 越나라가 吳나라를 소유할 것이다. 越나라가 歲星을 얻었는데 吳나라가 정벌하니, 반드시 禍를 받을 것이다." 하였다. 杜預의 註에 이르기를 "이해에 歲星이 星紀에 있으니, 星紀는 吳·越의 분야이다. 歲星이 있는 곳에는 그 나라에 福이 있는데, 吳나라가 먼저 군대를 사용하였기 때문에 도리어 그 殃禍를 받은 것이다." 하였는데, 哀公 22年條에 越나라가 과연 吳나라를 멸망시켰다. ≪史記索隱≫에 말하였다. "≪天官占≫에 이르기를 '歲星은 일명 應星이요, 일명 經星이요, 일명 紀星이다. 歲星은 東方 木의 精氣이니, 蒼帝의 象이다. 이 별이 있는 나라는 정벌할 수 없고, 이 나라가 다른 나라를 정벌할 수는 있다.' 하였다."

2) 〔釋義〕 福德在燕 : 福德은 一曰德星이니 出於有道之國이라 索隱曰 德星은 卽歲星이니 歲星所在에 其國有福이니라

福德星은 일명 德星이니, 道가 있는 나라에 출현한다. ≪史記索隱≫에 이르기를 "福德星은 곧 歲星이니, 歲星이 있는 곳에는 그 나라에 福이 있다." 하였다.

3) 〔通鑑要解〕 縣軍 : 縣은 與懸同이니 孤軍遠征하야 其勢懸絶하야 不能相及故로 懸軍也라

縣은 懸과 같으니, 고립된 군대가 멀리 싸우러 가서 그 형세가 현격하여 서로 미칠 수가 없으므로 懸軍이라 한 것이다.

4) 〔頭註〕 六夷 : 胡, 羯, 鮮卑, 氐, 羌, 巴蠻也니 或曰 烏桓이요 非巴蠻也라

六夷는 胡·羯·鮮卑·氐·羌·巴蠻이니, 혹자가 이르기를 "烏桓이고 巴蠻이 아니다."라고 한다.

○ 十二月에 秦王堅이 遷慕容暐及王公百官과 幷鮮卑四萬餘戶于長安한대 燕故太史黃泓이 歎曰 燕必中興이니 其在吳王[1]乎인저 恨吾老하야 不及見耳라하더라 汲郡趙秋曰 天道在燕이어늘 而秦滅之하니 不及十五年하야 必復爲燕有하리라

12월에 秦王 苻堅이 慕容暐와 燕나라의 王公과 百官과 鮮卑族 4만여 가호를 長安으로 옮겼다. 燕나라 옛 太史인 黃泓이 탄식하기를 "燕나라가 반드시 중흥할 것이니, 吳王(慕容垂)에게 있을 것이다. 내가 늙어서 미처 보지 못하는 것이 한스럽다." 하였다. 汲郡 사람 趙秋가 말하기를 "天道가 燕나라에 있는데 秦나라가 멸망시켰으니, 15년이 못 되어 秦나라는 반드시 다시 燕나라의 소유가 될 것이다." 하였다.

1)〔通鑑要解〕其在吳王 : 吳王은 慕容垂라
吳王은 慕容垂이다.

太宗簡文皇帝[1] 名昱이요 字道萬이니 元帝少子也라 在位二年이요 壽五十三이라

太宗 簡文皇帝는 이름이 昱이요 字가 道萬이니, 元帝의 작은 아들이다. 재위가 2년이고 壽가 53세이다.

1)〔通鑑要解〕簡文皇帝 : 一德不懈曰簡이요 平易不訾曰簡이라
德을 한결같이 하여 게으르지 않은 것을 簡이라 하고, 평이하여 헐뜯지 않는 것을 簡이라 한다.

【辛未】 咸安元年이라 〈秦建元七年이라〉

咸安 元年(신미 371) - 秦나라 建元 7년이다. -

正月에 秦王堅이 徙關東豪傑及雜夷十五萬戶於關中하고 處烏桓於馮翊, 北地[1]하고 丁零翟斌(빈)[2]於新安, 澠(면)池하다

정월에 秦王 苻堅이 關東의 호걸과 여러 오랑캐 족속 15만 가호를 關中으로 옮겼으며, 烏桓을 馮翊과 北地에 安置시키고 丁零 사람 翟斌을 新安과 澠池에 安置시켰다.

1)〔通鑑要解〕馮翊北地 : 北地는 郡名이라
北地는 고을 이름이다.

2)〔通鑑要解〕丁零翟斌：丁零은 北狄種名이니 漢匈奴傳註에 地名이라 翟은 本音狄이니 後人姓音宅이라

丁零은 북쪽 오랑캐의 종족 이름이니, ≪漢書≫〈匈奴傳〉註에는 地名이라고 하였다. 翟은 本音이 적이니, 후인들이 姓으로 쓸 때에는 音이 택(책)이다.

○ 十月에 大司馬溫이 恃其材略位望[1]하고 陰蓄不臣之志하야 嘗撫枕歎曰 男子不能流芳百世어든 亦當遺臭萬年이라하더라 溫이 欲先立功河朔하야 以收時望하고 還受九錫이러니 及枋頭之敗에 威名頓挫라 旣克壽春에 謂參軍郗超曰 足以雪枋頭之恥乎아 超曰 未也니이다 久之요 超就溫宿할새 中夜에 謂溫曰 明公이 當天下重任하야 今以六十之年으로 敗於大擧하니 不建不世之勳이면 不足以鎭愜[2]民望이리이다 溫曰 然則奈何오 超曰 明公이 不爲伊, 霍之擧[3]者면 無以立大威權하야 鎭壓四海하리이다 溫素有心이러니 深以爲然하야 遂與之定議하다

10월에 大司馬 桓溫은 자신의 재주와 지략과 지위와 명망을 믿고 은밀히 신하 노릇 하지 않으려는 마음을 품고서 일찍이 베개를 어루만지며 탄식하기를 "남자가 아름다운 명성을 百代에 남길 수 없으면 또한 더러운 이름이라도 만년토록 남겨야 한다." 하였다. 桓溫이 먼저 河朔(河北) 지방에서 공을 세워 당대의 명망을 거두고 돌아와 九錫을 받고자 하였는데, 枋頭에서 패하자 위엄과 명성이 크게 꺾였다. 壽春을 점령한 뒤에 參軍 郗超에게 이르기를 "枋頭의 치욕을 씻을 수 있겠는가?" 하니, 郗超가 대답하기를 "안 됩니다." 하였다. 얼마 후 郗超가 桓溫을 찾아가 함께 잠을 잤는데, 한밤중에 桓溫에게 이르기를 "明公이 천하의 重任을 담당하여 이제 60의 나이로 크게 군대를 동원하여 출정함에 실패하였으니, 좀처럼 세상에 나타나지 않을 큰 공업을 세우지 않는다면 백성들의 바람을 진정시키고 복종시킬 수 없습니다." 하였다. 桓溫이 대답하기를 "그렇다면 어찌해야 하는가?" 하니, 郗超가 말하기를 "明公이 伊尹과 霍光의 일을 하지 않는다면 큰 위엄과 권력을 세워서 四海를 진압할 수 없습니다." 하였다. 桓溫이 평소 배반할 마음이

있었는데, 이 말을 깊이 옳게 여겨서 마침내 郗超와 더불어 의논을 결정하였다.

1)〔頭註〕位望 : 地位聞望이라
　位望은 지위와 명망이다.
2)〔通鑑要解〕鎭慴 : 慴은 伏也라
　慴은 복종함이다.
3)〔頭註〕伊霍之擧*) : 超知溫心而迎合之라
　郗超가 桓溫의 속마음을 알고 영합한 것이다.
*) 伊霍之擧 : 伊尹은 일찍이 商王 太甲을 폐위하였고, 霍光 또한 昌邑王 劉賀를 옹립하여 昭帝의 뒤를 잇게 하였다가 폐위하고 宣帝를 다시 세웠으므로 말한 것이다.

〔史略 史評〕番(鄱)陽石氏曰 伊尹이 放太甲하고 霍光이 廢昌邑王은 爲宗社計라 其心이 公也어늘 小人이 妄以爲擬하니 不亦異哉아

鄱陽石氏가 말하였다.

"伊尹이 太甲을 추방하고 霍光이 昌邑王을 폐위한 것은 종묘사직을 위한 계책이었다. 그 마음이 공정하였는데, 小人이 함부로 이에 비견하였으니, 이상하지 않은가."

○ 十一月에 溫이 自廣陵으로 詣建康하야 宣太后令하야 廢帝爲東海王하고 以會稽王昱으로 統承皇極하야 卽皇帝位하니 溫이 威勢翕赫[1]이러라 侍中謝安이 見溫遙拜어늘 溫驚曰 安石아 卿이 何事乃爾오 安曰 未有君拜於前하고 臣揖於後니이다 於是에 詔進溫丞相, 大司馬하야 留京師輔政하니 溫이 固辭하고 仍請還鎭姑孰하다

11월에 桓溫이 廣陵으로부터 建康에 나가서 太后의 명령을 선포하여 황제를 폐위시켜 東海王으로 삼고, 會稽王 司馬昱으로 皇極의 대통을 이어서 황제에 즉위하게 하니, 桓溫의 위엄과 권세가 대단히 혁혁하였다. 侍中 謝安이 桓溫을 보고 멀리서 절하자, 桓溫이 놀라며 말하기를 "安石(謝安의 字)아! 卿이 무슨 일로 이와 같이 하는가?" 하니, 謝安이 말하기를 "군주가

앞에서 절하고 신하가 뒤에서 읍하는 경우는 있지 않습니다." 하였다. 이에 조서를 내려 桓溫을 丞相·大司馬로 승진시켜 京師에 머물면서 정사를 보필하게 하니, 桓溫이 한사코 사양하고 그대로 돌아가 姑孰에 鎭駐할 것을 청하였다.

1) 〔通鑑要解〕 翕赫 : 翕은 盛也라
 翕은 성대함이다.

〔史略 史評〕 史斷曰 哀帝以及廢帝[1]히 政出桓溫하야 太阿倒持[2]하고 虛器徒擁하야 卒被廢黜하니 哀哉라

史斷에 말하였다.

"哀帝로부터 廢帝에 이르기까지 정사가 桓溫에게서 나와 황제는 칼날을 쥐고 거꾸로 칼자루를 桓溫에게 내주어 이름뿐인 빈 자리〔虛器〕만 끼고 있다가 마침내 폐출당하였으니, 슬프다."

1) 〔譯註〕 哀帝以及廢帝 : 哀帝 司馬丕는 成帝의 아들로 재위가 4년이었고, 廢帝 司馬奕은 哀帝의 아우로 재위 5년에 桓溫이 폐위하였다.
2) 〔譯註〕 太阿倒持 : 太阿는 보검의 이름으로 ≪漢書≫ 〈梅福傳〉에 "太阿를 거꾸로 쥐어 자루를 楚나라에 주었다."라고 하였는 바, 임금이 신하에게 權柄을 빼앗긴 것을 비유한다.

○ 十二月에 大司馬溫이 奏東海王이 宜依昌邑故事[1]라하야 乃封海西縣公하다 溫이 威振內外하니 帝雖處尊位나 拱默而已러라

12월에 大司馬 桓溫이 東海王(廢帝)은 마땅히 昌邑王의 故事를 따라야 한다고 아뢰어 마침내 海西縣公에 봉하였다. 桓溫의 위엄이 내외에 떨쳐지니, 황제가 비록 지존의 자리에 있었으나 팔짱을 끼고 침묵만 할 뿐이었다.

1) 〔釋義〕 昌邑故事[*] : 漢昭帝崩에 迎昌邑王하야 卽帝位러니 有罪被廢하야 歸于昌邑하니라
 漢나라 昭帝가 崩함에 昌邑王(劉賀)을 맞이하여 황제에 즉위하였는데, 죄가 있어 폐출당하여 昌邑으로 돌아갔다.

＊) 昌邑故事 : 桓溫은 말하기를 “폐출한 사람은 먼 곳에 추방하여 백성을 다스리지 못하게 해야 한다.” 하여, 漢나라의 昌邑王이 폐출된 뒤에 湯沐邑만 하사받은 고사에 빗대어 吳郡을 廢帝의 거처로 주고자 하였으나 太后의 반대로 海西縣侯에 봉하였다.

【壬申】 二年이라 〈秦建元八年이라〉

咸安 2년(임신 372) - 秦나라 建元 8년이다. -

七月에 帝崩[1]하고 太子卽皇帝位하다

7월에 황제가 崩하고, 太子가 황제에 즉위하였다.

1) 〔通鑑要解〕 帝崩 : 遺詔에 溫依周公居攝故事하라하고 又曰 少子可輔어든 輔之하고 如爲不可어든 君可自取[＊1)]하라하니 侍中王坦之 持詔入하야 於帝前에 毁之라 帝曰 天下儻來之運이어늘 卿何所嫌고하니 云云[＊2)]하다

簡文帝가 崩할 때 遺詔에 “桓溫은 周公이 居攝한 故事를 따르라.” 하고, 또 말하기를 “少子가 보좌할 만하거든 보좌하고 만약 보좌할 수 없으면 그대가 스스로 취해도 된다.” 하니, 侍中 王坦之가 詔書를 가지고 대궐에 들어가 황제의 앞에서 이것을 찢어 버렸다. 황제가 말하기를 “天下를 뜻하지 않게 갑자기 얻었는데, 卿은 어찌하여 의혹하는가?” 하니, 王坦之가 云云하였다.

＊1) 少子可輔……君可自取 : 漢 昭烈帝가 임종할 때에 諸葛亮에게 당부한 말을 인용한 것이다.

＊2) 云云 : 王坦之가 말하기를 “천하는 宣帝와 元帝의 천하이니, 陛下께서 어찌 마음대로 하실 수가 있겠습니까?” 하니, 황제가 마침내 王坦之로 하여금 詔書를 고치게 하여 이르기를 “家國의 일을 일체 大司馬 桓溫에게 묻되 諸葛武侯와 王丞相(王導)의 故事와 같이 하라.” 하였다.

○ 八月에 秦이 以王猛으로 爲丞相하다 猛이 爲相에 堅이 端拱[1)]於上하고 百官이 總己於下하니 軍國內外之事 無不由之러라 猛이 剛明[2)]淸肅하야 善惡이 著白하고 放黜尸素[3)]하고 顯拔幽滯하며 勸課農桑하고 練習軍旅[4)]하며 官必當才하고 刑必當罪하니 由是로 國富兵彊하야 戰無不克이라 秦國이 大治러라

8월에 秦나라가 王猛을 丞相으로 삼았다. 王猛이 丞相이 되자, 苻堅은 위에서 몸을 단정히 하고 손을 모아 無爲로써 다스리고 백관들은 아래에서 자신의 직책을 총괄하니, 軍國 안팎의 정사가 王猛을 거치지 않는 것이 없었다. 王猛은 굳세고 밝고 깨끗하고 엄숙하여 善惡이 분명하며, 자리를 차지하고 녹만 받아먹는 자들을 추방하여 내쫓고 숨어서 세상에 나오지 않는 자들을 드러내어 발탁하며, 농업과 양잠을 권장하고 군대를 훈련시키며, 관직은 반드시 재주에 걸맞게 하고 형벌은 반드시 죄에 마땅하게 하니, 이로 말미암아 나라가 부유하고 군대가 강성해져서 싸우면 승리하지 않음이 없었다. 秦國이 크게 다스려졌다.

1)〔頭註〕端拱：端은 正也요 拱은 拱手也니 言無爲라
端은 바름이고 拱은 拱手하는 것이니, 端拱은 無爲(아무 일을 하지 않아도 천하가 저절로 잘 다스려짐)를 말한다.

2)〔頭註〕剛明：不屈於欲之謂剛이요 不惑於物之謂明이라
욕심에 굴복당하지 않는 것을 剛이라 하고, 외물에 미혹되지 않는 것을 明이라 한다.

3)〔頭註〕尸素：尸位素餐이라
尸素는 직책을 다하지 못하면서 자리만 차지하고 祿만 받아먹는 것을 이른다.

4)〔頭註〕軍旅：見一卷一旅注하니라
軍旅는 1권의 '一旅' 注에 보인다.

〔史略 史評〕史斷曰 簡文이 爲桓溫所立하야 雖處尊位나 恭默守道而已요 嘗懼廢黜하야 泣下沾襟하니 帝雖神識恬暢이나 而乏濟世大略이라 故로 謝安이 稱其爲惠帝之流에 淸談差勝耳라하고 謝靈運이 謂迹其行事하면 以爲赧, 獻之輩라하니 從可知矣니라

史斷에 말하였다.

"簡文帝가 桓溫에 의해 옹립되어 비록 시존의 사리에 있었으나 공손하고 침묵하여 道를 지킬 뿐이었고, 항상 폐출당할까 두려워하여 눈물을 흘려 옷깃을 적셨다. 簡文帝는 비록 정신이 평안하고 지식이 通暢하였으나 세상을

구제할 큰 智略이 없었다. 그러므로 謝安은 칭하기를 '晉나라 惠帝의 부류인데 淸談이 조금 나을 뿐이다.' 하였고, 謝靈運은 이르기를 '행한 일을 살펴보면 周나라 赧王과 漢나라 獻帝의 무리이다.'라고 하였으니, 그렇다면 그의 인품을 알 만하다."

晉 紀

烈宗孝武皇帝 名曜요 字昌明이니 簡文帝第三子라 在位二十四年이요 壽三十五라

烈宗 孝武皇帝는 이름이 司馬曜이고 자가 昌明이니, 簡文帝의 셋째 아들이다. 재위가 24년이요, 壽가 35세이다.

【癸酉】 寧康元年이라 〈秦建元九年이라〉

寧康 元年(계유 373) - 秦나라 建元 9년이다. -

二月에 大司馬溫이 來朝어늘 詔吏部尙書謝安과 侍中王坦之하야 迎于新亭하다 是時에 都下人情이 恟恟[1]하야 或云欲誅王, 謝하고 因移晉室이라하니 坦之는 甚懼호되 安은 神色不變하고 曰 晉祚存亡이 決於此行이라하니라 溫이 旣至에 百官이 拜於道側이어늘 溫이 大陳兵衛하고 延見朝士하니 有位望者 皆戰慴(습)[2]失色이라 坦之는 流汗沾衣하고 倒執手版[3]호되 安은 從容就席하야 笑語移日이러라 郗超常爲溫謀主라 安이 與坦之見溫할새 溫이 使超臥帳中[4]하야 聽其言이러니 風動帳開어늘 安笑曰 郗生은 可謂入幕之賓[5]矣로다 時에 天子幼弱하고 外有彊臣호되 安與坦之 盡忠輔衛하야 卒安晉室하니라

2월에 大司馬 桓溫이 조회 오자, 황제가 吏部尙書 謝安과 侍中 王坦之에게 명하여 新亭에서 맞이하게 하였다. 이때 都城의 민심이 흉흉해서 혹자가 말

하기를 "桓溫이 王坦之와 謝安을 죽이고 인하여 晉나라 황실을 차지하고자 한다."고 하니, 王坦之는 매우 두려워하였으나 謝安은 안색을 바꾸지 않고 말하기를 "晉나라 운명의 존망이 이번 걸음에 달려 있다." 하였다.

桓溫이 이르자 백관들이 길가에서 절하였는데, 桓溫이 호위하는 병사들을 대단히 많이 진열하고 조정의 관원들을 만나니, 지위와 명망 있는 자들이 모두들 두려워 벌벌 떨며 사색이 되었다. 이에 王坦之는 땀이 흘러 옷을 적셨으며 手版(笏)을 거꾸로 쥐었는데, 謝安은 조용히 자리에 나아가서 桓溫과 한참 동안 웃으며 말하였다.

郗超가 항상 桓溫의 主要 參謀 노릇을 하였다. 謝安이 王坦之와 함께 桓溫을 만날 때에 桓溫이 郗超를 시켜 장막 안에 누워서 그의 말을 엿듣게 하였는데, 바람에 날려 장막이 걷히는 바람에 탄로가 나자 謝安이 웃으며 말하기를 "郗生이야말로 入幕賓이라고 이를 만하다." 하였다. 이때 天子는 幼弱하고 밖에는 강대한 신하가 있었으나 謝安이 王坦之와 함께 충성을 다해 보필하고 호위해서 끝내 晉나라 황실을 편안하게 하였다.

1) 〔通鑑要解〕 恟恟 : 恟은 音胸이니 懼也라
　恟은 音이 흉이니, 두려워하는 것이다.
2) 〔頭註〕 戰慴 : 慴은 與慴同하니 懼也라
　慴은 慴과 같으니, 두려워하는 것이다.
3) 〔頭註〕 倒執手版*) : 手版은 笏也라
　手版은 笏이다.
*) 手版 : 沈約이 말하기를 "手版은 옛날의 笏이니, 尙書令·僕射·尙書는 手版 끝에 다시 白筆이 있어 자주색 가죽으로 싸고 笏이라고 이름하였다.〔手版則古笏矣 尙書令 僕射 尙書 手版頭復有白筆 以紫皮裹之 名笏〕" 하였다.
4) 〔頭註〕 臥帳中 : 安謂溫曰 安聞諸侯有道면 守在四隣*)이라하니 明公은 何須壁後置人耶아하니 溫笑曰 不能不爾라하고 命撤之하니라
　謝安이 桓溫에게 이르기를 "제가 들으니 '諸侯에게 道가 있으면 지키는 것이 사방의 이웃 나라에 있다.'고 하였는데, 明公은 어찌 굳이 벽 뒤에 사람을 두어 지키게 한단 말입니까?" 하니, 桓溫이 웃으며 말하기를 "이렇게 하지 않을 수 없었다." 하고, 벽 뒤의 郗超를 물러가도록 명하였다.

＊）諸侯有道 守在四隣 : ≪春秋左傳≫ 昭公 23년조에 楚나라 沈尹 戌이 말하기를 “옛날에는 天子가 지키는 것이 四夷에 있었는데 天子가 쇠약해짐으로부터 지키는 것이 諸侯에게 있고, 諸侯는 지키는 것이 사방의 이웃 나라에 있었는데 諸侯가 쇠약해짐으로부터 지키는 것이 사방의 국경에 있다.〔古者 天子守在四夷 天子卑 守在諸侯 諸侯守在四隣 諸侯卑 守在四境〕”라고 한 말이 보인다.

5)〔譯註〕入幕之賓 : 장막 안에 들어온 손님이라는 뜻으로, 장막은 변방에서 지휘관이 머물면서 군사를 지휘하던 軍幕을 이르는데, 入幕之賓은 어떤 일의 자문을 맡거나 상담역이 되는 것을 이른다. 뒤에는 機密에 참여하는 幕僚를 入幕賓이라 하였다.

○ 三月에 溫이 有疾하야 還姑孰하다 溫이 以世子熙才弱이라하야 使弟沖으로 領其衆하고 俄頃에 薨하다 沖이 稱溫遺命하고 以少子玄爲嗣하니 時에 方五歲라 襲封南郡公하다 沖이 旣代溫居任하야 盡忠王室이라 或이 勸沖誅除時望하고 專執時權이로되 沖이 不從하다

3월에 桓溫이 병이 나서 姑孰으로 돌아갔다. 桓溫이 세자 桓熙가 재주가 부족하다 해서 자신의 아우인 桓沖으로 하여금 자신의 무리를 거느리게 하고 얼마 후에 桓溫이 죽었다. 桓沖이 桓溫의 遺命이라 칭하고 桓溫의 어린 아들인 桓玄을 후계자로 삼으니, 이때 桓玄의 나이가 5세였는데 南郡公의 봉작을 계승하였다. 桓沖이 이미 桓溫을 대신하여 임무를 맡게 되자, 왕실에 충성을 다하였다. 혹자가 桓沖에게 당시의 명망 있는 사람들을 제거하고 혼자서 당시의 大權을 장악하라고 권하였으나 桓沖이 따르지 않았다.

○ 秦兵이 入寇梁, 益하고 遂取成都하다

秦나라 군대가 梁州와 益州로 쳐들어와 침략하고 마침내 成都를 점령하였다.

【甲戌】 二年이라 〈秦建元十年이라〉

寧康 2년(갑술 374) - 秦나라 建元 10년이다 -

二月에 詔謝安하야 摠中書하다 安이 好聲律하야 朞功之慘[1]에 不廢絲竹하니 士大夫效之하야 遂以成俗이라 王坦之 屢以書苦諫之曰 天下之寶[2]를 當爲天下惜之라호되 安이 不能從이러라

2월에 謝安에게 명하여 中書省의 일을 총괄하게 하였다. 謝安이 聲律를 좋아하여 朞年服과 大功·小功의 喪에도 관현악을 폐하지 않으니, 士大夫들이 이것을 본받아서 마침내 풍속을 이루었다. 王坦之가 자주 편지로 간절히 간하기를 "〈禮法은 천하의 보물이니〉 천하의 보물을 마땅히 천하를 위해 아껴야 한다." 하였으나 謝安이 따르지 못하였다.

1)〔釋義〕朞功之慘 : 謂有周朞, 大功, 小功之服이라
　朞功之慘은 朞年과 大功 9월, 小功 5월의 服이 있음을 이른다.
2)〔頭註〕天下之寶 : 禮法爲天下之寶라
　禮法이 천하의 보물이다.

【乙亥】 三年이라 〈秦建元十一年이라〉

寧康 3년(을해 375) - 秦나라 建元 11년이다 -

六月에 秦淸河武侯王猛이 寢疾[1]하야 上疏曰 伏惟陛下는 威烈震乎八荒하고 聲教[2]光乎六合하야 九州百郡에 十居其七이라 平燕定蜀[3]을 有如拾芥[4]하니이다 夫善作者 不必善成하고 善始者 不必善終이라 是以로 古先哲王이 知功業之不易하고 戰戰兢兢[5]하야 如臨深谷하니 伏惟陛下 追蹤前聖하시면 天下幸甚이리이다 堅이 覽之悲慟이러라

6월에 秦나라 淸河武侯 王猛이 병이 중해지자, 상소하기를 "엎드려 바라건대 폐하께서는 위엄과 공렬이 八方의 먼 곳에까지 떨쳐지고 聲威와 敎化가 천지와 사방에 빛나서 九州의 백 개 郡 가운데 10분의 7을 차지하였으며, 燕나라를 평정하고 蜀 지방을 평정하기를 땅 위의 지푸라기를 줍듯이 쉽게

하셨습니다. 創業을 잘한 자가 반드시 守成을 잘하지는 못하고, 시작을 잘한 자가 반드시 끝을 잘하지는 못합니다. 이 때문에 옛날 명철한 王들은 功業을 세움이 쉽지 않다는 것을 알고 깊은 골짝에 임하듯이 전전긍긍한 것이니, 엎드려 생각하건대 폐하께서 예전의 聖明한 王을 뒤따르신다면 천하가 매우 다행일 것입니다." 하니, 苻堅이 이것을 보고 비통해하였다.

1) 〔頭註〕 寖疾 : 寖은 浸也, 臥也라
寖은 점점 더해지는 것이요, 눕는 것이다.

2) 〔頭註〕 聲敎 : 風聲敎化也니 振聲於此而遠者聞焉故로 謂之聲이요 軌範于此而遠者效焉故로 謂之敎라
聲敎는 風聲과 敎化이니, 여기에서 소리를 울리면 먼 곳에 있는 자가 들으므로 이를 일러 聲이라 하고, 여기에서 본보기가 되면 먼 곳에 있는 자가 본받으므로 이를 일러 敎라 한다.

3) 〔頭註〕 平燕定蜀 : 平燕은 在庚午年이요 定蜀은 在癸酉年이라
燕나라를 평정한 것은 庚午年條(370)에 있고, 蜀 지방을 평정한 것은 癸酉年條(373)에 있다.

4) 〔頭註〕 拾芥 : 草芥之橫在地上者를 俯而拾之니 言易而必得也라
拾芥는 땅 위에 제멋대로 흩어져 있는 지푸라기를 허리를 굽혀 줍는 것이니, 쉬워서 반드시 얻을 수 있음을 말한 것이다.

5) 〔通鑑要解〕 戰戰兢兢 : 戰戰은 恐懼貌요 兢兢은 音京이니 戒愼貌라
戰戰은 두려워하는 모양이고 兢兢은 音이 경(긍)이니, 경계하고 삼가는 모양이다.

○ 七月에 堅이 親至猛第하야 視疾하고 訪以後事한대 猛曰 晉雖僻處江南이나 然正朔相承[1]하고 上下安和하니 臣沒之後에 願勿以晉爲圖하시고 鮮卑, 西羌[2]은 我之仇敵이라 終爲人患하리니 宜漸除之하소서 言終而卒하니 堅이 謂太子宏曰 天不欲使吾平壹六合耶아 何奪吾景略[3]之速也오하니라

7월에 苻堅이 친히 王猛의 집에 이르러서 병을 살펴보고 차후의 일을 물었는데, 王猛이 답하기를 "晉나라가 비록 궁벽하게 江南에 있으나 正朔(正統)

이 서로 이어지고 상하가 편안하고 화목하니 바라건대 신이 죽은 뒤에 晉나라를 도모하지 마시고, 鮮卑와 西羌은 우리의 원수이고 적이어서 끝내 우리의 폐해가 될 것이니 마땅히 점차 제거하소서." 하고는 말을 마치자 죽었다. 苻堅이 太子 苻宏에게 이르기를 "하늘이 나로 하여금 六合(천하)을 통일하게 하고자 하지 않는가. 어찌하여 우리 景略(王猛)을 이렇게 빨리 빼앗아 가는가." 하였다.

1)〔釋義〕正朔相承*) : 正者는 歲之首也요 朔者는 說文에 月一日也라
正은 한 해의 처음이요, 朔은 ≪說文解字≫에 "매월 1일이다." 하였다.
*) 正朔相承 : 正朔은 예전에 帝王이 새로 나라를 세우면 歲首를 고쳐 새로운 曆法을 천하에 반포하여 실시하는 것을 이르는 바, 여기서 正朔이 서로 이어졌다는 것은 正統을 계승하였음을 이른다.
2)〔頭註〕鮮卑西羌 : 西羌은 謂姚萇也니 其後에 秦地果爲二族所據하니라
西羌은 姚萇을 이르니, 그 뒤에 秦나라 지역이 과연 鮮卑族과 羌族 두 종족에게 점거당하였다.
3)〔釋義〕景略 : 王猛字라
景略은 王猛의 字이다.

【丙子】 **太元元年**이라 〈**秦建元十二年**이라 ○ **是歲**에 涼, **代皆亡**하니 **僭國一**이라〉

太元 元年(병자 376) - 秦나라 建元 12년이다. ○ 이해에 涼과 代가 모두 망하니, 僭國이 하나이다. -

五月에 涼**公張天錫**[1]이 **荒於酒色**[2]하야 **不親庶務**하니 **人情**이 **憤怨**이라 **秦王堅**이 **遣苟萇, 姚萇**하야 **將兵滅之**하니 涼州**郡縣**이 **悉降**하다

5월에 涼公 張天錫이 酒色에 빠져 여러 가지 사무를 직접 처리하지 않으니, 세상 사람들이 분해 하고 원망하였다. 秦王 苻堅이 苟萇과 姚萇을 보내어 군대를 거느리고 가서 멸하게 하니, 涼州의 군현이 모두 항복하였다.

1)〔頭註〕張天錫 : 玄靚叔父也라 涼州弒其君祚*)하고 立玄靚爲涼王이러니 天錫이 弒其君玄靚而自立이라 玄靚은 曜靈弟也라

張天錫은 張玄靚의 叔父이다. 涼州 사람이 군주 張祚를 시해하고 張玄靚을 세워 涼王으로 삼았는데, 張天錫이 그 군주 張玄靚을 시해하고 자신이 즉위하였다. 張玄靚은 張曜靈의 아우이다.

*) 涼州弑其君祚 : 張曜靈을 폐위하고 張祚를 세운 것은 長史 趙長 등 여러 사람이었다. 張祚가 음탕하고 포학하여 나라 사람들이 원망하고 불안해하자, 그 무리들이 또다시 張祚를 죽였다. 張祚가 民心을 잃음이 이와 같은데도 마침내 시해하였다고 쓴 것은 어째서인가? 涼州 사람들이 無道하여 張曜靈이 애당초 큰 죄악이 없었는데 가볍게 그를 폐위하고 張祚를 세웠기 때문이다. 張祚가 죽자, 도리어 군주를 시해한 죄를 온 나라 사람에게 가한 것이니, 이는 張祚가 군주가 될 만한 인물이 아닌데 군주로 삼은 것이 涼州 사람이었기 때문이다. 이미 그를 군주로 삼았다가 또다시 그를 죽였으니, 이는 온 涼州 사람이 모두 군주를 시해한 역적인 것이다. 이러한 종류는 모두 亂臣賊子의 무리를 토벌하고 簒弑하는 버릇을 막아서 拔本塞源하는 의론으로 萬世의 경계를 삼은 것이다. ≪御批資治通鑑綱目發明≫

2) 〔通鑑要解〕 荒於酒色 : 荒은 無厭也라

荒은 만족함이 없는 것이다.

○ 十月에 秦王堅이 遣唐公洛[1)]하야 將兵十萬하야 擊代한대 代王什翼犍이 奔陰山之北하니 部衆이 逃潰하야 國中이 大亂이라 其孫珪[2)]尙幼러니 珪母賀氏[3)]以珪走依賀訥[4)]이어늘 堅이 分代民하야 爲二部하고 使劉庫仁[5)], 劉衛辰으로 統之하다

10월에 秦王 苻堅이 唐公 苻洛을 보내 10만의 군대를 거느리고 代를 공격하게 하니, 代王 拓跋什翼犍이 陰山 북쪽으로 달아났다. 이에 部衆이 도망하고 궤멸되어 나라 안이 크게 혼란하였다. 그의 손자 拓跋珪는 아직 어렸는데, 拓跋珪의 어머니 賀氏가 拓跋珪를 데리고 도망하여 賀訥에게 의지하였다. 苻堅이 代나라의 백성을 나누어 두 部로 만들고 劉庫仁과 劉衛辰으로 하여금 통솔하게 하였다.

1) 〔頭註〕 唐公洛 : 綱目作行唐公洛이니 行唐은 縣名이라

'唐公洛'은 ≪資治通鑑綱目≫에 '行唐公洛'으로 되어 있으니, 行唐은 縣 이름

이다.

2)〔頭註〕其孫珪 : 珪는 拓跋珪니 是爲元魏의 道武라

珪는 拓跋珪이니, 이가 바로 元魏(北魏)의 道武帝이다.

3)〔頭註〕賀氏 : 東部大人賀野干之女라

賀氏는 東部大人 賀野干의 딸이다.

4)〔頭註〕賀訥 : 野干子라

賀訥은 賀野干의 아들이다.

5)〔通鑑要解〕劉庫仁 : 衛辰之族이니 什翼犍之甥也라

劉庫仁은 匈奴인 劉衛辰의 일족이니, 拓跋什翼犍의 조카이다.

【丁丑】二年이라〈秦建元十三年이라〉

太元 2년(정축 377) - 秦나라 建元 13년이다. -

是時에 朝廷이 方以秦寇爲憂하야 詔求文武良將可以鎭禦北方者어늘 謝安이 以兄子玄으로 應詔하니 郗超聞之[1)]하고 歎曰 安之明으로 乃能違衆擧親하니 玄之才 足以不負所擧라하더라

이때에 막 조정이 秦나라의 침략을 우려하여 황제가 詔命을 내려 북방을 진무하고 방어할 만한 文武 겸비한 훌륭한 장수를 구하게 하였다. 謝安이 형의 아들 謝玄으로 詔命에 응하니, 郗超가 이 말을 듣고 감탄하기를 "謝安의 현명함으로 마침내 여러 사람들의 의견을 어기고 친척을 등용하였으니, 謝玄의 재주가 자신을 천거한 謝安을 저버리지 않기에 충분하다." 하였다.

1)〔通鑑要解〕郗超聞之 : 初에 中書郞郗超 自以其父愔位遇 應在謝安之右어늘 而優遊散地하야 常憤悒하야 形於辭色하야 由是로 與謝氏有隙이라 雖是有隙之間이나 以其明故로 如是而稱也라

처음에 中書郞 郗超가 스스로 생각하기를 그의 아버지 郗愔의 지위와 대우가 마땅히 謝安의 위에 있어야 하는데도 부친이 閑散職에 정체되어 있다 하여 항상 분해 하고 원망하여 말과 안색에 드러나서 이로 인해 謝氏와 틈이 있었다. 비록 틈이 있는 사이였으나 謝安이 현명하였기 때문에 이렇게 칭찬한 것이다.

【己卯】太元四年이라 〈秦建元十五年이라〉

太元 4年(기묘 379) - 秦나라 建元 15년이다. -

謝安이 爲宰相에 秦人이 屢入寇하니 邊兵失利하야 衆心危懼라 安이 每鎭之以和靜하고 其爲政에 務擧大綱하고 不爲小察하니 時人이 比安於王導而謂其文雅[1]過之라하더라

謝安이 재상으로 있을 때에 秦나라 사람들이 자주 쳐들어와서 침략하였는데, 변방의 병사들이 승리하지 못하여 사람들의 마음이 위태롭게 여기고 두려워하였다. 이에 謝安이 매번 화평함과 고요함으로 사람들을 진정시켰으며 정사를 할 적에 큰 綱領을 행하기를 힘쓰고 작은 일을 살피지 않으니, 당시 사람들이 謝安을 王導에게 견주되 그 文雅는 王導보다 낫다고 하였다.

1) 〔通鑑要解〕 文雅：儒雅閒雅라
우아하고 난아한 것이나.

【壬午】七年이라 〈秦建元十八年이라〉

太元 7년(임오 382) - 秦나라 建元 18년이다. -

秦王堅이 會群臣于太極殿하고 議曰 自吾承業으로 垂三十載[1]에 四方略定호되 唯東南一隅 未霑王化하니 今略計吾士卒컨대 可得九十七萬이라 吾欲自將以討之하노니 何如오 權翼[2]曰 晉雖微弱이나 未有大惡하고 謝安, 桓沖은 皆江表偉人으로 君臣輯睦하니 未可圖也니이다 石越曰 今福德이 在吳[3]하니 伐之면 必有天殃이요 且彼據長江之險하고 民爲之用하니 殆未可伐也니이다 堅曰 今以吾之衆으로 投鞭於江이라도 足斷其流어든 又何險之足恃乎아 且築室道旁이면 無時可成이니 吾當內斷於心爾로라 陽平公融曰 今伐晉이 有三難하니 天道不順이 一也요 晉國無釁이 二也요 我數戰兵疲하야 民有畏敵之心이 三也라 晉

未可滅이 **昭然甚明**하니 **今勞師大擧**면 **恐無萬全之功**일까하노이다 **且臣之所憂**는 **不止於此**라 **陛下寵育鮮卑, 羌, 羯**[4]하야 **布滿畿甸**[5]하니 **此屬**은 **皆我之深仇**어늘 **太子獨與弱卒數萬**으로 **留守京師**하시니 **臣**은 **懼有不虞之變**[6]이 **生於腹心肘腋**(주액)[7]이면 **不可悔也**니이다 **王景略**[8]은 **一時英傑**이라 **陛下常比之諸葛武侯**하시니 **獨不記其臨沒之言乎**잇가 **堅不聽**이어늘 **融又諫曰 國家**는 **本戎狄**[9]**也**라 **正朔朝會不歸**하고 **江東**은 **雖微弱僅存**이나 **然中華正統**이니 **天意必不絶之**리이다 **堅曰 帝王曆數**[10] **豈有常耶**아 **汝不達變通爾**로다

秦王 苻堅이 여러 신하들을 太極殿에 모이게 하고 의논하기를 "내가 基業을 받든 뒤로 거의 30년 만에 사방이 대략 평정되었으나 오직 동남쪽 한 귀퉁이가 아직도 帝王의 敎化를 입지 못하였다. 지금 우리 士卒들을 대략 계산해 보건대 97만 명을 얻을 수 있다. 내가 직접 거느리고 가서 토벌하고자 하니, 어떠한가?" 하였다.

權翼은 아뢰기를 "晉나라가 비록 미약하나 큰 죄악이 있지 않고, 謝安과 桓沖은 모두 江南 지방의 偉人으로 군주와 신하가 화목하니, 도모할 수 없습니다." 하고, 石越은 아뢰기를 "지금 福德星(歲星)이 吳지방에 있으니 그곳을 치면 반드시 하늘의 재앙이 있을 것이요, 또 저들은 長江의 험고한 지형을 점거하였고 백성들이 잘 쓰여지고 있으니, 아마도 정벌해서는 안 될 듯합니다." 하니, 苻堅이 말하기를 "지금 우리 군대로 볼 때 채찍만 강에 던져 넣어도 충분히 흐르는 강물을 차단시킬 수가 있는데, 또 어찌 험고함을 믿을 수 있단 말인가. 뿐만 아니라 길가에 집을 지으면 異說이 많아 완성될 날이 없을 것이니, 내 마음속에 결단하겠다." 하였다.

陽平公 苻融이 말하기를 "지금 晉나라를 정벌함에 세 가지 어려움이 있습니다. 天道가 따라주지 않음이 첫 번째요, 晉나라에 잘못이 없음이 두 번째요, 우리가 자주 싸워 군사들이 피로해서 백성들이 적을 두려워하는 마음이 있는 것이 세 번째입니다. 晉나라를 멸할 수 없음이 昭然하여 매우 분명하니, 이제 군대를 수고롭게 하여 크게 동원한다면 萬全의 공이 없을까 두렵습

니다. 신이 우려하는 것은 이에 그치지 않습니다. 폐하께서 鮮卑族과 羌族, 羯族을 총애하고 기르셔서 畿甸(都城)에 두루 가득합니다. 이들은 모두 우리에게 깊은 원한이 있는데 太子가 홀로 약한 군졸 수만 명을 데리고 남아서 都城을 지킬 것이니, 신은 예상하지 못한 변란이 腹心(긴요한 곳)과 팔꿈치와 겨드랑이(매우 가까운 곳)에서 생기면 후회해도 소용없을까 두렵습니다. 王景略은 한때의 영웅호걸입니다. 폐하께서 항상 그를 諸葛武侯에게 비견하곤 하셨으니, 어찌하여 그가 죽을 때 했던 말을 기억하지 못하십니까." 하였으나 苻堅이 듣지 않았다.

苻融이 또 간언하기를 "우리나라는 본래 戎狄이 건립한 나라로서 正朔과 朝會가 돌아오지 않았고, 江東은 비록 미약하여 겨우 보존되었으나 中華의 정통이니, 하늘의 뜻이 반드시 끊지 않으실 것입니다." 하니, 苻堅이 말하기를 "帝王의 운수가 어찌 일정함이 있겠는가. 너는 변통할 줄을 모른다." 하였다.

1)〔頭註〕垂三十載：垂는 幾也라
　垂는 거의이다.

2)〔通鑑要解〕權翼：尙書左僕射라 昔에 紂爲無道나 三仁在朝일새 武王猶爲之旋師*)하니 今晉雖微弱云云也라
　權翼은 尙書左僕射이다. 權翼이 말하기를 "옛날에 紂가 無道하였으나 三仁이 조정에 있었기 때문에 武王이 오히려 그 때문에 군대를 되돌려 돌아왔으니, 지금 晉나라가 비록 미약하나 ……"라고 하였다.

*) 三仁在朝 武王猶爲之旋師：≪論語≫에 "微子는 떠나가고 箕子는 종이 되고 比干은 간하다가 죽었는데, 孔子가 말씀하기를 '殷나라에 세 仁者가 있었다.' 했다." 하였다. ≪史記≫에 이르기를 "武王이 즉위한 지 9년에 동쪽에서 군대를 사열하고 盟津에 이르니, 諸侯들이 약속하지 않았는데도 모인 자가 800명이나 되었다. 諸侯들이 모두 '紂를 정벌해야 합니다.' 하였으나, 武王이 '아직 안 된다.' 하고 마침내 군사를 되돌려 돌아왔다. 2년 뒤에 紂의 포학함이 더욱 심해져서 王子 比干을 죽이고 箕子를 가두자 微子가 周나라로 망명하니, 武王이 諸侯들에게 고하기를 '殷나라가 중한 죄가 있어 정벌하지 않을 수 없다.' 하고 마침내 멸망시켰다.

3)〔釋義〕福德在吳：漢天文志曰 歲星所在之國은 不可伐이요 可以伐人이니라 索隱曰 歲星所在엔 其國有福이라 故曰福德이라〔頭註〕石越曰 今者에 歲鎭守斗라하니 歲는 木星이요 鎭은 土星이요 斗는 南斗라 斗, 牛, 女는 吳, 越, 揚州分*)이라〔通鑑要解〕石越은 時太子左衛率也라

〔釋義〕≪漢書≫〈天文志〉에 이르기를 "歲星이 있는 나라는 정벌할 수 없고, 그 나라에서 다른 나라를 정벌할 수는 있다." 하였다. ≪史記索隱≫에 이르기를 "歲星이 있는 곳은 그 나라에 福이 있으므로 福德星이라 한다." 하였다.〔頭註〕石越이 말하기를 "지금 歲(木星)와 鎭(土星)이 斗를 지킨다." 하였으니, 歲는 木星이고 鎭은 土星이고 斗는 南斗이다. 斗・牛・女는 吳・越과 揚州의 分野이다.〔通鑑要解〕石越은 이때 太子左衛率이었다.

*) 分：分野로 天文家들이 천하를 하늘의 28宿에 맞추어 나누어 놓은 것을 이른다. 옛날 중국에서는 국가의 위치를 하늘에 있는 별들의 방위에 응하여 分野를 정하였는 바, 28宿 중 斗는 吳나라의 분야에, 牛는 越나라의 분야에, 女는 揚州의 분야에 해당한다.

4)〔通鑑要解〕羌羯：羯은 胡戎別號也라

羯은 胡戎의 別號이다.

5)〔通鑑要解〕畿甸：畿는 天子環內地方千里요 甸*)은 夏書의 五百里註에 曰甸之言은 治也라

畿는 天子가 직접 다스리는 영토 안의 땅이 사방 千里인 것이요, 甸은 ≪書經≫〈夏書〉의 五百里 註에 "甸이란 말은 다스린다는 뜻이다." 하였다.

*) 甸：옛날 王城 주위 5백 리 이내의 지역을 이른다.

6)〔通鑑要解〕不虞之變：不虞는 猶不測也라

不虞는 不測과 같다.

7)〔釋義〕肘腋：肘는 臂節也요 腋은 胳也니 在肘後라

肘는 팔 관절이고, 腋은 겨드랑이이니 팔뚝의 뒤에 있다.

8)〔頭註〕王景略：景略은 猛字라

景略은 王猛의 字이다.

9)〔頭註〕本戎狄：苻氏는 氐也니 西南夷種이라

苻氏는 氐族이니, 서남지방 오랑캐 종족이다.

10)〔頭註〕曆數：帝王相繼之次第가 猶歲時氣節之先後라

曆數는 帝王이 서로 계승하는 차례가 歲時의 節氣의 先後와 같은 것이다.

【癸未】 八年이라 〈秦建元十九年이라〉

太元 8년(계미 383) - 秦나라 建元 19년이다. -

七月에 秦王堅이 下詔하야 大擧[1]入寇하다

7월에 秦王 苻堅이 詔命을 내려서 군대를 크게 일으켜 쳐들어왔다.

1)〔通鑑要解〕大擧：群臣이 皆不可라호되 獨冠軍將軍慕容垂勸故로 大擧也라
여러 신하들이 모두 불가하다고 하였지만 冠軍將軍 慕容垂만이 권하였기 때문에 군대를 크게 동원한 것이다.

○ 八月에 堅이 遣陽平公融하야 督後將軍張蚝(자)[1]와 冠軍將軍慕容垂等의 步騎二十五萬하야 爲前鋒하고 以兗州刺史姚萇으로 爲龍驤將軍하다 慕容楷[2], 慕容紹 言於慕容垂曰 主上이 驕矜已甚하니 叔父建中興之業이 在此行也니이다 垂曰 然하다 非汝면 誰與成之리오 甲子에 堅이 發長安戎卒六十餘萬과 騎二十七萬하니 旗鼓相望하야 前後千里러라 詔以謝石, 謝玄으로 帥衆八萬하야 拒之할새 秦兵이 至潁口하니 兵旣盛하야 都下震恐이라 玄이 入問計於謝安한대 安이 夷然[3]答曰 已別有旨라하고 旣而寂然이라 玄이 不敢復言하고 乃令張玄重請한대 安遂命駕하야 出遊山墅(서)[4]하니 親朋이 畢集이라 與玄으로 圍碁賭墅할새 安碁常劣於玄이러니 是日에 玄懼하야 便爲敵手而又不勝[5]하다 安이 遂遊陟[6]이라가 至夜乃還하다

8월에 苻堅이 陽平公 苻融을 보내어 後將軍 張蚝와 冠軍將軍 慕容垂 등의 步兵 및 騎兵 25만 명을 감독하게 하여 선봉부대로 삼고, 兗州刺史 姚萇을 龍驤將軍으로 삼았다. 慕容楷와 慕容紹가 慕容垂에게 말하기를 "主上이 교만하고 자랑함이 너무 심하니, 叔父께서 中興의 基業을 세우는 것이 이번 걸음에 달려 있습니다." 하였다. 慕容垂가 말하기를 "그렇다. 너희들이 아니면 내 누구와 더불어 중흥의 기업을 이루겠는가." 하였다.

甲子日(8일)에 苻堅이 長安에서 병졸 60여만 명과 기병 27만 명을 동원하니, 깃발과 북소리가 서로 이어져 앞뒤로 천 리에 뻗쳤다. 황제가 명하여 謝石과 謝玄에게 8만 명의 군대를 거느리고 가서 이들을 막게 하였는데, 秦나라 군대가 潁口에 이르니 군대의 기세가 이미 대단하여 都下가 동요하고 두려워하였다. 謝玄이 들어가 謝安에게 계책을 묻자, 謝安은 태연히 대답하기를 "조정에서 이미 따로 지시한 것이 있다." 하고는 이윽고 잠잠하였다. 謝玄이 감히 다시 말하지 못하고 마침내 張玄으로 하여금 거듭 묻게 하자, 謝安이 마침내 멍에 하도록 명하여 산장에 나가서 노니, 친구들이 모두 모였다. 謝安이 謝玄과 바둑을 둘 적에 산장을 걸고 내기를 하였는데, 謝安의 바둑 실력이 항상 謝玄만 못하였으나 이날은 謝玄이 謝安을 두려워해서 곧 막상막하일 것이라고 생각하였으나 또다시 이기지 못하였다. 謝安이 마침내 산에 올라가 놀다가 밤이 되어서야 비로소 돌아왔다.

1)〔頭註〕後將軍張蚝 : 有前將軍, 後將軍이라 蚝는 七志切이라
前將軍과 後將軍이 있다. 蚝는 음이 七志切(치)이다.

2)〔頭註〕慕容楷 : 楷는 音皆라
楷는 音이 개(해)이다.

3)〔頭註〕夷然 : 夷는 坦也, 平也니 言坦然無異平日也라
夷는 평탄하고 평온함이니, 평탄하여 평소와 다름이 없음을 말한다.

4)〔釋義〕山墅 : 墅는 田廬也라
墅는 농막이다.

5)〔通鑑要解〕又不勝 : 敵手는 謂下子爭行劫하야 智算相敵也라 玄意不在碁故로 不能勝安이라
敵手는 바둑을 둘 때에 서로 뺏기고 빼앗아서 지략과 계산이 서로 대등함을 이른다. 謝玄의 뜻이 바둑에 있지 않았기 때문에 謝安을 이기지 못한 것이다.

6)〔釋義〕遊陟 : 陟은 登也니 遊山登高也라
陟은 올라감이니, 산에 놀러 가서 높은 곳에 오르는 것이다.

○ 桓沖[1)]이 深以根本爲憂하야 遣精銳三千하야 入援京師어늘 謝安이 固却之曰 朝廷이 處分已定하고 兵甲無闕하니 西藩[2)]宜留以爲防이라한대 沖이 對佐吏

歎曰 謝安石[3]이 有廟堂之量이나 不閑將略[4]이라 今大敵垂至어늘 方遊談不暇하고 遣諸不經事少年하야 拒之하고 衆又寡弱하니 天下事를 已可知라 吾其左衽(임)[5]矣로다

桓沖이 근본(都城)을 우려하여 정예병 3천을 파견하여 들어와서 京師의 호위를 원조하게 하자, 謝安이 굳이 퇴각시키며 말하기를 "조정의 처분이 이미 결정되었고 군대가 부족하지 않으니, 서쪽 변경에 그대로 머무르면서 막아야 한다." 하였다. 桓沖이 보좌하는 관리들에게 한탄하기를 "謝安石은 재상의 器量이 있으나 장수의 韜略에는 익숙하지 못하다. 이제 큰 적이 쳐들어오는데 산에 올라가 놀고 벗들과 閑談을 하기에 겨를이 없으며, 전쟁을 겪어보지 않은 연소한 사람을 보내어 적을 막게 하며, 병력이 또 적고 약하니, 천하의 일을 이미 알 만하다. 나는 아마도 오랑캐가 되어 左衽을 하게 될 것이다." 하였다.

1) 〔頭註〕 桓沖 : 彝之子요 溫之弟也라 時爲都督諸江, 荊等州諸軍事, 儀同三司라
桓沖은 桓彝의 아들이고 桓溫의 아우이다. 이 당시 都督江州荊州等諸軍事・儀同三公이었다.

2) 〔譯註〕 西藩 : 당시 桓沖이 刺史로 있었던 江州와 荊州는 都城인 建康의 서쪽에 있었기 때문에 西藩이라 이른 것이다.

3) 〔頭註〕 謝安石 : 安字也라
安石은 謝安의 字이다.

4) 〔頭註〕 不閑將略 : 閑은 習也라
閑은 익숙함이다.

5) 〔釋義〕 左衽 : 衽은 衣衿也니 夷狄之俗은 左其衣衽이라
衽은 옷깃이니, 夷狄의 풍속은 옷깃을 왼쪽으로 여민다.

○ 十月에 秦陽平公融等이 攻壽陽하야 癸酉에 克之하고 將軍梁成[1]等이 帥衆五萬하야 屯于洛澗하고 柵淮以遏東兵하니 謝石, 謝玄等이 去洛澗二十五里而軍하고 憚成不敢進이라 融於壽陽에 遣尙書朱序[2]하야 來說謝石等하야 使降이러니 序私謂石等曰 若秦百萬之衆이 盡至면 誠難與爲敵이라 今乘諸軍未

集하야 宜速擊之니 若敗其前鋒이면 則彼已奪氣하야 可遂破也리이다 石이 從序言하다

10월에 秦나라 陽平公 苻融 등이 壽陽을 공격하여 癸酉日(18일)에 함락시키고, 장군 梁成 등이 5만 명의 병력을 거느리고 가서 洛澗에 주둔하고 淮水에 성책을 쌓아 동쪽 군대를 막으니, 謝石과 謝玄 등이 洛澗에서 25리 떨어진 곳에 군대를 주둔하고는 梁成을 두려워하여 감히 전진하지 못하였다. 苻融이 壽陽에서 尙書 朱序를 보내어 晉나라 군영에 와서 謝石 등을 설득하여 항복하게 하였는데, 朱序가 은밀히 謝石 등에게 이르기를 "만약 秦나라의 백만 대군이 모두 몰려오면 진실로 상대하여 싸우기 어렵다. 이제 여러 군대가 아직 모이지 않았을 때를 틈타서 공격해야 하니, 만약 그 선봉부대를 패퇴시키면 저들은 이미 기가 꺾여서 마침내 격파할 수 있을 것이다." 하였다. 謝石이 朱序의 말을 따랐다.

1) 〔頭註〕 梁成 : 秦將이라
梁成은 秦나라 장수이다.

2) 〔原註〕 尙書朱序 : 序先爲梁州刺史러니 爲秦所執하니라
朱序는 이전에 梁州刺史로 있었는데, 秦나라에 사로잡혀 갔다.

○ 十一月에 謝玄이 遣劉牢之[1]하야 帥精兵五千하야 趣(趨)洛澗할새 未至十里에 梁成이 阻澗爲陳(陣)[2]以待之어늘 牢之直前渡水하야 擊成大破之하야 斬成하고 又分兵斷其歸津하니 秦步騎崩潰하야 爭赴淮水하야 士卒死者 萬五千人이라 執秦揚州刺史王顯等하고 盡收其器械軍資하다 於是에 謝石等諸軍이 水陸繼進하다 秦王堅이 與陽平公融으로 登壽陽城하야 望之할새 見晉兵部陳嚴整하고 又望見八公山草木하고 皆以爲晉兵[3]이라 顧謂融曰 此亦勍(경)敵[4]이니 何謂弱也오 憮(무)然[5]始有懼色이러라 秦兵이 逼淝水而陳하니 晉兵이 不得渡라 謝玄이 遣使하야 謂陽平公融曰 君이 懸軍深入하야 而置陳逼水하니 此乃持久之計요 非欲速戰者也로다 若移陳少却하야 使晉兵得渡하야 以決勝負면

不亦善乎아 秦諸將이 皆曰 我衆彼寡하니 不如遏之하야 使不得上하야 可以萬全이리이다 堅曰 但引兵少却하야 使之半渡하고 我以鐵騎로 蹙而殺之면 蔑不勝矣라한대 融亦以爲然하야 遂麾兵使却하니 秦兵이 遂退하야 不可復止라 謝玄, 謝琰, 桓伊等이 引兵渡水擊之하니 融이 馳騎略陳[6)]하야 欲以帥退者라가 馬倒하야 爲晉兵所殺하니 秦兵이 遂潰라 玄等이 乘勝追擊하야 至于靑岡[7)]하니 秦兵이 大敗하야 自相蹈藉[8)]而死者 蔽野塞川하고 其走者는 聞風聲鶴唳하고 皆以爲晉兵且至라하야 晝夜不敢息하야 草行露宿하고 重以飢凍하야 死者什에 七八이러라 初에 秦兵小却이어늘 朱序在陳後하야 呼曰 秦兵이 敗矣라하니 衆遂大奔이라 序因與張天錫[9)]으로 皆來奔하다 堅은 中(중)流矢[10)]하고 單騎走하다

11월에 謝玄이 劉牢之를 보내어 정예병 5천 명을 거느리고 洛澗으로 달려갈 적에 洛澗에서 10리 못 미친 곳에 이르러서 梁成이 澗水를 견고하다고 믿어 陣을 치고 대비하였다. 劉牢之가 곧장 전진하여 澗水를 건너가서 梁成을 공격하여 대파하고 梁成을 목 벤 다음 마침내 군대를 나누어 돌아가는 나루터를 차단하니, 秦나라의 보병과 기병이 궤멸되어 다투어 淮水에 뛰어들어 죽은 士卒이 1만 5천 명이나 되었다. 秦나라의 揚州刺史 王顯 등을 사로잡고 그 병기와 군수물자를 전부 몰수하였다. 이에 謝石 등의 諸軍이 水陸으로 계속하여 전진하였다. 秦王 苻堅이 陽平公 苻融과 壽陽城에 올라가 이것을 바라보니 晉나라 군대의 陣列이 모두 엄정하였으며, 또 멀리서 八公山의 초목을 바라보고 모두 晉나라 병사라고 여겼다. 그리하여 苻融을 돌아보고 이르기를 "이 또한 강적인데, 어찌 약하다고 이른단 말인가." 하고, 낙심하여 비로소 두려워하는 기색이 있었다.

秦나라 군대가 淝水에 바짝 붙여서 陣을 치니, 晉나라 군대가 건너갈 수가 없었다. 謝玄이 사자를 보내어 陽平公 苻融에게 이르기를 "그대가 懸軍(원군 없이 고립된 군대)을 끌고 깊이 쳐들어와서 淝水에 바짝 붙여서 진을 치니, 이는 바로 지구전을 하려는 계책이고 빨리 싸우고자 하는 것이 아니다. 만약 진영을 옮겨 조금 뒤로 물러나서 晉나라 군대가 물을 건너가게 하여 승부를

결단한다면 좋지 않겠는가." 하니, 秦나라 장수들이 모두 말하기를 "우리는 군대가 많고 저들은 군대가 적으니, 막아서 올라오지 못하게 함으로써 萬全을 기하는 것만 못합니다." 하였다. 苻堅이 말하기를 "다만 군대를 이끌고 조금 뒤로 물러나서 저들이 반쯤 건너왔을 때에 우리가 鐵騎兵을 몰고 들어가서 저들을 죽인다면 승리하지 못할 리가 없다." 하였는데, 苻融 또한 그 말을 옳게 여겨 군대를 지휘하여 퇴각하게 하니, 秦나라 군대가 마침내 후퇴하여 다시는 후퇴를 저지할 수가 없었다.

謝玄, 謝琰, 桓伊 등이 군대를 이끌고 물을 건너와 공격하였다. 苻融이 말을 타고 달리면서 軍陣을 순행하여 퇴각하는 군사들을 통솔하고자 하다가 말이 쓰러져서 晉나라 군사에게 살해당하니, 秦나라 군대가 마침내 궤멸되었다. 謝玄 등이 승세를 타고 추격하여 靑岡에 이르니, 秦軍이 대패하여 자기들끼리 밟히고 깔려서 죽은 시체가 들을 뒤덮고 냇물을 막았다. 도망하던 자들은 바람 소리와 학 울음소리를 듣고도 모두 晉나라 군대가 이르는 것이라고 여겨서 밤낮으로 도망하여 감히 쉬지 못하였다. 이들은 인적이 드문 풀숲길로 걸어가며 露地에서 잠을 잔데다 기근과 추위까지 겹쳐 죽은 자가 열에 일곱 여덟 명이나 되었다.

처음에 秦나라 군대가 조금 퇴각했을 때에 朱序가 진영의 뒤에 있다가 고함치기를 "秦나라 군대가 패했다." 하니, 秦나라 군사들이 마침내 크게 도망하였다. 朱序가 인하여 張天錫과 함께 모두 晉나라 진영으로 도망쳐 왔다. 苻堅은 빗나간 화살을 맞고 單騎로 도망하였다.

1)〔頭註〕劉牢之 : 廣陵相이라
 劉牢之는 廣陵의 相이다.

2)〔頭註〕阻淝爲陳 : 阻는 恃也니 恃淝自固也라 陳은 讀曰陣이라
 阻는 믿는 것이니, 淝水를 믿어 스스로 견고하다고 생각한 것이다. 陳은 陣으로 읽는다.

3)〔釋義〕望見八公山草木 皆以爲晉兵 : 王氏曰 八公山은 在安豐壽春縣北四里라 乃苻堅伐晉할새 望山上草木하니 皆人形이 卽此라〔通鑑要解〕八公은 在今壽春縣北四里하니라 世傳漢淮南王安이 好神仙이러니 忽有八公鬚眉皓素하여 詣門求見

云云이라하니 煩不引이라

〔釋義〕王氏가 말하였다. "八公山은 安豐軍 壽春縣 북쪽 4리에 있다. '苻堅이 晉나라를 정벌할 때에 산 위의 초목을 바라보니, 모두 사람의 모습이었다.'고 한 것이 바로 이것이다."〔通鑑要解〕八公山은 지금 壽春縣 북쪽 4里 되는 지점에 있다. 세상에 전해 오기를 "漢나라 淮南王인 劉安이 神仙을 좋아하였는데, 홀연히 수염과 눈썹이 모두 하얗게 센 八公이 갑자기 문에 찾아와 만나 보기를 구하였으므로 八公山이라 이름하였다.……" 하였는데, 번거로우므로 인용하지 않는다.

4)〔釋義〕此亦勍敵 : 勍은 强也라
勍은 강함이다.

5)〔頭註〕憮然 : 失意貌라
憮然은 실의한 모양이다.

6)〔頭註〕略陳 : 略은 行也니 巡行曰略이라
略은 돌아다니는 것이니, 巡行하는 것을 略이라 한다.

7)〔釋義〕青岡 : 在安豐軍하니 去壽春三十里라
青岡은 安豐軍에 있으니, 壽春縣에서 30리 떨어져 있다.

8)〔頭註〕蹈藉 : 藉는 與踖同하니 踐也라
藉는 踖과 같으니, 밟는 것이다.

9)〔頭註〕張天錫 : 丙子年에 降秦이라
張天錫은 丙子年(376)에 秦나라에 항복하였다.

10)〔釋義〕中流矢 : 中은 傷也라 飛矢曰流矢라
中은 상함이다. 빗나간 화살을 流矢라 한다.

李舜臣曰 蜀漢之中은 古未有興王之迹也어늘 而漢高祖起自南鄭하야 以取關中하고 樊鄧之間은 古未有中興之迹也어늘 而漢光武起自南陽하야 以定河北이라 而況江東之地는 首起西陵하고 尾接東海하니 其兵之犀銳[1)]는 足以破秦兵於鉅鹿[2)]하고 其財之富厚는 足以復唐祚於靈武[3)]라 然이나 自吳以下로 國於江東者凡六朝[4)]라 周瑜有赤壁之勝하고 祖逖[5)]有譙城之勝하고 褚裒有彭城之勝하고 桓溫有灞上之勝하고 謝玄有淝水之勝하고 劉裕[6)]有關中之勝하고 到彦之[7)]有淮南之勝하고 蕭衍[8)]有義陽之勝하고 陳慶之[9)]有洛陽之勝하고 吳明徹[10)]有淮南

之勝하니 此十者는 皆起江東之師하야 以取勝中原이니 其剋敵制勝之功이 亦奇矣라 然終不能渡江而北定中原하야 以一天下하니 此는 非江東之地 便於守而不便於攻이요 蓋江東之人이 知有江東而不知有天下也일새라 向使六朝君臣이 素有幷呑之志하야 先定規模於未勝之前하고 而進乘機會於旣勝之後런들 則千乘萬騎로 起自江東而入中原이면 蓋可以鞭撻四夷하고 坐制六合이니 誰謂江東之地 土綿力薄[11]하야 而不足以擧天下也哉아 惟其平居暇日에 初未嘗有進取之心하야 而預爲必復中原之計라 是以로 一旦欲乘機會로되 而倉皇失措[12]하야 竟不能成混一之功이라 且苻堅養兵於秦中이 幾三十年이라 一旦에 驅之南下하야 欲以幷呑吳會할새 顧謂大江之流하고 投鞭可斷이라하니 志則誇矣나 而兵始一交에 全師潰散하야 相與枕藉於淝水之中하야 晉之君臣이 嘗試睥睨[13]一世하니 此乾坤何等時耶아 挽吳江之水하야 以洗關河嵩洛之腥穢[14]가 其不在玆時耶아 奈何徘徊於兗豫之間하야 竟不能過關踰鄴하야 以圖混一하고 而乃今日運米於枋頭하야 以濟苻丕之飢[15]하고 明日率軍於關陝(섬)하야 以爲苻堅之助오 夫淮淝百萬은 志欲何爲오 幸其天敗하야 粮盡力困하야 不奮兵以勦除之하고 乃擧國之大讐하야 付之相忘之域하니 豈不深可惜哉아

李舜臣이 말하였다.

“蜀漢 지방은 옛날에 왕업을 일으킨 자취가 있지 않았는데 漢나라 高祖가 南鄭에서 일어나 關中 지방을 취하였고, 樊城과 鄧城 사이는 옛날에 중흥한 자취가 있지 않았는데 漢나라 光武帝가 南陽에서 일어나 河北 지방을 평정하였다. 더구나 江東 지역은 머리는 西陵에서 시작되고 꼬리는 東海와 접하였으니, 병기의 단단함과 예리함은 秦나라 군대를 鉅鹿에서 격파할 수 있었고 재물의 풍족함은 唐나라의 국운을 靈武에서 회복시킬 수 있었다. 그러나 吳나라 이후로 江東에 나라를 정한 것이 모두 여섯 왕조였는데, 周瑜는 赤壁의 승리가 있었고, 祖逖은 譙城의 승리가 있었고, 褚裒는 彭城의 승리가 있었고, 桓溫은 灞上의 승리가 있었고, 謝玄은 淝水의 승리가 있었고, 劉裕는 關中의 승리가 있었고, 到彦之는 淮南의 승리가 있었고, 蕭衍은 義陽의 승리가 있었고, 陳慶之는 洛陽의 승리가 있었고, 吳明徹은 淮南의 승리가 있었다. 이 열 가지는 모두 江東의 군대를 일으켜 中原에서 승리를 취한 것이니, 적

을 이기고 승리한 공이 또한 기이하다. 그러나 끝내 양자강을 건너가서 북쪽으로 中原을 평정하여 천하를 통일하지는 못하였으니, 이는 江東 지역이 지키기에 편리하고 공격하기에 불편해서가 아니라, 江東 사람들은 江東이 있는 줄만 알고 천하가 있는 줄을 알지 못했기 때문이다. 그때 만일 六朝의 君臣들이 평소에 中原을 병탄하려는 뜻을 가지고서 승리하기 전에 規模를 미리 정하고 승리한 뒤에 나아가 기회를 탔더라면, 천 대의 수레와 만 명의 기병을 가지고 江東에서 일어나 中原으로 들어갈 수 있었을 것이니, 이렇게 했더라면 사방의 오랑캐들을 채찍질하고 가만히 앉아서 六合을 제어하였을 것이다. 누가 江東 지역이 영토가 좁고 힘이 부족해서 천하를 통일하지 못한다고 말하겠는가.

다만 평소 한가로운 날에 처음부터 진취할 마음을 갖고 반드시 중원을 수복하겠다는 계획을 미리 세운 적이 없었다. 이 때문에 하루아침에 기회를 타려고 하다가 창졸간에 어찌할 바를 몰라 끝내 천하통일의 공을 이룩하지 못한 것이다. 또 苻堅은 秦나라에서 군대를 기른 지가 거의 30년이었다. 하루아침에 이들을 몰아 南下하여 吳會 지방을 병탄하고자 할 때에 큰 강(揚子江)이 흐르는 것을 돌아보고는 채찍만 던져 넣어도 강물을 차단할 수 있다고 말하였으니, 뜻은 대단하였다. 그러나 군대가 처음 한번 교전하자마자 全軍이 궤멸되어 흩어져서 淝水 가운데에 시신이 낭자하여 晉나라의 군주와 신하가 한 세상을 얕보게 하였으니, 이 乾坤은 어떠한 때란 말인가. 吳江의 물을 끌어다가 函谷關 등의 관문과 黃河와 嵩山과 洛陽을 차지한 비린내 나는 더러운 오랑캐들을 씻어 버리는 것이 어찌하여 이때에 있지 않았겠는가. 어찌하여 兗州와 豫州 사이에서 배회하여 끝내 關中을 지나가고 鄴城을 넘어가서 통일을 도모하지 못하고, 마침내 오늘 枋頭에서 쌀을 운반하여 苻丕의 굶주림을 구제하고 다음날은 關陝의 군대를 거느리고 가서 苻堅을 도왔단 말인가. 淮水와 淝水의 백만 군대는 뜻이 무엇을 하고자 한 것인가. 하늘이 패망하게 하여 양식이 다하고 힘이 곤궁해진 것을 요행으로 여겨서, 군대를 떨쳐 섬멸하지 않고, 마침내 나라의 큰 원수를 들어서 서로 잊어버린 것처럼 여기는 곳에 내버려 두었으니, 어찌 매우 애석하지 않은가.

1)〔頭註〕犀銳 : 犀는 堅也니 古以犀兕皮爲鎧라 故로 謂堅曰犀라
犀는 견고함이니, 옛날에 犀兕(무소)의 가죽으로 갑옷을 만들었다. 그러므로 견고한 것을 일러 犀라고 한다.

2)〔頭註〕破秦兵於鉅鹿 : 謂項羽라
秦나라 군대를 鉅鹿에서 격파하였다는 것은 項羽를 이른다.

3)〔頭註〕復唐祚於靈武 : 唐肅宗이니 見四十二卷丙申年이라
唐나라의 국운을 靈武에서 회복한 것은 唐나라 肅宗이니, 42권 丙申年條(756)에 보인다.

4)〔頭註〕六朝 : 吳, 東晉, 宋, 齊, 梁, 陳이라
六朝는 吳・東晉・宋・齊・梁・陳이다.

5)〔頭註〕祖逖 : 晉元帝丁丑年에 流民張平樊雅가 各聚衆在譙하야 爲塢主*)러니 逖攻降之하니라
晉나라 元帝 丁丑年(317)에 流民인 張平과 樊雅가 각각 譙郡에서 무리를 모아 塢主가 되었는데, 祖逖이 공격하여 항복시켰다.

*) 塢主 : 東漢과 魏・晉 시대에 城寨를 지어 스스로 방어한 勢道家나 大姓 名門을 말한다.

6)〔頭註〕劉裕 : 在三十卷乙卯年이라
劉裕는 해설이 30권 乙卯年條(415)에 보인다.

7)〔頭註〕到彦之 : 在三十一卷庚午年이라
到彦之는 해설이 31권 庚午年條(430)에 보인다.

8)〔頭註〕蕭衍 : 齊明帝니 乙亥年에 與魏戰勝之라
蕭衍은 齊(南齊)나라 明帝이니, 乙亥年(495)에 魏(北魏)와 싸워 승리하였다.

9)〔頭註〕陳慶之 : 見三十二卷己酉年이라
陳慶之는 해설이 32권 己酉年條(529)에 보인다.

10)〔頭註〕吳明徹 : 見三十三卷癸巳年이라
吳明徹은 해설이 33권 癸巳年條(573)에 보인다.

11)〔頭註〕土綿力薄 : 綿은 弱也라
綿은 약함이다.

12)〔頭註〕倉皇失措 : 倉皇은 一作倉黃하니 失措貌라 詩註에 忽遽貌라하니라
倉皇은 혹 倉黃으로도 쓰니, 어찌할 줄 모르는 모양이다. ≪詩經≫ 註에 "몹시 급한 모양이다." 하였다.

13)〔頭註〕睥睨：邪視也라
睥睨는 곁눈질하는 것이다.
14)〔頭註〕腥穢：謂五胡*)라
비린내 나는 더러운 오랑캐는 五胡를 이른다.
*) 五胡：東漢에서 南北朝 시대에 걸쳐 서북방으로부터 중국 본토에 이주한 다섯 민족으로, 匈奴・羯・鮮卑・氐・羌을 이른다.
15)〔頭註〕濟苻丕之飢：在下甲申年이라
苻丕의 굶주림을 구제한 것은 뒤의 甲申年條(384)에 보인다.

是時에 **諸軍**이 **皆潰**호되 **惟慕容垂**[1]**所將三萬人**이 **獨全**이어늘 **堅以千餘騎赴之**하다 **世子寶言於垂曰 秦王**이 **兵敗**하야 **委身於我**하니 **是**는 **天借之以復燕祚**니 **此時**를 **不可失也**니이다 **垂曰 汝言**이 **是也**라 **然**이나 **彼以赤心**으로 **投命於我**어늘 **若之何害之**리오 **若氐運**[2]이 **必窮**이면 **吾當懷集關東**하야 **以復先業耳**리라 **垂**의 **親黨**이 **多勸垂殺堅**호되 **垂皆不從**하고 **悉以兵授堅**하다

이때 諸軍이 모두 궤멸되었으나 오직 慕容垂가 거느리던 3만 명만은 온전하였는데, 苻堅이 천여 騎를 데리고 그에게 달려갔다. 世子 慕容寶가 慕容垂에게 말하기를 "秦王 苻堅이 전투에 패하여 우리에게 몸을 맡겼으니, 이는 하늘이 우리에게 기회를 빌려 주어 燕나라의 국운을 회복할 수 있게 한 것입니다. 이때를 놓쳐서는 안 됩니다." 하였다. 慕容垂가 말하기를 "네 말이 옳으나 저가 진심으로 자신의 命運을 아낌없이 나에게 던졌는데, 어떻게 그를 해친단 말인가. 만약 우리 氐族의 운명이 반드시 곤궁하다면 나는 關東 지방을 安集시켜서 先祖의 기업을 회복할 뿐이다." 하였다. 慕容垂의 친당들이 많이 慕容垂에게 苻堅을 죽일 것을 권하였으나 慕容垂가 이를 따르지 않고 병력을 다 苻堅에게 주었다.

1)〔頭註〕慕容垂：己巳年에 奔秦하니 乃以垂爲冠軍將軍이라
慕容垂가 己巳年(369)에 秦나라로 달아나니, 秦나라에서 마침내 慕容垂를 冠軍將軍으로 삼았다.
2)〔頭註〕氐運：苻氏는 氐也라 運은 運祚也라

苻氏는 氐族이다. 運은 國運이다.

○ 謝安이 得驛書하야 知秦兵已敗하다 時에 方與客圍碁러니 攝書[1]置牀上하고 了無喜色하고 圍碁如故어늘 客問之한대 徐答曰 小兒輩 遂已破賊이라하더니 旣罷에 還內過戶限할새 不覺屐(극)齒之折[2]이러라

謝安이 역참에서 띄운 승전보를 받고서 秦나라 군대가 이미 패배한 것을 알았다. 이때 막 손님과 바둑을 두고 있었는데, 공문서를 거두어 책상 위에 놓아둔 채 전혀 기뻐하는 기색이 없이 전처럼 바둑을 두었다. 손님이 묻자, 謝安이 천천히 대답하기를 "아이들이 이미 적을 격파했습니다." 하였는데, 바둑이 끝난 뒤 內室로 돌아가면서 문턱을 넘어갈 적에 흥분하여 신발의 굽이 부러진 것도 깨닫지 못하였다.

1)〔頭註〕攝書 : 攝은 收也라
攝은 거두는 것이다.

2)〔通鑑要解〕不覺屐齒之折 : 喜甚也라 屐은 木屐이라
신발의 굽이 부러진 것도 깨닫지 못하였다는 것은 매우 기뻐한 것이다. 屐은 나막신이다.

○ 秦王堅이 收集離散하야 比至洛陽하니 衆이 十餘萬이요 百官儀物軍容이 粗備러라

秦王 苻堅이 흩어진 병력을 수합하여 洛陽에 이르니, 무리가 십여만이었고 百官과 儀仗으로 쓰는 器物과 군사 장비가 대강 갖추어졌다.

○ 慕容垂言於堅曰 北鄙之民이 聞王師不利하고 輕相扇動하니 臣이 請奉詔書하야 以鎭慰安集之하고 因過謁陵廟하노이다 堅이 許之하다 權翼이 諫曰 國兵이 新破에 四方이 皆有離心하니 宜徵集名將하야 置之京師하야 以固根本이니이다 垂는 勇略過人하고 世豪東夏하니 顧以避禍而來언정 其心이 豈止欲作冠軍而已哉잇가 譬如養鷹하야 飢則附人이나 每聞風飆[1]之起하면 常有淩霄[2]之志하니

正宜謹其條(조)**籠**[3)]이니 **豈可解縱**하야 **任其所欲哉**잇가 **堅曰 卿言**이 **是也**라 **然**이나 **朕已許之**하니 **匹夫**도 **猶不食言**이어든 **況萬乘乎**아 **天命**이 **有廢興**하니 **固非智力所能移也**니라 **翼曰 陛下重小信而輕社稷**하시니 **臣**은 **見其往而不返**이니 **關東之亂**이 **自此始矣**리이다 **堅**이 **不聽**하다

慕容垂가 苻堅에게 말하기를 "북쪽 변방의 백성들이 王의 군대가 승리하지 못했다는 말을 듣고 경솔하게 서로 선동하니, 신이 청컨대 조서를 받들고 먼저 가서 그들을 鎭撫하고 安集시키고, 인하여 지나는 길에 陵廟를 배알할까 합니다." 하니, 苻堅이 이를 허락하였다.

權翼이 간하기를 "나라의 군대가 격파된 지 얼마 안 되어 사방이 모두 조정을 배반하려는 마음을 품고 있으니, 마땅히 명장들을 불러 모아서 京師에 安置하여 근본을 견고하게 해야 합니다. 慕容垂는 용맹과 지략이 보통 사람보다 뛰어나고 대대로 東夏 지방에서 호걸이라고 일컬어졌으니, 다만 화를 피하기 위하여 秦나라에 왔을지언정 그의 心算이 어찌 冠軍將軍이 되는 데 그칠 뿐이겠습니까. 비유하면 매를 기르는 것과 같아서, 굶주릴 때에는 사람을 따르나 매번 회오리바람이 일어나는 소리를 들을 때마다 항상 하늘 높이 날려는 뜻이 있는 것과 같습니다. 마땅히 끈과 새장을 조심해서 주의해야 할 것이니, 어찌 풀어놓아서 그가 가고 싶은 대로 내버려 둔단 말입니까." 하니, 苻堅이 말하기를 "경의 말이 옳으나 이미 허락하였으니, 匹夫도 오히려 食言하지 않는데, 하물며 萬乘의 천자에 있어서랴. 天命은 폐하고 흥함이 있으니, 진실로 개인의 지혜와 힘으로 바꿀 수 있는 것이 아니다." 하였다.

權翼이 말하기를 "폐하께서는 작은 신의를 중히 여기고 社稷을 가벼이 여기시니, 신은 그가 가는 것만 볼뿐 돌아오는 것은 볼 수 없을 것입니다. 關東의 혼란이 이로부터 시작될 것입니다." 하였으나 苻堅이 그의 말을 듣지 않았다.

1) 〔頭註〕 風飆 : 飆는 畢遙切이니 疾風也라
　飆는 畢遙切(표)이니, 빠른 바람이다.

2) 〔頭註〕 凌霄 : 霄는 雲霄也라

霄는 하늘이다.

3) 〔通鑑要解〕 絛籠 : 絛는 他刀切이라 絲繩也니 所以紲鷹이요 籠은 所以畜(휵)鳥也라

絛는 他刀切(도)이다. 실끈이니 매를 묶어 매는 것이요, 籠(새장)은 새를 기르는 것이다.

○ 秦乞伏國仁[1]이 反於隴西하니 衆至十餘萬이러라

秦나라 乞伏國仁이 隴西에서 배반하니, 무리가 십여만 명에 이르렀다.

1) 〔頭註〕 乞伏國仁 : 隴西鮮卑人이라

乞伏國仁은 隴西의 鮮卑族 사람이다.

○ 慕容垂至安陽하니 長樂公丕[1] 館垂於鄴西어늘 垂潛與燕之故臣으로 謀復燕祚하다 會에 丁零翟斌[2]이 起兵叛이어늘 秦王堅이 驛書하야 使垂將兵討之하다

慕容垂가 安陽에 이르니, 長樂公 苻丕가 慕容垂에게 鄴城의 서쪽에 관사를 정해 주자, 慕容垂가 은밀히 燕나라의 옛 신하들과 燕나라의 옛 基業을 회복할 것을 모의하였다. 마침 丁零族 翟斌이 군대를 일으켜 배반하자, 秦王 苻堅이 파발을 띄워 慕容垂로 하여금 군대를 거느리고 가서 그들을 토벌하게 하였다.

1) 〔頭註〕 長樂公丕 : 苻堅之庶長子니 時鎭鄴이라

長樂公 苻丕는 苻堅의 庶長子이니, 이때 鄴城에 鎭駐하였다.

2) 〔頭註〕 丁零翟斌*) : 見上卷하니 仕秦爲中郎이라

丁零 翟斌은 上卷에 보이니, 秦나라에 벼슬하여 中郎이 되었다.

*) 丁零翟斌 : 胡三省의 註에 "丁零族은 본래 中山에 살았는데, 苻堅이 燕나라를 멸망시키자 新安으로 옮겨 갔다. 翟斌은 秦나라에 벼슬하여 衛軍從事中郎이 되었다.〔丁零種落 本居中山 苻堅之滅燕也 徙於新安 斌仕秦爲衛軍從事中郎〕" 하였다.

【甲申】 九年이라 〈秦建元二十年이라 ○ 燕世祖慕容垂元年이라 ○ 後秦太祖姚萇白

雀元年이라 ○ 舊大國一이요 新大國二니 凡三僭國[1)]이라〉

太元 9년(갑신 384) - 秦나라 建元 20년이다. ○ 燕(後燕) 世祖 慕容垂의 元年이다. ○ 後秦 太祖 姚萇의 白雀 元年이다. ○ 예전에 있던 大國이 하나이고 새로운 大國이 둘이니, 僭國이 모두 셋이다. -

1) 〔譯註〕 舊大國一……凡三僭國 : 예전에 있던 大國 하나는 苻堅의 前秦이고, 새로운 大國 둘은 慕容垂의 燕(後燕)과 姚萇의 後秦이다.

正月에 慕容垂自稱燕王하고 遣田山如鄴하야 告慕容農等하야 使起兵相應하고 以弟德으로 爲車騎大將軍하야 封范陽王하고 帥衆二十餘萬하야 長驅向鄴하다 慕容農이 起兵於列人[1)]하니 衆至數萬이라 長樂公丕 使石越로 將兵討之러니 農이 大敗秦兵하고 斬越하니 於是에 人情騷動하고 盜賊群起러라 垂至鄴하니 農이 引兵會之하야 進攻鄴이어늘 丕退守中城하다

正月에 慕容垂가 燕王이라 자칭하고 田山을 보내어 鄴城에 가서 慕容農 등에게 고하여 군대를 일으켜 서로 호응하게 하고, 아우 慕容德을 車騎大將軍으로 삼아 范陽王에 봉하고 20여만 명의 군대를 거느리고서 기세를 몰아 鄴城으로 향하게 하였다. 慕容農이 列人城에서 군대를 일으키니, 무리가 수만 명에 이르렀다. 長樂公 苻丕가 石越로 하여금 군대를 거느리고 가서 慕容農을 토벌하게 하였는데, 慕容農이 秦나라 군대를 패퇴시키고 石越의 목을 베니, 이에 인심이 동요하고 도적들이 떼지어 일어났다. 慕容垂가 鄴城에 이르자 慕容農이 군대를 이끌고 모여서 鄴城으로 진격하니, 苻丕가 후퇴하여 中城을 지켰다.

1) 〔附註〕 起兵於列人 : 列人은 城名이라 垂至安陽하니 丕身自迎之하다 趙秋勸垂於座取丕하고 因據鄴起兵이로되 垂不從하다 丕謀襲擊垂러니 姜讓이 諫曰 垂叛形未著라한대 丕從之하고 館垂於鄴西하니 垂潛與燕之故臣으로 謀復燕祚히더 會에 翟斌叛이어늘 秦王堅이 驛書로 使垂討翟斌한대 石越이 言於丕曰 垂有興復舊業之志어늘 今復資之以兵이면 此爲虎傅(附)翼이니 請除之하소서 丕曰 淮南之敗에 垂侍衛乘輿하니 此功을 不可忘也니라 越退曰 公父子好爲小仁하고 不顧大計하니

終當爲人擒耳니라 丕遣苻飛龍하야 帥氐騎一千하야 爲之副하야 密計謀垂하다 垂聞丕, 飛龍謀하고 怒曰 吾盡忠於苻氏어늘 而彼專欲圖吾父子하니 雖欲已나 得乎아하고 乃募兵八千하야 夜襲飛龍殺之하고 遣人告農等하야 使起兵相應하니 農等이 遂將數十騎하고 微服出鄴하야 奔列人하니라

列人은 城의 이름이다. 慕容垂가 安陽에 이르니, 苻丕가 몸소 그를 맞이하였다. 趙秋가 慕容垂에게 그 자리에서 苻丕를 죽이고 인하여 鄴城을 점거하고 군대를 일으킬 것을 권하였으나 慕容垂가 따르지 않았다. 苻丕가 慕容垂를 습격할 것을 도모하였는데, 姜讓이 간하기를 "慕容垂가 배반하려는 형상이 아직 드러나지 않았다."고 하자, 苻丕가 그 말을 따르고 慕容垂에게 鄴城의 서쪽에 관사를 정해주니, 慕容垂가 은밀히 燕나라의 옛 신하들과 함께 燕나라의 국통을 회복할 것을 모의하였다. 마침 翟斌이 배반하자, 秦王 苻堅이 파발을 띄워 慕容垂로 하여금 翟斌을 토벌하게 하였다. 石越이 苻丕에게 말하기를 "慕容垂가 옛 基業을 홍복하려는 뜻이 있는데, 이제 다시 군대를 빌려 준다면 이는 호랑이에게 날개를 달아주는 격입니다. 제거하십시오." 하니, 苻丕가 말하기를 "淮南의 패전에 慕容垂가 乘輿를 호위하였으니, 이 공을 잊을 수 없다." 하였다. 石越이 물러 나와 말하기를 "公의 父子가 작은 仁을 행하기를 좋아하고 큰 계책은 생각하지 않으니, 끝내 남에게 사로잡히게 될 것이다." 하였다.

苻丕가 苻飛龍을 보내어 氐族의 騎兵 1천 명을 거느리고 慕容垂의 副將이 되게 하여 은밀히 慕容垂를 살해할 것을 계획하였다. 苻丕와 苻飛龍이 모의했다는 말을 듣고 慕容垂가 노하여 말하기를 "나는 苻氏에게 충성을 다했는데 저들은 오로지 우리 父子를 도모하고자 하니, 내 비록 그만두고자 하나 될 수 있겠는가." 하고는 마침내 8천 명의 병력을 모집하여 밤에 苻飛龍을 습격하여 죽이고, 사람을 보내어 慕容農 등에게 알려서 군대를 일으켜 서로 호응하게 하니, 慕容農 등이 마침내 수십 명의 기병을 거느리고 微服 차림으로 鄴城을 나와 列人城으로 달려왔다.

○ **秦北地[1]長史慕容泓**이 **聞燕王垂攻鄴**하고 **亡奔關東**하야 **收集鮮卑**하니 **衆至數千**이라 **還屯華陰**하다

秦나라 北地長史 慕容泓이 燕王 慕容垂가 鄴城을 공격하였다는 말을 듣고 關東으로 도망하여 鮮卑族을 수합하니, 무리가 수천 명에 이르렀다. 돌아와

華陰에 주둔하였다.

1)〔頭註〕北地：郡名也라
北地는 郡의 이름이다.

○ 平陽太守慕容沖이 亦起兵於平陽하야 有衆二萬하다

平陽太守 慕容沖이 또한 平陽에서 군대를 일으켜 병력 2만 명을 보유하였다.

○ 秦將姚萇[1]이 起兵於北地하고 自稱後秦王하다

秦나라 장수 姚萇이 北地에서 군대를 일으키고 後秦王이라 자칭하였다.

1)〔原註〕姚萇：姚弋仲之子요 襄之弟라
姚萇은 姚弋仲의 아들이고 姚襄의 아우이다.

○ 秦竇衝이 擊慕容沖于河東하야 大破之하니 沖이 奔慕容泓하다 泓衆이 至十餘萬이라 進向長安이러니 六月에 泓의 謀臣高蓋 殺泓하고 立沖爲皇太弟하야 承制行事하고 置百官하다

秦나라 竇衝이 慕容沖을 河東에서 공격하여 대파하니, 慕容沖이 慕容泓에게로 달아났다. 慕容泓의 병력이 10여만 명에 이르렀다. 전진하여 長安으로 향하였는데, 6월에 慕容泓의 謀臣인 高蓋가 慕容泓을 죽이고 慕容沖을 세워 皇太弟로 삼아서 制를 받들어 정사를 행하고 百官을 설치하였다.

○ 八月에 燕兵이 圍秦長樂公丕於鄴하니 鄴中이 芻糧俱盡하야 削松木飼馬라 燕王垂謂諸將曰 苻丕는 窮寇라 必無降理니 不如退屯新城하야 開丕西歸之路하야 以謝秦王疇昔之恩[1]이라하고 乃解圍하고 趨新城하다

8월에 燕나라 군대가 秦나라 長樂公 苻丕를 鄴城에서 포위하니, 鄴城 안의 꼴과 식량이 모두 떨어져 소나무를 벗겨 말을 먹일 지경에 이르렀다. 燕王

慕容垂가 諸將에게 이르기를 "苻丕는 곤궁한 적이다. 반드시 항복할 리가 없으니, 후퇴하여 新城에 주둔해서 苻丕가 서쪽으로 돌아갈 길을 열어 주어 秦王의 옛 은혜에 사례하는 것만 못하다." 하고는 마침내 포위를 풀고 新城으로 달려갔다.

1)〔頭註〕疇昔之恩 : 疇는 發語辭라 己巳年에 垂奔秦하니 秦王堅이 郊迎하야 以爲冠軍將軍하니라
　疇는 發語辭이다. 己巳年(369)에 慕容垂가 秦나라로 도망쳐 오니, 秦王 苻堅이 郊外에서 맞이하여 그를 冠軍將軍으로 삼았다.

○ **太保安[1]이 奏請호되 乘苻氏傾敗하야 開拓[2]中原이라하야 以謝玄, 桓, 石虔等으로 伐秦하니 河南城堡[3] 皆來歸附라 謝玄이 遣晉陵太守滕恬之하야 渡河據黎陽하다**

太保 謝安이 주청하기를 "苻氏가 형세가 기울어 패한 틈을 타서 中原을 개척해야 한다."고 하여 謝玄과 謝桓과 石虔 등을 데리고 가서 秦나라를 치니, 河南의 城堡가 모두 와서 歸附하였다. 謝玄이 晉陵太守 滕恬之를 보내서 황하를 건너 黎陽을 점거하였다.

1)〔頭註〕太保安 : 安은 謝安이라
　安은 謝安이다.
2)〔頭註〕開拓 : 拓은 斥開也라
　拓은 물리쳐서 개간하는 것이다.
3)〔通鑑要解〕城堡 : 堡는 廣韻에 堡障은 小城也라하니라
　堡는 ≪廣韻≫에 "堡障은 작은 城이다." 하였다.

○ **燕王垂 復引兵圍鄴하니 丕進退路窮이라 會에 謝玄이 遣劉牢之等하야 據碻磝(고오)[1], 滑臺[2]러니 丕請救於玄이어늘 玄이 乃遣劉牢之하야 率衆二萬하야 救鄴하고 丕告饑어늘 玄이 水陸運米二千斛以饋之하다**

燕王 慕容垂가 다시 군대를 이끌고 鄴城을 포위하니, 苻丕가 진퇴양난에

빠졌다. 마침 謝玄이 劉牢之 등을 보내 碻磝와 滑臺城을 점거하였는데, 苻丕가 謝玄에게 구원을 청하자 謝玄이 마침내 劉牢之를 보내 2만 명의 병력을 거느리고 鄴城을 구원하게 하였으며, 苻丕가 굶주림을 고하자 謝玄이 水陸으로 쌀 2천 斛을 운반하여 공급했다.

1) 〔釋義〕 碻磝 : 王氏曰 碻磝는 城名이라 然二字俱在五爻韻이요 又碻는 本作磽라 按宋重修廣韻註하면 磽는 口交反이요 磝는 五交反이라 磽磝는 (成)〔城〕名이니 今濟州是라

王氏(王幼學)가 말하였다. "碻磝는 城의 이름이다. 그러나 碻와 磝 두 글자가 모두 五爻(요)의 韻에 있으며, 또 碻는 본래 磽字로 되어 있다. 宋나라에서 重修한 ≪廣韻≫의 註를 살펴보면 磽는 口交反(교)이고 磝는 五交反(요)이다. 磽磝는 城의 이름이니, 지금의 濟州가 이곳이다." 하였다.

2) 〔釋義〕 滑臺 : 春秋鄭之廩延邑이니 後魏置東郡하고 又改滑州하니라

滑臺는 春秋時代 鄭나라의 廩延邑이니, 後魏가 東郡을 설치하고 또 滑州로 고쳤다.

【乙酉】 十年이라 〈**秦王苻丕大安元**이요 **燕二**요 **後秦白雀二年**이라 ○ **西燕主慕容沖更始元年**이라 ○ **西秦王乞伏國仁建義元年**이라 ○ **舊大國三**이요 **新大國一**이요 **小國一**이니 **凡五僭國**[1]이라〉

太元 10년(을유 385) - 秦王 苻丕의 大安 元年이고, 燕나라 2년이고, 後秦 白雀 2년이다. ○ 西燕主 慕容沖의 更始 元年이다. ○ 西秦王 乞伏國仁의 建義 元年이다. ○ 예전에 있던 大國이 셋이며, 새로운 大國이 하나이고 小國이 하나이니, 僭國이 모두 다섯이다. -

1) 〔譯註〕 舊大國三……凡五僭國 : 예전에 있던 大國 셋은 苻丕의 前秦, 慕容垂의 後燕, 姚萇의 後秦이며, 새로운 大國 하나는 慕容沖의 西燕이고, 小國 하나는 乞伏國仁의 西秦이다.

正月에 **慕容沖**이 **卽帝位於阿房**[1]하다

正月에 慕容沖이 阿房城에서 황제에 즉위하였다.

1)〔原註〕慕容沖卽帝位於阿房：是爲西燕이라〔通鑑要解〕先時에 謠曰 鳳凰止阿房이라하니 堅曰 鳳凰은 非梧桐이면 不捿요 非竹實이면 不食이라하고 乃植桐竹數十萬株于阿房하야 以待之하니라 沖小字鳳凰이니 至是하야 止阿房城이라
〔原註〕이(慕容沖)가 바로 西燕이다.〔通鑑要解〕이보다 앞서 동요에 이르기를 "鳳凰이 阿房에 머문다." 하니, 苻堅이 말하기를 "鳳凰은 오동나무가 아니면 깃들지 않고 竹實이 아니면 먹지 않는다." 하고는 마침내 오동나무와 대나무 수십만 그루를 阿房城에 심어 놓고 봉황을 기다렸다. 慕容沖의 小字가 鳳凰이니, 이때에 이르러 阿房城에 머물렀다.

○ **四月**에 **劉牢之至鄴**하니 **燕王垂 邀擊大破之**라 **坐軍敗**하야 **徵還**하다

4월에 劉牢之가 鄴城에 이르자 燕王 慕容垂가 기다리고 있다가 공격하여 대파하니, 敗戰한 죄에 걸려서 부름을 받고 소환되었다.

○ **五月**에 **西燕主沖**[1]이 **攻長安**이어늘 **秦王堅**이 **身自督戰**할새 **飛矢滿體**하야 **流血淋漓**라 **沖**이 **縱兵暴掠**하니 **關中士民**이 **流散**하고 **道路斷絶**하야 **千里無煙**이러라 **堅**이 **大懼**하야 **以讖書云 帝出五將**이면 **久長得**이라하야 **乃留太子宏**하야 **守長安**하고 **遂出奔五將山**하다 **後秦王萇**이 **遣驍騎將軍吳忠**하야 **帥騎圍之**하니 **秦兵**이 **皆散走**호되 **堅**이 **神色自若**하야 **坐而待之**라 **俄而**오 **忠至執之**하야 **送詣新平**하야 **幽於別室**[2]이러니 **萇**이 **遣人**하야 **縊堅於新平佛寺**하다

5월에 西燕主 慕容沖이 長安을 공격하자, 秦王 苻堅이 몸소 전투를 독려하였는데, 이때 流矢가 몸에 가득 꽂혀 흘러나온 피가 흥건했다. 慕容沖이 군대를 풀어서 사납게 노략질하니, 關中의 선비와 백성들이 이리저리 흩어져 달아나고 도로에 행인들이 끊어져 천리를 가도 밥 짓는 연기가 나지 않았다. 苻堅이 크게 두려워하여 圖讖書에 "皇帝가 나가서 五將에 이르면 천하를 장구하게 지킬 수 있다."고 했다 하여, 마침내 太子 慕容宏을 남겨 두어 長安을 지키게 하고는 마침내 나가 五將山으로 도망하였다.

後秦王 姚萇이 驍騎將軍 吳忠을 보내어 기병을 거느리고 포위하게 하니,

秦나라 군대가 모두 흩어져 달아났으나 苻堅은 정신과 얼굴빛을 변치 않고 태연자약하게 앉아서 기다렸다. 얼마 후 吳忠이 이르러 苻堅을 사로잡아서 新平으로 보내어 별실에 가두었는데, 姚萇이 사람을 보내 新平의 佛寺에서 苻堅을 목 졸라 죽였다.

1)〔通鑑要解〕西燕主沖 : 垂復興於山東하고 而沖稱號於關中이라 故로 書西燕以別之也라

慕容垂는 山東에서 燕나라를 다시 일으키고, 慕容沖은 關中에서 燕이라고 호칭하였다. 그러므로 西燕이라고 써서 구별한 것이다.

2)〔通鑑要解〕幽於別室 : 後秦王萇이 幽秦堅於別室하고 使求傳國璽하니 堅叱之曰 五胡次序에 無汝羌名이라 璽已送晉하니 不可得也라하니라 萇이 遣人殺之하고 欲隱其名하야 諡堅曰 壯烈天王이라하다

後秦王 姚萇이 秦王 苻堅을 別室에 가두고 사람을 보내 傳國璽를 요구하니, 苻堅이 꾸짖기를 "五胡의 次序에 너희 羌人의 이름은 없다. 傳國璽는 이미 晉나라로 보냈으니 줄 수가 없다." 하였다. 姚萇이 사람을 보내어 苻堅을 죽이고 자기 이름을 숨기고자 하여 苻堅의 시호를 壯烈天王이라 하였다.

溫公曰 論者皆以爲秦王堅之亡은 由不殺慕容垂, 姚萇故也라하나 臣獨以爲不然이라 許劭謂魏武帝는 治世之能臣이요 亂世之姦雄이라하니 使堅治國에 無失其道면 則垂, 萇은 皆秦之能臣也니 烏能爲亂哉아 堅之所以亡은 由驟勝而驕故也라 魏文侯問李克吳之所以亡한대 對曰 數戰數勝이니이다 文侯曰 數戰數勝은 國之福也어늘 何故亡고 對曰 數戰則民疲하고 數勝則主驕하니 以驕主御疲民이면 未有不亡者也라하니 秦王堅이 似之矣로다

溫公이 말하였다.

"의론하는 자들은 모두 秦王 苻堅이 멸망한 것은 慕容垂와 姚萇을 죽이지 않았기 때문이라고 말하나 나는 홀로 그렇지 않다고 여긴다. 許劭가 이르기를 '魏나라 武帝(曹操)는 治世의 유능한 신하이고 亂世의 姦雄

이다.'라고 하였다. 만일 苻堅이 나라를 다스림에 바른 도리를 잃지 않았다면 慕容垂와 姚萇은 모두 秦나라의 유능한 신하였을 것이니, 어찌 난을 일으킬 수 있겠는가.

苻堅이 망한 이유는 갑자기 승리하여 교만해졌기 때문이다. 魏나라 文侯가 李克에게 吳나라가 망한 이유를 묻자, 대답하기를 '자주 싸워서 자주 승리하였기 때문입니다.' 하였다. 文侯가 '자주 싸워서 자주 승리함은 국가의 복인데, 무슨 이유로 망하였는가?' 하고 묻자, 대답하기를 '자주 싸우면 백성들이 지치고 자주 승리하면 군주가 교만해지니, 교만한 군주로써 지친 백성을 부리면 망하지 않을 자가 없습니다.' 하였으니, 秦王 苻堅이 이와 같았다."

歷年圖曰 石氏之彊也에 氐, 羌之屬이 無不內徙而爲臣이러니 一朝失馭에 而角立爲患하니 理固然也라 苻洪이 徘徊枋頭하야 有虎踞中原之志라 以健[1]爲不肖나 然猶西取關中[2]하고 并姚襄[3]하고 却桓溫[4]하야 遂彊其國하며 堅以雄才英略으로 加之慈惠忠信하고 擧王猛於布衣하야 任之以政하야 勳舊不能離하고 親戚不敢妬하니 非至明이면 能如是乎아 故로 能呑彊燕, 擧河西하고 兼巴蜀, 包漢沔하고 俘索頭[5], 屠龜茲[6]하야 奄有天下十分之九하니 五胡[7]之盛이 未有如堅者也라 觀其擧百萬之衆하야 以攻晉할새 先爲之除宮築第하야 以待其君臣하니 意以爲羅中之禽을 往無不獲也러니 及一戰而敗에 遂顚沛不振하야 昔之俘囚降虜가 皆起而爲敵이라 數月之間에 寇讐徧於四方하고 戎馬塞於郊甸[8]하야 以至身死人手하고 子孫殄滅은 何哉오 論者皆咎堅寵信羌與鮮卑[9]하고 輕於伐晉이나 彼皆睹其迹而言之요 未達其本也라 要之컨대 堅恃其强大하야 易而無備하니 此其所以敗亡也夫인저

≪歷年圖≫에 말하였다.

"石氏가 강할 때에는 氐族과 羌族의 무리가 안으로 옮겨 와서 신하 노릇하지 않음이 없었는데, 하루아침에 통치 능력을 잃게 되자 맞서서 우환이 되었으니, 이는 이치상 당연한 것이다. 苻洪은 枋頭에 배회하여 범처럼 웅크리고 앉아서 中原을 병탄할 마음을 품었으며, 苻健은 불초하다고 하였으나 오

히려 서쪽으로 關中을 취하고 姚襄을 겸병하며 桓溫을 물리쳐서 마침내 자기 나라를 강하게 하였으며, 苻堅은 영웅의 재주와 지략에 자애로운 은혜와 忠信을 겸하였고 布衣로 있던 王猛을 등용하여 정사를 맡겨서 勳舊의 신하가 이간질하지 못하고 친척들이 감히 질투하지 못하게 하였으니, 지극히 밝은 자가 아니면 이와 같을 수 있겠는가. 그러므로 강한 燕나라를 병탄하고 河西 지방을 차지하고 巴·蜀 지방을 겸병하고 漢·沔 지방을 포괄하며 索頭를 사로잡고 龜玆國을 도륙하여 순식간에 천하의 10분의 9를 차지하였으니, 五胡의 성대함이 苻堅과 같은 경우는 있지 않았다. 苻堅이 백만 명의 군대를 동원하여 晉나라를 공격할 때에 먼저 궁궐을 소제하고 집을 지어서 晉나라의 君臣들을 대비하였으니, 마음속으로 생각하기를 晉나라의 君臣들은 그물 속의 새와 같아서 어디를 가든 잡지 못함이 없을 것이라고 여긴 것인데, 한번 싸워 패하자 마침내 낭패를 당하여 떨치지 못해서 옛날 포로로 잡혔던 죄수와 항복한 오랑캐들이 모두 일어나 적이 되었다. 그리하여 몇 달 사이에 적과 원수가 사방에 두루 널리고 軍馬가 郊甸에 가득 차서 몸이 남의 손에 죽고 자손이 멸망함에 이르렀으니, 이는 어째서인가? 의론하는 자들은 모두 苻堅이 羌族과 鮮卑族을 총애하고 신임하였으며 晉나라를 경솔하게 정벌한 것을 탓한다. 그러나 저들은 모두 그 자취만을 보고 말하는 것이요 그 근본은 알지 못한 것이다. 요컨대 苻堅은 자기 나라가 강성하고 큰 것만 믿고 상대방을 쉽게 여겨 대비가 없었으니, 이것이 어쩌면 패망한 이유일 것이다."

1) 〔頭註〕 健 : 洪之世子라

苻健은 苻洪의 세자이다.

2) 〔附註〕 以健爲不肖 然猶西取關中 : 肖는 似也라 洪病甚하야 謂健曰 吾所以未入關者는 以爲中州可定이러니 今不幸爲豎子所困이라 中州는 非汝所能辦이니 我死어든 汝急入關하라하고 言終而卒하다 豎子所困은 謂趙將麻秋 爲洪所獲하야 以爲將軍이러니 秋因宴鴆洪하니라

肖는 같음이다. 苻洪이 병이 심해지자, 아들인 苻健에게 이르기를 "내가 關中에 들어가지 않은 까닭은 中州(東晉)를 평정할 수 있다고 여겨서였는데, 지금 불행히도 豎子에게 곤욕을 당했다. 中州는 네가 차지할 수 있는 바가 아니니, 내가

죽거든 너는 급히 關中으로 들어가라." 하고는 말을 마치자 죽었다. 豎子에게 곤욕을 당했다는 것은 趙나라 장수 麻秋가 苻洪에게 사로잡히자 그를 장군으로 삼았는데, 麻秋가 연회를 틈타 苻洪에게 짐독을 먹인 일을 이른 것이다.

3)〔頭註〕幷姚襄 : 姚襄은 弋仲第五子니 見二十八卷丙辰年의 奔平陽注라
 姚襄은 姚弋仲의 다섯째 아들이니, 28권 丙辰年條(356)의 奔平陽 注에 보인다.

4)〔頭註〕却桓溫 : 見二十八卷甲寅年이라
 桓溫을 물리친 일은 28권 甲寅年條(354)에 보인다.

5)〔頭註〕俘索頭 : 索頭는 鮮卑別部也니 姓拓跋氏라 其俗이 以索辮髮이라 因號索頭라
 索頭는 鮮卑族 중의 한 부족이니, 姓은 拓跋氏이다. 풍속에 변발을 하였기 때문에 인하여 索頭라 호칭한 것이다.

6)〔原註〕屠龜茲 : 龜는 音丘요 茲는 音慈라〔頭註〕龜茲는 西域國名이라
 〔原註〕龜는 음이 구이고, 茲는 음이 자이다.〔頭註〕龜茲는 西域의 나라 이름이다.

7)〔頭註〕五胡 : 見二十六卷이라
 五胡는 26권에 보인다.

8)〔頭註〕郊甸 : 甸은 自邦國以及四郊之內라
 甸은 나라 안으로부터 사방 郊外의 이내까지이다.

9)〔頭註〕羌與鮮卑 : 謂姚萇, 慕容垂라
 羌族과 鮮卑族은 姚萇과 慕容垂를 이른다.

太保安이 **薨**하니 **以琅邪(琊)王道子**[1]로 **錄尙書事**[2]하다

太保 謝安이 죽으니, 琅琊王 司馬道子를 錄尙書事로 삼았다.

1)〔頭註〕道子 : 簡文帝子라
 司馬道子는 簡文帝(司馬昱)의 아들이다.

2)〔頭註〕錄尙書事 : 錄은 總也라
 錄은 총괄하는 것이다.

○ **長樂公丕 在鄴**이라가 **將西赴長安**이러니 **入至晉陽**하야 **始知長安不守**하야 **堅**

已死하고 **乃發喪**하고 **卽皇帝位**하다

長樂公 苻丕가 鄴城에 있다가 서쪽으로 향하여 長安으로 달려가려 하였는데, 晉陽에 들어와서 비로소 長安을 지켜내지 못하여 苻堅이 이미 죽은 것을 알고는 마침내 喪을 발표하고 황제에 즉위하였다.

○ **十二月**에 **燕王垂 始定都中山**하고 **卽皇帝位**하다

12월에 燕王 慕容垂가 비로소 中山에 도읍을 정하고 황제에 즉위하였다.

○ **呂光**[1]이 **自稱涼州刺史**하다

呂光이 涼州刺史라고 자칭하였다.

1) 〔頭註〕 呂光 : 秦尙書呂婆樓之子也라 略陽氐人이니 是爲後涼이라
呂光은 秦나라 尙書 呂婆樓의 아들이다. 略陽의 氐人이니, 이가 바로 後涼이다.

○ **乞伏國仁**이 **自稱秦, 河二州牧**하다

西秦의 乞伏國仁이 秦州와 河州 두 州의 牧을 자칭하였다.

【丙戌】 十一年이라 〈**秦王苻登太初元**이요 **燕建興元**이요 **後秦建初元**이요 **西燕主慕容永中興元年**이라 ○ **魏太祖道武帝拓跋珪登國元年**이요 **涼王呂光太安元年**이라 ○ **舊大國四**요 **小國一**이요 **新大國一**이요 **小國一**이니 **凡七僭國**[1]이라〉

太元 11년(병술 386) - 秦王 苻登의 太初 元年이고, 燕나라(後燕) 建興 元年이고, 後秦 建初 元年이고, 西燕主 慕容永의 中興 元年이다. ○ 魏나라 太祖 道武帝 拓跋珪의 登國 元年이고, 涼王(後涼) 呂光의 太安 元年이다. ○ 예전에 있던 大國이 넷이고 小國이 하나이며, 새로운 大國이 하나이고 小國이 하나이니, 僭國이 모두 일곱이다. -

1) 〔譯註〕 舊大國四……凡七僭國 : 예전에 있던 大國 넷은 苻登의 前秦, 慕容垂의 後燕, 姚萇의 後秦, 慕容永의 西燕이고 小國 하나는 乞伏國仁의 西秦이며, 새로

운 大國 하나는 拓跋珪의 北魏이고 小國 하나는 呂光의 後涼이다.

正月에 **拓跋珪**[1] **大會於牛川**하고 **卽代王位**하다

正月에 拓跋珪가 牛川에서 군대를 크게 모으고, 代王에 즉위하였다.

1)〔頭註〕拓跋珪 : 見上丙子年이라 拓跋은 複姓이니 立爲代王이라
拓跋珪는 앞의 丙子年條(376)에 보인다. 拓跋은 複姓이니 즉위하여 代王이 되었다.

○ **西燕左將軍韓延**이 **殺燕主沖**[1]하고 **立沖將段隨**하야 **爲燕主**러니 **慕容永**[2]이 **襲段隨破之**하고 **帥鮮卑男女**하야 **去長安而東**하니 **衆**이 **推永爲河東主**라 **於是**에 **長安**이 **空虛**하다

西燕의 左將軍 韓延이 燕主 慕容沖을 죽이고 慕容沖의 장수 段隨를 세워 燕主로 삼았는데, 慕容永이 段隨를 습격하여 격파하고 鮮卑族의 남녀 백성들을 거느리고 長安을 떠나 동쪽으로 가니, 무리들이 慕容永을 추대하여 河東主로 삼았다. 이에 長安이 텅 비게 되었다.

1)〔頭註〕殺燕主沖 : 慕容沖은 見上甲申年이라
慕容沖은 앞의 甲申年條(384)에 보인다.

2)〔頭註〕慕容永 : 廆弟之子라
慕容永은 慕容廆의 아우의 아들이다.

○ **四月**에 **後秦王萇**이 **自安定**으로 **入長安**하야 **卽皇帝位**하고 **國號**를 **大秦**이라하고 **立子興**하야 **爲皇太子**하다

4월에 後秦王 姚萇이 安定으로부터 長安에 들어가 황제에 즉위하고 국호를 大秦이라 하고 아들 姚興을 세워 황태자로 삼았다.

○ **九月**에 **西燕慕容永**이 **擊秦主丕於鄴**하야 **殺之**하고 **永**이 **遂進據長子**하야 **卽皇帝位**하다

9월에 西燕의 慕容永이 秦主 苻丕를 鄴城에서 공격하여 죽이고, 慕容永이 마침내 진격하여 長子縣을 점령하고 황제에 즉위하였다.

○ 十一月에 秦南安王登[1)]이 發喪行服하고 乃爲壇於隴東하고 卽皇帝位하다

11월에 秦의 南安王 苻登이 喪을 발표하고 服을 입고는 마침내 隴東에서 壇을 만들고 황제에 즉위하였다.

1)〔原註〕南安王登 : 丕之子라
南安王 苻登은 苻丕의 아들이다.

【丁亥】 十二年이라 〈秦太初二요 燕建興二요 後秦建初二요 魏登國二年이라〉

太元 12년(정해 387) - 秦나라 太初 2년이고, 燕나라 建興 2년이고, 後秦 建初 2년이고, 魏나라 登國 2년이다. -

拓跋珪 改稱魏王하다

拓跋珪가 魏王이라고 개칭하였다.

【戊子】 十三年이라 〈秦太初三이요 燕建興三이요 後秦建初三이요 魏登國三年이라 ○ 西秦王乞伏乾歸太初元年이라〉

太元 13년(무자 388) - 秦나라 太初 3년이고, 燕나라 建興 3년이고, 後秦 建初 3년이고, 魏나라 登國 3년이다. ○ 西秦王 乞伏乾歸의 太初 元年이다. -

呂光이 卽三河王位하다

呂光이 三河王에 즉위하였다.

【己丑】 十四年이라 〈秦太初四요 燕建興四요 後秦建初四요 魏登國四年이라 ○ 涼麟嘉元年이라〉

太元 14년(기축 389) - 秦나라 太初 4년이고, 燕나라 建興 4년이고, 後秦 建初 4년이고, 魏나라 登國 4년이다. ○ 凉나라(後凉) 麟嘉 元年이다. -

初에 帝旣親政事에 威權이 己出하야 有人主之量이러니 旣而오 溺於酒色하야 委事於琅琊王道子라 道子亦嗜酒하야 日夕에 與帝酣[1]歌爲事하고 又崇尙浮屠[2]하야 窮奢極(貴)〔費〕하니 左右近習이 爭弄權柄하야 交通請托하야 賄賂[3] 公行하며 官賞이 濫雜하고 刑獄이 謬亂[4]이러라

처음에 황제가 이미 친히 정사를 행하자, 위엄과 권력이 자신에게서 나와 人君의 도량이 있었는데, 이윽고 酒色에 빠져 琅琊王 司馬道子에게 정사를 맡겼다. 司馬道子 또한 술을 좋아하여 밤낮으로 황제와 술 마시고 노래하는 것을 일삼고 또 불교를 숭상해서 극도로 사치하고 낭비하니, 좌우에서 가까이 모시는 자들이 다투어 권력을 농간하여 연줄을 대어 사사로운 일을 청탁해서 뇌물이 공공연히 오가고 관작과 賞이 남발되고 혼잡하였으며 형벌과 옥사가 잘못되고 혼란해졌다.

1)〔頭註〕酣 : 酒樂이라

酣은 술을 즐기는 것이다.

2)〔附註〕浮屠 : 三十二卷丙寅年注에 梵言浮屠는 華言聚相이라하니 通作浮圖라 釋典云 僧曰浮屠요 塔亦曰浮屠라하니 正號佛佗니 與浮屠로 聲相近이라 華言正覺이니 今略稱佛이라

≪通鑑節要≫ 32권 丙寅年(546) 注에 "梵語의 浮屠는 중국말의 聚相이다." 하였으니, 일반적으로 浮圖로 쓴다. 釋典에 이르기를 "승려를 浮屠라 하고, 塔을 또한 浮屠라 한다. 정식 명칭은 佛佗이니 浮屠와 음이 서로 비슷하다. 중국말로는 正覺이니, 지금은 佛이라고 약칭한다." 하였다.

3)〔頭註〕賄賂 : 賄는 財也요 又贈送也며 賂는 以財與人也라〔通鑑要解〕賄는 音灰라 金玉曰貨요 布帛曰賄라

〔頭註〕賄는 財貨이고 또 財貨를 보내는 것이며, 賂는 재화를 사람에게 주는 것이다.〔通鑑要解〕賄는 音이 회이다. 金玉을 貨라 하고 布帛을 賄라 한다.

4)〔通鑑要解〕刑獄謬亂 : 帝乃昏暗하고 道子亂政이라 左將軍許營上疏어늘 不省하

니라

武帝가 昏暗하고 司馬道子가 정사를 어지럽히므로 左將軍 許營이 상소하였으나 살펴보지 않았다.

【壬辰】 十七年이라 〈秦太初七이요 燕建興七이요 後秦建初七이요 魏登國七年이라〉

太元 17년(임진 392) - 秦나라 太初 7년이고, 燕나라 建興 7년이고, 後秦建初 7년이고, 魏나라 登國 7년이다. -

南郡公桓玄[1)]이 負其才地[2)]하고 以雄豪[3)]自處한대 朝廷이 疑而不用이라 年二十三에 始拜太子洗馬하고 後에 出補義興太守하니 鬱鬱不得志[4)]하야 歎曰 父爲九州伯이어늘 兒爲五湖[5)]長[6)]고하고 遂棄官歸하다

南郡公 桓玄이 자신의 재주와 門閥을 믿고 영웅호걸로 자처하자, 조정에서 의심하고 등용하지 않았다. 나이 23세에 비로소 太子洗馬에 제수되고 뒤에 나가 義興太守에 보임되니, 답답하여 뜻을 얻지 못해서 탄식하기를 "아버지는 九州의 伯이 되었는데, 자식은 五湖의 長이 된단 말인가." 하고는 마침내 벼슬을 버리고 南郡으로 돌아왔다.

1) 〔頭註〕 桓玄 : 溫之少子니 見上癸酉年이라
桓玄은 桓溫의 작은아들이니, 앞의 癸酉年條(373)에 보인다.

2) 〔頭註〕 才地 : 地는 謂地位門地라
地는 지위와 門地(門閥)를 이른다.

3) 〔頭註〕 雄豪 : 雄은 武稱이요 豪는 弛也라 又獸之將群者爲雄이요 智過百人謂豪라
雄은 용맹하다는 명성이고, 豪는 방종함이다. 또 짐승 중에 무리를 거느리는 것을 雄이라 하고, 지혜가 백 사람을 능가하는 것을 豪라 한다.

4) 〔通鑑要解〕 鬱鬱不得志 : 玄爲洗馬時에 琅琊王道子 値其酣醉하야 張目謂客曰 桓溫晩塗欲作賊은 云何오하니 玄伏地流汗하야 不能起라 由是로 不自安而切齒於道子云云이라
桓玄이 太子洗馬였을 때에 琅琊王 司馬道子가 마침 술에 취하여 술김에 눈을

부릅뜨고 객에게 이르기를 "桓溫이 말년에 모반하고자 한 것은 어째서인가?" 하니, 桓玄이 땅에 엎드려 진땀을 흘리고 일어나지 못하였다. 桓玄이 이 때문에 스스로 편안하지 못하여 司馬道子에 대해 이를 갈며 원망하였다.

5)〔頭註〕五湖：滆湖, 洮湖, 射湖, 貴湖, 及太湖爲五湖라 湖之小支 俱連太湖故로 太湖兼得五湖之名이라

滆湖・洮湖・射湖・貴湖・太湖를 五湖라 한다. 五湖의 작은 支流가 모두 太湖와 연결되어 있기 때문에 太湖가 五湖의 명칭을 겸하여 얻은 것이다.

6)〔譯註〕父爲九州伯 兒爲五湖長：義興이 太湖 부근에 있었기 때문에 桓玄이 이렇게 말한 것이다.

【癸巳】十八年이라 〈**秦太初八**이요 **燕建興八**이요 **後秦建初八**이요 **魏登國八年**이라〉

太元 18년(계사 393) - 秦나라 太初 8년이고, 燕나라 建興 8년이고, 後秦 建初 8년이고, 魏나라 登國 8년이다. -

十二月에 **後秦主萇**이 **卒**하고 **太子興**이 **卽位**하다

12월에 後秦主 姚萇이 죽고, 太子 姚興이 즉위하였다.

【甲午】十九年이라 〈**秦主苻崇延初元**이요 **燕建興九**요 **後秦主姚興皇初元**이요 **魏登國九年**이라 ○ **是歲**에 **秦及西燕亡**하니 **大三, 小二**니 **凡五僭國**[1)]이라〉

太元 19년(갑오 394) - 秦主 苻崇의 延初 元年이고, 燕나라 建興 9년이고, 後秦主 姚興의 皇初 元年이고, 魏나라 登國 9년이다. ○ 이해에 秦나라와 西燕이 멸망하였다. 大國이 셋이고 小國이 둘이니, 僭國이 모두 다섯이다. -

1)〔譯註〕大三小二 凡五僭國：大國 셋은 慕容垂의 後燕, 姚萇의 後秦, 拓跋珪의 北魏이고, 小國 둘은 乞伏乾歸의 西秦과 呂光의 後涼이다.

秦主登이 **聞後秦主萇卒**하고 **盡衆而東**[1)]이어늘 **後秦主興**이 **自安定**으로 **如涇陽**하야 **與登**으로 **戰于山南**하야 **執登殺之**하니 **秦太子崇**이 **奔湟中**하야 **卽皇帝位**하다

秦主 苻登이 後秦主 姚萇이 죽었다는 소식을 듣고 모든 군대를 끌고 동쪽으로 오자, 後秦主 姚興이 安定으로부터 涇陽에 가서 苻登과 山南에서 싸워서 苻登을 잡아 죽이니, 秦나라 太子 苻崇이 湟中으로 달아나 황제에 즉위하였다.

1) 〔通鑑要解〕 盡衆而東 : 秦主登이 聞後秦主萇死하고 喜曰 姚興少兒는 吾折杖笞之耳라하고 乃留安成王廣守雍하고 太子崇守胡空堡하고 盡衆而東하다
 秦主 苻登이 後秦主 姚萇이 죽었다는 소식을 듣고 기뻐하며 말하기를 "姚興과 같은 어린 아이는 내가 나뭇가지를 꺾어 매질할 수 있다." 하고는 마침내 安成王 苻廣을 남겨 두어 雍城을 지키게 하고 太子 苻崇은 胡空堡를 지키게 하고, 모든 군대를 끌고 동쪽으로 갔다.

○ **十月**에 **崇**이 **爲梁王乾歸[1)]所殺**하니 **乾歸 於是**에 **盡有隴西之地**하고 **自稱西秦王**하다

10월에 苻崇이 梁王 乞伏乾歸에게 살해당하니, 乞伏乾歸가 이에 隴西 지역을 다 소유하고 西秦王이라 자칭하였다.

1) 〔頭註〕 梁王乾歸 : 乞伏國仁之弟也니 國仁卒에 乾歸嗣하야 爲河南王이라 登爲後秦所敗하니 遣子崇於乾歸爲質하야 請救하니라
 梁王 乞伏乾歸는 乞伏國仁의 아우이니, 乞伏國仁이 죽은 뒤에 乞伏乾歸가 왕위를 이어 河南王이 되었다. 苻登이 後秦에게 패배하니, 아들 苻崇을 乞伏乾歸에게 보내어 인질로 삼고 구원해 주기를 청하였다.

○ **燕主垂 攻西燕**하야 **執西燕主永**하야 **斬之**하다

燕主 慕容垂가 西燕을 공격해서 西燕主 慕容永을 잡아 목을 베었다.

【乙未】 二十年이라 〈**燕建興十年**이요 **秦皇初二**요 **魏登國十年**이라〉

太元 20년(을미 395) - 燕나라 建興 10년이고, 秦나라(後秦) 皇初 2년이고, 魏나라 登國 10년이다. -

魏王珪 叛燕하야 **侵逼附塞**(새)**諸部**어늘 **五月**에 **燕主垂 遣太子寶**와 **遼西王農**과 **趙王麟**[1)]하야 **帥衆八萬**하야 **伐魏**한대 **珪縱兵擊之**하니 **燕兵死者 以萬數**라 **太子寶等**이 **皆單騎**로 **僅免**하다

魏王 拓跋珪가 燕나라를 배반하고서 변방에 가까운 여러 部를 침략하고 핍박하였다. 5월에 燕主 慕容垂가 太子 慕容寶, 遼西王 慕容農, 趙王 慕容麟을 보내어 군사 8만 명을 거느리고서 魏나라를 치게 하였는데, 拓跋珪가 군대를 풀어 공격하니 燕나라 병사 중에 죽은 자가 만으로 헤아려졌다. 太子 慕容寶 등이 모두 單騎로 빠져나와 겨우 죽음을 면하였다.

1)〔頭註〕遼西王農趙王麟：農, 麟은 皆寶之弟라
慕容農과 慕容麟은 모두 慕容寶의 아우이다.

【丙申】 二十一年이라 〈**燕主慕容寶永康元**이요 **秦皇初三**이요 **魏皇始元年**이요 涼**龍飛元年**이라〉

太元 21년(병신 396) - 燕主 慕容寶의 永康 元年이고, 秦나라 皇初 3년이고, 魏나라 皇始 元年이고, 涼나라 龍飛 元年이다. -

四月에 **燕主垂卒**[1)]하고 **太子寶卽位**하다

4월에 燕主 慕容垂가 죽고 太子 慕容寶가 즉위하였다.

1)〔通鑑要解〕燕主垂卒：垂憤太子寶 敗於魏而還하야 引兵하고 出魏不意하야 襲平城[*)]破之하다 過燕軍大敗處할새 軍士慟哭하야 聲振山谷하니 垂慙憤嘔血死云云이라
燕主 慕容垂는 太子 慕容寶가 魏나라에게 패배하고 돌아온 것을 분하게 여겨 군대를 이끌고 불시에 魏나라로 출병하여 平城을 습격하여 격파하였다. 燕나라 군대가 크게 패배한 곳(參合坡)을 지날 때에 군사들이 통곡하여 그 소리가 산골짝에 진동하니, 慕容垂가 부끄러워하고 분하게 여겨 피를 토하고 죽었다.
*) 平城：당시 魏나라의 도성이었다.

○ 六月에 三河王呂光이 卽天王位하야 國號를 大涼이라하고 以世子紹로 爲太子하다

6월에 三河王 呂光이 天王에 즉위하여 국호를 大涼이라 하고, 世子 呂紹를 太子로 삼았다.

○ 魏群臣이 勸魏王珪하야 稱尊號어늘 珪始建天子旌旗하고 出警入蹕[1)]하며 改元皇始하다

魏나라의 신하들이 魏王 拓跋珪에게 권하여 尊號를 칭하게 하자, 拓跋珪가 처음으로 天子의 旌旗를 세우고 나갈 때 경계하고 들어올 때 辟除하며 皇始라고 改元하였다.

1) 〔頭註〕 出警入蹕 : 天子出則稱警하니 示戒肅也요 入則言蹕하니 所以止行人淸道也라 又示出入皆有蹕하니 互文[*)]耳라
天子가 나갈 때에는 警이라 칭하니 경계하고 엄숙함을 보이는 것이요, 들어올 때에는 蹕이라 칭하니 行人들을 막고 길을 치움을 보이는 것이다. 나갈 때 경계하고 들어올 때 辟除함은 또 天子가 나가고 들어올 때에 모두 벽제함을 보인 것이니, 出警入蹕은 互文이다.

*) 互文 : 같은 글을 두 번 쓰지 않고 생략하여 한 가지만 기록하는 것으로 나갈 때에도 警·蹕을 하고 들어올 때에도 警·蹕을 하는데, 각각 나누어 한 가지만 써서 出警入蹕이라 한 것을 이른다.

○ 九月에 帝崩[1)]하다

9월에 황제(司馬曜)가 승하하였다.

1) 〔通鑑要解〕 帝崩 : 帝醉하야 寢할새 貴人이 使婢以被蒙面而弑之하고 賂左右하야 曰因魘暴崩이라하다
孝武帝가 술에 취하여 잘 적에 貴人이 계집종을 시켜 황제의 얼굴을 덮어씌워 질식시켜 시해하고는 左右를 뇌물로 매수하고 이르기를 "가위에 눌려 갑자기 崩하였다."고 하였다.

○ 魏王珪 潛自晉陽으로 開韓信故道[1)]하고 自井陘(형)으로 趨中山하니 自常山以東으로 守宰或走或降하야 諸郡縣이 皆附於魏호되 惟中山, 鄴, 信都三城이 爲燕守하다

魏王 拓跋珪가 몰래 晉陽으로부터 韓信의 옛길을 열고 井陘으로부터 中山으로 달려가니, 常山 이동 지방의 수령들이 혹은 달아나고 혹은 항복하여 모든 郡縣들이 魏나라에 붙었으나 오직 中山과 鄴城과 信都 세 성만이 燕나라를 위하여 지켰다.

1)〔頭註〕故道 : 韓信擊趙故道라
옛길은 韓信이 趙나라를 공격했던 옛길이다.

〔史略 史評〕史斷曰 武帝卽位에 而能委任謝安, 謝玄等이라 故로 新亭數語 足折桓溫之氣[1)]하고 淝水一戰에 大敗苻秦之師라 是以로 上下輯睦하야 晉室이 似有生意矣라 然이나 帝方溺於酒, 荒于色하야 奏凱方旋에 驕氣掬面하고 曾不閱時에 遽用讒言하야 疎退賢輔[2)]하야 遂使王綱不振하고 恩威不立이라 道子荒于朝政하고 國寶彙以小人하니 拜授之榮이 初非天旨요 鬻刑之貨 旁午權門하야 毒賦年滋하고 愁民歲廣이라 內殿嚴邃에 雜處浮屠하고 請修孔廟에 疏入不報하고 晩年에 長星告變호되 猶不警悟[3)]하고 房幃烈禍 起自戲言[4)]하니 晉祚至此에 蓋已亡而未滅耳니라

史斷에 말하였다.

"武帝는 즉위하자 謝安과 謝玄 등에게 위임하였다. 그러므로 新亭의 몇 마디 말로 桓溫의 기운을 충분히 꺾었고, 淝水의 전투에서 苻秦의 군대를 크게 무찌를 수 있었다. 이 때문에 上下가 화목하여 晉나라 황실이 생기가 도는 듯 하였다. 그러나 武帝가 한창 술에 빠지고 여색에 빠져 凱旋歌를 부르며 돌아온 뒤에 교만한 기색이 얼굴에 가득하였으며, 채 한 철이 지나기도 전에 갑자기 참소하는 말을 따라 어진 보필을 멀리 물리쳐서 제왕의 기강이 떨쳐지지 못하고 은혜와 위엄이 바로 서지 못하였다. 그리하여 司馬道子가 조정의 정사를 게을리 하고 王國寶가 소인들을 모으니, 관직을 제수하는 영화가

애당초 天子의 뜻이 아니었고 형벌을 면제해 주는 대가로 받은 財貨가 權門勢家에 몰려들어서 가혹한 세금이 해마다 늘어나고 근심하는 백성들이 해마다 많아졌다. 그윽하고 깊숙한 內殿에 승려들이 뒤섞여 거처하였고 孔子의 사당을 수리하자고 청하였으나 답하지 않았다. 晩年에 長星이 변고를 알렸음에도 경계하여 깨닫지 못하였고 房幃의 독한 화가 희롱하는 말로부터 비롯되었으니, 晉나라의 國運은 여기에 이르러 이미 망하였으나 아직 사라지지만 않았을 뿐이다."

1) 〔譯註〕 新亭數語 足折桓溫之氣 : 桓溫이 장차 晉나라 황실을 차지하고자 하여 新亭에 이르러 호위병을 크게 진열하고 謝安과 王坦之를 불러 그 자리에서 살해하고자 하였다. 謝安이 이때 桓溫을 만나 보고 이르기를 "내가 들으니 '諸侯가 道가 있으면 지키는 것이 사방의 이웃 나라에 있다.'고 하였는데, 明公은 어찌 군이 장벽 뒤에 사람을 숨겨 두어 지키게 한단 말인가?" 하였는 바, 이 내용은 앞의 寧康 元年(373) 2月條에 자세히 보인다.

2) 〔譯註〕 疎退賢輔 : 王國寶는 王坦之의 아들이었는데, 謝安이 그 사람됨을 미워하여 매양 억제하고 등용하지 않으니, 謝安을 원망하였다. 이에 王國寶가 會稽王 司馬道子에게 謝安을 참소하여 황제에게 이간질하니, 황제가 점점 謝安을 멀리하였다.

3) 〔譯註〕 長星告變 猶不警悟 : 長星은 彗星의 일종으로 兵亂 등 재앙을 예고한다고 알려졌다. 이때 長星이 나타나자, 황제는 이를 싫어하여 華林園에서 술잔을 들고 축수하기를 "長星이 나에게 한 잔 술을 권하니, 예로부터 어찌 萬年 天子가 있겠는가." 하였다.

4) 〔譯註〕 房幃烈禍 起自戲言 : 房幃는 휘장을 친 宮中을 이른다. 張貴人은 나이가 서른이었는데, 後宮 중에 총애가 으뜸이었다. 황제가 취중에 희롱하여 말하기를 "너는 나이로 보면 마땅히 폐출해야 한다." 하니, 張貴人이 이를 원망하여 계집종을 시켜 황제가 술에 취했을 때에 황제의 얼굴을 덮어씌워 시해하였다.

晉 紀

安皇帝[1] 名은 德宗이니 武帝太子라 在位二十二年이요 壽三十七이라

安皇帝는 이름이 德宗이니 武帝의 태자이다. 재위가 22년이고 壽가 37세이다.

1)〔頭註〕安皇帝：寬容和平曰安이라
　너그럽고 포용하여 화평한 것을 安이라 한다.

【丁酉】隆安元年이라 〈燕永康二요 秦皇初四요 魏皇始(三)〔二〕年이라 ○ 南涼王禿髮烏孤太初元年이요 北涼王段業神璽元年이라 ○ 舊大國三이요 西秦, 涼 小國二요 新小國二니 凡七僭國[1]이라〉

隆安 元年(정유 397) - 燕나라 永康 2년이고, 秦나라 皇初 4년이고, 魏나라 皇始 2년이다. ○ 南涼王 禿髮烏孤의 太初 元年이고, 北涼王 段業의 神璽 元年이다. ○ 예전에 있던 大國이 셋이고 西秦과 涼 등 小國이 둘이고, 새로운 小國이 둘이니, 僭國이 모두 일곱이다. -

1)〔譯註〕舊大國三……凡七僭國：예전에 있던 大國 셋은 慕容寶의 後燕, 姚興의 後秦, 拓跋珪의 北魏이고, 小國 둘은 乞伏乾歸의 西秦과 呂光의 後涼이며, 새로운 小國 둘은 禿髮烏孤의 南涼과 段業의 北涼이다.

魏王珪 自將圍中山하니 中山이 飢甚이라 慕容麟이 帥二萬餘人하고 出據新市어늘 甲子晦에 魏王珪進軍攻之할새 太史令鼂崇曰 不吉하니이다 昔에 紂以甲子

亡하니 謂之疾日[1)]이라 兵家忌之하니이다 珪曰 紂는 以甲子亡이어니와 武王은 不以甲子興乎아 崇無以對러라 十月甲戌에 珪與麟으로 戰於義臺하야 大破之하니 麟遂奔鄴하다 甲申에 魏克中山[2)]하다 麟至鄴하야 復稱趙王[3)]하다

魏王 拓跋珪가 스스로 군대를 거느리고 中山을 포위하니, 中山이 饑饉이 몹시 심하였다. 慕容麟이 2만여 명을 거느리고 나와 新市를 점거하자, 甲子日(9월 29일) 그믐에 魏王 拓跋珪가 진군하여 공격하려 하였는데, 이때 太史令 鼂崇이 말하기를 "불길합니다. 옛날에 紂王이 甲子日에 망하였으니, 이 날을 疾日이라 이르는 바, 兵家에서 이를 꺼립니다." 하였다. 拓跋珪가 말하기를 "紂王은 갑자일에 망하였으나 武王은 갑자일에 흥하지 않았는가?" 하니, 鼂崇이 대답하지 못하였다.

10월 甲戌日(10일)에 拓跋珪가 慕容麟과 義臺에서 싸워 크게 격파하니, 慕容麟이 마침내 鄴城으로 도망하였다. 甲申日(20일)에 魏나라가 中山을 이겼다. 慕容麟은 鄴城에 이르러 다시 趙王이라 칭하였다.

1)〔頭註〕疾日：左傳昭九年 辰在子卯謂之疾日注에 疾은 惡也니 紂以甲子喪하고 桀以乙卯亡이라 故로 以爲忌라

≪春秋左傳≫ 昭公 9年條의 '辰在子卯 謂之疾日(일진이 甲子와 乙卯에 있는 것을 疾日이라 한다)' 注에 "疾은 불길한 것이니, 紂王은 甲子日에 망하였고 桀王은 乙卯日에 망하였다. 그러므로 꺼리는 것이다." 하였다.

2)〔頭註〕魏克中山：是年三月에 魏王珪 圍中山한대 燕王寶走出이어늘 慕容詳이 城守拒魏하고 自謂能却魏兵하야 兵威已振이라하야 遂卽帝位러니 麟襲殺詳而自立이라 至是하야 珪克中山이라

이해 3월에 魏王 拓跋珪가 中山을 포위하자 燕王 慕容寶가 달아나니 慕容詳이 城을 수비하여 魏나라를 막고서, 스스로 魏나라 군대를 물리쳐 군대의 위엄이 이미 떨쳐졌다고 생각하여 마침내 황제에 즉위하였다. 慕容麟이 慕容詳을 습격하여 죽이고 스스로 즉위하였는데, 이때에 이르러 拓跋珪가 中山을 이겼다.

3)〔譯註〕復稱趙王：慕容麟은 반란을 일으켜 稱帝하기 전에 趙王이었는데, 이제 패전하여 달아나면서 자신을 낮추어 다시 趙王이라 칭한 것이다.

【戊戌】 二年이라 〈燕主慕容盛建平元이요 秦皇初五요 魏天興元年이라 ○ 南燕王慕容德元年이라 ○ 舊大國三이요 西秦, 涼, 南涼, 北涼小國四요 新小國一이니 凡八僭國[1]이라〉

隆安 2년(무술 398) - 燕主 慕容盛의 建平 元年이고, 秦나라 皇初 5년이고, 魏나라 天興 元年이다. ○ 南燕王 慕容德의 元年이다. ○ 예전에 있던 大國이 셋이고, 西秦・涼(後涼)・南涼・北涼 등 小國이 넷이며, 새로운 小國이 하나이니, 僭國이 모두 여덟이다. -

1) 〔譯註〕 舊大國三……凡八僭國 : 예전에 있던 大國 셋은 慕容盛의 後燕, 姚興의 後秦, 拓跋珪의 北魏이고, 小國 넷은 乞伏乾歸의 西秦, 呂光의 後涼, 禿髮烏孤의 南涼, 段業의 北涼이며, 새로운 小國 하나는 慕容德의 南燕이다.

正月에 慕容麟이 說范陽王德하야 南徙滑臺하니 魏遂取鄴하다 麟이 上尊號於德하니 德이 用兄垂故事하야 稱燕王[1]하다

正月에 慕容麟이 范陽王 慕容德을 설득하여 남쪽으로 도읍을 滑臺에 옮기니, 魏나라가 마침내 鄴城을 취하였다. 慕容麟이 慕容德에게 尊號를 올리니, 慕容德이 형 慕容垂의 故事를 따라 燕王이라 칭하였다.

1) 〔原註〕 德……稱燕王 : 燕은 南燕이라 〔釋義〕 慕容德은 字元明이니 皝少子也라 寶敗走에 德稱燕王하고 據廣固하니라
〔原註〕 燕은 南燕이다. 〔釋義〕 慕容德은 字가 元明이니 慕容皝의 작은아들이다. 慕容寶가 패주하자, 慕容德이 燕王을 칭하고 廣固를 점거하였다.

○ 燕王寶卒하니 長樂王盛[1]이 卽皇帝位하다

燕王 慕容寶가 죽으니, 長樂王 慕容盛이 황제에 즉위하였다.

1) 〔頭註〕 長樂王盛 : 後燕也니 寶之子라
長樂王 慕容盛은 後燕이니, 慕容寶의 아들이다.

○ 十一月에 魏王珪卽皇帝位하야 改元天興하고 命朝野하야 皆束髮加帽[1]하다

11월에 魏王 拓跋珪가 황제에 즉위하여 天興으로 개원하고, 朝野에 명해

서 모두 중국식으로 상투를 틀고 모자를 쓰게 하였다.

1)〔通鑑要解〕束髮加帽：帽는 小兒蠻夷蒙頭衣니 晉書輿服志曰 帽는 猶冠也라하니라

帽는 오랑캐 어린아이의 蒙頭衣(蒙頭里)니, ≪晉書≫〈輿服志〉에 이르기를 "帽는 冠과 같다." 하였다.

【己亥】三年이라〈燕長樂元이요 秦弘始元이요 魏天興二年이라 ○ 涼主呂纂咸寧元이요 北涼天璽元年이라〉

隆安 3년(기해 399) - 燕나라 長樂 元年이고, 秦나라 弘始 元年이고, 魏나라 天興 2년이다. ○ 涼主 呂纂의 咸寧 元年이고, 北涼 天璽 元年이다. -

魏王珪置五經博士하고 增國子太學生員하야 合三千人하다

魏王 拓跋珪가 五經博士를 설치하고 國子學과 太學의 生員을 늘려 모두 3천 명이 되게 하였다.

○ 南燕王德이 引師而南하니 北鄙諸郡이 皆降之어늘 遂定都廣固하다

南燕王 慕容德이 군대를 이끌고 남쪽으로 가니, 북쪽 변방의 여러 郡이 모두 항복하였으므로 마침내 廣固에 도읍을 정하였다.

○ 會稽世子[1]元顯이 性苛刻하야 生殺任意하니 孫恩[2]이 因民心騷動하야 自海島로 帥(솔)其黨하야 殺上虞令하고 遂攻會稽하다 於是에 會稽及東陽, 新安凡八郡人이 一時起兵하야 殺長吏以應恩하니 旬日之中에 衆이 數十萬이러라 時에 三吳[3]承平[4]日久하야 民不習戰이라 故로 郡縣兵이 皆望風奔潰라 恩據會稽하야 自稱征東將軍하고 表會稽王道子及世子元顯之罪하야 請誅之하다

會稽王의 世子인 司馬元顯이 성품이 까다롭고 각박하여 사람을 살리고 죽이는 것을 마음대로 하니, 孫恩이 民心이 소요한 틈을 타서 海島로부터 무리

를 거느리고 와서 上虞令을 죽이고 마침내 會稽를 공격하였다. 이에 會稽와 東陽, 新安 등 모두 여덟 郡의 사람들이 일시에 군대를 일으켜서 수령을 죽이고 孫恩에게 호응하니, 열흘 만에 무리가 수십만 명에 이르렀다. 이때 三吳 지방은 태평을 누린 지가 오래되어 백성들이 전투를 익히지 않았으므로 郡縣의 병력이 모두 소문만 듣고도 달아나 궤멸되었다. 孫恩이 會稽를 점거하여 征東將軍이라 자칭하고, 表文을 올려 會稽王 司馬道子와 世子인 司馬元顯의 죄를 열거하여 그들을 죽일 것을 청하였다.

1)〔頭註〕會稽世子：會稽王은 道子이니 卽瑯琊王이라
　會稽王은 司馬道子이니, 곧 瑯琊王이다.

2)〔附註〕孫恩：琅琊人이니 世奉五斗米道라 恩叔父泰 有秘術하야 愚者敬之如神하야 皆竭財産하고 進子女하야 以祈福慶이러니 爲會稽王道子所誅한대 恩逃于海하다 衆聞泰死하고 惑之하야 皆謂蟬蛻登仙이라 故로 就海中資給하니 恩聚合亡命하야 志欲復讐하고 因民心騷動하야 遂叛하니라 後爲臨海太守辛景所討하야 窮蹙赴海自沈하니 妖黨謂之水仙이라하야 投水從死者百數러라 五斗米道는 見二十三卷米賊注하니라
　孫恩은 琅琊 사람이니, 대대로 五斗米道를 믿었다. 孫恩의 叔父인 孫泰가 비밀스런 방술이 있어서, 어리석은 자들이 그를 神처럼 공경하여 모두 재산을 탕진하고 자녀를 바쳐 福을 빌었는데, 會稽王 司馬道子에게 죽임을 당하자 孫恩이 海島로 도망하였다. 사람들이 孫泰가 죽었다는 말을 듣고 의혹하여 모두 이르기를 '환골탈태하여 신선이 되어 올라갔다.' 하였다. 그러므로 사람들이 海島에 나아가 物資를 공급하니, 孫恩이 망명한 자들을 모아서 마음속으로 복수하고자 하여 민심이 騷動한 틈을 타서 마침내 배반하였다. 뒤에 臨海太守 辛景에게 토벌당하여 궁지에 몰리자 바다에 뛰어들어 스스로 빠져 죽었는데, 요망한 무리가 水仙(水國의 神仙)이라 이르며 물속에 투신하여 따라 죽은 자가 백 명으로 헤아려졌다. 五斗米道는 23권 米賊 注에 보인다.

3)〔譯註〕三吳：吳郡, 吳興, 丹陽의 세 고을을 이른다.

4)〔頭註〕承平：承은 一作昇이라
　承은 다른 곳에는 昇으로 되어 있다.

○ 自帝卽位以來로 內外乖異하야 石頭以南은 皆爲荊, 江所據[1]하고 以西는

皆豫州所專[2)]이요 京口及江北은 皆劉牢之[3)]及廣陵相高雅之所制하야 朝政所行은 惟三吳而已러니 及孫恩作亂에 八郡[4)]이 皆爲恩有하야 畿內諸縣에 盜賊이 處處蜂起[5)]하고 恩黨이 亦有潛伏在建康者하니 人情危懼하야 常懼竊發이러라 於是에 內外戒嚴하야 加道子黃鉞하고 元顯領中軍將軍하고 命徐州刺史謝琰하야 兼督吳興義興軍事하야 以討恩하고 劉牢之亦發兵討恩할새 拜表輒行하다 十二月에 謝琰이 與牢之로 轉鬪[6)]而前하니 所向輒克이러라

황제가 즉위한 이래로 조정과 지방 군벌이 서로 괴리되어서 石頭城 이남은 모두 荊州와 江州의 두 刺史에게 점거당하였고 石頭城 이서는 모두 豫州의 전유물이 되었으며, 京口와 江北은 모두 劉牢之와 廣陵相인 高雅之에게 控制당하여 조정의 정사가 행해지는 곳은 오직 三吳 지방뿐이었다. 孫恩이 난리를 일으켜 여덟 郡이 모두 孫恩의 소유가 되자, 畿內의 諸縣에서 도적들이 곳곳마다 봉기하고 孫恩의 도당 중에 또한 建康에 잠복해 있는 자가 있으므로 人情이 위태롭게 여기고 두려워하여 항상 적이 갑자기 일어날까 두려워하였다. 이에 조정에서 안팎으로 엄밀하게 경계하여 司馬道子에게 黃鉞을 가하고 司馬元顯에게 領中軍將軍을 가하였으며 徐州刺史 謝琰에게 명하여 吳興과 義興郡의 軍事를 겸하여 도독해서 孫恩을 토벌하게 하였다. 劉牢之 또한 군대를 일으켜 孫恩을 토벌할 적에 표문을 올리고 즉시 떠났다.

12월에 謝琰이 劉牢之와 轉轉하여 싸우면서 전진하니, 향하는 곳마다 이겼다.

1) 〔頭註〕 爲荊江所據 : 荊은 殷仲堪이요 江은 王愉라
荊州刺史는 殷仲堪이요, 江州刺史는 王愉이다.

2) 〔頭註〕 豫州所專 : 豫는 庾楷라
豫州刺史는 庾楷이다.

3) 〔附註〕 劉牢之 : 彭城人이니 沈毅多計畫이라 爲桓玄參軍하야 領精銳하고 爲前鋒하야 百戰百勝하니 號爲北(部)〔府〕하고 敵人畏之라 復爲龍驤將軍, 領江州而死하니라
劉牢之는 彭城 사람이니, 침착하고 굳세며 계책이 많았다. 桓玄의 參軍이 되어

정예병을 거느리고 선봉이 되어 백전백승하니, 이름하기를 北府兵이라 하고 적들이 두려워하였다. 다시 龍驤將軍・領江州刺史가 되었다가 죽었다.

4)〔頭註〕八郡：謂荊, 江, 豫, 京口, 江北及三吳라

여덟 郡은 荊州, 江州, 豫州, 京口, 江北 및 三吳(吳郡, 吳興, 丹陽)를 이른다.

5)〔釋義〕蜂起：言其衆也라

蜂起는 많음을 말한 것이다.

6)〔頭註〕轉鬪：轉相戰鬪也라

轉鬪는 轉轉하면서 서로 전투하는 것이다.

○ 初에 彭城劉裕[1] 勇健有大志라 僅識文字하고 以賣履爲業하고 好樗(저)蒲[2]하니 爲鄕閭所賤이라 劉牢之擊孫恩할새 引裕參軍事하고 使將數十人하야 覘(첨)賊이러니 遇賊數千人하야 卽迎擊之라가 從者皆死하고 裕墜岸下라 賊이 臨岸欲下어늘 裕奮長刀하야 仰斫殺數人하고 乃得登岸하야 仍大呼逐之하니 賊皆走하고 裕所殺傷이 甚衆이러라 劉敬宣[3]이 怪裕久不返하야 引兵尋之라가 見裕獨驅數千人하고 咸共歎息하야 因進擊賊하야 大破之하고 斬獲千餘人하다

처음에 彭城의 劉裕가 용맹하고 굳세며 큰 뜻이 있었다. 겨우 글자를 알고 짚신을 파는 것을 生業으로 삼으며 樗蒲(쌍륙과 골패 놀이)를 좋아하니, 鄕閭에서 천대를 받았다. 劉牢之가 孫恩을 공격할 적에 劉裕를 임용하여 參軍事로 삼아, 수십 명을 거느리고 가서 적을 엿보게 하였는데 수천 명의 적을 만나 즉시 요격하였다가 수행했던 자는 모두 죽고 劉裕는 언덕 아래로 떨어졌다. 적이 언덕에서 굽어보고 내려오려 하자, 劉裕가 긴 칼을 휘둘러 몇 사람을 올려다보면서 찔러 죽이고 마침내 언덕으로 올라가서 크게 고함치면서 그들을 쫓아가니 적이 모두 도망하였으며, 劉裕에게 살상 당한 자가 매우 많았다. 劉敬宣이 劉裕가 오랫동안 돌아오지 않는 것을 괴이하게 여겨 군대를 이끌고 찾아 나섰다가 劉裕가 홀로 수천 명을 쫓고 있는 것을 보고는 모두 함께 감탄하고 인하여 적진을 향해 진격해서 크게 격파하고 목을 베고 사로잡은 것이 천여 명이었다.

1)〔頭註〕劉裕：宋高祖라
　劉裕는 宋나라 高祖이다.
2)〔通鑑要解〕樗蒲：老子所作이니 令人擲之爲戲라 以五木*)爲之子하니 有梟盧雉犢塞五者하야 爲勝負之策하니 卽今之骰子라 骰는 音頭니 骰子는 博陸彩具라
　老子가 만든 것이니, 사람으로 하여금 이것을 던지게 하여 놀이를 하는 것이다. 五木으로 子를 삼는데, 梟·盧·雉·犢·塞의 다섯 가지가 있어 勝負의 策으로 삼으니 바로 지금의 骰子(주사위)이다. 骰는 音이 두(투)이니, 骰子는 博陸(쌍륙)할 때 사용하는 彩具이다.
*) 五木：놀이 기구로, 나무를 잘라 다섯 개의 패를 만들었다 하여 붙인 이름인데, 후대에는 玉이나 象牙로 만들기도 하였다.
3)〔頭註〕劉敬宣：牢之之子라
　劉敬宣은 劉牢之의 아들이다.

○ 初에 恩聞八郡響應하고 謂其屬曰 天下無復事矣라 當與諸君으로 朝服至建康이리라하더니 旣而오 聞牢之引兵濟江하고 恩驅男女二十餘萬口하야 復逃入海島하다

처음에 孫恩이 여덟 郡이 호응한다는 말을 듣고 부하들에게 이르기를 "천하에 다시는 아무 일도 없을 것이다. 내 그대들과 朝服을 입고 建康에 이르러 帝位에 오르겠다." 하였는데, 얼마 뒤에 劉牢之가 군대를 이끌고 浙江을 건너왔다는 말을 듣고는 孫恩이 남녀 백성 20여만 명을 몰고 다시 海島로 도망하여 들어갔다.

○ 殷仲堪[1]이 恐桓玄跋扈[2]하야 乃與楊佺期[3]로 結婚爲援이어늘 玄이 引兵擊殺之하다 玄이 旣克荊, 雍하고 表求領荊, 江二州하니 朝廷이 不能違러라

殷仲堪은 桓玄이 跋扈할까 염려하여 마침내 楊佺期와 혼인을 맺어 서로 원조하게 하였는데, 桓玄이 군대를 이끌고 가서 殷仲堪과 楊佺期를 공격하여 죽였다. 桓玄이 이미 荊州와 雍州를 점령하고 表文을 올려 荊州와 江州 두 州를 거느릴 것을 청하니, 朝廷에서 어기지 못하였다.

1)〔原註〕殷仲堪：時爲荊州刺史하니라
殷仲堪이 이때 荊州刺史로 있었다.
2)〔頭註〕跋扈：見十九卷丙戌年注라
跋扈는 19권 丙戌年(146) 注에 보인다.
3)〔頭註〕楊佺期：雍州刺史라
楊佺期는 雍州刺史로 있었다.

○ 涼王光이 卒하고 太子紹卽位하니 太原公纂[1]이 殺之하고 而卽天王位하다

涼王 呂光이 죽고 太子 呂紹가 즉위하니, 太原公 呂纂이 그를 죽이고 天王에 즉위하였다.

1)〔原註〕太原公纂：纂이 嗜酒好獵이어늘 隆安五年에 呂超殺之하고 而立呂隆이러니 安帝元興二年에 降于秦하야 涼遂滅하니라〔頭註〕太原公纂은 紹之庶兄이라
〔原註〕呂纂이 술을 좋아하고 사냥을 좋아하자, 隆安 5년(401)에 從弟 呂超가 그를 죽이고 呂隆을 세웠는데, 安帝 元興 2년(403)에 秦나라 姚興에게 항복함으로써 涼나라가 마침내 멸망하였다.〔頭註〕太原公 呂纂은 呂紹의 庶兄이다.

【庚子】四年이라〈燕長樂二요 秦弘始二요 魏天興三年이라 ○ 南燕建平元이요 南涼王禿髮利鹿孤建和元年이요 西涼公李暠庚子元年이라 ○ 是歲에 西秦降秦하니 舊大國三이요 小國四요 新小國一이니 凡八僭國[1]이라〉

隆安 4년(경자 400) - 燕나라 長樂 2년이고, 秦나라 弘始 2년이고, 魏나라 天興 3년이다. ○ 南燕 建平 元年이고, 南涼王 禿髮利鹿孤의 建和 元年이고, 西涼公 李暠의 庚子 元年이다. ○ 이해에 西秦이 秦나라에 항복하였다. 예전에 있던 大國이 셋이고 小國이 넷이고 새로운 小國이 하나이니, 僭國이 모두 여덟이다. -

1)〔譯註〕舊大國三……凡八僭國：예전에 있던 大國 셋은 慕容盛의 後燕, 姚興의 後秦, 拓跋珪의 北魏이고 小國 넷은 呂纂의 後涼, 禿髮利鹿孤의 南涼, 段業의 北涼, 慕容德의 南燕이며, 새로운 小國 하나는 李暠의 西涼이다.

南燕王德이 卽皇帝位于廣固하고 更名備德하다

南燕王 慕容德이 廣固에서 황제에 즉위하고, 이름을 慕容備德으로 고쳤다.

【辛丑】 五年이라 〈燕主慕容熙光始元이요 秦弘始三이요 魏天興四年이라 ○ 涼王呂隆神鼎元이요 北涼王沮渠蒙遜永安元年이라〉

隆安 5년(신축 401) - 燕主 慕容熙의 光始 元年이고, 秦나라 弘始 3년이고, 魏나라 天興 4년이다. ○ 涼王 呂隆의 神鼎 元年이고, 北涼王 沮渠蒙遜의 永安 元年이다. -

正月에 武威王利鹿孤[1] 稱河西王하다 北涼沮渠蒙遜[2]이 殺涼王業[3]하고 自稱涼州牧하다

正月에 武威王 禿髮利鹿孤가 河西王을 칭하였다. 北涼의 沮渠蒙遜이 涼王 段業을 죽이고 스스로 涼州牧이라 칭하였다.

1) 〔原註〕 利鹿孤 : 以元興元年卒하니 弟傉檀立하야 自稱南涼王하니라 〔附註〕 禿髮氏也니 鮮卑別種으로 與拓跋同祖라 晉志에 河西鮮卑人也라 七祖壽闐在孕할새 母因寢而產於被中하니 鮮卑謂被爲禿髮일새 因而氏焉이라 至孫樹機〈能〉하야 據有涼州之地하고 至烏孤嗣位러니 呂光이 署爲冠軍大將軍하다 丁酉年에 自稱西平王이러니 烏孤死에 弟利鹿孤立하니라

〔原註〕 禿髮利鹿孤가 元興 元年(402)에 죽자 아우 禿髮傉檀이 즉위하여 스스로 南涼王이라 칭하였다. 〔附註〕 利鹿孤는 禿髮氏이니 鮮卑族의 別種으로 拓跋氏와 조상이 같다. ≪晉書≫ 〈載記〉에 "禿髮利鹿孤는 河西 鮮卑族 사람이다. 7세조 壽闐이 胎中에 있을 때에 어머니가 잠을 자다가 이불 속에서 그를 낳으니, 鮮卑族은 이불을 禿髮이라 하기 때문에 인하여 姓氏로 삼았다. 손자인 禿髮樹機能에 이르러 涼州 지역을 점령하였고 禿髮烏孤가 뒤를 이었는데, 呂光이 임명하여 冠軍大將軍으로 삼았다. 정유년(397)에 西平王이라 자칭하였는데, 禿髮烏孤가 죽자 아우 禿髮利鹿孤가 즉위했다." 하였다.

2) 〔頭註〕 沮渠蒙遜 : 沮渠는 官名이라 其先世爲匈奴左沮渠일새 蒙遜以官爲氏라

沮渠는 官名이다. 그 선조가 匈奴의 左沮渠였으므로 蒙遜이 관명으로써 姓氏를

삼은 것이다.

3)〔附註〕涼王業：建康太守段業也라 丁酉年叛하야 自稱涼州牧, 建康公하다 蒙遜이 以衆歸之하고 己亥年에 自稱涼王이러니 至是에 蒙遜殺之하니라

涼王 業은 建康太守 段業이다. 정유년(397)에 배반하여 스스로 涼州牧・建康公이라 칭하였다. 沮渠蒙遜이 무리를 이끌고 귀부하였고, 기해년(399)에 스스로 涼王이라 칭하였는데, 이때(401)에 沮渠蒙遜이 그를 죽인 것이다.

○ 燕主盛이 卒하고 熙[1]卽位하다

燕主 慕容盛이 죽고 慕容熙가 즉위하였다.

1)〔頭註〕熙：垂之少子라

慕容熙는 慕容垂의 작은 아들이다.

【壬寅】 元興元年이라 〈燕光始二요 秦弘始四요 魏天興五年이라 ○ 南涼王禿髮傉檀弘昌元年이라〉

元興 元年(임인 402) - 燕나라 光始 2년이고, 秦나라 弘始 4년이고, 魏나라 天興 5년이다. ○ 南涼王 禿髮傉檀의 弘昌 元年이다. -

以尙書令元顯으로 爲驃騎大將軍하야 討桓玄할새 以劉牢之로 爲前鋒하고 譙王尙之로 爲後部하다 玄이 大驚하야 欲完聚保江陵이어늘 長史卞範之曰 明公은 英威振於遠近하고 元顯은 口尙乳臭요 劉牢之는 大失物情하니 若兵臨近畿하야 示以禍福이면 土崩之勢를 可翹(교)足[1]而待하리니 何有延敵入境하야 自取窮蹙者乎잇가 玄이 從之하다 玄至新亭[2]하니 元顯이 引兵欲還宮이어늘 玄이 遣人拔刀하야 隨後大呼曰 放仗[3]하라하니 軍人이 皆崩潰러라 玄이 入京하야 摠百揆[4]하고 斬元顯及東海王彦璋, 譙王尙之等於建康市하니 劉牢之는 北走至新州하야 縊而死하고 道子等도 皆死하다 自隆安[5]以來로 中外之人이 厭於禍亂이라 及玄初至하야 黜奸佞하고 擢儁(俊)賢하니 京師欣然하야 冀得少安이러니 旣而오 玄

이 **奢豪縱逸**하야 **政令**이 **無常**하고 **朋黨**이 **互起**하야 **陵侮朝廷**하고 **裁損乘輿供奉之具**하니 **帝幾不免飢寒**이라 **由是**로 **衆心**이 **失望**이러라

尙書令 司馬元顯을 驃騎大將軍으로 삼아 桓玄을 토벌할 때에 劉牢之를 前鋒都督으로 삼고 譙王 司馬尙之를 後部都督으로 삼았다. 桓玄이 크게 놀라서 성곽을 수리하고 식량을 모아 江陵을 지키고자 하였는데, 長史 卞範之가 말하기를 "明公께서는 용맹과 위엄이 원근에 떨쳐졌는데, 司馬元顯은 입에서 아직 젖내가 나고 劉牢之는 민심을 크게 잃었으니, 만일 우리 군대가 近畿에 가서 禍福의 道理를 보여 준다면 흙이 무너지는 듯한 형세를 발돋움하고 기다릴 수 있을 것입니다. 어찌 적을 맞아들여 경내로 들어오게 해서 스스로 곤궁하고 위축됨을 취한단 말입니까?" 하니, 桓玄이 그의 말을 따랐다.

桓玄이 新亭에 이르니, 司馬元顯이 군대를 이끌고 궁궐로 돌아가고자 하였다. 桓玄이 사람을 보내 칼을 뽑아 들고 뒤를 따라가며 크게 고함치기를 "병장기를 버리라." 하니, 군사들이 모두 와해되었다. 桓玄이 서울로 들어가서 百官을 총령하고 司馬元顯, 東海王 司馬彦璋, 譙王 司馬尙之 등을 建康의 시장에서 목 베니, 劉牢之는 북쪽으로 달아나 新州에 이르러 목을 매어 죽고 司馬道子 등도 모두 죽었다.

隆安 이래로 中外의 사람들이 재앙과 난리를 싫어하였다. 桓玄이 처음에 이르러서 간신들을 물리치고 준걸들을 발탁하니, 京師가 기뻐하여 다소 편안해지기를 바랐는데, 이윽고 桓玄이 사치하고 방종하여 정사와 명령이 일정함이 없고 朋黨이 서로 일어나서 조정을 능멸하고 乘輿(皇帝)에게 供奉하는 물품을 대폭 줄이니, 황제가 거의 飢寒을 면치 못하였다. 이로 말미암아 뭇사람들이 실망하였다.

1)〔頭註〕翹足 : 翹는 企也라

翹는 발돋움하고 바라는 것이다.

2)〔釋義〕新亭 : 在江寧縣南十里하니 俯近江渚라 周顗嘗與群公으로 遊宴于此하니라

新亭은 江寧縣 남쪽 10리 되는 곳에 있으니, 강가 부근이다. 周顗가 일찍이 여

러 공들과 여기에서 놀고 잔치하였다.

3)〔釋義〕隨後大呼曰放仗：放仗은 謂呼令放棄兵仗也라

放仗은 고함을 쳐서 병장기를 버리게 함을 이른다.

4)〔釋義〕摠百揆：書云納于百揆라한대 蔡氏傳曰 揆는 度(탁)也니 百揆는 揆度庶政之官이라 惟唐, 虞有之하니 猶周之冢宰也라

≪書經≫〈舜典〉에 이르기를 "百揆에 앉혔다." 하였는데, 蔡氏의 傳에 이르기를 "揆는 헤아림이니, 百揆는 여러 정사를 헤아리는 관원이다. 오직 唐・虞 시대에만 있었으니, 周나라의 冢宰와 같다." 하였다.

5)〔頭註〕隆安：帝之初年號라

晉나라 安帝의 처음 年號이다.

○ 孫恩이 **赴海死**하니 **衆**이 **推恩妹夫盧循**하야 **爲主**하다

孫恩이 바다에 뛰어들어 죽으니, 무리들이 孫恩의 매부인 盧循을 추대하여 군주로 삼았다.

【癸卯】 二年이라 〈**燕光始三**이요 **秦弘始五**요 **魏天興六年**이라 ○ **是歲**에 **涼亡**하니 **大三**이요 **小四**니 **凡七僭國**[1]이라〉

元興 2년(계묘 403) - 燕나라 光始 3년이고, 秦나라 弘始 5년이고, 魏나라 天興 6년이다. ○ 이해에 涼나라가 망하였다. 大國이 셋이고 小國이 넷이니, 僭國이 모두 일곱이다. -

1)〔譯註〕大三小四 凡七僭國：大國 셋은 慕容熙의 後燕, 姚興의 後秦, 拓跋珪의 北魏이고, 小國 넷은 禿髮傉檀의 南涼, 沮渠蒙遜의 北涼, 慕容德의 南燕, 李暠의 西涼이다.

九月에 **冊命玄**하야 **爲相國**하야 **摠百揆**하고 **封十郡**하야 **爲楚王**하고 **加九錫**하다

9월에 桓玄을 책봉하여 相國으로 삼아 百揆를 총괄하게 하고, 열 郡을 봉해 주어 楚王으로 삼고 九錫을 가하였다.

○ 十二月에 玄이 卽皇帝位[1)]하다 玄이 入建康宮하야 登御座할새 而床忽陷이라 群臣이 失色이어늘 殷仲文[2)]曰 將由聖德深厚하야 地不能載라한대 玄이 大悅하다 辛亥에 玄이 遷帝於尋陽[3)]하다

12월에 桓玄이 황제에 즉위하였다. 桓玄이 建康宮에 들어가서 御座에 오를 적에 龍床이 갑자기 바닥이 꺼졌다. 여러 신하들이 사색이 되었는데 殷仲文이 말하기를 "아마도 聖德이 깊고 두터워서 땅도 실어줄 수가 없기 때문에 바닥이 꺼진 것 같습니다."라고 하자, 桓玄이 크게 기뻐하였다. 辛亥日(22일)에 桓玄이 황제를 尋陽으로 옮겼다.

1) 〔譯註〕 玄卽皇帝位 : 桓玄이 황제에 즉위하여 國號를 楚라 하였다.
2) 〔頭註〕 殷仲文 : 侍中也니 玄之妹夫라
殷仲文은 侍中이니, 桓玄의 妹夫이다.
3) 〔譯註〕 玄遷帝於尋陽 : 桓玄이 安帝를 폐위하여 平固王으로 삼고 尋陽에 구류하였다.

【甲辰】 三年이라 〈燕光始四요 秦弘始六이요 魏天賜元年이라〉

元興 3년(갑진 404) - 燕나라 光始 4년이고, 秦나라 弘始 6년이고, 魏나라 天賜 元年이다. -

劉裕從桓脩[1)]入朝어늘 玄謂王謐(밀)[2)]曰 裕風骨不常하니 蓋人傑也라하더라 玄后劉氏 有智鑑이라 謂玄曰 劉裕龍行虎步하고 視瞻不凡하니 恐終不爲人下하노니 不如早除之라한대 玄曰 我方平蕩[3)]中原호니 非裕면 莫可用者라 俟關, 河平定然後에 別議之爾라하더라

劉裕가 桓脩를 따라 入朝하자, 桓玄이 王謐에게 이르기를 "劉裕는 풍채와 골격이 비범하니, 인걸이다." 하였다. 桓玄의 아내인 劉氏는 智謀와 識鑑이 있었는데, 桓玄에게 이르기를 "劉裕는 걸음을 걷는 모양이 용과 범 같고 눈초리가 비범하여 끝내 남의 아랫자리에 있지 않을 것이니, 일찌감치 제거하

는 것만 못합니다.” 하니, 桓玄이 말하기를 “내가 막 중원을 평정하려 하니, 劉裕가 아니면 쓸 만한 자가 없다. 關中과 黃河 지방이 평정되기를 기다린 뒤에 별도로 의논하겠다.” 하였다.

1)〔頭註〕桓脩 : 徐兗州刺史, 安成王이라
桓脩는 徐州兗州刺史·安成王으로 있었다.
2)〔頭註〕王謐 : 司徒니 爲玄佐命元臣이라
王謐은 司徒이니, 桓玄의 佐命元臣이다.
3)〔頭註〕平蕩 : 蕩은 滌也라
蕩은 씻어내는 것이다.

○ **裕與何無忌**[1]로 **同舟還京口**하야 **密謀復興晉室**하다 **劉毅家於京口**하야 **亦與無忌**로 **謀討玄**이러니 **無忌曰 天下草澤之中**에 **非無英雄也**니라 **毅曰 所見**에 **唯有劉下邳**[2]니라 **無忌笑而不答**하고 **還以告裕**하고 **遂與毅定謀**하다

劉裕가 何無忌와 함께 배를 같이 타고 京口로 돌아와 은밀히 晉나라 황실을 부흥할 것을 모의하였다. 劉毅가 京口에 거주하여 또한 何無忌와 함께 桓玄을 토벌할 것을 모의하였는데, 何無忌가 말하기를 “천하의 초야 가운데에 영웅이 없지 않다.” 하니, 劉毅가 말하기를 “내가 본 바로는 오직 劉下邳(劉裕)가 있을 뿐이다.” 하였다. 何無忌가 웃기만 하고 대답하지 않고서 돌아가 이것을 劉裕에게 고하고 마침내 劉毅와 함께 계책을 정하였다.

1)〔頭註〕何無忌 : 琅琊內史라
何無忌는 琅琊內史이다.
2)〔原註〕劉下邳 : 裕爲下邳太守하니라
劉裕가 이때 下邳太守로 있었다.

○ **二月乙卯**에 **裕託以遊獵**하고 **與無忌**로 **收合徒衆**하야 **得百餘人**하다 **詰旦**[1]에 **京口城開**어늘 **無忌著**(착)**傳詔服**하고 **稱勅居前**하니 **徒衆**이 **隨之齊入**하야 **卽斬桓脩以徇**(순)[2]하다 **衆推裕爲盟主**하니 **玄**이 **憂懼特甚**이라 **或曰 劉裕等**은 **烏**

合[3]**微弱**하야 **勢必無成**하리니 **陛下何慮之深**이니잇고 **玄曰 劉裕**는 **足爲一世之雄**이요 **劉毅**는 **家無儋**(담)**石之儲**(저)[4]로되 **樗蒲**에 **一擲**(척)**百萬**하고 **何無忌**는 **酷似其舅**[5]어늘 **共擧大事**하니 **何謂無成**고

2월 乙卯日(27일)에 劉裕가 사냥을 나간다고 칭탁하고서 何無忌와 함께 무리를 수합하여 백여 명을 얻었다. 다음 날 이른 아침 京口의 성문이 열리자, 何無忌가 傳詔(詔令을 전달하는 관원)의 옷을 입고 勅使라 칭하고 앞에 있으니, 무리가 뒤를 따라 일제히 城에 들어가서 곧바로 桓脩의 목을 베어 여러 사람에게 조리돌려 보였다.

무리가 劉裕를 추대하여 맹주로 삼으니, 桓玄이 근심하고 두려워함이 특히 심하였다. 혹자가 말하기를 "劉裕 등은 烏合之卒이라 역량이 미약하여 형세를 살펴보건대 반드시 성공하지 못할 것이니, 폐하께서는 어찌 깊이 염려하십니까?" 하니, 桓玄이 말하기를 "劉裕는 한 시대의 영웅이 될 만하고, 劉毅는 집안에 한 말과 한 섬의 저축도 없었으나 樗蒲 놀이할 때에 한 번에 백만 전을 걸었으며, 何無忌는 모습이 그의 외삼촌(劉牢之)과 매우 흡사한데, 이들이 함께 大事를 일으켰으니, 어찌 성공하지 못한다고 말하는가." 하였다.

1)〔頭註〕詰旦 : 平旦也라
詰旦은 平旦(동틀 때)이다.

2)〔釋義〕徇 : 行示也라
徇은 다니면서 보이는 것이다.

3)〔頭註〕烏合 : 如烏之聚散이니 言無定也라
烏合은 까마귀가 모이고 흩어지는 것과 같은 것이니, 일정함이 없음을 말한다.

4)〔釋義〕儋石[*]之儲 : 儋은 齊人이 名小甖(앵)爲儋이라 石은 斗石也라
儋은 齊나라 사람들이 작은 술단지를 이름하여 儋이라 한다. 石은 말〔斗〕과 섬〔石〕이다.

*) 儋石 : ≪資治通鑑≫에는 '擔石'으로 되어 있다. 擔은 2石으로 '擔石의 저축도 없다'는 것은 매우 가난함을 이른다.

5)〔頭註〕酷似其舅 : 酷은 甚也라 舅는 謂劉牢之라
酷은 매우이다. 外叔은 劉牢之를 이른다.

○ 三月에 裕與劉毅等으로 分爲數隊하야 竝進할새 裕以身先之하니 將士皆殊死戰하야 無不一當百이요 呼聲이 動天地라 時에 東北風이 急이어늘 因縱火焚之하니 煙火熛(표)[1]天하고 鼓譟之音이 震動京邑하니 諸軍이 大潰라 玄이 帥親信數千人하고 走趨石頭하니 裕入建康하야 帥百官하야 奉迎乘輿하고 誅玄宗族在建康者하다

3월에 劉裕가 劉毅 등과 몇 개의 부대로 나누어 함께 진군할 적에 劉裕가 앞장서서 솔선하니, 장병들이 모두 결사적으로 싸워서 一當百의 기세로 싸우지 않는 자가 없었고 고함 소리가 천지를 진동하였다. 이때 동북풍이 맹렬히 불자, 이 틈을 타서 불을 놓아 불태우니, 연기와 화염이 하늘까지 치솟고 북소리와 고함 소리가 京邑을 진동하여 〈桓謙 등의〉 여러 군대가 크게 무너졌다. 桓玄이 친애하고 신임하는 자 수천 명을 거느리고 달아나 石頭城으로 향하니, 劉裕가 建康에 들어가 백관을 거느리고 尋陽에서 乘輿(황제)를 맞이하고 建康에 있는 桓玄의 宗族들을 죽였다.

1) 〔釋義〕 熛 : 火飛也라
熛는 불똥이 튀는 것이다.

○ 裕始至建康하야 諸大處分[1]을 皆委於劉穆之[2]하니 倉猝立定에 無不允愜(협)이라 裕遂託以心腹하야 動止를 諮焉하니 穆之亦竭節盡誠하야 無所遺隱이러라 時에 晉政寬弛하야 綱紀不立하고 豪族陵縱하야 小民窮蹙하며 重以司馬元顯의 政令違舛(천)[3]하니 桓玄이 雖欲釐整이나 而科條繁密하야 衆莫之從이러니 穆之斟酌時宜하야 隨方矯正[4]하고 裕以身範物하야 先以威禁하니 內外百官이 皆肅然奉職하야 不盈旬日에 風俗이 頓改러라

劉裕가 처음 建康에 이르러서 모든 중대사의 처분을 劉穆之에게 다 맡기니, 창졸간에 신속하게 결정함에 사람들이 지당하게 생각하고 흡족해하지 않음이 없었다. 劉裕가 마침내 그를 心腹으로 삼아 어떤 일이든 막론하고 그에

게 자문하니, 劉穆之 또한 충절을 다하고 정성을 다해서 빠뜨리거나 숨기는 바가 없었다. 이때 晉나라의 정사가 해이해져 紀綱이 서지 않고 豪族들이 교만하고 방자해서 庶民들이 곤궁하였으며 여기에 司馬元顯의 정사와 명령이 서로 모순되기까지 하니, 桓玄이 비록 정리하여 바로잡고자 하였으나 法條文이 번거롭고 세밀하여 사람들이 따르지 않았었다. 劉穆之가 時宜를 참작해서 그때그때 상황에 따라 바로잡고 劉裕가 앞장서서 남들에게 모범이 되어 먼저 위엄으로 금지시키니, 내외의 백관들이 모두 숙연히 직책에 종사해서 열흘이 못 되어 풍속이 크게 바뀌었다.

1)〔釋義〕處分 : 處는 區處也요 分은 分別也라
處는 구분하여 처리하는 것이고, 分은 分別이다.
2)〔頭註〕劉穆之 : 裕召爲主簿라
劉穆之는 劉裕가 불러서 主簿를 삼았다.
3)〔釋義〕重以司馬元顯 政令違舛[*)] : 舛은 錯謬也라
舛은 어그러지고 잘못됨이다.
*) 重以司馬元顯 政令違舛 : 397년에 安帝가 즉위하자 會稽王 司馬道子가 執政하였는데, 政刑이 어지러워 백성들의 원망이 들끓었다. 隆安 3年(399)에 정사를 아들 司馬元顯에게 맡겼는데 세금을 가혹하게 징수하고 사치를 과도하게 부림으로써 결국 孫恩의 변란을 초래하였다.
4)〔頭註〕矯正 : 揉曲爲矯니 言隨事矯揉하야 使歸於正이라
휘어서 구부리는 것을 矯라 하니, 일에 따라 바로잡아서 바른 데로 돌아가게 하는 것이다.

○ 四月에 **劉毅, 何無忌等**이 **襲破尋陽城**하다 **桓玄**이 **挾帝**하고 **單舸西走**하야 **入江陵**이어늘 **遂斬之**하다 **乘輿反正於江陵**하다

4월에 劉毅와 何無忌 등이 尋陽城을 습격하여 격파하였다. 桓玄이 황제를 끼고 한 척의 배를 타고 서쪽으로 도망하여 江陵으로 들어가자, 〈益州督護 馮遷이〉 마침내 桓玄을 목 베었다. 乘輿(황제)가 강릉에서 反正(復位)하였다.

○ 魏主珪 置六謁官하니 **準古六卿**이요 **又官名**을 **多不用漢, 魏之舊**하고 **倣上**

古龍官, 鳥官[1)]하야 謂諸曹之使하야 爲鳧鴨이라하니 取其飛之迅疾也요 謂候官伺察者하야 爲白鷺라하니 取其延頸遠望也라 餘皆類此러라

魏主 拓跋珪가 여섯 명의 謁官을 두니 옛날의 六卿을 따른 것이요, 또 관직명에 漢나라와 魏나라 때의 옛 명칭을 대부분 사용하지 않고 上古時代의 龍官과 鳥官을 따라서 여러 曹의 使者를 일러 鳧鴨(오리)이라 하였으니 鳧鴨은 나는 것이 신속한 뜻을 취한 것이요, 斥候와 伺察을 맡은 자를 일러 白鷺라 하였으니 白鷺는 목을 늘여 멀리 바라보는 뜻을 취한 것이다. 나머지도 모두 이와 같았다.

1)〔附註〕龍官鳥官 : 伏羲氏受命時에 有龍瑞故로 以龍紀事하야 百官師長을 皆以龍爲名號하고 少昊氏之時에 鳳鳥適至故로 以鳥紀事하야 百官師長을 皆以鳥爲名號하니라
伏羲氏가 天命을 받았을 때에 龍의 상서가 있었으므로 龍으로써 일을 기록하여 百官의 師長을 모두 龍으로써 명칭을 삼았고, 少昊氏 때에 鳳鳥가 마침 이르렀으므로 새로써 일을 기록하여 百官의 師長을 모두 새로써 명칭을 삼았다.

【乙巳】 義熙元年이라 〈燕光始五요 秦弘始七이요 魏天賜二年이라 ○ 南燕主慕容超太上元이요 西涼建初元年이라〉

義熙 元年(을사 405) - 燕나라 光始 5년이고, 秦나라 弘始 7년이고, 魏나라 天賜 2년이다. ○ 南燕主 慕容超의 太上 元年이고, 西涼 建初 元年이다. -

三月에 帝至建康하야 以劉裕로 都督中外諸軍事하다 四月에 裕還鎭京口하다 八月에 南燕王備德[1)]이 卒하고 兄子超[2)]襲位하다

3월에 황제가 建康에 이르러서 劉裕를 都督中外諸軍事로 삼았다.
4월에 劉裕가 돌아와 京口에 주둔하였다.
8월에 南燕王 慕容備德이 죽고 형의 아들 慕容超가 왕위를 세습하였다.

1)〔頭註〕南燕王備德 : 上庚子年에 南燕王慕容德이 稱帝하고 更名備德하니라
위의 庚子年條(400)에 南燕王 慕容德이 황제를 칭하고 이름을 慕容備德으로

고쳤다.

2)〔頭註〕兄子超 : 備德이 無子일새 以兄北海王納之子超로 爲嗣하니라
慕容備德이 아들이 없었으므로 兄인 北海王 慕容納의 아들 慕容超를 후사로 삼았다.

【丁未】三年이라 〈**秦弘始九**요 **魏天賜四年**이라 ○ **燕主高雲正始元年**이요 **夏主赫連勃勃**[1]**龍昇元年**이라 ○ **是歲**에 **燕慕容熙亡**하니 **舊大國二**요 **小國四**요 **新小國二**니 **凡八僭國**[2]이라〉

義熙 3년(정미 407) - 秦나라 弘始 9년이고, 魏나라 天賜 4년이다. ○ 燕主(北燕) 高雲의 正始 元年이고, 夏主 赫連勃勃의 龍昇 元年이다. ○ 이해에 燕나라(後燕) 慕容熙가 망하였다. 예전에 있던 大國이 둘이고 小國이 넷이며 새로운 小國이 둘이니, 僭國이 모두 여덟이다. -

1)〔附註〕赫連勃勃 : 自謂夏后氏之苗裔하야 稱大夏하니 匈奴南單于苗裔也라 謂帝王繼天爲子하니 是爲徽赫이 實與天連이라하고 改姓曰赫連氏라하니라
赫連勃勃이 스스로 夏后氏의 후손이라 하여 大夏天王이라 칭하였으니, 匈奴 南單于의 후손이다. 말하기를 "帝王은 하늘을 계승하여 아들이 되니, 이것은 그 아름다움과 밝게 빛남이 실로 하늘과 이어진 것이다."라고 하고 劉氏姓을 고쳐 赫連氏라 하였다.

2)〔譯註〕舊大國二……凡八僭國 : 예전에 있던 大國 둘은 姚興의 後秦과 拓跋珪의 北魏이고, 小國 넷은 禿髮傉檀의 南涼, 沮渠蒙遜의 北涼, 慕容超의 南燕, 李暠의 西涼이며, 새로운 小國 둘은 高雲의 北燕과 赫連勃勃의 夏이다.

初에 **魏主珪滅劉衛辰**[1]하니 **其子勃勃**이 **奔秦**이어늘 **秦主興**이 **見而奇之**하야 **使鎭朔方**이러니 **久之**에 **復叛秦**하고 **自稱大夏天王**하다

처음에 魏主 拓跋珪가 劉衛辰을 멸하자, 그 아들 劉勃勃(赫連勃勃)이 秦나라로 도망하였다. 秦主 姚興이 그를 보고 기특하게 여겨 朔方을 鎭撫하게 하였는데, 오랜 뒤에 다시 秦나라를 배반하고 스스로 大夏天王이라 칭하였다.

1)〔頭註〕劉衛辰[*] : 劉淵之族也라

劉衛辰은 劉淵의 종족이다.

*) 劉衛辰 : 匈奴人으로 前秦의 苻堅에게 歸附하여 西單于가 되었으며, 뒤에 다시 後秦 姚萇에게 歸附하여 河西王大單于가 되었다.

【戊申】四年이라 **〈秦弘始十**이요 **魏天賜五年**이요 **南**涼**嘉平元年**이라**〉**

義熙 4년(무신 408) - 秦나라 弘始 10년이고, 魏나라 天賜 5년이고, 南涼의 嘉平 元年이다. -

禿髮傉**檀**[1)]이 **稱**涼**王**하다

禿髮傉檀이 涼王을 칭하였다.

1) 〔頭註〕 傉檀 : 傉은 力沃切이니 利鹿孤之子라
傉은 음이 力沃切(녹)이니 禿髮利鹿孤의 아들이다.

【己酉】五年이라 **〈秦弘始十一**이요 **魏太宗拓跋嗣永興元年**이라 ○ **燕王馮跋太平元年**이요 **西秦更始元年**이라 ○ **舊大國二**요 **南**涼, **北**涼, **南燕**, **西**涼, **燕**, **夏小國六**이요, **新小國一**이니 **凡九僭國**[1)]이라**〉**

義熙 5년(기유 409) - 秦나라 弘始 11년이고, 魏나라 太宗 拓跋嗣의 永興 元年이다. ○ 燕王 馮跋의 太平 元年이고, 西秦의 更始 元年이다. ○ 예전에 있던 大國이 둘이고, 南涼·北涼·南燕·西涼·燕·夏 등 小國이 여섯이고, 새로운 小國이 하나이니, 僭國이 모두 아홉이다. -

1) 〔譯註〕 舊大國二……凡九僭國 : 예전에 있던 大國 둘은 姚興의 後秦과 拓跋嗣의 北魏이고, 小國 여섯은 禿髮傉檀의 南涼, 沮渠蒙遜의 北涼, 慕容超의 南燕, 李暠의 西涼, 馮跋의 北燕, 赫連勃勃의 夏이며, 새로운 小國 하나는 乞伏乾歸의 西秦이다.

劉裕抗表[1)]**伐南燕**할새 **帥舟師**하고 **自淮入泗**하니 **或謂裕曰 燕人**이 **若塞大峴**(현)[2)]**之險**하고 **或堅壁淸野**면 **大軍深入**하야 **不唯無功**이요 **將不能自歸**하리니

奈何오 裕曰 吾慮之熟矣로라 鮮卑貪婪(람)하야 不知遠計하야 進利虜獲하고 退惜禾苗라 謂我孤軍遠入하야 不能持久라하야 不過進據臨朐(구)[3]하고 退守廣固요 必不能守險淸野하리니 敢爲諸君保之하노라 裕過大峴호되 燕兵不出이라 裕擧手指天하야 喜形于色이어늘 左右曰 公이 未見敵而先喜는 何也잇고 裕曰 兵已過險하야 士有必死之志하고 餘糧棲畝하야 人無匱乏之憂하니 虜已入吾掌中矣로다 進與燕兵戰于臨朐하니 燕衆이 大敗라 斬段暉等大將十餘人하니 超遁還廣固하다 裕乘勝逐北(배)[4]하야 至廣固하야 克其大城하니 超收衆入保小城이어늘 裕築長圍守之하니 北方之民이 執兵負粮하고 歸裕者日以千數러라

劉裕가 表文을 올리고 南燕을 정벌할 때에 舟師(水軍)를 거느리고 淮水로부터 泗水에 들어가니, 혹자가 劉裕에게 이르기를 "燕나라 사람이 만약 大峴山의 험한 요새를 막고 혹 성벽을 굳게 지키고 〈적에게 먹을 것을 주지 않기 위해〉 들의 곡식을 깨끗이 없앤다면 큰 군대를 이끌고 깊이 쳐들어가서 공을 세우지 못할 뿐 아니라 장차 스스로 돌아오지 못할 것이니, 어찌합니까?" 하니, 劉裕가 말하기를 "내가 이미 심사숙고해 보았다. 鮮卑(慕容超)는 탐욕스러워서 장구한 계책을 알지 못하여, 전진하면 노획하는 것을 이롭게 여기고 후퇴하면 벼싹을 아까워한다. 내가 고립된 군대를 이끌고 깊숙이 쳐들어 와서 지구전을 할 수 없을 것이라고 생각하여 저들은 전진하면 臨朐를 점거하고 후퇴하면 廣固를 지킴에 지나지 않을 것이요, 반드시 험한 곳을 지키고 들의 곡식을 말끔히 없애지 못할 것이니, 감히 諸君에게 보장하겠다." 하였다.

劉裕가 大峴山을 지났는데도 燕나라 군대가 나오지 않자, 劉裕가 손을 들어 하늘을 가리키며 기뻐하는 기색이 얼굴에 완연하였다. 좌우가 말하기를 "公이 적을 보기도 전에 먼저 기뻐함은 어째서입니까?" 하니, 劉裕가 대답하기를 "군대가 이미 험한 곳을 빠져나와서 군사들이 필사의 각오가 있을 것이요, 그들이 남겨 놓은 양식이 밭에 있어서 우리들이 궁핍할 우려가 없으니, 적은 이미 내 수중에 들어왔다." 하였다. 전진하여 燕나라 군대와 臨朐에서

싸웠는데, 燕나라 군대가 크게 패하였다. 段暉 등 大將 십여 명의 목을 베니, 慕容超가 도망하여 廣固로 돌아갔다. 劉裕가 승세를 타고 도망하는 자들을 추격하여 廣固에 이르러 큰 성(外城)을 함락하니, 慕容超가 군사들을 거두어 작은 성(內城)에 들어가 지켰다. 劉裕가 긴 포위망을 구축하고 지키니, 북방의 백성들이 병기를 쥐고 양식을 짊어지고 劉裕에게 귀의하는 자가 하루에 천 명으로 헤아릴 정도였다.

1)〔頭註〕抗表 : 抗은 擧也라
　抗은 들어 올리는 것이다.
2)〔釋義〕大峴 : 山名이니 其地險固하니 在琅邪郡陽都縣이라
　大峴은 山의 이름이니 지역이 험고하다. 琅琊郡 陽都縣에 있다.
3)〔釋義〕臨朐 : 東莞郡邑이니 屬靑州라 今益都府臨朐縣이라
　臨朐는 東莞郡의 邑이니, 靑州에 속하였다. 지금의 益都府 臨朐縣이다.
4)〔釋義〕北 : 北(북)은 乃陰方이니 軍敗曰北(배)라
　北은 바로 陰方이니, 군대가 패한 것을 北라 한다.

○ **魏淸河王紹[1] 弑魏主珪**어늘 **齊王嗣[2]聞變而出**하니 **大臣**이 **翕然奉迎**이라 **嗣殺紹**하고 **卽皇帝位**하다

魏나라 淸河王 拓跋紹가 魏主 拓跋珪를 시해하였다. 齊王 拓跋嗣가 변고를 듣고 출동하니, 大臣들이 翕然히 받들어 맞이하였다. 拓跋嗣가 拓跋紹를 죽이고 황제에 즉위하였다.

1)〔頭註〕淸河王紹 : 珪之庶子라
　淸河王 拓跋紹는 拓跋珪의 庶子이다.
2)〔原註〕嗣 : 珪之長子也니 是爲太宗明元皇帝라
　拓跋嗣는 拓跋珪의 長子이니, 이가 바로 太宗 明元皇帝이다.

【庚戌】六年이라 〈**秦弘始十二**요 **魏永興二年**이라 ○ **是歲**에 **南燕亡**하니 **大二, 小六**이니 **凡八僭國**[1]이라〉

義熙 6년(경술 410) - 秦나라 弘始 12년이요, 魏나라 永興 2년이다. ○ 이해

에 南燕이 망하였다. 大國이 둘이요 小國이 여섯이니, 僭國이 모두 여덟이다. -

1)〔譯註〕大二小六 凡八僭國 : 大國 둘은 姚興의 後秦과 拓跋嗣의 北魏이고, 小國 여섯은 禿髮傉檀의 南凉, 沮渠蒙遜의 北凉, 李暠의 西凉, 馮跋의 北燕, 赫連勃勃의 夏, 乞伏乾歸의 西秦이다.

南燕尙書悅壽[1] 開門納晉師하니 **超與左右數十騎**로 **踰城**하야 **突圍出走**어늘 **追獲之**하다 **裕忿廣固久不下**하야 **欲阬之**하고 **以妻女賞將士**러니 **韓範諫曰 晉室南遷**에 **中原鼎沸**라 **士民**이 **無援**하야 **彊則附之**하니 **旣爲君臣**이면 **必須爲之盡力**이라 **彼皆衣冠舊族**이요 **先帝遺民**이라 **今王師弔伐**이어늘 **而盡阬之[2]**면 **使安所歸乎**잇가 **竊恐西北之人**이 **無復來蘇之望[3]矣**일까하노이다 **裕改容謝之**라 **然**이나 **猶斬王公以下三千人**하고 **沒入家口萬餘**하고 **夷其城隍[4]**하고 **送超詣建康**하야 **斬之**하다

南燕의 尙書 悅壽가 성문을 열고 晉나라 군대를 받아들이니, 慕容超가 좌우에서 따르던 騎兵 수십 명과 함께 성을 넘어 포위망을 뚫고 도망했는데 추격하여 사로잡았다. 劉裕는 廣固가 오랫동안 항복하지 않은 것을 분하게 여겨서 성 안의 병사들을 묻어 죽이고 그들의 아내와 딸을 晉나라 장병들에게 상으로 주고자 하였는데, 韓範이 간하기를 "晉나라 황실이 남쪽으로 천도하자, 中原이 물 끓듯 소란하였습니다. 선비와 백성들이 의지할 곳이 없어서 누구든 강대하면 그에게 歸附한 것이니, 이미 군신간이 되었으면 반드시 이들을 위하여 힘을 다해야 할 것입니다. 저들은 모두 의관을 차려입은 舊族(예부터 내려온 지체 높은 집안)이요, 先帝의 遺民들입니다. 지금 王의 군대가 죄 있는 자를 정벌하여 불쌍한 백성들을 위로해야 할 터인데, 모조리 묻어 죽인다면 백성들로 하여금 어디로 돌아가게 하겠습니까. 생각건대 西北 사람들이 다시는 의로운 군대가 와서 소생하게 해줄 것이라 희망을 갖지 않을까 두렵습니다." 하니, 劉裕가 낯빛을 고치고 사례하였다. 그러나 오히려 王公 이하 관원 3천 명을 목 베고 그들의 家屬 1만여 명을 籍沒하여 노비로 삼고 廣固의 城隍을 깎아서 평평하게 만들었으며, 慕容超를 建康으로 압송하

여 목을 베었다.

1)〔頭註〕悅壽 : 姓名也라
悅壽는 姓名이다.
2)〔頭註〕阬之 : 阬은 塹也, 陷也니 謂陷之於阬而殺之라
阬은 구덩이(참호)이고 빠지는 것이니, 구덩이에 빠뜨려 죽이는 것을 이른다.
3)〔釋義〕來蘇之望 : 書曰 徯我后하노니 后來하시면 其蘇라한대 蔡傳曰 蘇는 復生也니 謂后來면 我其復生也라
≪書經≫〈仲虺之誥〉에 이르기를 "우리 임금께서 오시기를 기다리니, 임금께서 오시면 소생할 것이다." 하였는데, 蔡氏의 傳에 이르기를 "蘇는 다시 살아나는 것이니, 임금님이 오시면 우리들이 다시 살아남을 이른다." 하였다.
4)〔釋義〕夷其城隍 : 夷는 平之也요 城隍은 外塹也라 有水曰池요 無水曰隍이라
夷는 평평하게 하는 것이요, 城隍은 바깥 참호이다. 물이 있는 곳을 池라 하고 물이 없는 곳을 隍이라 한다.

溫公曰 晉自濟江以來로 威靈不競하니 戎狄橫鶩(무)하야 虎噬中原이라 劉裕始以王師로 翦平東夏어늘 不於此際에 旌禮賢俊하고 慰撫疲民하야 宣愷悌之風하고 滌殘穢之政하야 使群士嚮風하고 遺黎企踵하고 而更恣行屠戮하야 以快忿心하니 迹其施設하면 曾苻, 姚[1]之不如라 宜其不能蕩壹四海하야 成莫大之業이니 豈非雖有智勇이나 而無仁義하야 使之然哉아

溫公이 말하였다.

"晉나라가 남쪽으로 揚子江을 건너온 뒤로부터 국가의 威勢가 떨쳐지지 못하니, 오랑캐들이 횡행하여 범처럼 中原을 집어 삼켰다. 劉裕가 처음에 王의 군대로 東夏(齊나라 지역)를 평정했는데, 이러한 때에 어진이와 준걸스런 이를 표창하고 예우하며 지친 백성들을 위무하여, 화락한 풍속을 펴며 잔학하고 더러운 정사를 씻어서, 여러 선비들로 하여금 風聞만 듣고도 향하게 하고 오랑캐의 통치하에 있던 백성들로 하여금 발돋움하고 기다리게 하지 않고는 도리어 살육을 자행하여 분한 마음을 쾌하게 하였으니, 그의 행적을 살펴보면 일찍이 苻氏와 姚氏만도 못하

다. 그가 四海를 통일하여 위대한 기업을 이루지 못한 것이 당연하니, 지모와 용맹은 있었으나 仁義가 없어서 그렇게 된 것이 아니겠는가."

1)〔頭註〕苻姚：苻堅與姚萇이라
苻와 姚는 前秦의 苻堅과 後秦의 姚萇이다.

初에 **徐道覆**이 **聞劉裕北伐**하고 **勸盧循**[1]하야 **乘虛襲建康**하니 **循**이 **從之**하다 **朝廷**이 **急徵劉裕**하니 **裕方議留鎭下邳**하야 **經營司, 雍**[2]이러니 **會得詔書**하고 **引兵還**할새 **以船載輜重**하고 **自帥精銳步歸**라 **至山陽**하야 **聞何無忌敗死**[3]하고 **慮京邑失守**하야 **卷甲**[4]**兼行**하다

처음에 徐道覆이 劉裕가 북쪽을 정벌한다는 말을 듣고 盧循에게 권하여 빈틈을 타서 建康을 습격하게 하니, 盧循이 그 말을 따랐다. 朝廷에서 급히 劉裕를 부르니, 劉裕가 막 下邳에 주둔해서 司州와 雍州를 경영할 것을 의논하고 있었는데, 마침 詔書를 받게 되자, 군대를 인솔하여 돌아올 적에 배에다 輜重을 싣고 자신은 정예병을 거느리고 도보로 돌아왔다. 山陽에 이르러 何無忌가 패전하여 죽었다는 말을 듣고 京邑이 제대로 지켜지지 못할까 염려해서 갑옷을 벗어서 말아 짊어지고 행군 속도를 배가하였다.

1)〔頭註〕徐道覆……勸盧循：徐道覆은 廣州刺史盧循之妹夫也요 循은 乃孫恩之黨而恩之妹夫也니 見上己亥年이라
徐道覆은 廣州刺史 盧循의 妹夫이고, 盧循은 바로 孫恩의 黨이면서 孫恩의 妹夫이니, 앞의 己亥年條(399)에 보인다.

2)〔頭註〕司雍：二州名이니 司州는 洛陽이요 雍州는 長安이라
司州와 雍州는 두 州의 이름이니, 司州는 洛陽이고 雍州는 長安이다.

3)〔頭註〕何無忌敗死：無忌引兵討盧循이라가 遇道覆하야 戰敗死之라
何無忌가 군대를 이끌고 盧循을 토벌하다가 徐道覆을 만나 전투에 패하여 죽었다.

4)〔譯註〕卷甲：갑옷을 벗어서 말아 짊어진다는 뜻으로, 경무장하여 급히 싸움터로 달려감을 이른다.

○ 五月에 劉毅與循으로 戰于桑落(州)〔洲〕하야 毅兵이 大敗라 乙丑에 盧循이 至淮口하니 中外戒嚴이라 裕謂將佐曰 賊이 若於新亭直進이면 其鋒을 不可當이니 宜且迴避어니와 若回泊西岸이면 此成擒爾니라 十二月에 裕(파)帥衆軍하고 齊力擊循하니 循兵이 大敗라 走趣豫章이라가 收散卒하야 徑還番禺(파우)[1]하다

5월에 劉毅가 盧循과 桑落洲에서 싸워 劉毅의 군대가 대패하였다. 乙丑日(14일)에 盧循이 淮口에 이르니, 中外가 삼엄하게 경계하였다. 劉裕가 장수와 보좌들에게 이르기를 "적이 만약 新亭에서 곧바로 밀고 들어오면 그들의 銳鋒(날카롭게 공격하는 기세)을 당해낼 수 없으니 마땅히 우선 회피해야 하겠지만, 만약 진로를 바꾸어 西岸에 정박한다면 우리에게 사로잡히게 될 뿐이다." 하였다.

12월에 劉裕가 많은 군대를 거느리고 힘을 합하여 盧循을 공격하니, 盧循의 군대가 대패하였다. 도망하여 豫章으로 향했다가 흩어진 군대를 수합하여 곧바로 番禺로 돌아갔다.

1)〔頭註〕番禺 : 番는 音波라
番는 음이 파이다.

【辛亥】 七年이라 〈秦弘始十三이요 魏永興三年이라〉

義熙 7년(신해 411) - 秦나라 弘始 13년이고, 魏나라 永興 3년이다. -

四月에 盧循이 奔交州어늘 刺史杜慧度斬之[1]하야 送首建康하다

4월에 盧循이 交州로 도망하자, 交州刺史 杜慧度가 그의 목을 베어 首級을 建康으로 보내었다.

1)〔通鑑要解〕斬之 : 循至龍編津하니 杜慧度 悉散家財以賞軍士하고 與循合戰할새 擲雉尾炬[*]하야 焚其艦하고 以步兵俠岸射之하니 衆潰하야 自投于水어늘 慧度取尸斬首하야 函送建康하니라
盧循이 龍編津에 이르니, 杜慧度가 家財를 다 털어 軍士들에게 상을 주고 盧循과 맞붙어 싸울 때에 雉尾炬를 던져서 戰艦을 불태우고 步兵을 거느리고서 강 언

덕을 끼고 활을 쏘니, 盧循의 무리가 궤멸되었다. 盧循이 강물 속으로 뛰어들어 죽자, 杜慧度가 盧循의 시체를 건져서 목을 베어 함에 넣어 建康으로 보냈다.

*) 雉尾炬 : 火攻할 때 사용하는 일종의 병기로, 풀 한 다발을 묶어 한쪽은 무거운 것을 싸서 매달고 다른 한쪽은 꿩 꼬리처럼 흩어서 불을 붙여 적에게 던진다. 胡三省의 注에는 "雉尾炬는 풀을 묶은 다발의 머리 쪽에는 화살촉을 끼우고 꼬리 쪽은 흩어놓으면 꿩 꼬리처럼 되는데, 여기에 불을 붙여서 적군에게 던진다.〔雉尾炬 束草之一頭 施鐵鏃 草尾則散開如雉尾然 爇火以投敵〕" 하였다.

【癸丑】 九年이라 〈秦弘始十五요 魏永興五年이요 夏鳳翔元年이라〉

義熙 9년(계축 413) - 秦나라 弘始 15년이고, 魏나라 永興 5년이고, 夏나라 鳳翔 元年이다. -

夏王勃勃이 以叱(于)〔干〕阿利[1]로 領將作大匠하야 發嶺北夷, 夏十萬人하야 築都城於朔方水北, 黑水之南[2]하다 阿利性巧而殘忍하야 蒸土築城할새 錐入一寸이면 卽殺作者而幷築之어늘 勃勃이 以爲忠이라하야 委任之하니 凡造兵器成에 呈之하면 工人이 必有死者라 射甲不入則斬弓人하고 入則斬甲匠하니 由是로 器物이 皆精利러라 勃勃이 謂古人氏族無常이라하야 改姓赫連氏[3]하다

夏王 劉勃勃이 叱干阿利로 將作大匠을 겸하게 하여 嶺北에서 오랑캐와 漢族 10만 명을 징발해서 朔方水 이북과 黑水 이남에 都城을 쌓게 하였다. 叱干阿利는 성품이 아첨을 잘하고 잔인하여 진흙을 쪄서 성을 쌓을 때에 송곳이 한 치 깊이만 들어가면 즉시 그 담장을 쌓은 자를 죽여서 그 시체를 진흙과 함께 쌓았다. 劉勃勃이 이것을 충성이라 여겨서 그에게 위임하니, 무릇 병기를 만들어 올리면 工人 중에 반드시 죽임을 당하는 자가 있었다. 갑옷을 활로 쏘아서, 화살이 들어가지 않으면 활을 만든 사람을 목 베고 화살이 들어가면 갑옷을 만든 자를 목 베니, 이로 말미암아 기물이 모두 정교하고 예리했다. 劉勃勃이 古人의 姓氏에 일정한 규정이 없다 하여 姓을 赫連氏로 고쳤다.

1)〔釋義〕叱干阿利：叱干은 代北複姓也요 阿利는 其名이라
叱干은 代北 지방의 複姓이고, 阿利는 이름이다.
2)〔頭註〕築都城於朔方水北黑水之南：朔方水北은 資治에 水作郡이라〔通鑑要解〕勃勃曰 朕方統一天下하야 君臨萬邦하니 新城宜名統萬이라하다
〔頭註〕朔方水北은 《資治通鑑》에 水字가 郡字로 되어 있다.〔通鑑要解〕赫連勃勃이 말하기를 "朕이 비로소 天下를 통일하여 萬邦에 군림하였으니, 새로 쌓은 城은 마땅히 統萬이라 이름해야 한다." 하였다.
3)〔通鑑要解〕赫連氏：言其徽赫與天連也라
赫連은 아름다움과 밝게 빛남이 하늘과 이어져 있음을 이른다.

【乙卯】 十一年[1]이라 〈秦弘始十七이요 魏神瑞二年이라〉

義熙 11년(을묘 415) - 秦나라 弘始 17년이고, 魏나라 神瑞 2년이다. -

1)〔譯註〕十一年：《資治通鑑》에는 義熙 11年條의 내용이 義熙 12年條(병진 416)에 보인다.

正月에 秦王興이 卒하고 太子泓이 卽帝位하다

정월에 秦王(後秦) 姚興이 죽고 태자 姚泓이 황제에 즉위하였다.

○ 三月에 太尉裕戒嚴하야 將伐秦할새 裕以劉穆之爲左僕射하야 入居東府[1]하야 總攝內外하니 穆之內總朝政하고 外供軍旅할새 決斷如流라 賓客輻湊[2]하야 求訴百端하고 內外諮稟이 盈堦滿室호되 目覽辭訟하고 手答牋書하며 耳行聽受하고 口竝酬應하야 不相參涉하고 悉皆贍(섬)擧러라

3월에 太尉 劉裕가 삼엄하게 경계하여 秦나라(後秦)를 정벌하려 할 적에 劉裕가 劉穆之를 尙書左僕射로 삼아 東府에 들어가 있으면서 조정 안팎의 일을 總攝하게 하니, 劉穆之가 안으로는 조정의 정사를 총괄하고 밖으로는 군대에 군수품을 공급할 적에 일을 물 흐르듯 막힘없이 처리하였다. 賓客들이 사방에서 몰려들어 요구하고 소송하는 것이 천만 가지이고, 내외에서 자문하

고 보고하는 자들이 뜰에 가득하고 방 안에 가득하였으나, 눈으로는 글과 訟辭를 보고 손으로는 牋書에 답을 하며 귀로는 남의 말을 듣고 입으로는 함께 수응(응대)하되 서로 뒤섞임 없이 모두 여유 있게 행하였다.

1)〔頭註〕東府[*]：東府城은 安帝所築이라
東府城은 安帝가 쌓은 것이다.

*) 東府：東晉과 南朝에서 建業에 도읍할 때 丞相兼領揚州刺史의 治所이다. 東府城은, 서쪽은 簡文帝가 會稽王으로 있을 때의 저택이었고, 동쪽은 簡文帝의 아들 司馬道子의 府였다. 司馬道子가 揚州를 總領하면서 그대로 그 집에 머물자 세상에서 東府라 불렀다. 唐·宋 때는 丞相府를 지칭하였다.

2)〔頭註〕輻湊：輻은 輪中木之直指轂者니 凡輪有三十輻하야 共湊於一轂일새 以諭四方皆來라
輻은 수레바퀴 가운데의 나무가 곧게 바퀴통으로 향한 것이니, 수레바퀴에는 30개의 바퀴살이 있어서 모두 한 바퀴통으로 집중되므로 이로써 사방에서 모두 몰려옴을 비유한 것이다.

○ **八月丁巳**에 **裕發建康**할새 **遣王鎭惡, 檀道濟, 沈田子等**하야 **數道竝進**하다

8월 丁巳日(12일)에 劉裕가 建康을 출발할 때에 王鎭惡·檀道濟·沈田子 등을 보내어 여러 길로 일제히 진군하게 하였다.

○ **九月**에 **王鎭惡**[1]**, 檀道濟入秦境**하야 **所向皆捷**이라 **進逼洛陽**하야 **克之**하다

9월에 王鎭惡과 檀道濟가 秦나라 경내에 들어가서 향하는 곳마다 모두 승리하였다. 전진하여 洛陽을 압박하여 점령하였다.

1)〔頭註〕王鎭惡：王猛孫也라
王鎭惡은 王猛의 손자이다.

【丁巳】十三年이라 〈**秦永和二**요 **魏泰常二年**이라 ○ **西涼公李歆嘉興元年**이라 ○ **是歲**에 **秦亡**하니 **大一, 小五**니 **凡六僭國**[1]이라〉

義熙 13년(정사 417) - 秦나라 永和 2년이고, 魏나라 泰常 2년이다. ○ 西涼

公 李歆의 嘉興 元年이다. ○ 이해에 秦(後秦)나라가 망하였다. 大國이 하나이고 小國이 다섯이니, 僭國이 모두 여섯이다. -

1) 〔譯註〕 大一小五 凡六僭國 : 大國 하나는 拓跋嗣의 北魏이고, 小國 다섯은 沮渠蒙遜의 北涼, 李歆의 西涼, 馮跋의 北燕, 赫連勃勃의 夏, 乞伏熾磐의 西秦이다.

五月에 **魏主嗣**[1]**問於崔浩曰 劉裕伐姚泓**하니 **果能克乎**아 **對曰 克之**니이다 **嗣曰 裕才何如慕容垂**오 **對曰 勝之**니이다 **垂**는 **藉父兄之資**하야 **修復舊業**하니 **國人歸之**를 **若夜蟲之就火**하야 **少加倚仗**이면 **易以立功**이니이다 **劉裕**는 **奮起寒微**하야 **不階尺土**하야 **討滅桓玄**하고 **興復晉室**하고 **北禽慕容超**하고 **南梟**(효)**盧循**하야 **所向無前**하니 **非其才之過人**이면 **安能如是乎**잇가 **裕克秦而歸**면 **必篡其主**하리이다 **關中**은 **華, 戎雜錯**하야 **風俗勁悍**하니 **裕欲以荊, 揚之化**로 **施之函秦**[2]이면 **此**는 **無異解衣包火**하고 **張羅捕虎**니 **雖留兵守之**라도 **人情未**(治)〔**洽**〕하고 **趨向不同**하야 **適足爲寇敵之資爾**리니 **願按兵**[3]**息民**하야 **以觀其變**이면 **秦地**는 **終爲國家之有**하야 **可坐而守也**리이다 **嗣笑曰 卿**이 **料之審矣**로다 **浩曰 臣**이 **嘗私論近世將相之臣**컨대 **若王猛之治國**은 **苻堅之管仲也**요 **慕容恪之輔幼主**는 **慕容暐之霍光也**요 **劉裕之平禍亂**은 **司馬德宗**[4]**之曹操也**[5]니이다

5월에 魏主 拓跋嗣가 崔浩에게 묻기를 "劉裕가 姚泓(後秦)을 정벌하니, 과연 이길 수 있겠는가?" 하니, 대답하기를 "이길 수 있습니다." 하였다. 拓跋嗣가 말하기를 "劉裕의 재주는 慕容垂(後燕)와 비교하여 어떠한가?" 하니, 崔浩가 대답하기를 "劉裕가 慕容垂보다 낫습니다. 慕容垂는 父兄의 힘을 빌려서 옛 基業을 회복하니, 백성들이 그에게 歸附하는 것이 밤에 벌레들이 불빛에 달려드는 것과 같아서 그들에게 조금만 의뢰하면 쉽게 공을 세울 수가 있었습니다. 그러나 劉裕는 가난하고 미천한 신분에서 떨치고 일어나 한 자의 땅도 이용하지 않고서 桓玄을 토벌하고 晉나라 황실을 부흥하였으며, 북쪽에서 慕容超(南燕)를 사로잡고 남쪽에서 盧循을 효시하여 향하는 곳마다 앞을 막는 자가 없었으니, 그 재주가 보통 사람보다 뛰어나지 않다면 어

찌 이와 같을 수 있겠습니까. 劉裕가 秦나라를 이기고 돌아가면 반드시 황제의 자리를 찬탈할 것입니다. 關中은 漢族과 오랑캐가 뒤섞여 살아서 風俗이 굳세고 사나우니, 劉裕가 荊州와 揚州를 다스렸던 방법을 函谷關 안의 秦나라 땅에 시행한다면 이는 옷을 벗어서 불을 싸고 새그물을 펼쳐 범을 잡는 것과 다름이 없습니다. 비록 병력을 남겨 두어 그곳을 지키게 하더라도 人心이 흡족해하지 않고 趣向이 똑같지 않아서 다만 외적에게 이용당하고 말 것입니다. 원컨대 전쟁을 중지하고 백성들을 휴식하게 하고서 사태의 변화를 관찰하면 秦나라 땅은 결국 우리나라 소유가 되어서 가만히 앉아서도 지킬 수 있을 것입니다." 하였다. 拓跋嗣가 웃으며 말하기를 "경이 잘 헤아렸다." 하였다. 崔浩가 말하기를 "신이 일찍이 근세 將相의 신하를 사사로이 논하건대 王猛이 나라를 다스림은 苻堅(前秦)의 管仲이고, 慕容恪이 어린 군주를 보필함은 慕容暐(前燕)의 霍光이고, 劉裕가 禍亂을 평정함은 司馬德宗(安帝)의 曹操입니다." 하였다.

1) 〔頭註〕 魏主嗣 : 拓跋珪長子라
魏主 拓跋嗣는 拓跋珪의 長子이다.

2) 〔釋義〕 函秦 : 秦地에 有函谷關하니 秦人恃之하야 以爲險固라 故曰函秦이라
秦나라 땅에 函谷關이 있으니, 秦나라 사람들이 이것을 믿고서 험고하다고 여겼기 때문에 函秦이라 한 것이다.

3) 〔頭註〕 按兵 : 按은 止也라
按은 중지하는 것이다.

4) 〔頭註〕 司馬德宗 : 安帝之諱라
司馬德宗은 安帝의 諱이다.

5) 〔譯註〕 若王猛之治國……司馬德宗之曹操也 : 秦王 苻堅을 도와 잘 다스린 王猛은 春秋時代 齊나라 桓公의 명재상인 管仲과 같고, 燕나라의 어린 군주인 慕容暐를 보필한 慕容恪은 漢나라의 어린 군주인 昭帝를 보필한 霍光과 같으며, 현재 東晉의 安帝 밑에서 禍亂을 평정한 劉裕는 後漢 말기 獻帝 밑에서 반란한 자들을 평정한 曹操와 같음을 말한 것이다. 즉 王猛과 慕容恪은 忠臣이었으나 劉裕는 그렇지 못하여 曹操와 같은 존재임을 예언한 것인데, 그의 말처럼 劉裕는 끝내 東晉을 멸망시키고 宋나라를 세워 皇帝가 되었다.

○ 七月[1]辛丑에 裕至潼關하니 秦主泓이 使姚丕로 守渭橋어늘 王鎭惡이 大破丕於渭橋[2]하니 泓兵이 不戰而潰라 單馬로 還宮하야 癸亥에 將妻子群臣하고 詣王鎭惡壘門降이어늘 鎭惡이 撫慰하고 號令嚴肅하니 百姓이 安堵러라

7월 辛丑日(2일)에 劉裕가 潼關에 이르니, 秦主(後秦) 姚泓이 姚丕로 하여금 渭橋를 지키게 하였다. 王鎭惡이 渭橋에서 姚丕를 대파하니, 姚泓의 군대가 싸우지도 않고 궤멸되었다. 姚泓이 한 필의 말로 궁중에 돌아와서 癸亥日(24일)에 처자와 군신들을 거느리고 王鎭惡의 軍門에 나와 항복하였다. 王鎭惡이 백성들을 위무하고 호령이 엄숙하니, 백성들이 안도하였다.

1)〔譯註〕七月 : ≪資治通鑑≫에는 본 7月條의 내용이 8月條에 보인다.
2)〔譯註〕渭橋 : 中渭橋라고도 부른다. 당시 長安城 북쪽의 渭水에 있었다.

○ 九月[1]이라 始에 太尉裕 欲留長安하야 經略[2]西北이러니 而諸將士 皆久役思歸라 會에 劉穆之卒이어늘 裕以根本無託이라하야 遂決意東還할새 乃以次子桂陽公義眞으로 爲都督雍, 梁, 秦三州諸軍事하니 義眞時年十二라 以王鎭惡으로 爲司馬하다 鎭惡功多라 由是로 南人이 皆忌之러라 沈田子自以嶢柳之捷[3]이라하야 與鎭惡爭功不平이러니 裕將還할새 田子及傅弘之 屢言於裕曰 鎭惡이 家在關中하니 不可保信이니이다 裕曰 今留卿文武將士精兵萬人하노니 彼若欲爲不善이면 正足自滅爾니 勿復多言하라 裕私謂田子曰 鍾會不得遂其亂者는 以有衛瓘[4]故也라 語曰 猛獸不如群狐라하니 卿等十餘人이 何懼王鎭惡이리오

9월이다. 처음에 太尉 劉裕가 長安에 머물면서 서북 지역을 경략하려 하였는데, 여러 장수와 장병들이 모두 오랫동안 부역하였으므로 돌아갈 것을 생각하였다. 마침 劉穆之가 죽자, 劉裕는 근본(후방)을 의탁할 곳이 없다 하여 마침내 결심하고 동쪽으로 돌아갈 적에 次子인 桂陽公 劉義眞을 都督雍·梁·秦三州諸軍事로 삼으니, 劉義眞의 이때 나이가 12세였다. 王鎭惡을 司

馬로 삼았다. 〈長安을 수복할 때〉 王鎭惡이 공이 많으니, 이로 말미암아 남쪽(東晉) 사람들이 모두 그를 시기하였다. 沈田子가 스스로 嶢柳의 승리에 공로가 있다 하여 王鎭惡과 공을 다투어 불평하였다. 劉裕가 장차 돌아가려 할 적에 沈田子와 傅弘之가 여러 번 劉裕에게 말하기를 "王鎭惡은 집안이 關中에 있으니, 보장하고 믿을 수가 없습니다." 하니, 劉裕가 말하기를 "지금 卿과 文武 관원과 정예병 만여 명을 남겨 두었으니, 저가 만일 나쁜 짓을 하고자 한다면 바로 자멸할 뿐이다. 다시 여러 말 하지 말라." 하였다. 劉裕가 은밀히 沈田子에게 이르기를 "鍾會가 난을 일으켜 목적을 달성하지 못한 것은 衛瓘이 있었기 때문이다. 속담에 이르기를 '맹수 한 마리가 여러 여우만 못하다.' 하였으니, 卿들 십여 명이 어찌 王鎭惡을 두려워하는가." 하였다.

1) 〔譯註〕 九月 : ≪資治通鑑≫에는 본 9月條의 내용이 12月條에 보인다.
2) 〔頭註〕 經略 : 疆理也라
 經略은 경계를 구획하고 다스리는 것이다.
3) 〔頭註〕 嶢柳之捷 : 是年七月에 擊秦兵하야 斬萬餘級하야 泓奔還霸上하니 威振三輔하니라
 이해 7월에 東晉의 군대가 秦나라 군대를 공격하여 만여 명의 首級을 베어서 姚泓이 달아나 霸上으로 돌아가니, 위세가 三輔 지방에 진동하였다.
4) 〔頭註〕 鍾會不得遂其亂者 以有衛瓘 : 鍾會, 衛瓘은 曹魏人이라
 鍾會와 衛瓘은 曹操의 魏나라 사람이다.

溫公曰 古人有言호되 **疑則勿任**하고 **任則勿疑**리하니 **裕旣委鎭惡以關中**이어늘 **而復與田子有後言**은 **是鬪之**하야 **使爲亂也**라 **惜乎**라 **百年之寇**와 **千里之土**를 **得之艱難**하고 **失之造次**[1]하야 **使豐, 鄗(鎬)之都**[2]로 **復輸寇手**로다 **荀子曰 兼幷**은 **易能也**요 **堅凝之難**이라하니 **信哉**로다

溫公이 말하였다.

"옛사람의 말에 '의심하면 맡기지 말고, 맡겼으면 의심하지 말라.' 하였으니, 劉裕가 이미 王鎭惡에게 關中을 맡기고는 다시 沈田子와 뒷말을 한 것은 이들을 싸우게 하여 난리를 일으키게 한 것이다. 애석하다.

백년을 끌어온 적과 천리의 땅을 어렵게 얻고 순식간에 잃어서, 豐과 鄗의 옛 도읍을 다시 적의 손아귀에 바치게 되었다. 荀子가 말하기를 '겸병하기는 쉽고 단단히 지키기는 어렵다.' 하였으니, 그 말이 맞다."

1)〔頭註〕造次 : 急遽也라
造次는 몹시 급작스러운 모양이다.

2)〔譯註〕豐鄗(鎬)之都 : 豐은 周나라 文王이 도읍한 곳이고 鄗(鎬)는 武王이 도읍한 곳으로 모두 關中의 長安에 있었다.

三秦[1)]父老 聞裕將還하고 **詣門流涕訴曰 殘民**이 **不霑王化**가 **於今百年**이러니 **始覩衣冠**하니 **人人相賀**라 **長安十陵**은 **是公家墳墓**요 **咸陽宮殿**은 **是公家室宅**이니 **捨此欲何之乎[2)]**잇가 **裕爲之愍然[3)]**하야 **慰諭之曰 受命朝廷**하니 **不得擅留**라 **誠多諸君懷本之志**하야 **今以次息[4)]與文武賢才**로 **共鎭此境**하니 **勉與之居**하라하다 **十二月**에 **裕發長安**하야 **自洛入河**할새 **開汴渠以歸**하다

三秦의 父老들이 劉裕가 돌아가려 한다는 말을 듣고 劉裕의 집 문 앞에 와서 눈물 흘리며 하소연하기를 "遺民들이 조정의 교화를 입지 못한 지가 지금껏 백년이 되었는데, 이제야 비로소 中原의 衣冠을 보고는 사람들마다 서로 경하하였습니다. 長安의 열 개 陵은 公의 집안의 墳墓이고 咸陽의 宮殿은 公의 집안의 住宅이니, 이곳을 버리고 어디로 가려 하십니까?" 하였다. 劉裕가 민망히 여겨 그들을 위로하고 타이르기를 "내 조정에서 명령을 받았으니, 마음대로 머물 수가 없다. 진실로 諸君들이 근본(조상의 뿌리)을 그리워하는 뜻을 고맙게 여겨서 이제 둘째 자식과 어질고 재주 있는 문무 관원을 보내어 함께 이 지역을 鎭守하게 하였으니, 이들과 잘 지내기를 힘쓰라." 하였다. 12월에 劉裕가 長安을 출발하여 洛水로부터 黃河로 들어올 적에 汴渠를 개통한 뒤에 돌아왔다.

1)〔譯註〕三秦 : 秦나라가 망한 뒤에 項羽는 關中을 三分하여, 秦나라의 降將 章邯을 雍王으로, 司馬欣을 塞王으로, 董翳를 翟王으로 삼고 三秦이라 불렀는 바, 뒤에 陝西 일대를 가리키게 되었다.

2)〔附註〕長安十陵……捨此欲何之乎：十陵은 漢高帝長陵, 惠帝安陵, 文帝霸陵, 景帝陽陵, 武帝茂陵, 昭帝平陵, 宣帝杜陵, 元帝渭陵, 成帝延陵, 哀帝義陵, 平帝康陵이니 皆在關中이라 凡十一陵이어늘 言十者는 擧大數也라 長安宮殿이 皆漢故跡이요〈裕는〉劉氏子孫이라 故父老以此爲言而留之하니라

十陵은 漢나라 高帝의 長陵, 惠帝의 安陵, 文帝의 霸陵, 景帝의 陽陵, 武帝의 茂陵, 昭帝의 平陵, 宣帝의 杜陵, 元帝의 渭陵, 成帝의 延陵, 哀帝의 義陵, 平帝의 康陵이니 모두 關中에 있다. 모두 11陵인데 10이라고 말한 것은 큰 수를 든 것이다. 長安의 宮殿이 모두 漢나라의 故跡이었고 劉裕는 劉氏의 자손이었다. 그러므로 父老들이 이것을 말하여 머물게 한 것이다.

3)〔頭註〕愍然：愍은 悲也, 憐也라

愍은 슬퍼하고, 불쌍히 여기는 것이다.

4)〔頭註〕次息：義眞也니 長曰義符요 次曰義眞이요 次曰義隆이라

둘째 자식은 劉義眞이니, 첫째는 劉義符이고, 그 다음은 劉義眞이고, 그 다음은 劉義隆이다.

○ 閏月에 夏王勃勃이 聞太尉裕東還하고 大喜하야 問王買德曰 朕欲取關中하노니 卿이 試言其方略하라 買德曰 關中은 形勢之地어늘 而裕以幼子守之하고 狼狽而歸하니 正欲急成簒事爾라 不暇復以中原爲意하리니 此는 天以關中賜我니 不可失也니이다 勃勃이 乃使其子璝[1]로 帥騎二萬하야 向長安하고 勃勃은 自將大軍하고 爲後繼하다

閏月(윤12월)에 夏王 赫連勃勃이 太尉 劉裕가 동쪽으로 돌아갔다는 말을 듣고 크게 기뻐하여 王買德에게 묻기를 "朕이 關中 지방을 점령하고자 하니, 卿이 한번 그 방략을 말해 보라." 하니, 王買德이 말하기를 "關中 지방은 지형이 뛰어난 곳인데, 劉裕가 어린 아들에게 이곳을 지키게 하고 바삐 서둘러 돌아갔으니, 바로 찬탈하는 일을 급히 이루고자 해서입니다. 다시는 中原에 뜻을 둘 겨를이 없을 것이니, 이는 하늘이 關中 지방을 우리에게 주는 것입니다. 이 기회를 놓쳐서는 안 됩니다." 하였다. 赫連勃勃이 아들인 赫連璝로 하여금 기병 2만 명을 거느리고 長安으로 향하게 하고, 자신은 직접 대군을

거느리고 後繼(후원군)가 되었다.

1)〔頭註〕子璝 : 璝는 瑰라
璝는 瑰이다.

【戊午】十四年이라〈魏泰常三年이요 夏昌武元年이라〉

義熙 14년(무오 418) - 魏나라 泰常 3년이고, 夏나라 昌武 元年이다. -

正月에 夏赫連璝 至渭하니 關中民降之者 屬路라 沈田子將兵拒之하다 田子與王鎭惡으로 素有相圖之志러니 俱出北地하야 以拒夏兵할새 田子請鎭惡至傅弘之營하야 計事라가 田子求屛人語하고 使其宗人[1]沈敬仁斬之하다 弘之奔告劉義眞한대 義眞이 與王脩로 被甲登撗(광)門[2]하야 以察其變이러니 脩執田子하야 數以專戮하야 斬之하다 弘之大破赫連璝하니 夏兵이 乃退하다

正月에 夏나라 赫連璝가 渭水에 이르니, 關中의 백성들 중에 항복하는 자가 길에 이어졌다. 沈田子가 군대를 거느리고 이들을 막았다. 沈田子는 王鎭惡과 평소에 서로 상대방을 도모하려는 뜻이 있었는데, 함께 북쪽 지방에 나가서 夏나라 군대를 막게 되자 王鎭惡에게 傅弘之의 진영에 이르러 일을 의논할 것을 청하였다가〈王鎭惡이 이르자〉사람을 물리치고 조용히 말할 것을 요구하고는 宗人인 沈敬仁으로 하여금 王鎭惡의 목을 베게 하였다. 傅弘之가 劉義眞에게 이 사실을 알리자, 劉義眞이 王脩와 함께 갑옷을 입고 撗門에 올라서 사태의 변화를 관찰하였다. 王脩가 沈田子를 잡아서 將領을 제멋대로 죽인 죄를 물어 목을 베었다. 傅弘之가 赫連璝를 대파하니, 夏나라 군대가 마침내 후퇴하였다.

1)〔頭註〕宗人 : 官名이라 周禮에 有都宗人, 家宗人하니 家宗人은 掌家禮라 此는 猶田單宗人이니 乃田子之族人이라
宗人은 官名이다. ≪周禮≫에 都宗人과 家宗人이 있으니, 家宗人은 家禮를 맡는다. 이것은 田單宗人과 같으니, 바로 沈田子의 族人이다.

2)〔頭註〕撗門 : 撗은 音光이니 長安城門名也라

擴은 音이 광이니, 擴門은 長安의 城門 이름이다.

○ **六月**에 **宋公裕 始受相國, 九錫之命**[1)]하다

6월에 宋公 劉裕가 비로소 相國과 九錫의 命을 받았다.

1)〔頭註〕宋公裕……九錫之命[*)] : 太尉裕 始受相國, 宋公, 九錫之命이라
太尉 劉裕가 비로소 相國·宋公·九錫의 명을 받은 것이다.

*) 宋公裕……九錫之命 : 義熙 12년(416)에 晉나라 安帝가 이미 조서를 내려 劉裕에게 相國·宋公을 제수하고 九錫을 가하였는데, 당시에는 극구 사양하고 받지 않다가 이때에 비로소 받은 것이다.

○ **十月**에 **夏王勃勃**이 **進據咸陽**[1)]하니 **長安樵采路絶**이라 **裕聞之**하고 **召義眞東歸**하고 **以朱齡石**으로 **代鎭長安**하다 **赫連璝 帥**(솔)**衆三萬**하고 **追義眞**하야 **力戰連日**에 **晉兵大敗**라 **義眞**이 **僅得免歸**하다

10월에 夏王 赫連勃勃이 전진하여 咸陽을 점거하니, 長安의 나무 채취하는 길이 끊겼다. 劉裕가 이 말을 듣고 劉義眞을 불러 동쪽으로 돌아오게 하고 朱齡石을 長安에 대신 진주하게 하였다. 赫連璝가 군대 3만 명을 거느리고 劉義眞을 추격하여 연일 힘써 싸우니, 晉나라 군대가 대패하였다. 劉義眞이 겨우 죽음을 면하고 돌아왔다.

1)〔頭註〕咸陽 : 山南曰陽이요 水北曰陽이니 在渭水北, 九峻諸山之南이라 故로 名咸陽이라
山의 남쪽을 陽이라 하고 물의 북쪽을 陽이라 하니, 咸陽(長安)은 渭水의 북쪽과 九峻山 등 諸山의 남쪽에 있으므로 咸陽이라고 이름한 것이다.

○ **十一月**에 **齡石**[1)]이 **奔潼關**이라가 **爲人執送長安**하니 **勃勃**이 **殺之**하다 **勃勃**이 **卽皇帝位于灞上**하고 **都統萬**[2)]하다

11월에 朱齡石이 潼關으로 도망했다가 사람에게 사로잡혀 長安으로 보내지니, 赫連勃勃이 그를 죽였다. 赫連勃勃이 灞上에서 황제에 즉위하고 統萬

에 도읍하였다.

1)〔頭註〕 齡石 : 相國右司馬라
 朱齡石은 相國 劉裕의 右司馬이다.

2)〔頭註〕 統萬 : 勃勃이 築城於朔方郡北黑水之南하고 曰 朕方統一天下하야 君臨萬邦하니 新城宜名統萬이라하다
 赫連勃勃이 朔方郡 북쪽과 黑水 남쪽에 都城을 쌓고 말하기를 "朕이 비로소 天下를 통일하여 萬邦에 군림하였으니, 새로 쌓은 城은 마땅히 統萬이라 이름해야 한다." 하였다.

○ **宋公裕 以讖[1]云昌明[2]之後에 尙有二帝라하야 乃使中書侍郞王韶之하야 與帝左右로 密謀弑帝하고 而立琅琊王德文하니 戊寅에 德文이 卽皇帝位하다**

宋公 劉裕가 圖讖書에 "昌明(司馬曜)의 뒤에 아직도 두 황제가 있다."고 말했다 하여 마침내 中書侍郞 王韶之를 시켜서 황제의 좌우 사람들과 함께 은밀히 모의하여 황제를 시해하고 琅琊王 司馬德文을 세우니, 戊寅日(12월 17일)에 司馬德文이 황제에 즉위하였다.

1)〔頭註〕 讖 : 符命之書니 說文에 驗也라 凡讖, 緯는 皆言將來之驗이니 釋名曰 纖也니 其義纖微라
 讖은 符命의 글이니, ≪說文解字≫에 "징험(예언)하는 것이다." 하였다. 무릇 讖과 緯는 모두 장래의 일을 징험하는 것이니, ≪釋名≫에 이르기를 "讖은 섬세함이니 그 뜻이 纖微한 것이다." 하였다.

2)〔頭註〕 昌明 : 簡文帝子武帝曜之字라 〔通鑑要解〕 晉書帝紀曰 初에 簡文帝見讖하니 云 晉祚盡於昌明이라 及孝武帝之在孕也하야 李太后夢神人謂之曰 汝生男하리니 以昌明爲名하라 及産에 東方始明하니 因以爲名이라 簡文이 後悟流涕하니라
 〔頭註〕 昌明은 簡文帝의 아들인 武帝 司馬曜의 字이다. 〔通鑑要解〕 ≪晉書≫ 〈孝武帝紀〉에 이르기를 "처음에 簡文帝가 圖讖書를 보니, 도참서에 '晉나라의 국통이 昌明에서 다할 것이다.'라고 하였다. 孝武帝가 어머니의 뱃속에 잉태되어 있을 때에 李太后의 꿈에 神人이 이르기를 '너는 아들을 낳을 것이니, 昌明으로 이름을 삼으라.' 하였다. 해산할 때에 東方이 비로소 밝아오니, 인하여 昌明이라고 이름하였다. 簡文帝가 뒤에 깨닫고는 눈물을 흘렸다." 하였다.

〔史略 史評〕史斷曰 安帝弗辨寒燠하고 口不能言이어늘 道子, 元顯이 幷傾朝政하야 納賄窮奢가 不知紀極하니 主昏臣亂이 莫熾於斯라 桓玄乘釁하야 遂行簒奪이어늘 劉裕擧兵誅玄하고 再安宗社라 自時厥後로 伐南燕, 斬盧循, 滅姚泓하야 晉之威令이 雖伸이나 而裕之權勢 駸駸乎非復前日劉下邳矣니 晉欲安이나 可得乎아

史斷에 말하였다.

"安帝는 추위와 더위도 분별하지 못하고 입으로 말도 제대로 하지 못하였는데, 司馬道子와 司馬元顯이 함께 朝廷의 정사를 위태롭게 하여 뇌물을 받고 극도로 사치하여 끝을 알지 못하였으니, 군주가 어리석고 신하가 어지러움이 이때보다 더 심한 적이 없었다. 桓玄이 이 틈을 타서 찬탈하자, 劉裕가 군대를 일으켜 桓玄을 주벌하고 다시 종묘사직을 안정시켰다. 이 뒤로부터 南燕(慕容超)을 정벌하고 盧循을 목 베고 姚泓(後秦)을 멸망시켜 晉나라의 위엄과 명령이 비록 베풀어졌으나 劉裕의 권세가 점점 더해져 더 이상 진날의 下邳太守인 劉裕가 아니었으니, 晉나라가 편안하고자 하나 될 수 있었겠는가."

恭皇帝 名德文이요 **字德文**이니 **安帝母弟**라 **在位二年**이요 **壽三十七**이니 **傳于宋**하니라

恭皇帝는 이름이 德文이고 자가 德文이니, 安帝의 同母弟이다. 재위가 2년이고 壽가 37세이니, 宋나라에 전위하였다.

【己未】 元熙元年이라 〈**魏泰常四年**이요 **夏眞興元年**이라〉

元熙 元年(기미 419) - 魏나라 泰常 4년이고, 夏나라 眞興 元年이다. -

七月에 **宋公裕 進爵爲王**하다

7월에 宋公 劉裕가 작위가 승진되어 宋王이 되었다.

歷年圖曰 晉室旣衰에 中原雲擾하니 戎狄腥羶之氣 瀰漫河, 洛하고 薰蒸岱, 華하야 宮闕蕪沒하고 陵廟隳焚이라 元帝[1]以宗室疎屬으로 遯居江表하니 天下士民有思晉者 皆裹糧而歸之하야 國於荊揚之間하야 子孫相承하야 不絶如線이라 獨明帝[2]英武하야 克淸大憝(대)[3]러니 不幸享國不永하고 自餘는 孱弱孤危하야 外陵內叛하야 寄命於虎狼之口하야 幾遇呑食者數(삭)矣라 然이나 卒能保其位號하야 宗廟血食이 百有餘年은 何哉오 有王導, 卞壼, 溫嶠, 陶侃, 謝安, 謝幼度[4]爲之臣也일새라 群賢旣沒에 而道子, 元顯之徒輔之하니 敗亡이 不亦宜乎아

≪歷年圖≫에 말하였다.

“晉나라 황실이 이미 쇠약해지자 中原이 소란하니, 오랑캐의 비린내 나는 기운(야만스러운 풍속)이 黃河와 洛水 지역에 가득히 퍼지고 岱山과 華山까지 올라가서 궁궐이 황폐해지고 능묘가 무너지고 불탔다. 元帝가 종실의 먼 친족으로 도망하여 江東 지방에 거주하니, 晉나라를 그리워하는 천하의 선비와 백성들이 모두 양식을 싸가지고 그에게 귀부하여 荊州와 揚州의 사이에 나라를 세워서 자손들이 서로 계승하여 실낱같이 끊어지지 않고 이어져 왔다. 오직 明帝만이 英明하고 武勇이 있어서 악의 원흉인 王敦을 깨끗이 제거하였으나 불행히도 국가를 소유한 햇수가 길지 못하였고, 그 밖에는 잔약하고 외롭고 위태로워서 밖에서는 능멸하고 안에서는 배반하여 호랑이의 입에 목숨을 맡겨서 거의 먹힐 뻔한 것이 여러 번이었다. 그러나 마침내 지위와 명호를 보전하여 宗廟에 血食을 올린 것이 백여 년이나 이어진 것은 어째서인가? 王導・卞壼・溫嶠・陶侃・謝安・謝幼度(謝玄)가 신하가 되었기 때문이다. 여러 현자들이 죽자 司馬道子와 司馬元顯의 무리가 보필하였으니, 패망함이 또한 당연하지 않은가.”

1)〔頭註〕元帝 : 琅琊王睿라

元帝는 琅琊王 司馬睿이다.

2)〔頭註〕明帝 : 紹니 元帝長子라

明帝는 司馬紹이니, 元帝의 장남이다.

3)〔頭註〕大憝 : 憝는 惡也니 謂王敦이라
 憝는 악이니, 大憝는 王敦을 이른다.
4)〔頭註〕幼度 : 玄字라
 幼度는 謝玄의 字이다.

〔史略 史評〕史斷曰 劉裕弑安帝而立恭帝러니 卒爲裕所簒하니 而昌明後二帝之讖이 應矣로다

史斷에 말하였다.

"劉裕가 安帝를 시해하고 恭帝를 세웠는데, 끝내 劉裕에게 찬탈당하였으니, 昌明의 뒤에 두 황제가 있다는 讖言이 맞은 것이다."

〔史略 史評〕胡氏曰 元帝는 忘國大讐하야 無恢復之志하고 惟明帝는 才略最優호되 又降年不永하고 餘皆碌碌하야 不足算也라 嘗怪王敦, 蘇峻構亂하고 桓溫廢立하야 屢起逆謀하고 桓玄已簒이라 然이나 猶綿歷百有餘年之久者는 尙賴王導, 祖逖, 溫嶠, 謝安, 謝玄, 王坦之諸賢이 忠義奮發하야 平內難하고 却强秦하야 以扶持之也일새라 然而卒莫能恢拓中原者는 蓋以導知寬簡植國하야 而不能從祖逖雍丘益兵之語하고 安知和靜鎭國하야 而不能從謝玄乘勝自往彭城之謀故也라 群賢旣沒에 而道子, 元顯之徒輔之하니 敗亡이 不亦宜乎아

胡氏가 말하였다.

"元帝는 국가의 큰 원수를 잊어 中原을 회복할 뜻이 없었고, 明帝는 재주와 지략이 가장 넉넉하였으나 또 하늘이 내려 준 수명이 길지 못하였으며, 그 밖에는 모두 碌碌하여 따질 것이 못 된다. 내 일찍이 王敦과 蘇峻이 난리를 일으키고 桓溫이 자기 마음대로 군주를 폐위하고 세워서 여러 번 역모를 일으켰으며 桓玄이 이미 찬탈하였는데도 오히려 晉나라의 國統이 백여 년 동안이나 면면히 이어진 것을 괴이하게 여겼으니, 이는 王導·祖逖·溫嶠·謝安·謝玄·王坦之 등 여러 賢人들이 忠義心을 분발하여 내란을 평정하고 강한 秦나라를 물리쳐서 晉나라를 부지하였기 때문이다. 그러나 끝내 中原을 회복하지 못한 것은 王導는 너그러움과 간략함으로 나라를 세울 줄만 알아서 雍丘에 병력을 더 증원해 달라는 祖逖의 말을 따르지 못하였고, 謝安은 온화

함과 고요함으로 나라를 鎭定할 줄만 알아서 승세를 타고 직접 彭城으로 가겠다는 謝玄의 계책을 따르지 못했기 때문이다. 여러 현자들이 죽자 司馬道子와 司馬元顯의 무리가 보필하였으니, 패망함이 당연하지 않은가."

右東西二晉은 合一百五十六年이니 凡一十五帝라

이상 東晉과 西晉은 합하여 156년이니, 모두 15帝이다.

故事成語・熟語

通鑑節要 卷之二十五

○ 百姓安堵 : 11
백성들이 동요함이 없이 평안히 지냄을 이른다.

○ 夙興夜寐 : 13
아침에 일찍 일어나고 밤에 늦게 잔다는 뜻으로, 부지런히 일함을 이른다.

○ 食少事煩 : 13
먹는 것은 적은데 일은 많이 한다는 뜻으로, 司馬懿가 諸葛亮을 두고 한 말에서 유래하였다. 諸葛亮의 使者가 司馬懿의 군중에 이르자, 司馬懿가 諸葛亮의 자고 먹는 것과 처리하는 일의 많고 적음만 묻고 군대의 일은 묻지 않았는 바, 이로써 건강상태와 壽命의 길고 짧음을 엿본 것이다. 〔同義語〕 食少事繁

○ 死諸葛 走生仲達 : 13
仲達은 司馬懿의 字이다. 죽은 諸葛亮이 산 仲達을 패주시켰다는 뜻으로 전략의 천재인 諸葛亮이 죽은 후에도 생전의 위세로 살아 있는 司馬懿의 군사를 쫓은 데서 유래하였다. 諸葛亮은 죽음에 임박하여 자신이 수레에 앉아 지휘하는 모습을 꾸며 놓은 뒤에 군대를 철수하게 하였다. 司馬懿는 諸葛亮이 죽었다는 소식을 듣고 총공격을 개시해 蜀軍을 뒤쫓았는데, 갑자기 우렁찬 북소리와 촉한의 깃발이 보이면서 諸葛亮이 탄 수레가 나타나자, 司馬懿는 諸葛亮의 계략에 걸린 것이라고 생각하여 겁을 먹고 도망쳤다. 나중에 사람들이 이 일을 두고 조롱하기를 "죽은 諸葛亮이 살아 있는 司馬懿를 패주시켰다."고 하였다.

○ 吾能料生 不能料死 : 13
사람들이 죽은 諸葛亮이 살아 있는 司馬懿를 패주시켰다고 조롱하자, 사마의가 "나는 그(諸葛亮)가 살아 있는 것만 헤아렸지 죽은 것은 헤아리지 못했기 때문이다."라고 대답한 데에서 유래하였다.

○ 天下奇才 : 13
천하에 뛰어난 재주를 가진 사람을 이르는 말이다.

○ 勇猛過人 善養士卒 : 16
용맹이 보통 사람보다 뛰어나고 사졸들을 잘 보살핌을 이른다.

○ 賞不遺遠 罰不阿近 爵不可以無功取 刑不可以貴勢免 : 17
상을 내릴 때에 소원한 사람을 빠뜨리지 않고 벌을 내릴 때에 가까운 사람을 두둔하지 않으며, 관작은 功이 없이 취할 수 없고 형벌은 귀한 권세로 면할 수 없다는 뜻으로, 張裔가 諸葛亮을 칭찬한 말이다.

○ 出類拔萃 : 24
같은 무리 가운데에서 특별히 뛰어남을 이르는 말이다. 〔同義語〕 出類拔群, 出萃

○ 神守擧止 有如平日 : 24
三國時代 蜀漢의 蔣琬은 궂은 일이 있어도 슬퍼하는 기색이 없이 神守(精神)와 행동거지가 평소와 같아서 사람들에게 신망을 받았다.

○ 才德兼備 : 25
재주와 덕행을 모두 갖추었음을 이른다.

○ 顧名思義 : 25
자신의 이름을 돌아보고 그 뜻을 생각하는 것으로, 어떤 일을 당하여 그것이 자신의 명예를 더럽히는 일이 아닌지 또는 의리에 어긋나는 일이 아닌지 돌이켜 봄을 이른다. 王昶은 謹厚한 사람으로, 형의 아들은 王默·王沈이라 하고, 자신의 아들은 王渾·王深이라 이름 짓고서 경계하기를 "내가 이 네 글자로 너희의 이름을 지은 것은 자신의 이름을 돌아보고 그 뜻을 생각하여 어기지 않게 하기 위해서이다."라고 한 데서 유래하였다.

○ 速成則疾亡 晩就則善終 : 25
물건은 속히 이루어지면 빨리 없어지고 늦게 이루어지면 잘 끝마친다는 뜻으로, 급하게 이루어진 것은 쉽게 망가짐을 이르는 말이다. 〔同義語〕 速成速敗, 進銳退速

○ 朝華之草 夕而零落 松柏之茂 隆寒不衰 : 25
아침에 꽃이 피는 풀은 저녁이면 시들어 떨어지고 사철 내내 푸른 소나무와 측백나무의 무성함은 엄동설한에도 시들지 않음을 이른다.

○ 屈以爲伸 讓以爲得 弱以爲彊 : 25

굽힘으로 폄을 삼고 겸양으로 얻음을 삼고 약함으로 강함을 삼음을 이른다.

○ 救寒莫如重裘 止謗莫如自修 : 26
추위를 면하는 데는 두꺼운 갖옷만 한 것이 없고, 비방을 그치게 함은 스스로 자기 몸을 닦는 것만 한 것이 없다는 뜻이다.

○ 三考黜陟 : 27
黜은 좌천 또는 파면시키는 것이고 陟은 승진시키는 것으로, 세 번 상고한 다음 관리를 좌천시키거나 승진시킴을 이르는 바, ≪書經≫ 〈舜典〉에 '三考黜陟幽明'이라고 보인다.

○ 世有亂人而無亂法 : 27
혼란함을 다스리는 것을 亂이라고 하는 바, 세상에 다스리는 사람은 있으나 다스리는 법은 없다는 뜻으로, 法에만 전적으로 맡길 수 없음을 이른다.

○ 功費巨億 : 31
공력과 비용이 億으로 헤아릴 정도로 많이 허비됨을 이른다.

○ 汎舟而下 : 31
배를 타고 내려가 곧장 도달함을 이른다.

○ 百足之蟲 至死不僵 : 33
발이 백 개 달린 벌레는 죽음에 이르러도 쓰러지지 않는다는 뜻으로, 세력이 크면 비록 한때 약해지더라도 쉽사리 무너지지 않음을 비유하는 말이다. 百足은 노래기의 별칭으로, 三國時代 魏나라 曹冏의 ≪六代論≫에 "옛말에 이르기를 '발이 백 개 달린 벌레는 죽어도 쉽게 쓰러지지 않는다.' 하였는데, 이는 지탱하고 있는 것이 많아서이다." 하였다. 〔同義語〕 百足不僵, 百足之蟲 死而不僵, 百足之蟲 至斷不蹶, 百足之蟲 斷而不蹶

○ 言雖小 可以譬大 : 33
말이 비록 하찮으나 큰일을 비유할 수 있음을 이른다.

○ 秉心公亮 : 34
마음가짐이 공정하고 성실함을 이른다.

○ 獻可替否 : 34
군주가 不可하다고 해도 可하면 신하가 可를 올리고, 군주가 可하다고 해도 不可하면 신하가 可를 바꾸어 不可를 올리는 것으로, 군주를 보좌하여 착한 일을 하도록 권하고 악한 일을 하지 말도록 간함을 이른다. 〔同義語〕 獻替

○ 便僻佞慧 : 34
사람됨이 겉치레를 잘하여 간사하고 약삭빠름을 이른다.

○ 不敢爲非 : 34
두려워하여 감히 나쁜 짓을 하지 못함을 이른다.

○ 操弄威柄 : 34
위엄과 권병을 쥐고 마음대로 휘두름을 이른다.

○ 專擅朝政 : 36
조정의 정사를 혼자 마음대로 專斷함을 이른다.

○ 大逆不道 : 37
반역 등 큰 죄를 지어 도리에 크게 어긋남을 이른다. 〔同義語〕 大逆無道

○ 筋不束骨 脈不制肉 : 37
힘줄이 뼈마디를 단속하지 못하고 脈이 살을 제어하지 못하는 것으로, 사람이 죽기 전에 나타나는 일종의 병세이다.

○ 魂不守宅 血不華色 : 37
정신이 육신을 떠난 듯하고 피가 제대로 돌지 못하여 화색이 없는 것으로, 사람이 죽기 전에 나타나는 일종의 병세이다.

○ 祖尙虛無 : 38
허무한 老莊思想을 숭상함을 이른다.

○ 謂六經爲聖人糟粕 : 38
六經을 일러 聖人의 糟粕(찌꺼기)이라 한다는 뜻으로, 聖賢은 벌써 죽고 없으니, 聖賢의 남은 말씀은 마치 술을 다 짜고 버린 찌꺼기와 같다는 말이다.

○ 遂成風流 : 38
사람들이 다투어 사모하고 본받아서 마침내 風流를 이룸을 이른다.

○ 負其才武 : 40
자신의 재주와 武略을 자부함을 이른다.

○ 威權日去 : 44
위엄과 권력이 날로 떠나감을 이른다.

○ 不勝其忿 : 44
분함을 이기지 못함을 이른다.

○ 路人所知 : 44

길 가는 사람도 안다는 뜻으로, 모르는 사람이 없음을 이른다. 〔同義語〕 各人皆知, 衆所共知, 衆所周知

○ 竹林七賢 : 46
晉나라 초기에 老莊의 無爲思想을 숭상하고 竹林에 모여 淸談으로 세월을 보낸 일곱 명을 이르는 바, 곧 山濤・王戎・劉伶・阮籍・阮咸・嵇康・向(상)秀이다.

○ 崇尙虛無 輕蔑禮法 : 46
老莊의 허무사상을 숭상하고 禮法을 경시함을 이른다.

○ 縱酒昏酣 遺落世事 : 46
몸을 가누지 못할 정도로 술에 취하여 세상일을 잊음을 이른다.

○ 毁瘠骨立 : 46
너무 슬퍼하여 몸이 바짝 마르고 뼈가 앙상하게 드러남을 이른다. 〔同義語〕 形銷骨立, 柴毁骨立

○ 無異平日 : 46
평일과 다름이 없음을 이른다. 〔同義語〕 平淡無奇

○ 死便埋我 : 46
晉나라 때 竹林七賢의 한 사람인 劉伶은 술을 좋아해서 항상 鹿車를 타고 술 한 병을 차고는 사람을 시켜 삽을 메고 따르게 하고 말하기를 "내가 죽으면 곧 나를 그 자리에 묻으라."고 한 데서 유래한 말이다.

○ 爭慕效之 : 46
사람들이 좋게 여겨 다투어 사모하고 본받음을 이른다.

○ 聞所聞而來 見所見而去 : 46
鍾會가 嵇康의 명성을 듣고 찾아갔으나 嵇康이 그를 예우하지 않았다. 鍾會가 돌아가려 하자 嵇康이 묻기를 "무슨 소문을 듣고 왔다가 무엇을 보고 가느냐?" 하니, 鍾會가 "훌륭하다는 명성을 듣고 찾아왔으나 형편없는 모습을 보고 간다." 하였다. 이로 인해 鍾會는 嵇康에게 감정을 품어 文帝에게 참소하기를 "嵇康은 臥龍입니다."라고 하여, 결국 嵇康은 죽임을 당하였다. 臥龍은 흔히 때를 만나지 못한 영웅을 이르나 여기서는 숨어 있는 奸雄을 가리킨다.

○ 治兵繕甲 : 48
전쟁이나 전투에 대비하여 군대를 정돈하고 갑옷을 수선함을 이른다. 〔同義語〕 詰戎治兵, 厲兵秣馬, 堅甲厲兵, 整甲繕兵, 洗兵牧馬

○ 水陸竝進 : 48
강이나 바다, 육지에서 동시에 공격하여 나아감을 이른다.

○ 滅虢取虞 : 48
晉나라 獻公이 虞나라에게 길을 빌려 虢나라를 정벌한 다음 돌아올 때에 마침내 虞나라를 멸망시켰는 바, 甲이라는 나라를 공격할 때에 우선 乙이라는 나라를 이용하였다가 甲이라는 나라를 정벌한 뒤에 다시 乙이라는 나라를 공격하는 謀略을 이른다.

○ 以防未然 : 48
미연에 방지함을 이른다. 〔同義語〕 避李嫌瓜, 杜漸防萌, 杜隙防微, 桑土之防, 桑土綢繆

○ 笑而不答 : 50
물어도 웃기만 하고 대답하지 않는 것으로, 유유자적함을 이른다.

○ 長驅而前 : 50
승승장구하여 감히 맞서는 자가 없음을 이른다.

○ 出其不意 : 51
일이 예상하지 못한 데에서 나오는 것으로, 상대방의 허를 찔러 공격함을 이른다. 〔同義語〕 出人意外, 出其不意, 攻其不備, 出乎望外

○ 方軌而進 : 51
두 대의 수레가 나란히 전진함을 이르는 바, 평탄한 큰길을 이른다.

○ 鑿山通道 : 51
산을 뚫고 길을 냄을 이른다. 〔同義語〕 鑿通

○ 山高谷深 : 51
산이 높고 골짜기가 깊음을 이른다.

○ 至爲艱險 : 51
지극히 곤란하고 위험함을 이른다. 〔同義語〕 道盡塗窮

○ 魚貫而進 : 51
물고기를 꿰미에 꿴 것처럼 꼬리를 물고 줄을 지어 전진함을 이른다. 〔同義語〕 魚貫雁行

○ 不可禁制 : 52
어떤 행위를 저지할 수 없음을 이른다.

○ 理窮力屈 : 52
이치(논리)가 궁하고 힘이 다함을 이른다. 〔同義語〕 計窮力竭, 詞窮理絶

○ 背城一戰 : 52
城을 등지고 한 번 싸운다는 뜻으로, 최후의 결전을 가리키는 말로 쓰인다.

○ 同死社稷 : 52
社稷은 국가를 가리키는 말로, 국가를 위해 목숨을 바쳐 운명을 함께 함을 이른다.

○ 面縛輿櫬 : 52
面縛은 두 손을 등 뒤로 돌려 묶고 얼굴을 상대방에게 보이도록 앞으로 쳐드는 것이고, 輿櫬은 빈 관을 수레에 싣고 따르는 것으로, 投降하여 極刑을 받기를 자청하는 행위이다.

○ 功蓋中夏 : 57
功이 中夏를 뒤덮는다는 뜻으로, 功이 큼을 이른다.

○ 民畏其威而不懷其德 : 57
백성들이 위엄만 두려워하고 德을 그리워하지는 않음을 이른다.

○ 任賢使能 各盡其心 : 57
어질고 유능한 인재를 적재적소에 등용하여 각각 그 마음을 다하게 함을 이른다.

○ 國無政令 : 57
권신이 조정을 독점하여 나라에 政令이 없음을 이른다.

○ 先聲後實 : 58
먼저 소문을 퍼뜨리고 나중에 행동을 개시함을 이른다. 〔同義語〕 兵貴先聲

○ 席卷 : 58
자리를 만다는 뜻으로, 빠른 기세로 영토를 휩쓸거나 세력 범위를 넓힘을 이르는 말이다. 〔同義語〕 雲屯席卷

○ 內有異志 : 58
속으로 배반하려는 마음이 있음을 이른다.

○ 決意謀反 : 59
모반하기로 결심함을 이른다.

○ 教化隆於上 淸議行於下 : 67
教化가 위에서 높고 깨끗한 의논이 아래에서 행해짐을 이른다.

○ 寧飮建業水 不食武昌魚 寧還建業死 不止武昌居 : 68
三國時代 吳나라의 孫皓가 武昌에 거하자 揚州 백성들이 長江을 거슬러 올라가 공급하느라 괴로워하여 '차라리 建業의 물을 마실지언정 武昌의 물고기를 먹지 않으며, 차라리 建業에 돌아가 죽을지언정 武昌에 남아 살지 않겠다.'는 童謠를 부르니, 孫皓가 다시 建業에 도읍하였다.

○ 取大捨小 去密就簡 : 69
큰 것을 취하고 작은 것을 버리며 치밀한 것을 버리고 간략한 데로 나아간다는 뜻으로, 상대방으로 하여금 따르기 쉽게 함을 이른다.

○ 神而明之 存乎其人 : 69
어떤 제도나 방법을 잘 이용하여 神明하게 만드는 것은 사람에게 달려 있다는 뜻으로, ≪周易≫ 〈繫辭上〉에 "변화하여 알맞게 만듦은 變에 있고 미루어 행함은 通에 있고 神妙하게 하여 밝힘은 사람에 있고 묵묵히 이루며 말하지 않아도 믿음은 德行에 있다.〔化而裁之 存乎變 推而行之 存乎通 神而明之 存乎其人 默而成之 不言而信 存乎德行〕"라고 보인다.

○ 事竟不行 : 69
일이 끝내 시행되지 못함을 이른다.

○ 輕裘緩帶 : 71
晉나라 장군 羊祜는 軍中에 있을 때에도 항상 가벼운 갖옷을 입고 띠를 느슨히 매었다는 데서 유래한 말로 從容하고 한가로운 모습을 형용한다.

○ 德均則衆者勝寡 力侔則安者制危 : 72
德이 비슷하면 병력이 많은 자가 적은 자를 이기고, 힘이 대등하면 편안한 자가 위태로운 자를 제압함을 이른다.

○ 中夜撫枕 臨餐忘食 : 72
한밤중에도 베개를 어루만지며 잠을 제대로 이루지 못하고 밥상을 대하고도 밥 먹는 것을 잊는다는 뜻으로, 자는 것과 먹는 것도 잊을 정도로 어떤 일에 열중하여 노력함을 이른다.

○ 蔽江而下 : 75
온 강을 뒤덮고 떠내려 옴을 이른다.

○ 刻日方戰 : 76
날짜를 정하고 나서야 비로소 싸운다는 뜻으로, 기습할 계책을 하지 않음을 이른다.

○ 飮以醇酒 使不得言 : 76
晉나라 羊祜는 부하 중에 상대방을 속이는 계책을 올리려는 자가 있으면 그때마다 독한 술을 마시게 하여 말하지 못하게 하였다.

○ 使命常通 : 76
晉나라 羊祜와 吳나라 陸抗은 각각 적국의 장수로서 국경에서 서로 대치하였으나 명령을 전달하는 使者가 항상 왕래하였다.

○ 彼專爲德 我專爲暴 : 76
저들은 오로지 덕을 행하고 우리는 오로지 포악함을 행한다는 뜻이다.

○ 敗俗傷化 : 77
풍속을 무너뜨리고 교화를 손상시킴을 이른다.

○ 甄拔人物 : 78
재능이 있는지를 잘 헤아려서 인재를 선발함을 이른다.

○ 山公啓事 : 78
山公은 晉나라 山濤의 별칭으로, 山濤가 吏部尙書가 되어 인물을 선발하여 상주하면서 각 인물의 장단점을 품평하여 제목을 붙였는데, 당시 사람들이 이를 山公啓事라 칭하였다.

○ 汎舟順流 星奔電邁 : 78
배를 타고 강을 따라 내려와서 유성처럼 달리고 번개처럼 달린다는 뜻으로, 신속함을 비유한다.

○ 謀之雖多 決之欲獨 : 80
어떤 일을 계획할 때에는 여러 사람의 의견을 다 들어야 하나 결단은 홀로 하여야 함을 이른다.

○ 輕重不齊 强弱異勢 : 80
형세의 경중이 똑같지 않고 강약의 형세가 다름을 이른다.

○ 一夫荷戟 千人莫當 : 80
한 지아비가 창을 메고 있으면 천 명이 당해내지 못한다는 뜻으로, 지형이 매우 험함을 이른다. 〔同義語〕一夫當關 萬夫莫開

○ 乘勝席卷 : 80
승세를 타고 계속 몰아붙여 세력을 넓힘을 이른다.

○ 勢分形散 所備皆急 : 81

형세가 분산되어서 방비하는 것이 모두 위급하게 됨을 이른다.

○ 恣情任意 : 81
감정대로 행동함을 이른다.

○ 不能持久 : 81
오래 버티지 못함을 이른다.

○ 天下不如意事 十常居八九 : 82
천하에 뜻대로 안 되는 일이 열 중에 항상 여덟아홉을 차지한다는 뜻으로, 세상 일 중에 뜻대로 되지 않는 것이 항상 더 많음을 이른다.

○ 功名之際 臣不敢居 : 83
功名을 얻는 즈음은 신하가 감히 차지할 수가 없다는 뜻으로, 공명이 이루어질 때는 신하가 처신하기 어려움을 이른다.

○ 此座可惜 : 84
이 자리가 아깝다는 뜻으로, 權座에 오를 사람이 적임자가 아님을 이른다. 晉나라 武帝의 太子 司馬衷이 昏愚하여 後嗣가 될 수 없었는데, 衛瓘이 매번 이것을 아뢰고자 하였으나 감히 말을 꺼내지 못하였다. 마침 淩雲臺에서 武帝를 모시고 잔치할 적에 衛瓘이 거짓으로 취한 체하고서 龍牀 앞에 무릎 꿇고 말하기를 "신이 아뢰고 싶은 것이 있습니다." 하였다. 武帝가 "公이 말하려는 것이 무엇인가?" 하니, 衛瓘이 세 차례나 말하려고 하다가 그만두고는 손으로 龍牀을 어루만지며 "이 자리가 아깝습니다." 하였다. 武帝가 마음속으로 그의 意向을 깨닫고 인하여 거짓으로 말하기를 "公이 참으로 크게 취했는가?" 하니, 衛瓘이 다시는 말하지 못하였다.

○ 哭之甚哀 : 85
통곡하며 몹시 슬퍼함을 이른다.

○ 墮淚碑 : 85
晉나라 羊祜가 襄陽을 鎭守할 때에 자주 峴山에 올라가 놀았는데, 그가 죽은 뒤에 양양 사람들이 그의 恩德을 사모하여 현산에 碑를 세우니, 그 앞을 지나는 이들이 모두 눈물을 떨어뜨렸으므로 그 碑를 墮淚碑라 하였다.

○ 博習經史 : 86
經書와 史書를 널리 익힘을 이른다.

○ 膂力過人 : 86
힘이 남보다 뛰어남을 이른다.

○ 荒淫凶逆 : 87
荒淫無道하고 不忠不孝하는 흉악한 행동을 이른다.

○ 死亡無日 : 87
죽을 날이 얼마 남지 않아 금방 닥칠 것임을 이른다.

○ 無失事機 : 87
일을 할 수 있는 중요한 시기를 놓치지 말라는 뜻이다.〔同義語〕勿失好機

○ 計不出己 功不在身 : 88
계책이 자신에게서 나오지 않아서 功 또한 자신에게 오지 않음을 이른다.

○ 國富兵彊 : 88
나라가 부유하고 군대가 강함을 이른다.〔同義語〕富國强兵

○ 誅殺賢能 : 88
어진 이와 유능한 이를 함부로 죽임을 이른다.

○ 不勞而定 : 88
수고롭지 않고도 평정함을 이른다.

○ 外寧必有內憂 : 88
밖(변경)이 편안하면 반드시 안(국내)에 우환이 있음을 이른다.

通鑑節要 卷之二十六

○ 所向皆克 : 90
향하는 곳마다 모두 승리함을 이른다.

○ 縛草爲人 被甲持杖 : 90
풀을 묶어 인형을 만들어서 갑옷을 입히고 무기를 잡고 있는 것처럼 위장함을 이른다.

○ 乃飛渡江 : 91
마침내 날아서 강을 건넜다는 뜻으로, 예상외로 큰 강을 쉽게 건너옴을 경탄하는 말이다.

○ 譬如破竹 : 93
군대의 위엄이 떨쳐져 마치 대나무를 쪼개듯이 적을 쉽게 격파함을 이른다. 대나무는 일단 몇 마디를 쪼개고 나면 그 나머지는 모두 칼날이 닿는 대로 저절로 쪼개져서 다시는 손쓸 필요가 없으므로 이것을 破竹之勢라 칭한다.〔同義語〕土崩

○ 指授方略 : 93
方略을 지시하여 가르쳐 줌을 이른다.

○ 振旅還都 : 93
군대를 정돈하여 도성으로 돌아옴을 이른다.

○ 望旗而降 : 93
적군의 깃발만 바라보고도 투항함을 이른다.

○ 兵甲滿江 旌旗燭天 威勢甚盛 : 93
병기와 갑옷이 강에 가득하고 깃발이 하늘을 뒤덮어 군대의 위세가 대단함을 이른다.

○ 暫過論事 : 93
잠시 들러 일을 의논한다는 뜻이다.

○ 意甚愧忿 : 101
마음속으로 몹시 부끄러워하고 분해함을 이른다.

○ 宗黨强盛 : 101
宗黨(친족)이 매우 강성함을 이른다.

○ 徑出不辭 : 101
곧바로 나오고 하직인사를 하지 않는다는 뜻으로, 王濬이 스스로 공이 큰데도 王渾 父子와 그들의 도당에게 꺾이고 눌린다고 생각하여 매번 나아가 황제를 뵐 때마다 자신이 정벌한 공로와 억울한 情狀을 아뢰고 때로는 분함을 이기지 못해서 황제에게 하직인사를 올리지 않고 곧바로 오는 경우가 있었다.

○ 角巾私第 : 101
角巾은 옛날 隱士나 관직에서 은퇴한 이들이 쓰던 角이 있는 方巾인데, 훌륭한 공을 세운 뒤에 스스로 겸양하여 벼슬을 그만두고 私邸로 돌아옴을 이른다.

○ 何力之有 : 101
무슨 힘이 있겠느냐는 말이다.

○ 功重報輕 : 101
공로는 큰데 그에 대한 보답이 작음을 이른다.

○ 天下雖安 忘戰必危 : 103
천하가 비록 안정되었으나 전쟁의 대비를 잊으면 반드시 위태로워짐을 이른다.

○ 身不跨馬 射不穿札 用兵制勝 諸將莫及 : 103

杜預는 직접 말을 타지 않고 활을 쏠 때에 힘이 약하여 갑옷을 뚫지 못하였으므로 野戰의 공은 세우지 못한 반면, 智謀가 뛰어나서 군대를 운용하여 승리하게 하는 것은 장수들 중에 그에게 필적할 만한 자가 없었다.

○ 韜戢(도집)干戈 : 103
천하가 통일되어 창과 방패를 거두어 깊이 간직함을 이른다. 〔同義語〕 五兵韜戢, 干戈韜戢, 偃武息戈, 兵銷革偃, 櫜甲束兵

○ 歷古爲患 : 104
예로부터 근심거리였음을 이른다.

○ 頗事遊宴 怠於政事 : 106
宴會를 일삼고 정사를 태만히 함을 이른다.

○ 恣其所之 : 106
가는 대로 내버려 둠을 이른다. 〔同義語〕 任其自流, 聽之任之

○ 交通請謁 勢傾內外 : 106
윗사람과 아랫사람이 찾아가서 청탁하여 권세가 內外를 휩쓰는 것을 이른다.

○ 奢侈相高 : 107
사치함을 다투어 서로 경쟁함을 이른다.

○ 以粭澳(이욱)釜 以蠟代薪 : 107
米餹으로 솥을 닦고 밀랍으로 장작을 대신한다는 뜻으로, 晉나라 石崇과 王愷가 서로 富를 자랑하여 사치를 다툰 고사에서 유래하였다. 〔同義語〕 蠟薪飴澳

○ 紫絲步障四十里 錦步障五十里 : 107
붉은색 명주로 40리 길이의 步障을 만들고 비단으로 50리 길이의 步障을 만들었다는 뜻으로, 晉나라 石崇과 王愷가 서로 사치를 다툰 고사에서 유래하였다. 步障은 옛날 부귀한 자들이 출행할 때에 바람이나 먼지를 막기 위하여 길가에 쳐 놓는 일종의 병풍이다.

○ 不足爲恨 : 107
굳이 한할 것이 없음을 이른다.

○ 高下任意 榮辱在手 : 109
考課를 함에 있어 지위를 높이고 낮추는 것을 자기 마음대로 하고, 영화롭게 하고 욕되게 함이 자신의 손에 달려 있음을 이른다.

○ 操人主之威福 奪天朝之權勢 : 109

상벌을 내리는 군주의 권한을 쥐고 天朝의 권세를 빼앗는다는 뜻이다. 魏晉 南北朝 시대의 관리 등용 제도인 九品中正制는 漢나라 때의 鄕擧里選法을 대신한 것으로, 지방의 각 州・郡・縣의 장관과는 별도로 中正官을 설치하여, 中正官이 지방의 인사를 덕행과 재능에 따라 아홉 등급으로 분류 판정하여 중앙의 吏部로 천거하였는데, 劉毅가 九品中正制의 문제점을 지적하면서 올린 상소에 나오는 말이다.

○ 用心百態 營求萬端 : 109
마음 씀이 천태만상이고 이익을 도모하기를 萬端으로 하는 것으로, 사무를 처리함에 있어 公正하지 못하고 情實이나 利權에 빠짐을 이른다.

○ 上品無寒門 下品無勢族 : 110
上品에 오른 사람치고 빈한한 가문이 없고 下品에 든 사람치고 세력 있는 집안이 없음을 이른다.

○ 抱怨積直 : 110
억울한 일을 당한 자들이 마음속에 원한을 품고 있음을 이른다.

○ 暮夜倉猝 宜備非常 : 113
한밤중에 창졸간이니 비상사태에 대비해야 함을 이른다. 晉나라 武帝가 才人 謝玖를 太子 司馬衷에게 내려 皇孫 司馬遹을 낳았는데, 매우 총명하였다. 司馬遹의 나이가 다섯 살이었을 적에 일찍이 한밤중에 실화로 궁궐 안에 불이 났는데, 武帝가 누대에 올라가 이를 구경하니, 司馬遹이 武帝의 소매를 끌고 어둠 속으로 들어가며 말하기를 "늦은 밤에 창졸간이니 비상사태에 대비해야 합니다. 불빛이 비쳐 군주를 보게 해서는 안 됩니다."라고 하였다.

○ 宇量宏厚 明達好謀 : 114
도량이 크고 넓으며 사리에 통달하고 도모하기를 좋아함을 이른다.

○ 容納直言 未嘗失色於人 : 114
직언을 용납하여 일찍이 사람들 앞에서 무슨 말을 들어도 얼굴빛이 달라진 적이 없음을 이른다.

○ 百官總己以聽 : 114
百官들이 자신의 직책을 모두 총괄하여 大臣에게 명령을 들음을 이른다.

○ 盡忠帝室 彌縫遺闕 : 115
황실에 충성을 다하여 임금을 보필해서 임금의 잘못을 바로잡음을 이른다.

○ 與時浮沈 無所匡救 : 116

시대에 영합하여 세상을 바로잡거나 구원하는 바가 없음을 이른다.

○ 委事僚寀 輕出遊放 : 116

事務를 屬僚에게 맡기고 가볍게 나가서 놀고 방탕함을 이른다.

○ 自執牙籌 晝夜會計 : 116

牙籌는 상아로 만든 주판으로, 高官이 직접 牙籌를 잡고 밤낮으로 재물을 계산함을 이른다. 晉나라 王戎은 성질이 탐욕스럽고 인색하여 재물 늘리는 것을 좋아하였는데, 여러 곳에 토지를 소유하고 있으면서 항상 牙籌를 잡고서 밤낮으로 계산하였다고 한다.

○ 鑽核 : 116

자신의 이익만을 추구한다는 뜻으로, 王戎은 몹시 인색하여, 자기 집에 좋은 오얏나무가 있었는데, 이것을 팔 때에는 남들이 좋은 씨앗을 얻을까 염려하여 오얏씨에 구멍을 뚫은 다음에 팔았다는 고사에서 유래하였다. 〔同義語〕 鑽李

○ 三語掾 : 116

掾은 掾吏의 뜻이다. 晉나라 때 王戎이 阮咸의 아들인 阮瞻에게 老莊과 儒敎의 차이점에 대하여 물었는데, 阮瞻이 "아마 서로 같지 않겠습니까.〔將無同〕"라는 세 글자로 대답하자, 王戎이 한동안 감탄하다가 추천하여 관속을 삼았으므로, 사람들이 세 마디의 대답으로 얻어진 掾이라 하여 三語掾이라고 하였다.

○ 宅心事外 名重當世 : 116

晉나라 때 재상인 王衍은 마음을 사물 밖에 두어 名望이 당대에 높았다.

○ 神精明秀 : 117

정신과 의표가 밝고 빼어남을 이른다.

○ 寧馨兒 : 117

寧馨兒는 晉・宋 시대의 속어로 '이러한 아이'라는 말인데, 아주 총명하고 영특한 아이를 가리킨다. 晉나라 때 王衍이 정신과 의표가 밝고 빼어났는데, 젊었을 때에 山濤가 그를 보고 한동안 감탄하고 말하기를 "어떤 노부인이 이런 아이를 낳았단 말인가."라고 했던 데서 유래하였다.

○ 與物無競 : 117

남과 다툼이 없음을 이른다.

○ 約言析理 : 117

간략한 말로 이치를 분석함을 이른다.

○ 祖述老莊 : 119
老莊思想을 근본으로 하여 말을 하고 글을 지음을 이른다.

○ 弱則畏服 彊則侵叛 : 120
자신의 세력이 약할 때에는 두려워서 복종하고, 강성할 때에는 침략하고 배반함을 이른다.

○ 待之有備 禦之有常 : 120
상대함에 방비가 있고 막음에 일정한 법도가 있는 것으로 有備無患의 뜻이다.

○ 土沃物豐 : 121
토지가 비옥하고 물산이 풍부함을 이른다.

○ 必然之勢 已驗之事 : 121
필연적인 형세이고 이미 징험한 사실임을 이른다.

○ 此鳴者 爲官乎 爲私乎 : 125
晉나라 惠帝는 천성이 昏暗하였는데, 일찍이 華林園에서 놀다가 개구리 우는 소리를 듣고 좌우 신하들에게 묻기를 "저 개구리가 官을 위해서 우느냐, 私家를 위해서 우느냐?" 하자, 혹자가 대답하기를 "官의 땅에 있는 놈은 官을 위해서 울고, 私家의 땅에 있는 놈은 私家를 위해서 우는 것입니다."라고 했다는 고사에서 유래하였다.

○ 何不食肉糜 : 125
먹을 곡식이 없다면 왜 고기죽을 먹지 않느냐고 반문한 것이다. 晉나라 惠帝는 우매하기 짝이 없었는데, 천하에 흉년이 들어서 백성들이 飢餓에 허덕이자, 惠帝는 이 말을 듣고 말하기를 "어찌하여 고기죽을 먹지 않는가?"라고 하였다.

○ 權在群下 政出多門 : 125
군주가 군주 노릇을 제대로 하지 못하여 권력이 여러 신하들에게 있고 政令이 여러 갈래에서 나옴을 이른다.

○ 有如互市 : 125
권세 있는 집안들이 번갈아 서로 천거하고 청탁하는 것이 마치 시장에서 물건을 사고파는 것과 같음을 이른다.

○ 貨賂公行 : 125
뇌물이 공공연히 행해짐을 이른다.

○ 錢神論 : 125

문장의 이름으로, 晉나라 때 은사인 魯褒가 지은 글이다. 晉나라 惠帝 때에 국정이 문란하고 뇌물이 성행하여 세상 사람들이 모두 돈을 좋아하므로, 魯褒가 姓名을 숨기고 錢神論을 지어서 시속을 풍자하였다.

○ 錢之爲體 有乾坤之象 : 125
돈의 모양이 乾과 坤의 형상이 있다는 뜻으로, 乾坤은 하늘과 땅이다. 돈의 모양이 밖은 둥글고 가운데에는 네모난 구멍이 있으므로 乾坤의 형상이 있다고 하였는 바, 돈을 天圓地方이라 이르기도 한다.

○ 親之如兄 字曰孔方 : 125
돈을 형처럼 친애하고 字를 孔方이라 한다는 뜻으로, 魯褒의 錢神論에 나오는 구절이다. 돈의 모양이 밖은 둥글고 가운데에는 네모난 구멍이 있으므로 돈을 擬人化하여 孔方이라고 익살스럽게 표현한 말이다.

○ 無德而尊 無勢而熱 : 125
돈만 있으면 德이 없어도 지위가 높아지고 세력이 없어도 현달할 수 있다는 뜻이다.

○ 危可使安 死可使活 貴可使賤 生可使殺 : 125
돈만 있으면 위태로운 자도 편안하게 할 수 있고 죽을 자도 살려 줄 수 있으며, 귀한 자도 천하게 될 수 있고 살 자도 죽게 할 수가 있다는 뜻이다.

○ 華而不實 : 127
꽃만 피고 열매는 맺지 못한다는 뜻으로, 겉모습은 아름답지만 실속이 없는 것을 비유하는 말이다.

○ 慾而無厭 : 127
탐욕스러워 만족할 줄 모름을 이른다.

○ 會見汝在荊棘中 : 127
나라가 망함을 뜻하는 말로, 晉나라의 索靖은 선견지명이 있었는데, 장차 난세가 닥칠 것을 미리 알고 洛陽의 궁궐 문 앞에 세워진 구리 낙타를 가리키며 탄식하기를 "네가 마침내 가시덤불 속에 있는 꼴을 보겠구나."라고 한 데에서 유래하였다. 〔同義語〕 銅駝荊棘, 銅駝草莽

○ 貂蟬盈坐 : 129
貂蟬은 貂蟬冠으로 담비 꼬리〔貂尾〕와 매미 깃〔蟬翼〕으로 꾸몄기 때문에 이렇게 칭하는 바, 벼슬을 함부로 내려 貂蟬冠을 쓴 높은 벼슬아치들이 자리에 가득함을 이른다. 晉나라 때 趙王 司馬倫이 지위를 찬탈한 뒤에 자신의 黨與에게 爵位를

가하여 조회할 때마다 貂蟬冠을 쓴 벼슬아치들이 자리에 가득한 데서 유래하였다. 〔同義語〕 象笏滿床

○ 貂不足 狗尾續 : 129
담비 꼬리가 부족하여 개 꼬리로 이어 붙였다는 뜻으로, 벼슬을 함부로 내림을 비유하는 말이다. 晉나라 때 趙王 司馬倫의 黨與가 모두 卿相에 제수되어 그의 노복들까지도 모두 작위를 받게 되자, 冠에 장식하는 貂尾가 부족해서 개 꼬리로 장식하였는데, 사람들이 이를 狗尾續貂라고 비난한 데서 유래하였다. 〔同義語〕 狗尾續貂, 狗尾貂續

○ 乘輿反正 : 129
乘輿는 옛날에 天子나 諸侯가 타는 수레인데, 임금을 가리키는 말로 쓰이기도 하며, 反正은 帝王이 復位하는 것을 가리킨다.

○ 驕奢擅權 中外失望 : 130
교만하고 사치하며 권력을 제멋대로 행사하여 나라 안팎의 사람들이 모두 실망함을 이른다.

○ 蓴(순)羹鱸(로)魚膾 : 131
고향을 그리워하여 벼슬을 버리고 돌아감을 이르는 말로, 晉나라의 張翰이 洛陽에 와서 벼슬하다가 가을바람이 불자 고향인 江東의 명물인 순챗국과 농어회 맛이 그립다 하여 관직을 사퇴하고 고향으로 돌아간 고사에서 유래하였다. 〔同義語〕 蓴鱸

○ 人生貴適志 富貴何爲 : 131
인생은 뜻에 맞는 것을 귀하게 여길 뿐이니 부귀한들 무엇하겠느냐는 말이다. 晉나라 때 張翰이 洛陽에 들어가 大司馬의 東曹掾으로 있다가 가을바람이 일어나자 고향인 吳中의 순챗국과 농어회가 생각나 말하기를 "인생은 자기 뜻에 맞게 사는 것이 중요한데, 어찌 수천 리 밖에서 벼슬에 얽매여 명예와 작위에 구할 것이 있겠는가.〔人生貴得適志 何能羈宦數千里以要名爵乎〕" 하고, 즉시 벼슬을 그만두고 고향으로 돌아간 고사에서 유래하였다.

○ 驍(효)勇絶人 博涉經史 : 132
驍勇은 날쌔고 용감하다는 뜻으로, 용맹함이 보통 사람보다 뛰어나고 널리 經史를 섭렵하여 文識과 武略을 겸비함을 이른다.

○ 徒有虛號 無復尺土 : 132
단지 실속 없는 관직의 이름만 있을 뿐 실제로는 한 자 되는 작은 땅도 소유한 것이 없음을 이른다.

○ 降同編戶 : 132
編戶는 천민의 호적에 편입된 일반 백성을 가리키는 바, 王侯가 강등되어 일반 백성과 같아짐을 이른다.

○ 斂手受役 : 132
손 놓고 가만히 있으면서 상대방이 시키는 대로 사역 당함을 이른다.

○ 骨肉相殘 四海鼎沸 : 132
골육간에 서로 해쳐서 천하의 여론이 솥의 물이 끓듯 떠들썩하게 일어남을 이른다.

○ 恩結於民 : 133
은혜가 백성들에게 베풀어짐을 이른다.

○ 專制朝政 不得預事 : 135
權力者가 조정의 정사를 專制하여 딴 사람이 다시는 정사에 관여하지 못함을 이른다.

○ 推心親信 : 138
자기 마음을 미루어 친애하고 신임함을 이른다.

○ 此土之望 : 138
그 지방의 명망 있는 사람을 이른다.

○ 日食萬錢 猶云無下箸處 : 141
하루에 萬錢의 비용을 들여 珍味를 먹으면서도 먹을 만한 음식이 없다고 불평함을 이른다. 晉나라 何曾은 豪奢를 좋아하여 하루에 먹는 음식의 비용으로 萬錢을 쓰고도 "젓가락 댈 곳이 없다."고 말한 데에서 유래하였다.

○ 計不在己 : 143
계책이 자신에게서 나오지 않았음을 이른다.

○ 少無宦情 不豫世事 : 143
젊어서부터 벼슬할 마음이 없어서 세상일에 관여하지 않음을 이른다.

○ 名蓋四海 身居重任 : 143
명성은 온 천하를 뒤덮을 정도로 자자하고 몸은 중요한 직책에 있음을 이른다.

○ 百六掾(연) : 145
掾은 掾吏라는 뜻으로, 106명의 掾吏를 두었음을 이른다. 晉나라 懷帝 때에 五

胡가 들어와 나라가 어지러웠으므로 士民들이 江東으로 건너가니, 鎭東司馬 王導가 琅琊王 司馬睿를 설득하여 인재들을 불러들여 掾屬(官屬)으로 삼아 王業을 이룰 것을 권하였는데, 이때 掾屬의 수가 106명이었으므로 당시 사람들이 百六掾이라고 불렀다. 〔同義語〕 江左掾

○ 兵勢大振 : 146
군세가 크게 떨쳐짐을 이른다.

○ 無復憂矣 : 146
다시는 근심할 필요가 없음을 이른다.

○ 風景不殊 擧目有江河之異 : 146
풍경을 대하고 망한 나라를 생각하여 탄식하고 슬퍼함을 이른다. 西晉 말년에 中原을 잃고 江南으로 피난온 신하들이 江蘇省 江寧縣에 있는 新亭에서 모여 술을 마실 적에 周顗가 탄식하기를 "風景은 예와 다름이 없는데, 山河는 옛 산하가 아니네." 하니, 참석한 이들이 모두 서로 돌아보며 눈물을 흘렸다. 〔同義語〕 新亭淚, 相對新亭

○ 勠力王室 克復神州 何至作楚囚對泣耶 : 146
宰臣들이 나라의 衰運을 한갓 슬퍼하기만 함을 비판한 말이다. 西晉 말년에 江南으로 피난을 온 신하들이 新亭에 모였을 적에 통곡하고 눈물을 흘리자, 승상 王導가 "서로들 왕실에 힘을 바쳐 중원을 회복할 생각을 해야 할 때에, 어쩌자고 楚나라 죄수처럼 서로들 울기만 하는가.〔當共戮力王室 克復神州 何至作楚囚相對〕"라고 꾸짖은 고사에서 유래하였다. 楚囚는 晉侯가 軍府를 순시할 때 鍾儀가 우는 것을 보고 "남쪽의 冠을 쓰고 갇혀 있는 저 자는 누구인가?"라고 하니, 有司가 "鄭人이 바친 楚나라 죄수입니다."라고 한 데서 유래한 말로, 역경에 빠져 어찌할 도리가 없는 경우에 처한 신세를 가리킨다.

○ 連戰皆敗 : 148
싸울 때마다 계속하여 패배함을 이른다. 〔同義語〕 七戰八敗

○ 美風神 善淸談 : 149
風神이 아름답고 淸談을 잘함을 이른다.

○ 終身不見(현)喜怒之色 : 149
종신토록 기뻐하고 노여워하는 기색을 겉으로 드러내지 않음을 이른다.

○ 軍國之事 悉以委之 : 150
軍務와 國政을 모두 자문함을 이른다.

○ 隨才授任 : 150
재주에 따라 임무를 맡김을 이른다. 〔同義語〕 任人唯賢, 任賢使能, 知人善任

○ 糾合驍健 : 151
날래고 건장한 자들을 규합함을 이른다.

○ 自相魚肉 : 151
자기들끼리 다투어 서로 屠戮함을 이른다. 〔同義語〕 自相殘殺

○ 毒流中土 : 151
오랑캐들이 中原을 차지하여 해독이 中原에 미침을 이른다.

○ 人思自奮 : 151
사람마다 저마다 스스로 분발할 것을 생각함을 이른다.

○ 望風響應 : 151
높은 명망을 듣고 우러러 사모하여 메아리처럼 호응함을 이른다.

○ 擊楫而誓 : 151
빼앗긴 疆土를 收復할 것을 다짐하는 맹세를 이른다. 晉나라 祖逖이 북벌할 때 군사를 거느리고 揚子江을 건너면서 中流에서 뱃전을 치며 맹세하기를 "내가 中原을 깨끗이 소탕하지 않고는 다시 이 강을 건너오지 않을 것이니, 大江을 두고 맹세한다."라고 한 데서 유래하였다. 〔同義語〕 擊楫, 擊楫誓, 擊楫中流

通鑑節要 卷之二十七

○ 諳練舊事 : 162
故事에 정통함을 이른다.

○ 明習禮樂 : 162
禮樂에 밝고 익숙함을 이른다.

○ 平世尙文 亂世尙武 : 163
태평한 세상에는 文을 숭상하고 어지러운 세상에는 武를 숭상함을 이른다.

○ 聚而觀之 : 164
모여서 구경함을 이른다.

○ 行酒洗爵 : 164
西晉의 懷帝가 漢主 劉聰에게 사로잡혀 平陽에 있었는데, 劉聰이 큰 잔치를 베풀고는 懷帝로 하여금 술잔을 씻고 술을 따르게 하다가 이윽고 靑衣로 바꿔 입힌 다음 일산을 잡고 侍衛하게 하였다. 愍帝가 懷帝의 뒤를 이어 즉위하였는데, 劉聰이 光極殿에서 군신들에게 연회를 베풀 적에 愍帝로 하여금 술잔을 돌리고 씻게 하였으며 또 옷을 바꿔 입히고 일산을 잡게 하여 모욕을 주니, 晉나라 신하들이 슬퍼하여 失聲한 자가 많았다. 〔同義語〕 靑衣行酒

○ 約己務施 : 167
자신을 위한 것은 검소하게 하고 남에게 베풀기를 힘씀을 이른다.

○ 練兵積穀 : 167
군사를 훈련시키고 군량을 비축하여 전쟁을 준비함을 이른다.

○ 叛臣逃吏 : 167
배반한 신하와 도망간 관리를 이른다.

○ 同心翼戴 : 168
한마음으로 임금을 보필하고 추대함을 이른다.

○ 推心任之 : 168
진심을 미루어 상대방을 신임함을 이른다.

○ 布列顯要 : 168
顯要는 顯官과 要職을 아울러 이르는 말로, 중요한 관직에 布陳함을 이른다.

○ 王與馬共天下 : 168
王은 王導의 宗族을 이르고, 馬는 晉帝 司馬氏를 이른다. 晉나라 元帝 때 王敦과 王導는 從兄弟였는데, 王敦은 軍務를 총괄하고 王導는 政事를 전담하였으며 여러 從子와 從弟들이 현달하고 중요한 관직에 布陳하니, 당시 사람들이 말하기를 "王(王氏)과 馬(司馬氏)가 천하를 함께 누린다."고 하였다.

○ 自恃有功 : 168
자신이 功이 있음을 믿고서 교만 방자함을 이른다.

○ 任眞推分 : 168
천진한 성품대로 분수를 지켜 스스로 담담함을 이른다.

○ 益懷不平 : 168
더욱 불평하는 마음을 품음을 이른다.

○ 意甚怏(앙)怏 : 169
마음에 몹시 불쾌해함을 이른다.

○ 久懷異志 : 169

오랫동안 딴 마음을 품음을 이른다.

○ 益無所憚 : 169
더욱 아무것도 꺼리는 바가 없음을 이른다.〔同義語〕無所忌憚, 無所顧忌, 無忌憚

○ 城狐社鼠 : 172
城 안에 사는 여우와 社에 사는 쥐라는 뜻으로, 임금의 곁에 있는 간신의 무리나 관청의 세력에 기대어 사는 무리를 이르는 말이다.〔同義語〕城狐, 社鼠城狐, 稷蜂社鼠

○ 是可忍也 孰不可忍 : 172
이러한 일을 차마 할 수 있다면 무슨 짓인들 차마 못하겠느냐는 뜻으로, 어렵게 여겨 꺼리는 바가 없음을 이른다.

○ 百口累卿 : 173
百口는 백 명의 식구로 全家 또는 近親 一族을 이르는 바, 一族의 목숨을 고려해 줄 것을 卿에게 부탁한다는 뜻이다.〔同義語〕請爲百口計

○ 取金印如斗大 繫肘後 : 173
金印은 황금으로 주조한 印信으로, 晉나라 때 王敦이 반란을 일으키자 王敦의 從弟인 王導가 自身과 家族들의 목숨을 尙書左僕射 周顗에게 청탁하였으나 周顗가 王導와 말하지 않고 좌우를 돌아보며 말하기를 "금년에 여러 역적 놈들을 죽이고서 말〔斗〕처럼 큰 金印을 취하여 팔뚝 뒤에 매달겠다." 하였는 바, 역적을 토벌하고 많은 공을 세워 큰 侯에 봉해짐을 이른다.〔同義語〕斗大金印繫肘後

○ 大義滅親 : 175
大義를 지키기 위해 친척도 돌아보지 않음을 이른다. 元帝 때 王導의 從兄인 王敦이 반역을 꾀하여 武昌에서 擧兵하자, 王導가 매일 아침 종형제와 子姪 20여 명을 거느리고 待罪하였는데, 元帝가 "王導는 大義을 위해서 골육간의 정을 돌아보지 않았다." 하고, 大都督으로 삼았다.

○ 幽冥之中 負此良友 : 175
幽冥은 캄캄한 地下를 이르는 바, 곧 자신이 좋은 친구를 죽게 하였음을 한탄한 말이다. 晉나라 元帝 때 王敦이 반란을 일으켜 周顗를 사로잡았는데, 그의 生殺 여부를 王導에게 물었으나 王導가 묵묵부답하였으므로 결국 周顗를 죽였다. 이보다 앞서 王導가 從兄인 王敦이 반란을 일으킨 일로 죽게 되었을 때에 周顗에게 살려 줄 것을 청탁하자, 周顗가 들은 체하지 않았으나 내실은 황제에게 表文을 올려 王導의 救命에 극력 힘썼다. 그 때문에 王導가 풀려났으나 이 사실을 모르는 王導는 늘 周顗에게 유감을 품고 있었으므로 이때에 그를 위해 한마디도 하지 않은 것이었다. 그 뒤 中書省의 옛일을 정리하다가 周顗가 자신을 위해 올린 표문을 발견하고는 "내가 伯仁(周顗)을 죽이지는 않았지만 伯仁은 나 때문에 죽었으니, 이러한 좋은 벗을 저버려서 마침내 죽게 만들었다." 하며 슬퍼하였다.

○ 暴慢滋甚 : 175
포악하고 태만함이 더욱 심함을 이른다.

○ 憂憤成疾 : 178
근심하고 분하여 병이 됨을 이른다.

○ 恭儉有餘而明斷不足 : 178
공손하고 검소함은 유여하나 총명함과 결단력은 부족함을 이른다.

○ 脫有不諱 : 183
脫은 혹시나 하고 의심하는 말이고 不諱는 피치 못할 일로, 곧 높은 사람의 죽음을 가리킨다. 만일 不諱의 경우를 당하게 되면 후사를 어떻게 처리할 것인가 물을 때 쓰는 말이다.

○ 萬一僥倖 : 183
만에 하나 요행을 바라는 것이다.

○ 掩其未備 : 184
상대방이 아직 대비하지 못했을 때에 엄습함을 이른다.

○ 我當力行 : 184
내 마땅히 억지로라도 가겠다는 뜻이다.

○ 困乏復臥 : 184
일어나려다가 기력이 다하여 다시 누움을 이른다.

○ 聰敏恭勤 : 185
총명하고 민첩하며 공손하고 부지런함을 이른다.

○ 斂膝危坐 : 185
무릎을 모으고 단정히 앉음을 이른다.

○ 檢攝無遺 未嘗少閑 : 185
여러 가지 일을 단속하여 빠뜨리는 것이 없어서 조금도 한가한 적이 없음을 이른다.

○ 綜理微密 : 186
일을 처리함에 치밀함을 이른다.

○ 明敏有機斷 : 187
명민하고 결단력이 있음을 이른다.

○ 以弱制强 : 187
약한 형세로 강한 자를 제압함을 이른다.

○ 參輔朝政 : 187
조정의 정사를 보필하게 함을 이른다.

○ 終爲禍亂 : 188
끝내 禍亂이 됨을 이른다.

○ 可一戰擒 : 189
一戰에 사로잡을 수 있음을 이른다.

○ 無復部分 : 189
다시는 部隊의 질서가 없음을 이른다.

○ 因風縱火 : 189
바람을 타고 불을 놓음을 이른다.

○ 未及成列 : 189
미처 대열을 이루지 못함을 이른다.

○ 晝夜而進 : 192
밤낮으로 쉬지 않고 진군함을 이른다.

○ 城孤糧少 : 192
城이 고립되고 양식이 부족함을 이른다.

○ 將士爭奮 : 192
장병들이 다투어 분발함을 이른다.

○ 鉦(정)鼓之聲 震於遠近 : 192
군대가 출동하여 징소리와 북소리가 遠近에 진동함을 이른다.

○ 二論紛紜未決 : 195
두 가지 의론이 분분하여 결정하지 못함을 이른다.

○ 務本節用 : 195
本業(농사)에 힘쓰고 財用을 절약함을 이른다.

○ 鎭之以靜 群情自安 : 195
고요함으로써 진정하면 인심이 저절로 편안해짐을 이른다.

○ 大享群臣 : 197
신하들에게 크게 宴享을 베풂을 이른다.

○ 人豈不自知 : 197
사람이 어찌 자신을 알지 못하겠느냐는 말이다. 趙王 石勒이 여러 신하들에게 크게 宴享을 베풀 적에 徐光에게 이르기를 "朕은 옛날의 어떤 군주에 비교할 만한가?" 하니, 徐光이 "폐하의 神武한 智略은 漢나라 高祖보다 낫습니다." 하였다. 石勒이 웃으며 말하기를 "사람이 어찌 자신을 알지 못하겠는가. 卿의 말이 너무 지나치다. 朕이 만약 漢나라 高祖를 만났으면 北面하여 섬겼을 것이요, 만약 光武帝를 만났으면 함께 나란히 말을 몰고 中原을 치달려서 사슴(황제의 자리)이 누구 손에 죽었을지 알지 못하였을 것이다." 하였다.

○ 竝驅中原 : 197
함께 나란히 말을 몰고 中原을 달린다는 뜻으로, 천하를 놓고 서로 각축함을 이른다.

○ 聞者莫不悅服 : 197
듣는 자들이 모두 기뻐하고 복종함을 이른다.

○ 皮裏春秋 : 200
가죽 속의 춘추라는 뜻으로, 겉으로 표현하지 않고 마음속으로만 是非를 가려 褒貶하는 것을 말한다. 晉나라 때 蘇峻을 토벌한 공으로 벼슬이 征討大都督에 이른 褚裒는 字가 季野인데, 桓彝가 일찍이 그를 지목하여 이르기를 "季野는 가죽 속에 ≪春秋≫가 있다."라고 한 데서 유래하였다.

○ 處之恬如 : 201
태연하게 처함을 이른다.

○ 尙未知名 : 201
이름이 아직 알려지지 못함을 이른다.

○ 張目不答 : 201
노하여 눈을 크게 부릅뜨고 대답하지 않음을 이른다. 王述이 일찍이 명성이 없으므로 혹자는 그를 바보라고 지목하였다. 뒤에 王述이 王導의 掾吏가 되었는데, 王導가 그에게 다른 말은 묻지 않고 오직 江東의 쌀값을 물으니, 王述이 그를 비루하다고 여겨 눈만 크게 부릅뜨고 대답을 하지 않았다. 그러자 王導가 말하기를

"王掾은 바보가 아닌데, 어찌하여 사람들이 바보라 하는가." 하였다.

○ 人非堯舜 何得每事盡善 : 201
사람이 堯·舜 같은 聖人이 아닌 이상 어떻게 모든 일을 잘할 수 있겠느냐는 뜻으로, 사람인 이상 과실을 면할 수 없음을 이른다.

○ 改容謝之 : 201
얼굴빛을 고치고 사과함을 이른다.

○ 元規塵汚人 : 202
元規는 庾亮의 字이다. 東晉 때 成帝의 장인인 庾亮이 武昌에 있으면서도 조정의 권력을 주무르자, 王導가 이를 못마땅하게 여겨 서풍이 불어오면 그때마다 부채를 들어 바람을 막으며 말하기를 "元規의 먼지가 사람을 더럽히는구나."라고 하였는 바, 武昌이 서울(建康)의 서쪽에 있었기 때문이다.

○ 簡素寡欲 : 204
간소하고 욕심이 적음을 이른다.

○ 因事就功 : 204
일의 형편에 따라 공을 이룸을 이른다.

○ 倉無儲穀 衣不重帛 : 204
창고에 쌓인 곡식이 없고 옷은 여벌의 비단옷이 없다는 뜻으로, 검소함을 이른다.

○ 皆在襁褓 : 205
강보는 어린 아이를 업을 때 쓰는 포대기로, 모두 아직 어려서 강보에 싸여 있음을 이른다.

通鑑節要 卷之二十八

○ 勿以常人遇之 : 208
보통 사람으로 소홀히 대하지 말고 특별히 예우하라는 뜻으로, 庾翼이 成帝에게 桓溫을 천거하면서 "桓溫은 영웅의 재주가 있으니, 바라건대 폐하께서는 그를 보통 사람으로 대우하지 마시고 通常의 황제 사위로 기르지 마시어 周나라 宣王 때의 重臣인 方叔과 召虎의 중책을 맡기신다면 반드시 어려움을 크게 구제하는 功이 있을 것입니다."라고 하였다.

○ 擬之管葛 : 208
재주가 管仲과 諸葛亮에게 비교될 만함을 이른다. 管, 葛은 管仲과 諸葛亮의 합칭으로, 관중은 춘추시대 齊나라의 재상으로 桓公을 도와 霸業을 이루게 하였으며, 제갈량은 삼국 시대 蜀漢의 재상으로 劉備를 도와 天下를 三分하는 基業을 세우게 하였다.

○ 伺其出處 以卜江左興亡 : 208

江夏相 謝尙과 長山令 王濛은 항상 殷浩의 出處를 살펴 江左의 흥망을 점쳤다. 晉나라 殷浩는 약관 시절부터 명망이 대단했고 풍류와 이론을 좋아하였는데 세상을 하찮게 보고 州縣의 부름에 응하지 않자, 謝尙 등은 殷浩가 세상에 나오면 江左 지방이 흥왕할 것이라고 생각하였다. 江左는 江東을 이르는 바, 지금의 南京(建康)에 도읍한 東晉을 가리킨다.

○ 深源不起 當如蒼生何 : 208

深源은 晉나라 殷浩의 字이다. 殷浩가 여러 차례 조정의 부름을 받고도 나와서 벼슬하지 않자, 謝尙 등이 "深源이 세상에 나오지 않으니 이 蒼生들을 어찌한단 말인가." 하고 한탄하였다. 이에 殷浩가 召命에 응하여 揚州刺史와 中軍將軍이 되었다.

○ 拜表卽行 : 213

表文을 올리고 즉시 출동함을 이르는 바, 拜表는 신하가 군주에게 절하고 表文을 올림을 이른다. 〔同義語〕 拜表輒行

○ 擧賢旌善 : 214

어진 사람을 천거하고 선한 사람을 표창함을 이른다.

○ 威名大振 : 214

위엄과 명망이 크게 떨쳐짐을 이른다.

○ 朝野推服 : 214

조정과 민간에서 모두 추대하고 복종함을 이른다.

○ 非復國家之有 : 215

다시는 우리 국가의 소유가 못될까 두렵다는 말이다.

○ 日以千計 : 218

날마다 천 명으로 헤아려질 정도로 숫자가 많음을 이른다.

○ 指期可復 : 218

머지않아 收復할 수 있음을 이른다.

○ 智勇俱困 : 219

지략과 용기가 모두 다함을 이른다.

○ 死亡略盡 : 219
죽어서 거의 다 없어짐을 이른다.

○ 羈縻而已 : 223
말고삐를 羈라 하고 소고삐를 縻라 하는 바, 牛馬를 고삐로 얽어매듯이 속박하는 것으로, 상대방을 완전히 통제하지는 못하고 단지 회유해서 매어 둔다는 뜻이다.

○ 拜表輒行 : 223
天子에게 表文을 올리고 곧바로 떠남을 이른다. 〔同義語〕 拜表卽行

○ 糧械都盡 : 227
군량과 병기가 모두 다함을 이른다.

○ 安堵復業 : 228
安堵는 거처를 편안하게 여기는 것이니, 백성들이 거처를 편안하게 여기고 生業으로 돌아옴을 이른다.

○ 不圖今日復覩官軍 : 228
뜻밖에 官軍이 온 것을 보고 기뻐하는 말이다. 東晉의 대장 桓溫이 秦나라를 정벌하여 거주하는 백성들을 어루만지자, 耆老들이 눈물을 흘리면서 "오늘날 다시 官軍을 볼 줄은 생각하지 못했다." 하며 감격하였다.

○ 倜(척)儻有大志 : 228
의기가 높고 기개가 있어 큰 뜻을 품음을 이른다.

○ 悠然自得 : 228
유연히 스스로 만족스럽게 여김을 이른다.

○ 捫蝨(슬)而談當世之務 旁若無人 : 228
작은 禮節에 구애받지 않고 자신의 큰 포부를 기탄없이 담론함을 이른다. 前秦의 王猛은 東晉의 대장 桓溫이 군대를 이끌고 關中으로 들어왔다는 말을 듣고 짧은 갈옷을 입고 찾아가서 이를 잡으며 당세의 일을 말하였는데, 태도가 옆에 사람이 없는 것처럼 거리낌이 없었던 데서 유래하였다. 〔同義語〕 捫蝨

○ 神州陸沈 : 230
神州는 中國을 가리키며, 陸은 높고 평평한 곳이고 沈은 빠지는 것으로 神州가 陸沈했다는 것은 中國이 멸망함을 이른다.

○ 被甲督戰 : 231

장군이 직접 갑옷을 입고 싸움을 독려함을 이른다.

○ 面縛出降 : 232
두 손을 등 뒤로 돌려 묶고 얼굴을 사람들에게 보이도록 앞으로 향하고 나와서 항복함을 이른다. 〔同義語〕 面縛銜璧, 面縛輿櫬, 面櫬

○ 飮酒無晝夜 : 232
밤낮없이 술을 마심을 이른다.

○ 得保一日 如度十年 : 232
하루 동안 목숨을 보전하는 것을 십 년처럼 여기는 것으로 공포 속에 살아감을 이른다. 前秦의 군주인 苻生이 밤낮없이 술에 취하여 술김에 살육을 자행하니, 신하들이 하루 동안 목숨을 보전하는 것을 십 년처럼 여겼다.

○ 中外離心 : 232
군주가 포악하여 내외의 민심이 모두 떠남을 이른다.

○ 勿使他姓得之 : 232
국가가 전복될 위기에 처했으니, 王室의 宗親 중에 누군가가 王權을 쟁취하여 他姓이 얻지 못하도록 해야 한다는 뜻이다. 東晉 때에 前秦의 苻生이 밤낮없이 술을 마시며 포악무도하여 나라가 멸망할 지경이 되자, 薛讚과 權翼이 은밀히 東海王 苻堅을 설득하기를 "주상이 잔인하고 포학무도하여 中外의 마음이 떠났으니, 현재 秦나라의 제사를 주관해야 할 자는 殿下가 아니고 누구이겠습니까 바라건대 일찍 계책을 세워서 他姓으로 하여금 나라를 얻게 하지 마소서." 하였다.

○ 一見如舊友 : 233
한 번 만나 보고는 사귄 지 오래된 친구처럼 가깝게 지냄을 이른다. 〔同義語〕 傾蓋

○ 減膳徹樂 : 235
나라에 변고가 있을 때에 임금이 근신하는 뜻으로 음식의 가짓수를 줄이고 노래와 춤을 가까이하지 않는 일을 이른다. 〔同義語〕 減膳, 避殿損膳, 徹懸

○ 安石不出 當如蒼生何 : 236
安石은 東晉의 名臣인 謝安의 字로, 謝安이 일찍이 會稽의 東山에 은거하여 조정의 부름에 응하지 않자, 사람들이 서로 말하기를 "安石이 세상에 나오려고 하지 않으니, 장차 이 蒼生들을 어찌한단 말인가.〔安石不肯出 將如蒼生何〕"라고 한 데서 유래하였다. 그 후에 謝安은 대장군 桓溫의 천거에 의해 나이 40세에 처음 司馬가 되고, 점차 중용되어 前秦(苻堅)의 백만대군을 격파하였으며, 또 帝位를 찬탈하려던 大司馬 桓溫의 음모를 저지함으로써 晉나라를 보호하였다.

○ 王弼何晏之罪 深於桀紂 : 237
晉나라 때 老莊을 신봉하여 淸談과 無爲自然을 주장한 王弼과 何晏의 죄가 매우 큼을 이른다. 東晉의 范寗은 당시 禮敎를 무시하고 浮華만을 숭상하는 풍속을 보고 그 근원이 三國時代 魏나라의 학자인 王弼과 何晏 두 사람에게서 시작되었으니, 두 사람이 世道를 그르친 죄가 桀・紂보다 더하다는 내용으로 論을 지었다.

○ 貶之太過 : 237
너무 지나치게 폄하함을 이른다.

○ 莫敢先諫 : 240
감히 앞장서서 간하는 이가 없음을 이른다.

○ 存者老子長孫 亡者丘隴成行(항) 雖北風之思 感其素心 目前之憂 實爲交切 : 240
이주한 지가 이미 오래되어 생존한 자는 자식이 늙고 손자가 장성했으며 죽은 자는 무덤이 행렬을 이루고 있으니, 비록 故鄕인 북쪽 지방에 대한 그리움이 간절하나 目前의 우환이 실로 더욱 절박하다는 뜻으로, 桓溫이 上疏하여 洛陽으로 천도하고 永嘉의 난리에 江外(江南)로 이주해 온 자들을 일체 북쪽으로 옮겨서 河南을 충실히 할 것을 청하자, 散騎常侍 孫綽이 상소하여 반대하였는 바, 이 내용이 그의 상소에 보인다. 孫綽은 일찍이 會稽에서 10여 년 동안 은거 생활을 즐기면서 '遂初賦'를 지었는데 뒤에 散騎常侍가 되어 桓溫이 洛陽으로 遷都하려는 것을 상소하여 저지하자, 桓溫이 불쾌하게 여기며 말하기를 "그대는 어찌하여 수초부의 내용대로 행하지 않고 남의 國事를 간섭하는가.〔何不尋君遂初賦 知人家國事邪〕"라고 한 고사가 전해 온다. 遂初賦는 벼슬을 그만두고 초야에 은거하려는 初志를 이루겠다는 내용의 글이다.

○ 捨安樂之國 適習亂之鄕 : 240
안락한 나라를 버리고 오랫동안 전란을 겪었던 고향으로 간다는 뜻으로, 散騎常侍 孫綽의 상소에 나오는 내용이다.

○ 髯參軍 短主簿 能令公喜 能令公怒 : 243
髯參軍과 短主簿는 晉나라의 郗超와 王珣을 가리킨다. 桓溫이 郗超를 參軍으로 삼고 王珣을 主簿로 삼아서 매사를 반드시 두 사람과 상의하였는데, 郗超는 수염이 많고 王珣은 체구가 왜소하였으므로, 府中 사람들이 말하기를 "수염이 긴 參軍과 키가 작은 主簿가 令公을 기쁘게도 하고 令公을 노여워하게도 한다." 하였다. 令公은 당시 大將軍으로 있던 桓溫을 높여서 칭한 것이다.

○ 謝掾年四十必擁旄杖節 王掾當作黑頭公 : 243

王珣과 謝玄이 모두 桓溫의 掾屬이 되었는데, 桓溫이 모두 소중히 여겨 말하기를 "謝掾은 나이 40에 반드시 깃발을 끼고 節을 잡을 것이요, 王掾은 마땅히 黑頭相公이 될 것이니, 모두 쉽게 얻을 수 있는 인재가 아니다."라고 하였다. 掾屬은 소속된 관원이며, 깃발을 끼고 節을 잡는다는 것은 節度使나 觀察使가 되어 한 方面을 맡음을 이른다.

○ 管蕭之亞 : 245

재주가 管仲과 蕭何에 버금갈 만함을 이른다. 管, 蕭는 管仲과 蕭何의 합칭으로, 管仲은 춘추시대 齊나라의 재상으로 桓公을 도와 霸業을 이루게 하였으며, 蕭何는 漢 高祖 劉邦의 어진 재상으로 高祖를 도와 천하를 통일하였다.

○ 威名益振 : 248

위엄과 명망이 더욱 떨쳐짐을 이른다.

○ 天生賢傑 必相與共成大功 : 248

하늘이 어진 영걸을 냄은 반드시 훌륭한 군주를 만나 함께 큰 공을 이루고자 해서라는 뜻이다.

○ 譬如龍虎 非可馴之物 : 248

용과 범은 영웅호걸을 비유하는 말로, 끝내 부하로 둘 수 없음을 이른다. 王猛이 苻堅에게 말하기를 "慕容垂 父子는 비유하면 용과 범과 같아서 길들일 수 있는 물건이 아닙니다. 만약 바람과 구름을 빌려 주면 장차 다시는 제재할 수 없을 것이니 일찍 제거하는 것만 못합니다." 하고 제거할 것을 권하면서 한 말이다.

○ 直書時事 : 249

晉나라 때 孫盛이 撰한 ≪晉春秋≫는 말이 바르고 사리가 정당하여 良史로 일컬어진다. 孫盛이 ≪晉春秋≫를 지을 적에 大司馬 桓溫이 패전한 사실을 곧바로 쓰니, 桓溫은 이것을 보고 노여워하였다. 孫盛의 자식들이 가문에 화가 미칠까 두려워하여 고칠 것을 청하였으나 孫盛은 끝내 허락하지 않았다.

○ 事將何如 : 251

일이 장차 어떻게 전개될 것인지를 묻는 말이다.

○ 恨吾老 不及見耳 : 253

앞으로 일이 잘 되어 나갈 터인데, 자신은 늙어 죽어서 직접 볼 수 없음을 한탄하는 말이다.

○ 陰蓄不臣之志 : 255

남몰래 반역하려는 마음을 품음을 이른다.

○ 不能流芳百世 亦當遺臭萬年 : 255
流芳은 좋은 명성을 후세에 남기는 것이고, 遺臭는 나쁜 이름을 후세에 남기는 것을 말하는 바, 晉나라의 桓溫은 제위를 찬탈할 것을 꾀하면서 "남자가 아름다운 명성을 百代에 남길 수 없으면 또한 더러운 이름이라도 만년토록 남겨야 한다."라고 한 데서 유래하였다. 〔同義語〕 流芳百世 遺臭萬年, 芳臭

○ 何事乃爾 : 256
무슨 일로 이와 같이 하는가라는 뜻이다.

○ 威振內外 : 257
위엄이 내외에 떨쳐짐을 이른다.

○ 拱默而已 : 257
팔짱을 끼고 침묵만 지킬 뿐이라는 뜻으로, 자리만 차지하고 있을 뿐 실권이 없어 어찌해 볼 도리가 없음을 이른다.

○ 放黜尸素 顯拔幽滯 : 258
직책을 다하지 못하면서 자리를 차지하고 녹만 받아먹는 자들을 추방하고, 재주가 있으면서도 낮은 지위에 있는 자들을 드러내어 발탁함을 이른다.

○ 官必當才 刑必當罪 : 258
관직은 반드시 재주에 걸맞게 내리고 형벌은 반드시 죄에 마땅하게 내림을 이른다.

通鑑節要 卷之二十九

○ 坦之流汗沾衣 倒執手版 安從容就席 笑語移日 : 261
手版은 笏을 이르며 笑語移日은 한동안 여유롭게 웃고 말함을 이른다. 옛날에 관원은 손에 手版(笏)을 들고 입조하였는데, 수판을 거꾸로 잡았다는 것은 당황하여 허둥댐을 말한다. 東晉의 武帝 때에 민심이 흉흉하여 혹자가 말하기를 "桓溫이 王坦之와 謝安을 죽이고 晉나라 왕실을 차지하고자 한다." 하였다. 桓溫이 조회 오자, 武帝가 吏部尙書 謝安과 侍中 王坦之에게 명하여 新亭에서 맞이하게 하였다. 이때 王坦之는 진땀을 흘리면서 허둥거려 수판을 거꾸로 잡았으나 謝安은 안색을 바꾸지 않고 태연하게 자리에 나아가서 桓溫과 한참 동안 웃고 말하였다.

○ 入幕之賓 : 261

機密에 참여하는 幕僚를 이른다. 東晉 때 郗超는 桓溫의 막료로 있으면서 신임을 받아 항상 主要 參謀 노릇을 하였다. 謝安이 王坦之와 함께 桓溫을 만날 때에 桓溫이 郗超를 시켜 장막 안에 누워서 그의 말을 엿듣게 하였는데, 바람이 불어 장막이 걷히는 바람에 탄로가 나자, 謝安이 웃으며 말하기를 "郗生이야말로 入幕賓이라고 이를 만하다." 하였다. 〔同義語〕 入幕賓

○ 盡忠王室 : 263
왕실에 충성을 다 바침을 이른다.

○ 朞功之慘 不廢絲竹 : 264
朞功은 朞年服과 大功 9월·小功 5월의 喪服을 이르며, 絲竹은 실로 만든 絃樂器와 대나무로 만든 管樂器를 이른다. 謝安은 聲律를 좋아하여 朞年服과 大功·小功의 喪에도 관현악을 폐하지 않았다.

○ 遂以成俗 : 264
마침내 풍속이 됨을 이른다. 〔同義語〕 習非成俗, 相習成俗

○ 威烈震乎八荒 聲教光乎六合 : 264
八荒은 八方의 먼 곳을 이르고 六合은 上下와 四方을 이르는 바, 위엄과 공렬이 八方의 먼 곳에까지 떨쳐지고 聲威와 教化가 천하에 빛남을 이른다.

○ 善作者不必善成 善始者不必善終 : 264
創業을 잘한 자가 반드시 守成을 잘하지는 못하고, 시작을 잘한 자가 반드시 끝맺음을 잘하지는 못함을 이른다.

○ 終爲人患 : 265
지금은 비록 친한 관계에 있지만 끝내는 원수와 적이 되어서 결국 근심거리가 됨을 이른다.

○ 荒於酒色 不親庶務 : 266
酒色에 빠져서 여러 가지 사무를 직접 처리하지 않음을 이른다.

○ 伐之必有天殃 : 269
歲星이 머무는 곳은 그 나라에 福이 있다 하여 福德星이라 하는데, 歲星이 머무는 나라는 정벌해서는 안 되며, 그곳을 정벌하면 반드시 하늘의 재앙이 있다 한다.

○ 築室道旁 無時可成 : 269
길가에 집을 지으면서 집을 어떻게 지을 것인가를 행인들에게 물어보면 저마다 의견이 달라서 집을 제대로 지을 수 없다는 것으로, 정책을 결정함에 있어서 異

見이 너무 많아 결론을 내지 못함을 비유하는 말이다. 우리 속담의 '사공이 많으면 배가 산으로 간다.'는 말과 같다. 〔同義語〕 作舍道傍 三年不成

○ 不虞之變 生於腹心肘腋(주액) : 270
腹心과 肘腋은 자기 몸에 가까이 있음을 비유하는 말로, 예상하지 못한 변란이 가까운 곳에서 생김을 이른다. 〔同義語〕 禍起蕭牆

○ 不達變通 : 270
변통할 줄을 모름을 이른다.

○ 已別有旨 : 273
이미 따로 지시한 것이 있음을 이른다.

○ 不閑將略 : 275
장수로서의 지략에 익숙하지 못함을 이른다.

○ 天下事已可知 : 275
천하의 일을 이미 알 수 있음을 이른다.

○ 水陸繼進 : 276
水路와 陸路로 계속하여 전진함을 이른다.

○ 八公山草木 : 276
東晉 때에 秦王 苻堅이 동진을 침입하였다가 패하여 달아날 때 너무나 놀라고 두려운 나머지 八公山의 草木을 멀리서 바라보고는 이것을 모두 晉나라 병사로 오인한 데서 유래하였다. 〔同義語〕 草木皆兵

○ 懸軍深入 : 276
懸軍은 本隊를 떠나 홀로 적지에 깊이 들어가 고립된 군대를 가리키는 바, 군대를 이끌고 깊이 적지로 쳐들어감을 이른다. 〔同義語〕 孤軍深入

○ 聞風聲鶴唳 皆以爲晉兵且至 : 277
謝玄이 이끄는 晉나라 군대에게 패전한 苻堅의 군사들은 크게 겁먹은 나머지 바람 소리와 학의 울음소리만 들어도 모두 晉나라 군대가 추격해 오는 것이라고 여겨서 밤낮으로 도망하여 감히 쉬지 못하였다. 〔同義語〕 風聲鶴唳, 風鶴

○ 草行露宿 : 277
패전하여 도망할 때에 인적이 드문 풀숲 길로 가고 노지에서 잠을 이른다.

○ 了無喜色 圍碁如故 : 284
東晉 말기의 정승인 謝安은 침착한 사람이었다. 북방의 여러 나라를 통일한 秦王

苻堅이 95만의 대군을 동원하여 東晉을 치러 오자, 謝安은 그의 조카인 謝玄을 대장으로 임명하여 8만이라는 소수의 군대로 방어하게 하였는데, 苻堅의 백만 대군을 淮淝에서 크게 격파하여 위기를 모면하였다. 이때 謝安은 손님과 바둑을 두고 있다가 승전 보고를 받고도 내색하지 않고 계속해서 손님과 바둑을 두었던 고사에서 유래하였다.

○ 不覺屐(극)齒之折 : 284

매우 기뻐한다는 뜻으로, 謝安은 그의 조카 謝玄이 苻堅을 격파하였다는 소식을 듣고도 전혀 기뻐하는 기색을 보이지 않고 바둑을 계속 두었으나 바둑을 끝내고 안으로 들어갈 때에는 속으로 얼마나 기뻤던지 나막신의 굽이 부러지는 줄도 몰랐다는 고사에서 유래하였다. 〔同義語〕 折屐

○ 匹夫猶不食言 : 285

匹夫도 오히려 食言하지 않는다는 뜻이다. 食言은 한 번 입 밖에 낸 말을 도로 입 속에 넣는다는 뜻으로, 약속한 말을 지키지 않음을 이른다.

○ 人情騷動 盜賊群起 : 287

인심이 동요하고 도적들이 떼 지어 일어남을 이른다.

○ 身自督戰 : 292

몸소 전투를 독려함을 이른다.

○ 飛矢滿體 流血淋漓 : 292

流矢가 몸에 가득 꽂혀 흘러나온 피가 흥건함을 이른다.

○ 千里無煙 : 292

백성들이 흩어져 달아나 천리를 가도 밥 짓는 연기가 나지 않음을 이른다.

○ 神色自若 坐而待之 : 292

정신과 안색을 변치 않고 태연자약하게 앉아서 기다림을 이른다.

○ 交通請托 賄賂公行 : 300

연줄을 대어 사사로운 일을 청탁해서 뇌물이 공공연히 오감을 이른다.

○ 官賞濫雜 刑獄謬亂 : 300

관작과 賞이 남발되고 형벌과 옥사가 잘못되고 혼란함을 이른다.

○ 負其才地 以雄豪自處 : 301

자신의 재주와 門閥을 믿고 영웅호걸로 자처함을 이른다.

○ 父爲九州伯 兒爲五湖長 : 301

아버지는 현달하였는데, 자식은 미관말직에 있음을 이른다. 九州는 中國 천하를 가리키며, 五湖는 揚子江 支流에 있는 太湖를 이른다. 桓溫의 아들 桓玄이 자신의 재주와 門閥을 믿고 영웅호걸로 자처하자, 조정에서 의심하고 등용하지 않았다. 그리하여 23세가 되어서야 비로소 太子洗馬에 제수되고 뒤에 義興太守에 보임되니, 답답하여 탄식하기를 "아버지는 九州의 伯이 되었는데, 자식은 五湖의 長이 된단 말인가." 하고는 마침내 벼슬을 버리고 南郡으로 돌아왔는 바, 義興이 太湖 부근에 있었으므로 말한 것이다.

○ 出警入蹕 : 305
군주가 나가고 들어올 때에 사람을 경계하고 辟除함을 이른다.

通鑑節要 卷之三十

○ 束髮加帽 : 310
머리를 묶어 상투를 틀고 冠을 씀을 이른다. 拓跋珪가 세운 北魏는 北朝 가운데 제일 먼저 건국되었는데, 魏王 拓跋珪는 즉위하여 天興으로 改元하고, 朝野에 명해서 모두 중국식으로 상투를 틀고 冠을 쓰게 하였다.

○ 生殺任意 : 311
사람을 살리고 죽이는 것을 일정한 기준이나 원칙 없이 하고 싶은 대로 함을 이른다.

○ 承平日久 民不習戰 : 311
태평세월을 누린 지가 오래되어 백성들이 전투를 익히지 않았음을 이른다.

○ 望風奔潰 : 311
소문만 듣고도 두려워서 달아나 궤멸됨을 이른다.

○ 盜賊處處蜂起 : 313
도적들이 곳곳마다 봉기함을 이른다.

○ 內外戒嚴 : 313
안팎으로 삼엄하게 경계함을 이른다. 〔同義語〕 中外戒嚴

○ 天下無復事矣 : 315
천하가 무사태평하여 다시는 아무것도 할 것이 없음을 이른다.

○ 口尙乳臭 : 318
입에서 아직 젖내가 난다는 뜻으로, 말이나 행동이 유치함을 이른다. 〔同義語〕

黃口乳臭

○ 大失物情 : 318

크게 민심을 잃음을 이른다.

○ 奢豪縱逸 : 319

사치하고 방종함을 이른다.

○ 聖德深厚 地不能載 : 321

聖君의 德이 너무 두터워 땅도 꺼진다는 뜻이다. 晉나라 桓玄이 都督荊江八州軍事로서 擧兵하여 建康에 침입, 安帝를 유도하여 禪位를 받고 스스로 황제라고 선포하였는데, 宮中에 들어가서 御座에 오를 적에 龍床의 바닥이 갑자기 꺼지자, 여러 신하들이 사색이 되었다. 이때 殷仲文이 말하기를 "아마도 聖德이 깊고 두터워서 땅도 실어줄 수가 없기 때문에 바닥이 꺼진 것 같습니다."라고 하자, 桓玄이 크게 기뻐하였다.

○ 風骨不常 : 321

풍채와 골격이 비범함을 이른다.

○ 龍行虎步 視瞻不凡 : 321

龍行虎步는 威儀가 莊重하고 氣度가 뛰어남을 비유하는 말로 帝王의 相을 형용할 때 쓴다. 晉나라 桓玄의 아내인 劉氏는 지혜와 안목이 있었는데, 桓玄에게 이르기를 "劉裕는 걸음을 걷는 모양이 용과 범과 같고 눈초리가 비범하여 끝내 남의 아랫자리에 있지 않을 것이니, 일찌감치 제거하는 것만 못합니다." 하였는데, 劉裕는 끝내 宋나라를 세우고 황제가 되었다.

○ 樗蒲一擲(척)百萬 : 323

樗蒲 놀이를 할 때 한꺼번에 백만 전을 걸고 내기함을 이른다.

○ 倉猝立定 無不允愜(협) : 324

창졸간에 급히 결정하였으나 사람들의 마음에 흡족하지 않음이 없음을 이른다.

○ 綱紀不立 : 324

紀綱이 서지 않음을 이른다.

○ 以身範物 : 324

남의 모범이 됨을 이른다.

○ 堅壁淸野 : 328

성벽을 굳게 지키며 적이 이용하지 못하도록 농작물이나 건물 등 지상에 있는 것

들을 깨끗이 없앰을 이른다. 〔同義語〕 閉壁淸野

○ 擧手指天 喜形于色 : 329
손을 들어 하늘을 가리키며 기뻐하는 기색이 얼굴에 완연함을 이른다.

○ 衣冠舊族 先帝遺民 : 331
예로부터 의관을 차려입은 지체 높은 집안이요 先帝의 遺民들이라는 뜻으로, 南燕의 도성인 廣固가 오랫동안 항복하지 않자, 劉裕가 이를 분하게 여겨서 성 안의 병사들을 묻어 죽이고 그들의 아내와 딸을 晉나라 장병들에게 상으로 주고자 하였는데, 韓範이 이 말로써 간하자, 劉裕가 낯빛을 고치고 사례하였다.

○ 卷甲兼行 : 333
갑옷을 벗어서 말아 짊어지고 행군 속도를 배가함을 이른다. 〔同義語〕 卷甲倍道

○ 中外戒嚴 : 334
안팎으로 삼엄하게 경계함을 이른다. 〔同義語〕 內外戒嚴

○ 內總朝政 外供軍旅 : 336
안으로는 조정의 정사를 총괄하고 밖으로는 군대에 군수품을 공급함을 이른다.

○ 目覽辭訟 手答牋書 耳行聽受 口竝酬應 : 336
劉裕가 秦나라를 정벌하려 할 적에 劉穆之를 左僕射로 삼아 조정 안팎의 일을 總攝하게 하였는데, 일반 행정과 兵務를 물 흐르듯 막힘없이 처리하여, 사람들이 몰려와 호소하고 처리할 서류가 뜰에 가득한데도 눈으로 검토하고 손으로 답서를 쓰며 귀로는 말을 듣고 입으로는 응대하면서 한 치의 오차도 없었다 한다.

○ 解衣包火 張羅捕虎 : 338
옷을 벗어서 불을 싸고 새그물을 펼쳐 범을 잡는다는 뜻으로, 문제를 해결하기는커녕 위험만 초래하게 됨을 비유하는 말이다.

○ 勿復多言 : 340
다시 여러 말 하지 말라는 뜻이다.

○ 猛獸不如群狐 : 340
맹수 한 마리가 여러 여우만 못하다는 뜻으로 아무리 용맹하고 지혜로운 장수도 혼자서는 여러 명을 상대할 수 없음을 비유하는 말이다.

○ 狼狽而歸 : 343
낭패를 보고 돌아감을 이른다.

○ 昌明之後 尙有二帝 : 346

昌明은 簡文帝의 아들인 武帝 司馬曜의 字이다. ≪晉書≫ 〈武帝紀〉에 "처음에 簡文帝가 圖讖書를 보니, '晉나라의 國統이 昌明에서 다할 것이다.'라고 하였다. 李太后가 孝武帝를 뱃속에 잉태하고 있을 때에 꿈에 神人이 이르기를 '너는 아들을 낳으면 昌明으로 이름하라.' 하였는데 아이를 낳을 때에 東方이 비로소 밝아오므로 인하여 昌明이라고 이름했다." 하였다. 또 劉裕가 "圖讖書에 '昌明(司馬曜)의 뒤에 아직도 두 황제가 있다.'고 했다." 하여, 마침내 安帝를 시해하고 恭帝를 세웠다가 끝내 찬탈하니, 昌明의 뒤에 두 황제가 있다는 讖言이 맞았다.

三國王室 世系圖

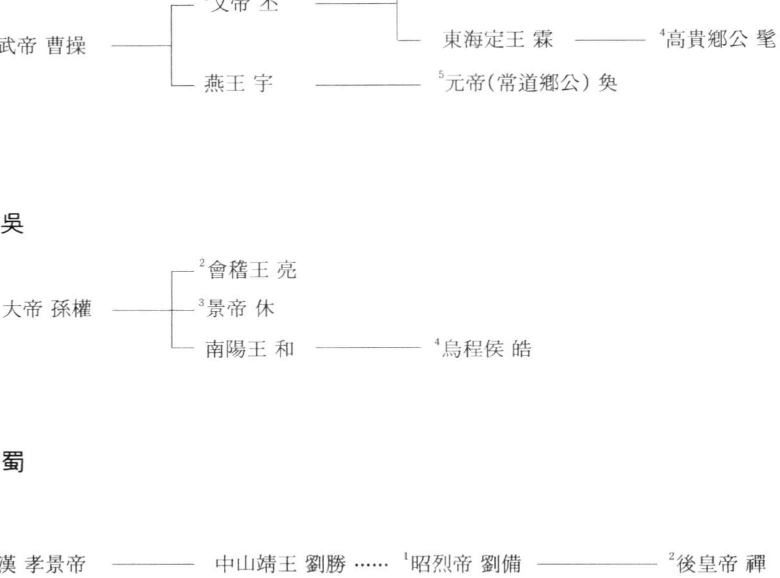
魏
武帝 曹操
1文帝 丕
燕王 宇
2明帝 叡
3邵陵厲公 芳
東海定王 霖
4高貴鄕公 髦
5元帝(常道鄕公) 奐
吳
1大帝 孫權
2會稽王 亮
3景帝 休
南陽王 和
4烏程侯 皓
蜀
漢 孝景帝
中山靖王 劉勝 ······ 1昭烈帝 劉備
2後皇帝 禪

晉王室 世系圖

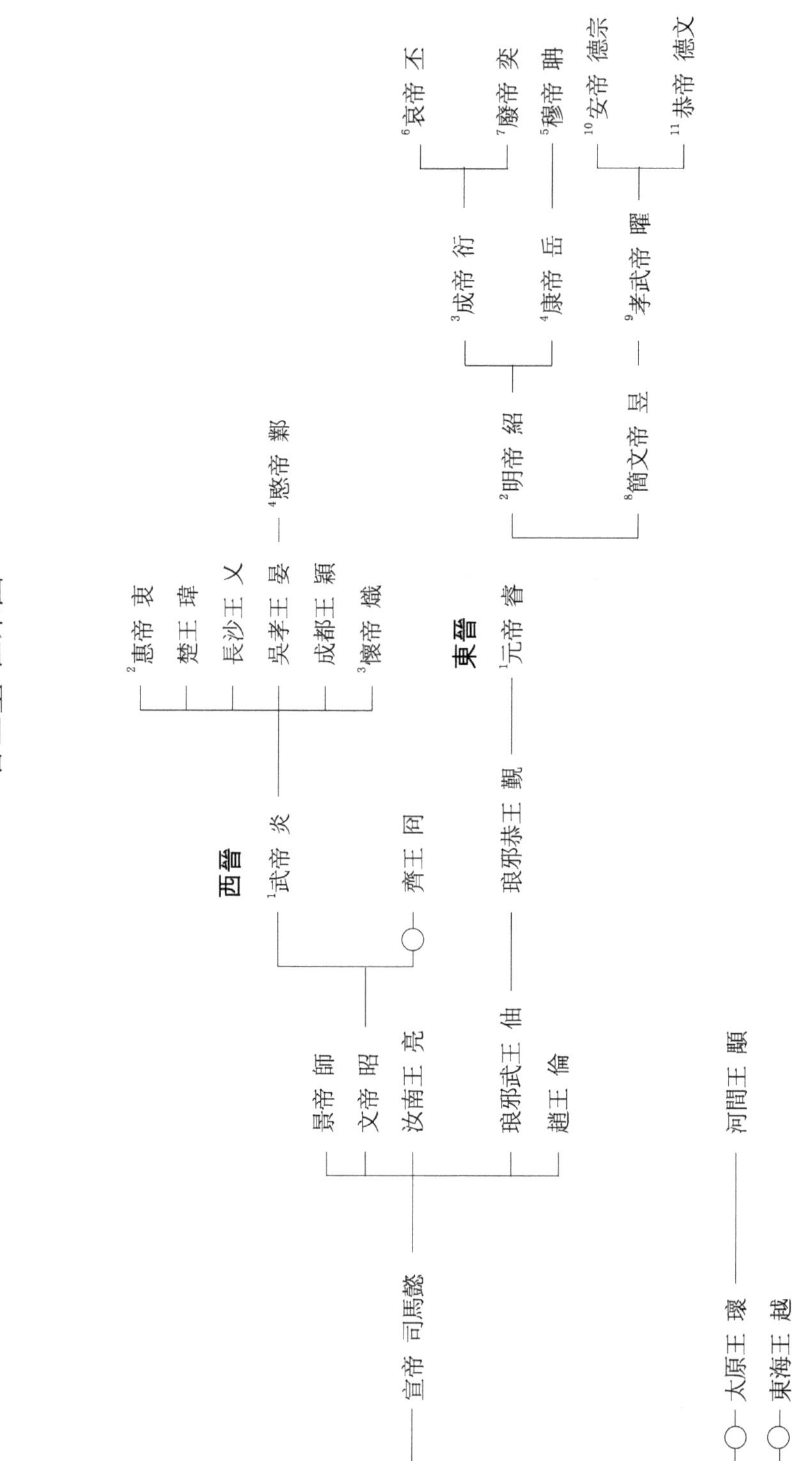
宣帝 司馬懿
景帝 師
文帝 昭
汝南王 亮
琅邪武王 伷
趙王 倫
西晉
1武帝 炎
齊王 冏
2惠帝 衷
楚王 瑋
長沙王 乂
吳孝王 晏
成都王 穎
3懷帝 熾
4愍帝 鄴
琅邪恭王 覲
東晉
1元帝 睿
2明帝 紹
8簡文帝 昱
3成帝 衍
4康帝 岳
9孝武帝 曜
6哀帝 丕
7廢帝 奕
5穆帝 聃
10安帝 德宗
11恭帝 德文
河間王 顒
太原王 瓌
東海王 越

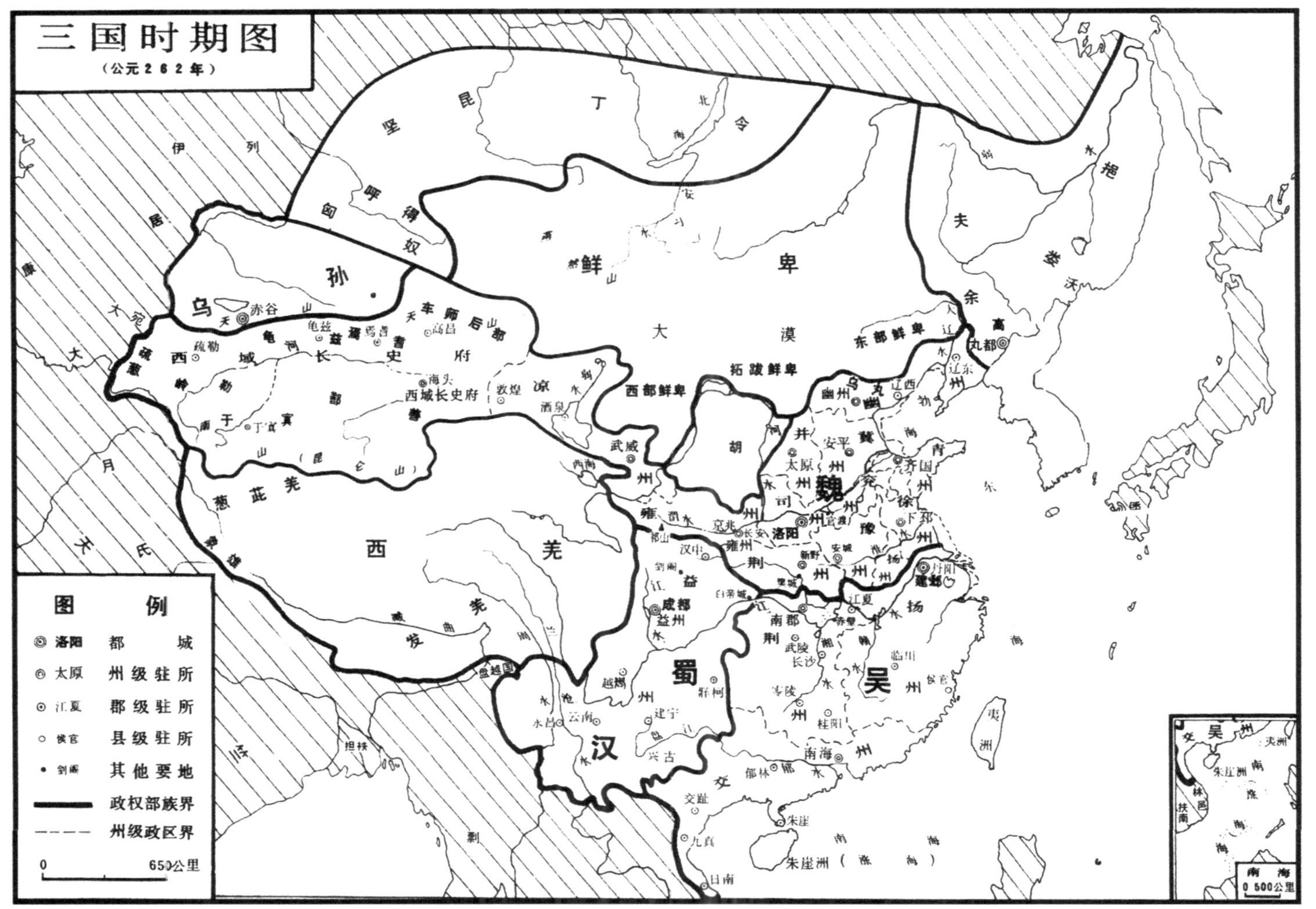
三国时期图
（公元262年）
图例
洛阳 都城
太原 州级驻所
江夏 郡级驻所
县级驻所
其他要地
政权部族界
州级政区界
0 650公里
魏
蜀
汉
吴
鲜卑
大漠
东部鲜卑
拓跋鲜卑
西部鲜卑
西羌
乌孙
西域长史府
洛阳
成都
建邺
长安
武威
敦煌
南海
朱崖洲

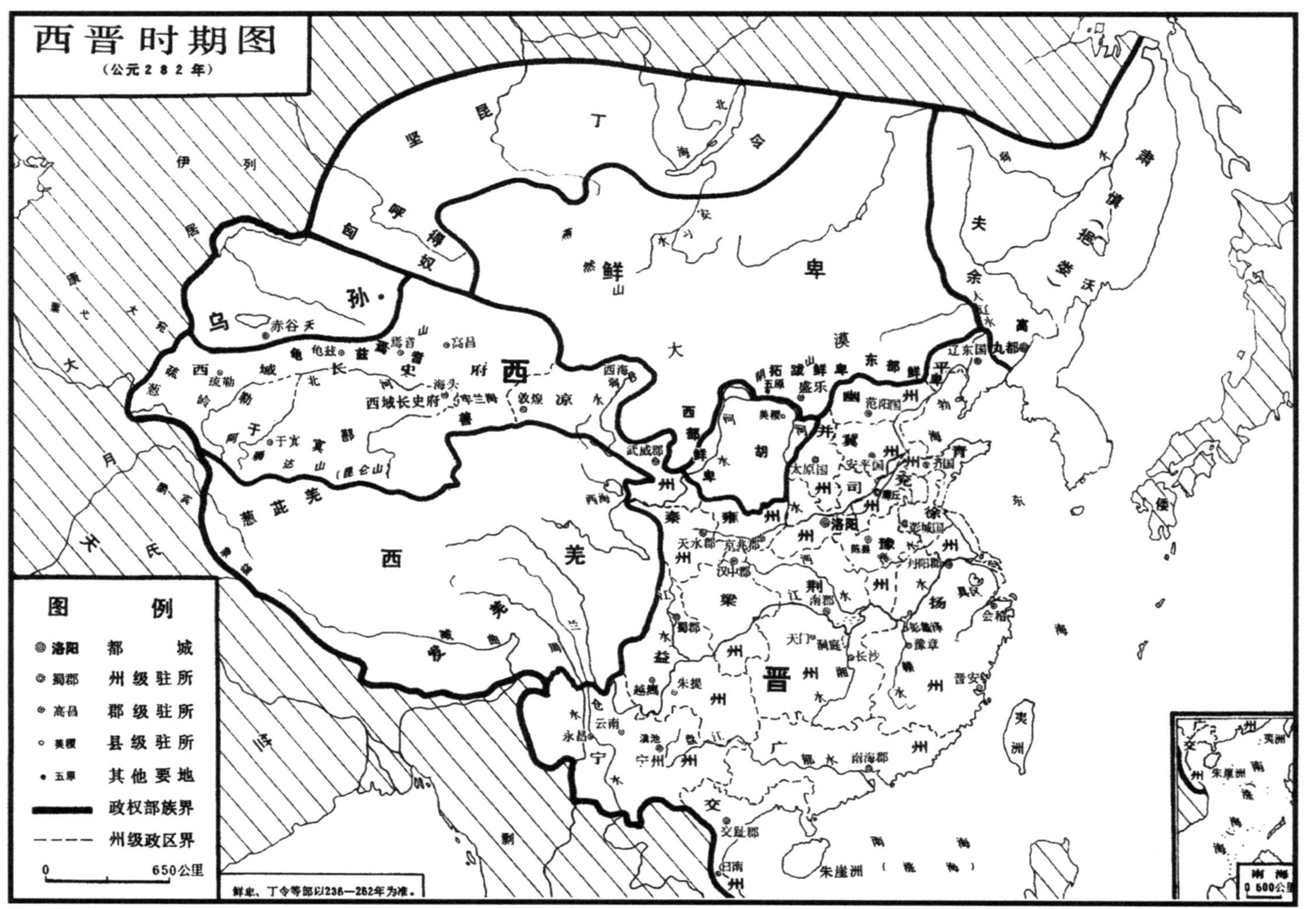
西晋时期图
（公元282年）
图例
洛阳 都城
蜀郡 州级驻所
高昌 郡级驻所
县级驻所
五原 其他要地
政权部族界
州级政区界
0 650公里
鲜卑、丁令等部以236—282年为准。

≪通鑑節要 5≫ 參考資料

1. ≪通鑑節要≫ 總目次

2. ≪通鑑節要≫ 강의 안내

譯者 略歷

忠南 禮山 出生
家庭에서 父親 月山公으로부터 漢文 修學
月谷 黃璟淵, 瑞巖 金熙鎭 先生 師事
民族文化推進會 國譯硏修院 修了
高麗大學校 敎育大學院 漢文敎育科 修了
한국고전번역원 부설 고전번역교육원 名譽漢學敎授(現)
傳統文化硏究會 副會長(前) 해동경사연구소 소장(現)
古典國譯賞 受賞

論文 및 譯書

〈艮齋의 性理說小考〉〈燕岩의 學問思想硏究〉
四書集註 ≪詩經集傳≫ ≪書經集傳≫ ≪周易傳義≫
≪古文眞寶≫ ≪牛溪集≫ 등 數十種 國譯
≪宣祖實錄≫ ≪宋子大全≫ ≪茶山集≫ ≪退溪集≫ 등 共譯

東洋古典譯註叢書 30
譯註 通鑑節要 5　36,000원

2007년 11월 15일 초판 발행
2024년 10월 31일 초판 6쇄

譯 註　成百曉
編 輯　古典國譯編輯委員會
發行人　金 炫
發行處　社團法人 傳統文化硏究會

등록 : 1989. 7. 3. 제1-936호
서울 종로구 삼봉로 81 두산위브파빌리온 1332호
전화 : (02)762-8401　전송 : (02)747-0083
전자우편 : juntong@juntong.or.kr
홈페이지 : juntong.or.kr
사이버書堂 : cyberseodang.or.kr
온라인서점 : book.cyberseodang.or.kr

인쇄처 : 한국법령정보주식회사(02-462-3860)
총 판 : 한국출판협동조합(070-7119-1750)

ISBN 978-89-91720-17-6 94910
978-89-85395-71-7(세트)